우리는
이렇게
나이
들어간다

The Psychology of Ageing

Copyright © Gary Christopher 2013

All rights reserved.

First published in English by Palgrave Macmillan, a division of Macmillan Publishers Limited under the title The Psychology of Ageing by Gary Christopher. This edition has been translated and published under licence from Palgrave Macmillan. The author has asserted his right to be identified as the author of this Work.

Korean translation Copyright © 2015 by Erumbook
Korean edition is published by arrangement with Palgrave Macmillan through BC Agency, Seoul

이 책의 한국어판 저작권은 BC 에이전시를 통한 저작권자와의 독점 계약으로 이룸북에 있습니다. 저작권법에 의해 한국 내에서 보호를 받는 저작물이므로 무단전재와 복제를 금합니다.

일러두기

* 1, 2, 3…은 본문에 인용된 문장들의 출처로 출전 주에 정리했다.
** 심리학, 의학 분야의 전문용어는 한국심리학회 '심리학 용어사전'과 대한의사협회 '의학용어집'(제5판)을 참조했다.

우리는
이렇게
나이
들어간다

인지심리학으로 본
노화하는
몸, 뇌, 정신 그리고 마음

게리 크리스토퍼 지음 | 오수원 옮김 | 김채연 감수

이룸북

들어가는 글

책에 대한 아이디어가 떠오른 것은 영국심리학회 연례총회에서였다. 회의에 참석하는 동안 편집자와 이 기획을 의논했고 가닥을 잡았다. 그 무렵 내 연구는 노인의 일상기능으로 방향을 바꾸기 시작한 참이었다. 또한 새로운 강의를 개발하는 중이었기에 책 쓰기를 마다할 이유가 없었다.

꽤 많은 시간과 노력을 들여 노년심리학을 다룬 다양한 텍스트를 읽어본 후, 인지기능에 관한 내용이 거의 없다는 데 적잖이 놀랐다. 인지심리학자인 내 편향을 차치하고서라도 노화가 인지기능에 미치는 영향을 충실히 탐색한 텍스트가 필요하다는 확신이 들었다. 단순히 기억을 다룬 장 하나를 추가하기보다는 기억기능의 전반을 상세히 논의한 책을 쓰고 싶었다. 그뿐 아니라 한 사람이 평생 동안 변화를 겪는 기초 인지 과정을 생물학 측면에서 더 근원적이고 심층적으로 다루고 싶었다.

일상기능에 대한 관심 덕분에 상위인지 같은 고차원 기능이 일상생활에서 수행하는 역할이 중요한 탐색 과제였다. 인지기능평가는 근본 주제이기에 이를 구조화하는 것과 관련된 주요 쟁점을 검토하고 주요 측정법을 간략히 개괄하는 장도 넣기로 했다. 동시에 이런 책에서 일반적으로 다루는 주제들도 빼놓고 싶지 않았다.

조사를 하면서 신경발달장애를 다루는 장을 써야 현존하는 노년심리의 간극을 또 하나 메울 수 있다는 사실을 깨달았다. 예를 들면 특수학습장애가 있는 사람들이 겪는 어려움은 성인기나 노년기가 되어도 사라지지 않는다. 원래 이 책은 13장으로 구성되었지만, 이 주제를 상세히 다루기 위해 장 하나를 추가했다. 마지막 장에서는 약간 사변적이면서도 긍정적인 논의를 해보고 싶었다.

인류의 수명이 전반적으로 더 길어지면서 사회라는 거시 수준부터 개인의 경제 상황이라는 미시 수준까지 많은 어려움이 생겨났다. 노화는 무자비한 동시에 매혹적인 과정이다. 이 책이 여러분만의 탐구 여정을 시작하는 데 유용한 출발점이 되기를 바란다.

차례

들어가는 글 _4

1장 이제는 아동발달이 아니라 노화연구가 중요하다

길지 않은 노년심리학의 역사 _11
나이를 정의하다 _13
노인이 겪는 연령차별 _15
인구 변화에 대한 전망 _16
외부 환경이 발달에 미치는 영향 _18
노화연구의 주요 이론 _19 생태학적 모형 | 수명 접근법
다양한 노화연구 설계 _24
횡단적 설계 | 종단적 설계 | 시간지연 설계 | 계열적 설계 | 실험연구 | 준실험연구 | 상관연구 | 사례연구
노화연구의 주요 방법론 _28 이 장의 요점 정리 _30 간추린 책 소개 _31

2장 노화에 따른 생물학적 변화

우리는 왜 나이 들어가는가 _39 대사율 | 열량 섭취 | 세포 분열과 텔로미어 | 교차결합과 콜라겐 |
산화스트레스와 항산화물질 | 세포자멸사와 유전적 특징
나이에 따른 신체 변화 _43 피부 | 체모 | 신장 | 몸무게 | 근육 | 뼈 | 노화에 따른 심리적 영향
감각기관의 변화 _50 시각 | 후각과 미각 | 촉각 | 청각
순환기관의 변화 _56 심혈관계 질환 | 심부전 | 심근경색증 | 죽상동맥경화증 | 뇌졸중 | 고혈압과 저혈압
호흡기관의 변화 _59 만성 폐쇄성 폐질환 | 폐기종 | 만성 기관지염
비뇨기관의 기능 변화 _60
생식기관의 변화 _61
내분비계와 면역 체계의 변화 _62
나이 들어가는 뇌 _64 신경영상 기술과 뇌 영상화 | 서로 다른 신경학적 관점 | 대뇌 겉질의 변화 | 이마엽
노화이론 | 휴식하는 뇌, 디폴트네트워크
신경계의 변화 _69 신경전달물질 경로의 변화 | 노화에 따른 백질 고강도의 증가 | 내부 변동성의 증가 |
반과 다발의 생성 | 체온 조절 능력의 변화 | 수면 문제 이 장의 요점 정리 _75

3장 노화에 따른 기초 인지 과정과 인지기능의 변화

노화는 단지 퇴행일 뿐인가 _79
감각 과정의 변화 _81 신호탐지이론 | 지각과 지각 과정 | 반응시간 측정 | 복잡성 수준과 반응둔화 | 자극지속이론과 인지둔화
노화와 주의력의 변화 _85 정보처리 접근법 | 상향처리와 하향처리 | 능력 감소 아니면 억제 결함 | 지속적 주의 | 분리 주의 | 과제 전환 | 선택적 주의 | 개인 내부 변동성과 인지기능의 연관성
시각주의와 인지기능 _92 주의 범위의 감소 | 운동감지 능력의 변화 | 지각학습과 시각훈련
신경전달물질의 기능 _96 이 장의 요점 정리 _98

4장 노화와 단기기억의 상관관계

작업기억의 역할 _101 배덜리-히치 작업기억 모형 | 임시 완충기의 기능
작업기억과 나이의 관계 _105 숫자 폭과 문장 폭 과제 | 시공간 파악 능력의 변화 | 노화와 집행기능
고차원적 인지와 이마엽 _112 영상연구로 밝힌 뇌기능의 변화 _114 이 장의 요점 정리 _116

5장 노화와 장기기억의 상관관계

일화기억 _119 의미기억 _123 자서전적 기억 _124 절차기억 _125 암묵기억 _126 출처기억 _128 담화기억 _130 안다는 느낌 _131 미래계획기억 _132 이 장의 요점 정리 _135

6장 상위인지가 일상생활에 미치는 영향

상위인지란 무엇인가 _139
상위기억 _141
기억력에 대한 인식의 변화 _142
통제감과 일상기능 _146
인지와 감정 조절의 과정 _148 노화와 감정 반응 | 감정 조절과 억제 | 노화와 감정적 복잡성
사회인지발달 단계 _152 인지적 마음이론과 정서적 마음이론 | 노화와 집행기능의 변화
사회인지의 신경 토대 _157 노화와 신경퇴화질환   이 장의 요점 정리 _160

7장 일상기능의 변화

의사결정 과정의 변화 _163 치료 선택 | 잘못된 정보의 출처
도덕적 추론 과정의 변화 _165 콜버그의 3단계 인지발달 | 타인의 관점 수용하기
사회적 문제해결 과정의 변화 _168 일상생활 문제해결 능력 _170
사회인지의 변화 _171 일상 행동에서 도식의 역할 | 특질 진단성 | 인과귀인이론
언어에 나타나는 변화 _174 단어 재인 능력 | 철자 능력 | 발음 | 단어 의미 보유 능력 | 설단현상 | 이야기 이해 능력 | 발화 이해 능력 | 발화 생산 능력 | 노인 상대용 발화라는 고정관념 | 전자책과 노인의 독서
이 장의 요점 정리 _181

8장 노인의 인지기능을 평가하다

신경심리검사 _185
배경 정보가 중요하다 _186
무엇을 어떻게 검사할까 _187 지능 지표로서의 능력 | 주의와 기억 능력 | 언어 생산과 이해 | 일반 신경 기능 | 검사의 근본 요소
인지기능평가에 쓰이는 검사 _192 검사 전 주의사항 | 다양한 검사집 | 질병 이전 능력을 측정하는 검사 | 지능을 측정하는 검사 | 주의처리 능력을 측정하는 검사 | 집행기능을 측정하는 검사 | 기억을 측정하는 검사 | 언어 능력을 측정하는 검사 | 학습 능력을 측정하는 검사 | 시공간처리 능력을 측정하는 검사 | 임상의가 선택하는 다양한 검사
노인용 규범 자료를 얻다 _200 컴퓨터로 치매를 예측하다 _202 이 장의 요점 정리 _203

9장 나이는 성격과 지능에 어떤 영향을 주는가

성격 변화 이론 _207 정신 역동적 관점에서 본 성격 | 에릭슨과 로에빙거의 자아발달이론 | 나이와 성별에 따른 방어기제의 선택 | 융의 성격발달 단계 | 성인애착이론 | 시간에 따른 성격 특질의 변화 | 사회인지적 접근 | 구조-과정 모형 | 인지적 관점에서 본 자아이론 | 중년의 위기? | 나이 들면 성격도 변할까
우리는 어떤 인지발달 단계를 거치는가 _219
지능 변화에 영향을 주는 요인들 _222 유동 지능과 결정 지능 | 지능의 안정성 | 다중 지능이론
나이와 창의성 _227 노인은 지혜로운가 _229 이 장의 요점 정리 _233

10장 노화에 적응하다

고령 노동자들의 일과 직업 _237 은퇴, 준비가 필요하다 _239 여가활동 _241 변화를 대하는 태도의 전략 _242 우정, 결혼 관계의 변화 _244 높아지는 의존성 _248 공식적, 비공식적 돌봄노동 _249 사별 후의 슬픔에 대처하는 법 _252 죽음을 준비하다 _255 생의 말기와 완화 치료 _258 생명윤리와 관련된 문제 _260 이 장의 요점 정리 _262

11장 건강하게 나이 드는 법

건강하다는 것은 어떤 상태일까 _265
고령 관련 주요 질환 _266 심장병 | 암 | 근골격계 질환 | 당뇨병 | 호흡기질환
성격이 건강에 미치는 영향 _273 통제감과 자기효능감
낙관주의적 자세와 대응 _276 학습된 낙관주의 | 기질적 낙관주의 | 상황적 낙관주의
희망과 자아존중감 _280
회복탄력성과 건강 _281
노인의 회복탄력성 _284 중년기 | 노년기 | 돌보미의 역할
삶의 질 지수 _288 이 장의 요점 정리 _290

12장 정신건강과 퇴행성 신경질환

우울증 _293 조울증 _299 불안장애 _301 신경증적 장애 _305 건강염려증 _307 불면증 _308 조현병 _310 망상장애 _312 성격장애 _313 편집장애 _315 약물 남용 _316 섬망 _319 치매와 치매성 질환 _321 알츠하이머병 | 혈관성 치매 | 레비소체 치매 | 이마관자엽 치매 | 치매의 희귀 원인 | 경도인지장애 | 치매로 인한 우울증 | 파킨슨병 | 치료와 관리법 | 비약물 치료 | 돌보미의 복리 정신약리학 _337 약동학 | 약역학 | 약물 병용의 주의점 | 약 복용을 돕는 방법   이 장의 요점 정리 _343

13장 신경발달장애를 가진 노인들

성인과 노인의 특수학습장애 _347 특수학습장애 | 신체질환과의 공존 | 정신건강 문제 | 주요 당면 문제
지적발달장애를 가진 성인과 노인 _356 지적발달장애 | 해결 과제 | 정신건강 문제 | 편견과 차별의 문제 | 지적발달장애 노인의 성공적 노화 개념 | 지적발달장애 성인을 위한 인지훈련   이 장의 요점 정리 _363

14장 우리는 어떻게 나이 들어갈까

신경가소성, 뇌의 노화와 적응 _367 신경생성의 과정 | 인지기능의 증진 | 인지기능과 연관된 신체운동
과학기술을 활용하다 _373 게이밍 기술의 활용 | 노령 소비자를 위한 제품 설계
노화 방지를 위한 의학 _380 신체 노화, 어디까지 막을 수 있을까 _382
미래의 우리 모습에 대한 전망 _385 이 장의 요점 정리 _387

감사의 글 _388 뇌구조와 세부 명칭 설명 _390 출전 주 _392 참고문헌 _402 찾아보기 _429

1장

이제는 아동발달이 아니라 노화연구가 중요하다

노화연구가 지닌 중요한 맥락을 살펴보자. 개념 정의부터 연구 설계와 방법론에 이르기까지, 노화연구 분야의 전체 모습을 보여줄 것이다. 그렇다고 여기서 방법론이나 분석 모두를 다루겠다는 말은 아니고 뒤에 나오는 내용에 기반이 될 정보를 제공하려 한다. 1장의 가장 중요한 목적은 노화연구 분야의 주요 쟁점 가운데 일부, 즉 이 책 전체에 걸쳐 다양한 지점에서 챙길 쟁점들을 짚어보는 것이다. 마지막 부분에 책 전체에서 다룰 내용을 간략히 정리해두었다.

노화연구 분야는 광범위하며 계속 확장 중이다. 이 책이 다루는 범위 또한 이를 반영한다. 물론 이 책의 초점은 노화에 따른 심리적 측면의 변화다. 노화연구는 정치적 이슈가 될 가능성이 높은 분야다. 이 분야의 이론과 연구는 현세대만이 아니라 미래 세대에게도 영향을 미칠 사회 기조와 정책에 영향력을 발휘하기 때문이다. 노령층을 둘러싼 쟁점은 쉽게 사라지지 않을 것이다.

본격적인 논의를 하기 전에 노년심리학연구가 생겨난 후 지금까지 어떻게 발달해왔는지 간략히 살펴보자.

길지 않은 노년심리학의 역사

노화에 대한 과학적 연구가 비교적 최근에 시작되었다는 사실은 약간 의아할 수도 있다. 그동안 발달심리학연구의 초점은 노화보다 아동발달에 맞춰져 있었다. 노화연구의 중요성을 밝히려 했던 두어 편의 주요 저작도 20세기 초반에 나왔다.[1] 이처럼 노화를 과학적으로 탐구하지 않았던 이유는 발달이란 아동과 청소년기의 현상이지, 나이 든 사람과는 상관없다는 편견에서 비롯된 듯하다. 노인을 비롯한 성인은 기능의 쇠퇴가 이루어지는 집단으로 간주한 것이다. 그러나 이후 노화에 대한 관심은 점차적으로 증대되어 마침내 전문가들이 연구하기에 이르렀다.

지난 30년 동안 노화에 대한 연구가 급증했다. 노년의학이 노화 관련 질환에 주력한다면 노년학은 건강한 노인을 연구한다. 여기서 노년의 심리를 연구하려는 욕구가 생겨났으며, 연구를 통해 노년의 기능감퇴가 불가피한 현상이 아니라는 것이 점점 더 명확해졌다. 인생 전반을 아우르는 발달은 오히려 엄청난 개인차를 보인다. 개체와 환경 사이의 고유한 상호작용이 무수히 이루어진 끝에 현재의 모습이 되었기 때문이다.

성인기연구는 노년심리학을 이해하는 데 꼭 필요하다. 청년과 노인의 인지기능 수준이 같을 수 없다는 전제는 타당하다. 이때 인지기능은 당연히 기억과 주의력에 국한된다. 이를 뒷받침하는 일상의 실례들이 있다. 인지기능이 나이에 따라 달라진다면 행동 역시 이와 같으리라 추론할 수 있다.

노화연구가 중요한 것은 나이 들면서 우리에게 일어날 여러 잠재적 변화에 대해 미리 알 수 있어서다. 앞으로 벌어질 일에 대한 앎은 자신의 미래, 특히 은퇴처럼 중대한 시기를 앞두고 보다 적절한 계획을 세우는 데 도움을 준다. 이런 지식은 노인과 성인의 상호작용에 관한 정보를 제공해 향후 발생할 수 있는 문제를 더욱 구체적으로 생각해보게 한다. 노인의 수가 증가하는 오늘날의 상황을 고려해볼 때 전문가든 비전문가든 노인의 욕망과 요구를 파악하고 이해하는 것은 반드시 필요하다.

이 책의 제목은 《우리는 이렇게 나이 들어간다》이다. 상상의 여지가 많은 제목이다. 나이가 지니는 의미가 무엇인지 고민해볼 필요가 있다. 이 책에서 계속 등장하게 될 '노인'은 실제로 누구를 가리키는 걸까?

나이를 정의하다

나이를 정의하는 데는 많은 방식이 있다. 가장 친숙한 개념은 우리가 보통 이야기하는 달력 나이로 태어날 때부터 지금까지 경과한 시간이다. 그런데 달력 나이가 우리의 행동이나 능력 수준을 가장 잘 나타내주지는 않는다. 주변을 조금만 둘러봐도 나이와 활력이 일치하지 않는 사례를 얼마든지 찾아볼 수 있다.

생물학적 나이는 개인의 생존 기간에서 그가 현 시점에 차지하는 상대적 위치를 반영한다. 예를 들어 100세까지 살 사람의 65세는 생물학적으로 늙은 나이가 아니지만 70세까지 살 사람의 65세는 늙었다고 간주된다. 전자의 경우 살날이 35년이나 남았지만 후자는 5년밖에 남지 않아서다. 물론 개인의 최대 수명을 알 수 있는 확실하고 믿을 만한 방법은 아직 없다. 그러므로 오늘날 생물학적 나이란 평균수명에 비례해서 논의된다.

달력 나이와 생물학적 나이보다 실제 상황에 더 기반을 둔 나이는 일상활동의 수행 능력을 반영한 것이다. 이를 기능적 나이라 한다. 동갑인 두 노인의 이동성 비교는 한 사람이 다른 사람보다 움직이기를 더 힘들어한다는 측면에서 늘 분명한 차이를 입증한다. 그러나 노인들 간에 존재하는 상당한 개인차와 개개인의 내적인 차이로 기능적 나이는 각 분야별 활동에 따라 달라질 수 있다.[2] 예를 들어 어떤 사람이 움직임은 민첩하지만 시력은 나쁠 수 있다.

나이를 정의하는 데 이보다 더 친숙한 개념은 심리적 나이다. 나이와 관련된 변화에 적응하는 능력은 이때 중요한 영향을 미친다. 일련의 인지적, 행동적, 사회적 기술을 적절히 조율해 이런 변화에 순조롭게 적응할 수 있는 사람은 그렇지 못한 사람보다 심리적으로 더 젊다고 간주된다.

사회는 나이를 정의하는 데도 강력한 영향력을 행사한다. 사회적 나이란 각각의 연령집단 내의 사람들에게 요구되는 적절한 행동이다. 적절한 행동에 대한 기대는 그것이 실제로 적절하든 그렇지 않든 우리가 사는 세계에 만연해 있다. 수많은 사례를 떠올릴 수 있다. 대체로 연령대마다 공통된 여러 단계가 있다. 예를 들어 20대는 교육을 마치는 단계다. 따라서 40대에도 계속 교육을 받는 사람은 20대에 교육을 마친 또래보다 사회적으로 젊다고 분류된다. 평생교육이라는 개념이 문화 속으로 들어오고 있는 것이다.

결국 나이는 주관적인 개념이다. 20대 초반은 50세라는 나이를 노년의 표식으로 보지만, 50대는 자신을 중년이라 생각한다.[3] 셰익스피어 소네트 116의 한 구절을 살짝 비틀어 인용하면 나이는 '영원히 변치 않는 지표'가 아니라 평생에 걸쳐 '변화가 생길 때 변하는' 것이다(셰익스피어의 소네트는 세월이 흘러도 변함없는 사랑에 대한 내용이지만 저자는 여기서 사랑을 나이로 바꾸어 반대 의미로 인용했다—옮긴이).

노인이 겪는 연령차별

사회적 역할에는 어떤 힘이 작용한다. 특정 나이집단에 적합한 행동을 규정하는 관습이 그것이다. 그중 일부는 분명 신체 능력에 기반을 두지만 편견과 오해로 얼룩진 관습도 많다. 나이에 대한 다양한 정의를 살펴봤는데, 명백한 사실은 그와 상관없이 사회에서 실제로 발생하는 문제는 대부분 연령차별이라는 점이다.

연령차별이란 노인의 능력과 역량에 대한 부정확한 추정 때문에 겪는 차별을 말한다.[4] 이런 부정확한 추정이 수정되어 사회가 노년기까지 생존하는 인구의 변화를 반영하길 바란다. 제2차 세계대전 말부터 1960년대 중반까지 지속된 베이비붐의 여파도 점점 더 뚜렷해지고 있다. 1964년 이후 출생률이 감소한 상황에서 베이비붐 세대의 노인은 2030년까지 사회에 큰 영향력을 지속적으로 발휘할 것이며 노인 관련 정책의 변화, 특히 의료와 주택 분야에서 많은 변화가 일어날 것이다. 이보다 더 주목해야 할 사실은 장수 노인의 증가다. 85세 이상 사는 이들이 늘면서 이 변화가 가져올 정치, 경제, 사회적 여파를 대비해야 한다. 비로소 제3의 나이가 출현했다.

인구 변화에 대한 전망

점점 더 많은 사람들이 예전보다 훨씬 더 오래 살게 되면서 전 세계 인구가 증가했다. 통계에 따르면 영국에서는 1985~2010년 사이 65세 이상 인구가 20퍼센트 증가해 총 1030만 명에 이르렀다. 2010년을 기준으로 전체 인구의 약 16퍼센트가 65세 이상이고, 85세 이상 인구도 140만 명이 되었다. 같은 기간 16세 미만 인구 비율은 2퍼센트 감소해 19퍼센트로 나왔다(2012년 영국통계청).

여성의 중위연령은 41세로 38세인 남성보다 높았다. 이는 감소 추세긴 하지만 아직은 평균수명에 성(性)차가 있다. 따라서 인구의 전체 양상이 다소 성별 비대칭적인 모습을 띠게 되었다. 인구노령화는 당분간 지속될 것이다. 영국의 경우 2035년에는 85세 이상의 인구가 최대 5퍼센트 늘어나 350만 명 정도가 되고, 16~64세 사이의 인구 비율은 감소할 것으로 예상한다(2012년 영국통계청).

결혼 여부를 보면 영국은 2033년에 잉글랜드와 웨일스의 기혼 남녀 비율이 줄고 45~64세 사이 비혼 남녀 비율은 늘어날 전망이다. 평균수명이 늘어나면서 배우자와 사별한 노인의 비율은 감소할 것이다. 남편과 사별한 여성의 수에 비해 아내와 사별한 남성의 수가 더 적은 것은 여성의 평균수명이 더 길고, 평균적으로 남성이 자신보다 젊은 여성과 결혼한다는 사실이 합쳐진 결과다(2012년 영국통계청). 배우자를 잃은 남성의 경우 여성에 비해 재혼할 확률이 높아 사별하고 혼자 사는 남녀 사이에도 수적 불균형이 존재한다. 2033년이 되면 혼자 사는 여성 인구는 39퍼센트, 남성 인구는 18퍼센트일 것으로 내다본다(2012년 영국통계청). 이런 추세가 노년 복리福利의 측면에서 갖는 의미에 대해서 12장 돌보미의 역할을 설명하면서 다시 짚어볼 것이다.

외부 환경이 발달에 미치는 영향

 신체의 생명작용뿐 아니라 개체와 외부 환경 간의 상호작용방식이 살아가는 동안 어떻게 우리의 발달에 관여하는지를 고찰해보려고 한다. 폐경기는 취학연령과 더불어 좋은 사례다. 폐경과 취학은 둘 다 특정 달력나이의 범위와 관련 있다. 이를 규범적 연령계층 영향이라 한다.[5] 그러나 사회적으로 특정집단에게 기대하는 역할과 행동에 무엇이 주된 영향을 미치는가 하면, 지난 두 번의 세계대전이 그랬던 것처럼 주요한 과거의 역사적 사건들이 더 큰 영향력으로 작용한다. 이를 규범적 역사계층 영향이라고 하는데, 연령대가 비슷한 특정집단에게 공통으로 존재한다. 개개인 인생의 고유한 사건들, 다시 말해 비규범적 인생사는 그 개인의 발달에만 영향을 줄 뿐이다. 복권 당첨으로 큰돈을 얻을 정도로 운이 좋은 사람이 대표적 예다.

노화연구의 주요 이론

연구가 대개 그렇겠지만 대부분의 노화연구는 특정 주제에 대한 개별 연구자의 관점, 다시 말해 그의 메타이론(어떤 대상이 아닌 이론의 구조나 용어 개념 등을 연구 대상으로 하는 이론—옮긴이)에 기반을 두어 시작되고 연구자가 세운 가정과 잘 들어맞는 행동들을 선택하는 방향으로 작용한다.[6] 연구자가 세운 가설에 입각한 모형은 그 가설을 검증하는 데 쓰이는 방법론의 유형에도 영향을 준다. 지난 수년 동안 다양한 관점이 등장했다.

그 가운데 하나인 기계론적 관점은 인간의 신체를 기계로 간주하고 이를 분해해 각 구성 요소의 기능을 연구한다.[7] 정보처리 접근법은 이런 관점의 고전적 실례다. 정보처리 접근법에서 뇌기능은 뇌의 구성 부분별로 나뉘어 분석되며, 이를 통해 연구자들은 단계별 처리 과정에 초점을 맞춘다. 반면 유기적 관점은 인간 발달에 더 촘촘히 짜인 관점으로 접근해 발달단계에 초점을 맞추되 좀더 구조화된 방식으로 진행한다. 세 번째 메타이론은 맥락적 관점이다. 이 관점은 행동의 역동성, 즉 환경 자극에 반응하는 수동적 존재만이 아니라 환경에 작용을 미치는 적극적 행위주체로서 인간의 역동성을 강조한다. 이 접근법은 발달을 모두가 동일하게 앞으로 나아가는 일련의 경직된 과정으로 보지 않고 개인차를 인정한다.

생태학적 모형

이 모형을 뒷받침하는 기본 가정은 환경과 상호작용할 때마다 우리 행동에서 적응 반응이 일어난다는 것이다. 이때 개인의 능력이 중요하다. 이 능력은 수많은 기능 영역에 걸친 역량으로 신체적, 인지적, 사회적 요소를 포함한다. 우리가 마주치는 각각의 환경은 이 기능 영역 가운데 하나 또는 그 이상의 영역에서 도전을 요구한다. 이런 도전을 환경압력이라 부른다. 적응은 개인의 능력과 환경의 요구가 잘 맞았을 때 이루어진다.[8] 부적응 행동은 능력과 환경의 요구가 잘 맞지 않아 능력이 환경압력을 훨씬 초과하거나, 그 반대일 때 발생한다. 적응의 완충지대는 능력 수준이 높은 개인에게 더 크다. 능력 수준이 높은 개인에게 적응이 일어나려면 환경압력의 수준도 그만큼 높아야 한다. 능력 수준이 높은 이들일수록 다양하고 광범위한 환경압력이 가해지는 상황에 적응할 수 있다. 로튼은 능력 수준이 높은 성인의 경우 주위 환경과 활발하게 상호작용할 수 있으므로 가용 자원 활용 능력이 더 높다고 주장한다.

수명 접근법

노년심리학의 초기 발전에 기여한 것은 파울 발테스와 그의 동료들이 발표한 저작이었다. 이들의 수명 접근법은 노년심리학이 지금과 같은 모습으로 오기까지 엄청난 영향을 미쳤으므로 다양한 지점에서 참고할 것이다. 노화에 따른 기능감퇴에 초점을 맞춘 노년학적 접근법과 달리 수명 접근법은 성장의 잠재력을 강조했다. 실제로 대부분의 노화 관련 텍스트는 노년에 수반되는 기능감퇴와 체념을 알리는 선언으로 읽힌다. 그것이 어느 정도는 불가피한 진실이라 해도 노화가 반드시 손실만을 의미하지는 않는다는 점을 밝히고 오히려 어떻게 노화의 다차원적 다각적 성질에 적응할

지를 자각시키는 것이 내 의도다. 그런 의미에서 나는 수명 접근법의 관점을 반영한다.[9]

수명 접근법의 핵심 개념은 생명문화적 공동구성주의다.[10] 이는 생명체의 역사와 문화적 맥락이 우리와 세계 간의 상호작용에 큰 영향을 미친다는 사실을 인정하는 것이다. 따라서 노년심리학에서 나타난 다양한 층위의 분석을 개념화하는 일이 중요하다.

우선 거시적 측면에서는 수명 발달의 생명문화적 구조가 있다(분석 층위1). 이 층위의 목적은 사회와 생명활동이 정확히 어떤 방식으로 상호작용해 우리의 발달에 영향을 미치는지 알아보는 데 있다. 진화론적 관점에서 보면 나이 들면서 자연선택의 생물학적 이점은 줄어드는데, 개체들이 늙어가면서 번식 연령을 넘어선다는 것과 먼 옛날에는 노년기까지 살아남은 인간이 드물었다는 사실 때문이다. 종으로서의 인간 진화(계통 발생)도, 개체로서의 인간 발달(개체 발생)도 진공이 아니라 인간의 생명활동과 환경 사이에서 일어난 상호작용의 최종 결과로서 발생했다. 수명연장뿐 아니라 삶의 질 역시 이런 상호작용을 촉진시킬 문화적 자원을 필요로 한다. 노화 과정 전반에 걸쳐 발생하는 생물학적 변화들이 기능 연장을 위해 더 많은 자원을 필요로 한다는 점을 고려하면, 이는 매우 타당한 이야기다.[11]

고려해야 할 다음 층위는 자원들이 어떻게 다양한 기능에 할당되는가이다(분석 층위2). 이런 할당은 대개 기능의 강화와 유지 그리고 손실이라는 요소를 고려해 결정된다.[12] 이 과정들은 기능의 향상과 강화, 외부 압력 속에서 기능의 유지, 기능감퇴에 따른 손실 억제 같은 우리의 욕망을 충족시키기 위해 갖가지 상이한 상황에 적응하는 능력을 반영한다.

기능감퇴에서 비롯된 적응은 일련의 보상전략을 가져온다. 이런 보상전략은 결함을 무력화할 뿐만 아니라 기능을 향상시키기도 한다. 따라서 분석 층위3은 성공적 노화에 대한 포괄적 이론, 즉 '선택, 최적화, 보상이론'을 검토하는 것이다.[13] 이 이론은 노인의 심리적 적응의 세 가지 주요 요소에 초점을 맞춘다.

첫째, 선택은 타고난 역량의 맥락에 근거해 특정 행동의 실행 가능성을 평가하는 능력을 가리킨다. 이 선택 과정을 위해서는 가능한 선택지의 축소가 불가피하다. 이 과정은 목적 중심적 성격 또는 손실에 대한 대응의 성격을 띨 수도 있다.[14] 어떤 경우건 목적은 선택이 이루어지는 시점에 사용할 수 있는 자원과 잘 맞도록 재조직된다.

둘째, 최적화는 목표하는 수준의 기능을 가능한 한 효율적이고 효과적인 방식으로 이루는 데 필요한 과정이다. 이 과정은 내외적 수단에 의존하며 자원을 조율하고 정교하게 개선하는 반복 과정을 통해 이루어진다.

셋째, 보상은 사용 가능했던 수단들이 더이상 존재하지 않는 상황에서 개인으로 하여금 동일한 목표를 유지할 수 있게 해주는 대체 자원이 필요할 때 발생한다.

선택, 최적화, 보상이론에서 성공적인 노화는 최대한의 이익과 최소한의 손실을 의미한다. 이 모형은 사회적, 행동적, 인지적 일정 범위의 환경에 적용 가능하며[15] 그 과정은 능동적, 수동적, 의식적, 무의식적, 내면적, 외면적 그리고 상이한 수준에서 작동한다.[16] 이 접근법은 일상적 행동을 모델로 삼는다는 점에서 제공하는 바가 많다. 이를테면 퇴행성 관절염의 경우 선택은 활동 유형을 제한하는 것이고, 최적화는 그 활동을 실천할 때 작동하며 보상은 일상생활에 도움이 되는 장치를 쓸 때 명백하게 드러난다.[17] 연구들이 입증한 것에 따르면 선택, 최적화, 보상전략을 취하는 성인은 행복 수준이 더 높고 인생에 대해 전반적으로 더 만족한다.[18]

지금까지 노화에 관한 주요 이론적 접근법 가운데 일부를 살펴봤다. 이제 이 분야의 가설을 세우고 검증하는 문제를 이야기할 차례인데, 노화 관련 문헌의 다양한 구성 요소를 다루기 위해 수많은 기존의 연구 설계를 사용할 것이다. 사례연구 같은 소규모의 설계부터 대규모 종단연구까지 망라하는 광범위한 영역이다. 또한 관찰이든 신경심리학이든 필요한 정보를 얻기 위한 일련의 방법론도 있다. 이런 방법론은 각각 노화의 구체적 요소에 대해 통찰을 보여준다.

다양한 노화연구 설계

　모든 연구 설계의 중심 요소는 나이, 동년배집단, 측정시간이다. 나이 효과란 같은 집단에 속한 사람들이 겪는 신체적, 심리적, 사회적 변화 때문에 직접적으로 유발된 개인차를 말한다. 이런 의미에서 나이 효과는 단지 경과한 시간이 남긴 잔여물이 아니다. 동년배집단 효과는 특정 세대의 경험에서 비롯된 차이인데, 동년배집단은 대략 같은 시대에 태어난 개인들의 집단이며 구성원들은 발달시기 동안 특정 경험을 공유한다. 특히 동시대 사람은 특정 시대의 교육 체제나 의학 지식을 공유하고 있기 쉽다. 물론 같은 해에 태어났다 해도 모든 사람이 동일한 삶의 기회를 부여받을 수는 없다. 측정시간 효과란 검사 시기에 피험자가 경험하는 맥락을 의미하는데, 이 요소는 사회문화적이거나 환경적인 것일 수 있으며 수집된 자료에 영향을 미칠 수 있다.

횡단적 설계

　서로 다른 연령의 피험자로 이루어진 두 개 이상의 집단을 같은 시기에 모집해 평가하는 방법이다. 횡단연구의 경우 피험자당 한 번씩만 검사를 받기 때문에 시간이 흐르면서 피험자에게 중요한 변화가 발생한다는 점은 고려하지 않는다. 따라서 변화 없음은 횡단적 설계의 쟁점이 아니다. 횡단적 설계의 중요한 이점은 빠르고 효율적인 자료 수집에 있다. 반면 단점은 집단 간의 차이가 실제로 나이를 반영하는 게 아니라 동년배 효과의 산물일 위험성이다.

종단적 설계

횡단적 설계가 가진 많은 한계를 극복하고자 만들어졌다. 종단연구에서는 한 사람을 지정된 기간에 걸쳐 두 번 이상 평가한다. 이 설계의 경우 모든 피험자를 같은 연령대에서 모집하므로 이들은 동년배집단을 형성한다. 이 설계 유형의 한 가지 문제점은 연습 효과(동일한 검사를 동일한 피험자에게 반복 시행함으로 피험자의 수행이 향상되는 현상—옮긴이)가 생길 가능성이 있다는 점이다. 그러나 검사 간의 시간 간격을 충분히 떼어놓는다면 이런 문제점을 최소화할 수 있다.

종단적 설계의 주요 문제는 동일한 개인을 장기간에 걸쳐 호출하면서 피험자가 지치고 탈락할 수 있다는 점이다. 게다가 탈락하는 피험자의 발생 양상이 임의적이지 않다. 실제로 끝까지 남는 피험자는 대개 수행 수준이 높은 사람들이다.[19] 이런 경향은 수집된 자료에 거대한 편향을 산출한다. 그뿐 아니라 종단적 설계는 비용이 많이 들고 시간 소모가 심하다.

이런 한계가 있지만 노년심리학 분야에서 종단적 설계는 꼭 필요하다. 발테스와 네셀로데는 개인 간 차이뿐 아니라 개인 안에서 발생하는 차이를 밝히는 게 중요하다는 점을 확인해주었다. 많은 현행 이론이 횡단연구를 기반으로 하고 있으므로 앞으로의 연구는 종단적 설계를 이용해 개인의 내적인 변화를 검토해야 한다.[20]

시간지연 설계

시간지연 설계의 경우 상이한 시간대의 동년배집단을 비교하는 방법이다. 예를 들어 1960년대에 태어난 40세 집단과 1970년대의 40세 집단을 비교하는 방식이다. 연구자는 세월의 변화에 따른 동년배집단 간의 차이, 이를테면 1960년대의 40대 집단과 1970년대의 40대 집단이 어떻게 다른지 그 양상을 알 수 있다.

계열적 설계

횡단적, 종단적, 시간지연 설계를 결합할 수 있다는 점에서 연구 설계의 발전된 유형이다.[21] 세 가지 설계 요소를 결합한 계열적 설계는 노화, 즉 나이 효과, 동년배집단, 측정 시간에 대한 연구와 관련된 문제들을 처리하고자 한다. 이런 유형의 설계를 통해 상이한 결합이 발생하므로 횡단적 설계를 두 개 이상의 상이한 시간대에서 수행하는 셈이 된다. 이런 설계를 통해 연구자들은 사회문화사에서 각각의 시대가 혼재되어 있어도 나이와 관련된 효과를 가려낼 수 있다.

실험연구

종속변인과 독립변인을 검토하는 데 주안점을 두는 것으로 종속변인은 독립변인의 변화로 일어난 결과를 말하며, 실험 구성 요소는 독립변인의 조작을 가리킨다. 연구자들은 서로 다른 실험 조건에 피험자를 임의 배치하는 설계를 선호하는데, 그럴 경우 다른 수준의 독립변인이 선택의 결과로 나온 변인에 미치는 여파를 검토할 수 있다. 예컨대 두 노인집단의 인지적 과제 수행을 비교하되, 한 집단에는 수행을 향상시키는 약을 주고 다른 집단은 위약僞藥을 주는 것이 실험연구의 대표적 실례다.

준실험연구

이 접근법에도 종속변인과 독립변인이 있다. 단, 준실험연구는 피험자를 임의로 집단에 배치하지 않는다는 점이 실험연구와 다르다. 이 연구에서 연구자는 피험자의 고유한 상황을 활용해 종속변인에 미치는 영향을 점검한다. 예를 들어 자신의 집에 살고 있는 노인과 양로원에 살고 있는 노인 간의 삶의 질을 비교하고 싶다 해도 피험자를 임의로 집단에 배정할 수 없으며 결과적으로 동일한 인과목록을 구성할 수 없다.

상관연구

이 연구는 변인에 조작을 전혀 가하지 않는다. 연구자는 어떻게 변인이 현실세계에서 자연스레 서로 연관되는지에 관심을 둔다. 이런 연구는 인과관계를 주장할 수 있게 해주지는 못하지만, 변인이 서로 얼마나 강력하게 연관을 맺는지 확인시켜준다. 이런 유형의 설계는 특히 노화연구 분야에서 두드러진다. 지금 우리가 가진 기술 수준으로 볼 때, 핵심변인인 나이는 실험으로 조작이 불가능하기 때문이다.

사례연구

희귀질환을 연구할 때 특히 유용한 접근법이다. 여러 증상이 특이하게 결합되어 있는 개인에게 심층연구를 진행해 더 많은 조사가 필요한 새로운 증후군을 확인할 수 있다.

노화연구의 주요 방법론

　자료를 수집하는 주요 방법으로 일기 자료와 자기보고, 인터뷰와 행동 측정이 있다. 일기 자료 수집은 비교적 피험자의 개입이 약하다. 대부분 매일 쓰는 일지 형태를 피험자는 더 짜임새 있는 자기보고 목록들로 바꾸어 각 부분을 살피기 좋게 만드는 정도의 개입에 머문다. 설문지는 실행이 쉽고 신속하며 먼 곳에 떨어져 있는 피험자에게도 실행할 수 있으나 자기보고와 마찬가지로 정확성에 문제가 있다. 그뿐 아니라 피험자와 대면하지 않은 채 작성된 설문지의 경우 종종 문항을 다 채우지 못한 채 회수되기도 한다. 응답자가 자신이 해야 할 일을 파악하지 못해서일 수도 있지만 그야말로 실수로 문항을 빠뜨렸을 수도 있다. 인터뷰는 직접 만나서 하거나 전화로 이루어지는데 피험자에게 특정 설문이나 지시를 일정에 따라 요청하는 유형도 있고, 상황에 따라 질문지를 정정하거나 지시를 변경하는 등 유연성이 더 큰 유형도 있다. 연구 주제를 탐색하는 초기 단계에서는 초점집단(특정 주제를 논하기 위해 모아놓은 작은 동년배집단)을 대상으로 하는 경우가 많으며, 이렇게 모은 자료는 세부 주제에 초점을 맞춘 설문을 만들기 위한 정보로 쓰인다.
　행동 측정이 더 정확한 방법이라는 주장이 있다(물론 여기에는 실리적 인지 유형에 대한 내 선호가 반영되었다). 행동 측정은 정규 지능평가나 신경심리학적 기능 측정을 이용한다.

관찰연구는 또하나의 중요한 방법론으로 대상을 자연 그대로 관찰하거나 실험실을 이용하기도 한다. 자연 그대로의 관찰은 어떤 형태의 조작도 없는 실생활 환경에서 이루어진다. 체계적이면서 비간섭적 관찰로 이루어지는 행동연구는 많은 것을 밝혀주고, 특정 분야에 대한 내용을 보완해줄 뿐만 아니라 후속 연구에 영향을 미칠 수 있다. 실험실 관찰은 실험실 안이든 실생활에서든 통제된 조건하에서 개인을 관찰하는 방식이다. 환경을 조작해 연구자는 특정변인이 행동에 미치는 영향을 관찰할 수 있다. 관찰연구는 해당 연구의 중요한 측면을 많이 밝혀주는 반면, 왜 다양한 행동이 발생하는가에 대해서는 설명하지 못한다. 또한 관찰자 편향에 대한 우려도 맹점 중 하나다. 관찰자 편향이란 연구자의 이론적 가정이 관찰의 유형을 조종하게 되는 상황을 가리킨다. 게다가 관찰자가 장기간 없었거나 보이지 않을 경우, 이들의 출현이 피험자의 행동방식에 영향을 미칠 가능성을 배제할 수 없다는 점 또한 관찰연구의 한계로 지적된다.

이 장의 요점 정리

노년심리학 연구의 실행방식을 개념화하는 데 기초가 되는 여러 요소를 소개했다. 우선 나이에 대한 정의와 관련된 근본 쟁점은 노화 관련 문헌을 이해하는 데 중요하다. 나이를 정의하는 방식은 개인과 사회 모두에게 중요한 함의가 있다.

또한 다양한 노화이론을 살펴봤는데, 연구 모형이 가설 제기방식뿐 아니라 연구 설계와 방법론에 어떤 영향을 미치는지도 소개했다.

날이 갈수록 통섭 학문의 성격을 띠는 노화연구의 접근법은 상당한 규모로 확산 중이기에 여기서 다룬 범위는 그야말로 사용 가능한 접근법 일부의 개요를 제공한 것에 불과하다. 중요한 것은 동일한 문제를 다양한 각도에서 고려해보는 태도다. 다양한 각도에서 문제를 바라봐야 어떤 일이 일어나고 있는가에 관해 온전히 균형 잡힌 그림, 최소한 좀더 명확한 그림을 얻을 수 있다.

간추린 책 소개

1장을 마치기 전에 이 책에서 다룰 주제를 소개하겠다. 책을 읽다 보면 내가 인지기능을 상당히 강조하고 있다는 사실을 발견할 것이다. 이는 내 편향의 결과이기도 하지만 노화라는 주제를 다룬 기존 텍스트의 불균형을 교정하려는 의식적 시도이기도 하다.

2장은 나이 들어가면서 발생하는 생물학적 변화를 자세히 설명한다. 생물학적 기능은 인지기능과 함께 우리가 하는 모든 행동의 토대가 된다. 생물학적 변화와 인지기능 변화를 참고하지 않고는 개인이 어떻게 생활양식의 변화에 적응하는지 알 수 없다. 분명 성격 특질 등 다른 요인도 행동을 변화시키는 데 작용한다. 그러나 이런 주변 요소를 제외하면 개인 간이나 개인 내의 정도 차는 있지만 생물학적 인지적 변화라는 토대가 모든 지속적인 행동을 뒷받침한다. 따라서 2장에서는 나이 들면서 발생하는 신체 변화, 특히 뇌와 심장 그리고 신장과 폐에 발생하는 물리적 변화와 이런 변화가 행동에 어떤 영향을 미치는가를 살펴볼 것이다.

3장에서는 기본 인지 과정이 2장에서 자세하게 설명한 변화에 어떤 영향을 받는지 알아본다. 우선 기본 감각과 지각기능, 주의집중 능력을 효율성과 효과의 관점에서 고찰할 것이다. 그리고 신경전달물질이 이 모든 활동에서 수행하는 역할을 소개한다. 이는 2장에서 살폈던 생물학적 요소와 연계성을 갖는다. 또한 3장과 4장에서는 기억을 다룬다. 기억이라는 주제에 두 개의 장을 할애하는 게 과해 보일 수도 있으나 우리 삶에서 기억이 얼마나 근본적 위치를 차지하는가를 고려한다면 이는 타당하다.

4장에서 다루는 기억은 단기기억이다. 여기서 초점은 작업기억 개념이다. 작업기억 모형은 짧은 시간 동안 어떻게 정보를 조종하고 저장할 수 있는가를 연구할 때 많이 쓰이는 접근법이며, 단기기억 초기 모형에서 진화한 방법이다. 작업기억은 훨씬 더 유연하고 근본적인 무언가를 지칭한다. 연구의 성격상 작업기억을 연구한 내용 가운데 많은 부분이 영상기술에 기대어 있다.

5장의 주제는 장기기억이다. 장기기억은 분명히 작업기억과 연관되어 있다. 작업기억은 고립되어 작동하지 않는다. 이는 우리로 하여금 주위에서 벌어지는 사건을 느끼고 거기에 주의를 기울이기를 요구할 뿐 아니라 저장된 지식에 접근한다. 이 기억 체계는 두 개의 장에서 따로 다루지만 실제로는 연결되어 있다. 구체적으로 5장에서는 장기기억의 상이한 하위 유형을 검토할 것이다. 장기기억, 특히 자서전적 기억은 정체성과 밀접한 관련이 있다. 기억에 대한 연구는 1950년대 기억상실증 환자의 사례연구를 통해 이루어진 선구적 연구가 나오기 전까지는 그다지 추진력을 얻지 못했다. 우리의 명령에 의해 명시적으로 인출되는 기억이건 인식하지 못해도 행동에 영향을 미치는 기억이건, 우리는 이 초기 연구로부터 상이한 유형의 장기기억을 분리한 다음 분류할 수 있게 되었다. 나이 효과를 처음으로 알게 되는 것은 대개 기억이 전과 같지 않다고 느낄 때다. 이런 나이 효과는 삶의 모든 측면에 걸쳐 우리가 생생히 느끼는 것들이다.

6장에서는 이런 연장선상에서 상위인지를 검토할 것이다. 상위인지는 우리가 스스로의 사고 과정을 생각할 수 있는 능력이다. 상위인지와 관련된 문헌에는 우리가 어느 정도로 자신의 기억을 평가할 수 있는가, 또는 얼마나 효과적으로 자신의 감정을 조절할 수 있는가 등의 다양한 하위 주제들이 있다. 이 모든 주제의 토대는 3장부터 5장에 걸쳐 논의하는 인지하부구조다. 6장에서는 특히 사회인지에 집중한다. 자신의 행동을 조종하는 능력은 사회적 상황 속에서의 수행 능력에 상당한 영향을 미친다. 우리는 자신의 생각과 감정만이 아니라 타인의 생각과 감정에 대해 정확히 설명할 필요가 있다(여러분이 전에 심리학을 공부했고 타인의 생각과 느낌을 제2의 천성처럼 잘 알고 있는 독심술의 대가라 해도 이런 필요성은 사라지지 않는다). 타인의 생각과 감정을 읽는 작업과 관련된 개념은 마음이론(자신의 마음을 토대로 타인의 마음 상태를 추론하는 과정을 통해 타인을 이해할 수 있다는 이론—옮긴이)이다. 이는 비교적 일찍부터, 즉 어린 시절부터 발달하는 인지기능의 한 측면이다.

  7장은 일상기능에 초점을 맞춘다. 일상기능이란 추론과 의사결정 과정이 우리가 원하는 삶을 영위하는 능력에 영향을 미치는 방식이다. 이때 특히 중요한 점은 자신의 건강에 대해 내리는 결정이다. 이 부분에서 다시 한번 사회인지와 관련된 문제를 다룰 텐데 이번에는 성격 특질의 영향을 중심으로 살펴볼 것이다. 그리고 언어 문제를 검토한다. 언어를 말하고 이해하는 능력이 없다면 우리는 어떻게 될까? 언어 문제는 생물학적 기능과 인지기능의 변화와 중요한 관련이 있다.

  8장은 인지 관련 주제를 마무리하는 맥락에서 노인의 인지기능을 평가하는 주요 도구를 개괄한다. 인지심리학자는 창의적인 사람들이라서 상상 가능한 거의 모든 기능마다 이를 평가하기 위한 측정방식이 있다. 여기서는 신경심리학평가의 기본 구성 요소도 일부 살펴보겠다. 이 평가는 개인의 능력 수준을 정확히 설명하는 데 꼭 필요하다.

9장에서는 나이가 성격과 지능에 미치는 영향을 검토하기 위해 많은 저작을 다룰 것이다. 9장은 주요 성격이론에 대한 간략한 설명부터 시작해 개인의 성격이 생애에 걸쳐 어떻게 변하는지 소개한다. 성격은 정말 변할까? 그다음으로 '지능'이라는 개념을 검토하고 나이가 지능에 미치는 영향도 고찰한다. 심리학에서 지능에 대한 개념화는 다소 편협한 개념에서 출발해 일련의 상이한 역량을 포용하는 방향으로 성장을 거듭해왔다. 이런 성장은 다중 지능 개념으로 구현되어 있다. 이와 관련해 창의성과 지혜, 그리고 이것들이 노년기에 하는 역할에 대한 관심이 커지고 있다. 영국 뉴웨이브 헤비메탈의 선구자 가운데 하나가 예언한 대로 '늙었다고 해서 반드시 지혜로운 것은 아니'라는 사실을 알게 될 것이다(밴드 주다스 프리스트의 'You Don't Have To Be Old To Be Wise'라는 노래에서 따온 것―옮긴이).

10장에서는 변화의 문제를 논한다. 우리에게 얼마만한 적응력이 있을까? 살아가는 동안 수많은 중요한 순간이 찾아오고 그때마다 적절한 적응요소가 필요하다. 노인의 경우 직장인에서 은퇴자로의 역할 변화가 바로 이런 순간에 해당된다. 이런 변화를 거의 감지하지 못하는 사람들이 있는 반면, 그 변화로 안락했던 일상에 균열을 경험하는 이들도 있다. 친구나 가족을 잃는 문제와 이런 문제에 대한 대처 또한 중요 쟁점이다. 타인에 대한 의존성 증가 같은 변화가 우리가 받는 보살핌에 어떤 영향을 주는지도 검토할 것이다. 더불어 인생의 마지막 단계와 관련된 다양한 쟁점을 다룬다. 특히 생애 말기에 다다른 노인이 선택할 수 있는 관행의 용이성이 커지면서 이와 관련된 윤리적 문제들을 어떻게 다뤄야 하는지 생각해볼 것이다.

노년에 맞닥뜨리는 주요 변화 가운데 하나는 건강 악화다. 11장은 노년과 관련된 주요 건강 문제를 잠재적 위험 요인과 예방 및 치료전략의 관점에서 살핀다. 그리고 9장에서 소개했던 성격 측면을 좀더 상세히 다루면서 성격이 삶의 질에 영향을 미치는 요인에 역점을 두고 알아볼 것이다. 이때 논의할 주요 개념으로는 스트레스나 정신적 외상을 받았을 때 나타나는 낙관주의, 희망, 회복탄력성(역경을 이겨내는 긍정적 힘—옮긴이)이 포함되며 이는 행복감 증가와 관련이 있다. 다음으로 개인의 반응이 건강에 미치는 영향을 살피는데, 대개 어떻게 더 나은 방향으로 영향을 미치는가에 중점을 둔다.

11장에서 신체적 문제에 집중했다면 12장에서는 노인과 관련된 가장 일반적인 정신질환 특히 우울증, 불안, 불면증, 섬망譫妄 그리고 다양한 형태의 치매를 다룰 것이다. 노인 관련 질환에 대해 들어왔음에도 이런 질환들이 당사자에게 어떤 의미인지는 직접 겪어보지 않고는 자세히 알 수 없다. 특히 치매의 일종인 알츠하이머병에 대해 미디어의 관심이 높다. 알츠하이머병에 걸릴 위험이 있는 고령층의 수가 늘어난다는 점을 고려하면 이 질환의 심각성을 제대로 평가하는 것은 무엇보다 중요한 일이다. 노인집단과 연관된 쟁점이 되고 있는 약물 남용 또한 다룬다. 여기서 다룰 질환의 성공적 치료법에는 약물 사용이 상당히 포함되므로 약물의 작용에 관한 내용 역시 소개한다.

13장은 신경발달장애를 다룬다. 신경발달장애는 많은 노년심리학

문헌이 간과해왔던 주제다. 이는 자폐 범주성 장애와 주의력결핍과잉행동장애가 청소년기 이후에는 문제가 되지 않는다는 오해 때문에 생긴 결과다. 물론 그것은 사실이 아니다. 따라서 이런 장애가 성인에게 다른 양상으로 나타날 수 있지만 여전히 상당한 곤란을 초래한다. 다운증후군 같은 지적장애도 마찬가지다. 현대인의 수명이 늘어나면서 알츠하이머병에 걸릴 위험도 높아진다는 점 역시 중요한 논점이다. 신경발달장애의 경우 다른 신체적 정신적 질환과 함께 나타나는 형태인 공존질환이 흔하다는 사실 또한 짚어볼 것이다.

14장은 노인의 미래는 어떤 모습일지 가늠하면서 희망을 점쳐보려는 시도다. 두뇌훈련과 그것이 인지감퇴를 어떻게 회복시킬 수 있는가에 대한 많은 연구가 이루어져왔다. 이런 연구의 성과들은 기대만큼 긍정적이지는 않다. 그럼에도 일련의 활동이 인지노화의 징후를 둔화하는 데 도움이 된다는 증거가 늘어나고 있다. 이와 관련해 노인의 독립 조건을 향상시켜줄 과학기술 또한 검토할 것이다. 노화가 진행되면서 오는 인지기능의 변화를 상쇄하기 위해 할 수 있는 일이 무엇인지 살펴본 다음, 노화의 신체적 징후를 중단 또는 역전시키기 위해 의술이 제공할 수 있는 방책을 점검한다. 끝으로 현세대와 미래 세대의 수명연장과 삶의 질 향상에 꾸준한 발전이 이루어질 경우 제기될 수 있는 주요 윤리적 쟁점을 확인하면서 책을 마무리하려 한다.

2장

노화에 따른 생물학적 변화

나이 들면서 발생하는 생물학적 변화를 살펴보자. 많은 노화 관련 이론이 노화의 일반적인 현상에 대해 일관되고 빈틈없는 설명을 제공하기 위해 각축을 벌이고 있다. 근력과 골격, 순환기관과 호흡기관에 이르는 신체 구조는 삶을 영위하는 방식을 결정한다.

노화에 따른 호르몬기능과 면역기능의 변화 양상 또한 점검할 것이다. 감각의 역할이 이와 밀접한 관련을 맺고 있다. 듣고 보고 만지고 맛보고 냄새를 맡는 능력의 변화는 일상기능에 제약을 가한다. 마지막 부분에서는 나이와 관련된 신경 변화들을 다룬 다음, 노화 과정에서 일어나는 다양한 변화에 대처하는 방법을 알고자 할 때 신경영상 기술의 진보가 어떤 역할을 하는지 볼 것이다.

생리작용은 그게 무엇이든 삶의 다른 영역에 영향을 준다는 사실을 명심해야 한다. 생물학적 변화는 신경기능의 쇠퇴든 전에는 당연시했던 일상활동 수행 능력에 대한 자신감의 저하든 간에 우리의 심리적 안녕감에 직간접적 영향을 미친다. 게다가 신체적 정신적 기능 수준의 변화는 사회생활에도 많은 영향을 준다.

우리는 왜 나이 들어가는가

노화 과정을 설명하는 다양한 이론이 있다. 이론이 다양한 만큼 설득력 또한 다양하다.

대사율
깊이 생각해보지 않아도 납득할 수 있는 노화이론은 평생 특정 유기체의 생명을 지속시켜줄 에너지의 양이 유한하다는 것이다. 에너지를 다 쓰면 생명체는 소멸한다. 생명체의 수명은 대사율과 관련이 있는 것 같다. 따라서 대사율이 높은 동물일수록 수명이 짧은 경향을 보인다. 실제로 기초 행동을 조작할 경우 수명이 영향을 받는다는 사실이 입증되었다. 예를 들어 특정 포유류는 동면을 유도하면 수명이 더 길어진다.[1]

열량 섭취
수명에 영향을 미치는 또다른 요인은 열량 섭취다. 열량을 줄인 식사를 공급받은 설치류와 붉은털원숭이의 수명이 연장되었다. 분명 열량 감소가 노화에 예상되는 특정 변화를 둔화시킨 결과인 듯하다.[2] 이와 유사한 결과는 인간에게도 나타난다. 일본 오키나와 주민 가운데 100세인 주민의 비율은 나머지 지역의 40배에 달한다. 이곳 주민의 심혈관계 질환, 당뇨병, 암 발병률은 나머지 지역의 절반 정도다.[3] 오키나와 주민의 식단을 보면 일본인 평균 식사 칼로리의 60퍼센트만 섭취한다. 흥미로운 결과지만 신진대사와 장수 사이의 직접적 관련성을 암시하는 결정적 증거는 아직 없다.[4]

세포 분열과 텔로미어

세포 작용은 당연히 노화 과정에 영향을 미친다. 생명체의 수명은 세포 분열 횟수에 의해 일부 결정되기 때문이다. 시험관 내, 즉 숙주 외부에서 성장시킨 세포는 정해진 횟수만큼 분열한 후 죽는다. 횟수는 세포 기증자의 나이에 영향을 받는 듯하다. 노인의 세포가 죽기 전에 거치는 분열 횟수는 젊은 사람에 비해 적다. 이를 헤이플릭분열한계라 한다. 인간 태아의 세포는 최대 60회까지 분열하는 반면 성인의 세포는 20회에 그친다. 이를 결정하는 중요한 요소는 염색체의 물리적 구조, 더 구체적으로 말하면 염색체의 말단부(말단소체)인 텔로미어라고 여겨진다.

텔로미어는 진핵 염색체(진핵세포는 세포 속 핵과 미토콘드리아가 원형질막에 싸여 있어 핵막이 없는 원핵생물과 대비된다) 양 끝에 자리하고 있다. 이는 짧은 DNA 염기서열이 반복되는 형태로 나이가 들면 이 DNA의 반복 횟수가 줄어든다. 텔로미어는 세포분열 조절을 돕는데, 텔로미어가 분열된 세포들 내에서 복제를 하려면 텔로머라아제라는 텔로미어 복원 효소가 필요하다. 그러나 이 효소는 (복제와 무관한) 체세포에는 존재하지 않으며 난세포와 정세포 같은 생식세포, 일부 성인의 줄기세포(미분화세포)에만 있다.[5] 따라서 체세포분열시 세포 복제가 이루어질 때마다 텔로미어는 계속 짧아진다. 이런 분열을 여러 차례 거치면서 지나치게 짧아진 텔로미어는 염색체 내에 불안정을 초래한다.[6] 텔로미어 DNA의 손실은 과다한 세포분열을 억제하고 결국 암세포 증식에서 나타나는 고삐 풀린 복제 과정을 방지한다.[7]

교차결합과 콜라겐

세포 변화에 기초한 또하나의 노화이론은 교차결합과 연관이 있다. 교차결합은 콜라겐이라는 특정 단백질 분자가 상호작용해 생긴 분자들이 몸의 연조직을 강화하는 과정이다. 교차결합 비율이 높으면 뻣뻣한 체조직이 생기는데,[8] 노화가 진행될수록 교차결합이 증가한다. 나이 들면서 심장근육과 동맥의 유연성이 떨어지는 현상을 이 이론으로 설명할 수 있다. 그러나 이런 구조 변화 외에 교차결합이 노화 과정에서 더 본질적인 역할을 한다는 증거는 없다.

산화스트레스와 항산화물질

노화는 자유라디칼, 즉 안정된 분자 내의 결합이 끊어져 홀전자를 갖는 과정에서 발생하는 불안정한 분자 때문에 일어난다는 가설도 있다.[9] 자유라디칼은 다른 분자와의 상호작용 과정에서 세포의 산소량을 변화시켜 국부적 손상을 입힘으로써 세포에 근본 변화를 야기한다.[10]

자유라디칼과 노화가 연관이 있다는 가장 큰 증거는 비타민A와 C, E를 비롯한 항산화물질의 효과에서 발견할 수 있다. 자유라디칼이 체내에서 다른 분자들과 반응하는 과정을 산화라 한다. 항산화물질은 산화 과정 억제를 돕는데 이게 불충분할 때 일어나는 것이 산화스트레스다.

음식물을 통해 항산화물질을 규칙적으로 섭취하면 암과 심혈관계 질환을 비롯한 특정 노화질환의 발생이 지연된다는 추정 역시 꾸준히 제기되었다.[11] 그러나 항산화물질이 어떤 방식으로든 수명연장에 관여한다는 것을 보여주는 명확한 증거는 아직 없다.[12]

세포자멸사와 유전적 특징

유전적 특징이 우리 삶에 미치는 영향에 대한 이해가 커지면서 세포자멸사가 노화 과정에서 수행하는 역할이 대단히 중요하다는 사실이 입증될 것이다.[13] 세포자멸사 또는 세포자살은 세포의 내재적 자기파괴력을 가리키는 개념이다. 세포자멸사는 발달이라는 정상 과정의 일환이다. 조직과 기관이 처음 형성될 때 필요 이상의 세포가 생산되고 이런 조직과 기관은 세포자살 과정을 통해 최종 형태를 갖춘다. 손의 형성이 그 실례다. 배아 단계의 손은 손가락이 분화되지 않아 뭉툭한 삽 모양이다. 완전한 형태를 갖추기 전 손가락 사이의 세포들이 세포자살을 겪으면서 손가락 분화가 이루어진다. 그런데 이런 과정에 대해서 알려진 것은 거의 없다. 세포자살, 아니 더 정확히 말하자면 세포자살이 이루어지지 않는 현상이 암의 진행과 결부된다는 혐의가 있다. 그러나 많은 질환에서 유전적 특징이 결부된다는 증거가 늘어나는 상황이므로 이런 혐의를 입증하려면 세포자살 현상에 대한 이해를 먼저 심화할 필요가 있다.

사실 진화의 관점에서 보면 노화 원인을 찾는 것은 이치에 맞지 않는다. 자연선택설에 따르면 우리의 생리 체계는 대략 같은 속도로 쇠퇴한다. 그리고 세포 수리와 신체 유지는 생존에 유리한 속도로 발생한다. 예를 들어 어떤 생리기능은 비싼 에너지 비용을 치르고 수리되는데, 다른 기능은 빠른 속도로 망가지게 진화하는 것은 불가능하다.[14] 수리에는 엄청난 양의 에너지가 필요하다. 신체 유지에만 매일 약 1,600칼로리가 쓰인다. 이는 노화의 단일한 원인이란 애초부터 규명이 불가능하며 단일한 치료 방법도 없다는 의미다.

나이에 따른 신체 변화

나이 들면서 생기는 신체 변화를 살펴보자. 우선 육안으로 보이는 신체 노화의 징후는 미디어에서 많이 다루는 주제인데, 이 표면적 변화는 삶을 영위하는 방식에 큰 영향을 미친다.

파스칼 메르시어의 소설 《리스본행 야간열차》에는 우리가 진정 어떤 존재인가에 대한 경이로운 통찰이 드러난 구절이 나온다. 작가는 우리가 타인에게 보이는 모습이 자신의 진정한 본질을 반영한다는 통념에 의문을 제기한다. 거울에 비친 자신의 모습을 볼 때, 남들이 나를 보듯 그렇게 볼 수 있을까? 거울 속에서 나를 응시하는 사람을 어떻게 인지하는가, 이 문제는 나이 들어가면서 특히 고려해야 할 사항이다.

전진하는 시간이 몸에 새겨놓은 지울 길 없는 표식을 긍정적으로 관찰하고 포용해 전반적으로 행복감을 유지할 수도 있고, 아니면 이런 변화를 피할 수 없는 쇠락의 전조로 볼 수도 있다. 자신의 몸을 통제할 수 있다는 느낌, 자신의 역량과 능력에 대한 자신감은 변화에 적응하는 우리에게 안팎으로 상당한 영향을 미친다. 거울을 볼 때 나이가 나를 정면으로 응시하고 있다는 것을 보여주는 첫 번째 지표는 피부다.

피부

나이 들면서 피부에는 복잡한 사건이 벌어진다.[15] 세포가 점차 손실되고 그 결과 피부의 바깥층이 훨씬 더 얇아진다. 피부가 더 약해져 외부 손상에 취약해진다. 콜라겐섬유로 이루어진 연결 조직은 탄력을 잃어 유연성이 떨어진다. 피부 중간층에 위치한 탄력섬유가 피부를 더이상 팽팽하게 유지해주지 못하므로 피부가 늘어져버리는 것이다. 마지막으로 충전재를 제공하는 피부의 지방층도 얇아져 신축성이 유지되지 못해 선명했던 얼굴 윤곽선이 두루뭉술해진다.

이런 변화는 많은 연쇄 효과를 낳는다. 우선 체온 조절자로서 피부가 수행하던 역할의 효력이 떨어진다. 약해진 피부는 젊은이의 피부보다 쉽게 베이거나 멍이 들거나 물집이 잘 잡히는 성질로 바뀐다. 색소침착으로 검버섯과 모반이 더 도드라진다. 피부 표면 주변의 혈관이 팽창하면서 갖가지 정맥도 드러나게 된다.[16] 얼굴은 무엇에 노출되었는가에 따라 큰 영향을 받는데, 흡연과 햇빛은 얼굴에 영향을 미치는 두 가지 주요 요소다. 자외선이 피부 속 콜라겐섬유를 파괴한다. 자외선 차단제를 적절히 사용하고 햇빛 노출을 제한해 주름 생성 속도를 줄일 수 있다. 흡연은 입술 주변의 혈류를 감소시켜 주름의 원인이 된다.[17]

체모

나이 들면서 남녀 구분 없이 점차 머리카락이 얇아지고 희어지는 현상을 경험한다. 또 모공을 생산하는 배중심(胚中心, 유사분열을 해 모발이 성장하는 곳―옮긴이)의 손실로 머리카락이 빠진다. 흰머리가 생기는 것은 색소 생산이 중단되어서다. 그러나 남성의 경우 얼굴에 난 털에는 변화가 없으며 털이 없던 얼굴의 다른 부분에 새로 자라기도 한다. 여성도 호르몬 변화로 얼굴에 털이 나기도 한다.[18]

신장

노화를 목격할 때 흔히 관찰되는 현상은 몸무게와 신장의 확연한 변화다. 50~70세 사이에 남성은 평균 1인치(1인치는 2.54센티미터)가량, 여성은 2인치가량 키가 줄어든다.[19] 이는 대개 골밀도 감소와 척추사이원반의 물리적 변화로 척추에 압박이 가해져서다. 키가 줄어드는 현상은 나이 들면서 오는 자세 변화에 의해서도 영향받을 수 있다.[20]

몸무게

몸무게는 대체로 중년기에 늘어나다가 노년기에 다시 줄어든다. 이런 변화는 대개 체내 대사율이 변한 결과다. 신진대사의 둔화와 운동량 감소가 결합해 신체가 요구하는 열량이 줄어든다. 그럼에도 이런 변화에 필요한 식단이나 적응이 거의 없는 탓에 남성은 복부에, 여성은 둔부에 살이 붙는다. 노년에 몸무게가 급감하는 것은 근육과 뼈가 손실되기 때문이다.[21] 정상 몸무게를 가진 65세 노인의 건강은 그렇지 않은 사람보다 비교적 양호하며 수명 또한 길다.[22]

근육

근육조직은 시간이 가면서 점차 손실된다. 이 과정을 근감소증이라 한다. 근감소증은 근섬유의 수와 크기 모두를 감소시킨다. 근력은 약 20세 전후로 최고조에 달했다가 대략 50세까지 지속되는 안정기가 지나면 급속도로 감소하기 시작한다.[23] 반면 근지구력은 상당 기간 유지된다.[24]

나이 들면서 생기는 근력 감소는 근육량이 감소하기 때문이라 간주되지만[25] 신경 파괴[26]와 힘줄 경직[27]도 유발 요인이다. 근감소증의 영향이 쌓이면서 운동은 점점 더 힘들어지고 신체 전반이 영향을 받는다.[28] 저근육형 비만이라 불리는 과도한 몸무게 증가 때문에 결과가 악화될 수 있다.[29] 근육과 관련된 실제적 문제가 있다. 하반신의 힘이 약해지면서 이동성 저하와 더불어 낙상의 위험이 증가하고, 일단 균형에 손상을 입으면 이 문제가 더 악화된다. 이동성은 독립심 유지에 매우 중요하다. 우리 모두 이 문제에서 자유로울 수 없지만 대다수는 이런 변화가 삶을 영위하는 데 별 영향을 미치지 않으리라 여겨 간과하곤 한다.

뼈

나이가 들면 뼈조직이 손실된다. 뼈의 손실은 대개 30세 무렵에 시작해 50대에 확연해지고 70세쯤 둔화된다.[30] 뼈조직 변화는 남녀 차이가 큰데, 손실 속도는 여성이 더 높다. 그 이유 가운데 일부는 폐경기 이후의 에스트로겐 감소 탓이다. 에스트로겐은 뼈에 나타나는 탈회(인산칼슘과 같은 뼈의 회분이 유출되는 것—옮긴이) 현상을 감소시킨다고 알려졌는데[31], 폐경기 이후 여성의 에스트로겐 감소는 종종 뼈에 문제를 유발한다. 이런 여파는 남성에 비해 여성이 손실 초기 단계에서 더 크다. 여성이 남성에 비해 골량이 적어 뼈의 고갈이 시작될 때 손실을 견딜 수 있는 도구인 완충제도 더 적기 때문이다.

노화되는 뼈의 구조를 보면 골량 감소로 점점 속이 비어가고 뼛속에 구멍이 많아져 조직 또한 성글어진다. 뼈의 이런 구조 변화로 골절이 발생할 가능성이 높아진다. 노화된 뼈의 경우 골절이 일어나면 깨끗하게 부러질 가능성이 높다. 뼈가 깨끗이 부러진다는 것은 치료가 힘들어진다는 의미다. 뼛속 콜라겐 함량의 감소는 뼈의 유연성을 둔화시켜 뼈에 압력이 가해질 때 골절 가능성이 커진다.[32] 노화와 관련된 일반적 변화 이외에도 수많은 퇴화 과정이 뼈에 두드러진 영향을 미치는데, 가장 주목할 것은 골다공증과 관절염이다. 이 변화는 성인과 노인에게 만연된 건강 문제와 연관이 있다.

골다공증 여성에게 더 두드러지게 나타나며 심각한 질환으로 정상적 노화에서 예상되는 뼈조직의 퇴화가 더 심화된 상태다. 뼈는 여분의 질량을 잃고 구멍이 극심하게 많은 상태가 된다. 시간이 지나면서 골다공증을 앓는 사람의 자세는 구부정해진다. 유발 요인은 칼슘과 비타민D 부족, 고단백 식사, 에스트로겐 저하 등 상당히 많다. 천식, 암, 류머티즘 관절염, 갑상샘기능저하증, 간질 관련 약을 복용하는 사람은 골다공증에 걸릴 위험이 훨씬 더 높다. 이런 약물이 골량을 감소시키기 때문이다.

관절염 노인에게 흔한 질환이다. 성인 초기부터 관절 보호 연골이 퇴화하기 시작한다. 가장 흔한 유형은 퇴행성 관절염과 류머티즘 관절염이다.

퇴행성 관절염(또는 골관절염)은 연골이 마모되면서 뼈 손상이 올 때 발생한다. 점진적으로 진행되는 이 과정은 통증을 가져와 거동과 이동을 어렵게 만든다. 시간이 지나면서 점점 더 관절기능이 감퇴된다. 이는 힘든 육체노동에 종사했던 사람에게서 더 흔하다. 영향을 받는 주요 부위는 손, 척추, 둔부, 무릎이다. 손목, 팔꿈치, 어깨, 발목은 상대적으로 영향을 덜 받는다. 통증을 가장 심하게 느낄 때는 염증에 걸린 관절을 사용할 때다. 질환 부위가 붉어진다거나 부어오르지는 않는다. 가장 효과가 좋은 치료법은 소염제와 스테로이드제, 휴식과 운동의 병행 그리고 식사 조절이다.

류머티즘 관절염은 손가락과 손목 또 발목에 쉽게 발생한다. 퇴행성 관절염과 달리 관절이 부어오르는 따위의 분명한 외부 지표가 있다. 관절을 보호하고 윤활제 역할을 해주는 부위인 활막에 염증이 생기기 때문이다.

치료법으로 아스피린이나 다른 비스테로이드 소염제 또는 항류머티즘제가 있다. 휴식과 운동의 병행 또한 효과가 있다. 물론 이런 경우 강도가 낮은 운동을 처방한다. 증상의 강도는 종종 변한다. 따라서 주의를 기울이지 않으면 치료와 관리에 차질이 빚어진다.

노화에 따른 심리적 영향

나이 들면서 발생하는 변화는 개인이 자신을 인식하는 방식, 즉 자아 개념에 많은 영향을 준다.[33] 자아 개념의 변화는 사회가 노화를 바라보는 방식, 연령차별을 초래하는 사회의 다양한 편견과 고정관념을 반영한다.[34]

우리의 신체, 특히 외모는 시간이 휩쓸고 지나간 폐허의 기록물로 남는다. 이는 모두에게 비슷하게 나타나지만 심리적 사회적 여파는 남성과 여성에게 다르게 나타난다. 머리가 세는 것 같은 무해한 현상조차 다른 영향을 미친다. 여성에게 흰머리는 숨겨야 할 부정적인 것으로 간주되는 반면 남성에게는 뭔가 남다른 분위기를 풍기는 노련함을 암시한다.

노화의 영향을 상쇄하는 목적을 가진 의학 기술은 비교적 최근까지만 해도 여성의 관심 영역이었지만 점점 노화를 우려하는 남성을 끌어들이고 있다. 그러나 성형수술의 효과란 노화를 지연시키는 데 불과하다. 일정 단계에 다다르면 노화의 징후는 누구도 피할 수 없다. 14장에서는 외모 관련 논점들을 기술 발전의 맥락에서 다룰 것이다.

비단 외양적 차이만이 자기 스스로를 보는 관점에 의미가 있는 것은 아니다. 체력과 지구력의 변화 또한 삶을 영위하는 방식에 상당한 영향을 미치며 다양한 활동을 대하는 자신의 역량을 어떻게 재평가해야 할지를 결정한다. 몸을 쇠하게 만드는 질환이 없는 경우라면 체력은 어떤 연령대에서든 향상시킬 수 있다. 실제로 유산소운동은 신체기능향상뿐 아니라 인

지감퇴에 맞서 싸우는 데도 매우 유익하다.[35]

앞서 언급한 대로 퇴행성 관절염과 류머티즘 관절염이 일상기능에 미치는 여파는 상당하며 질환의 성격상 그 여파는 신체적 심리적 측면에서 모두 나타난다. 이런 질환은 환자의 독립심을 저하시킬 뿐만 아니라 물리적 통증 자체가 일상기능에 악영향을 끼친다. 그러나 노인은 대개 이런 어려움을 상쇄할 일련의 행동적 심리적 전략을 취하고 있다.[36]

감각기관의 변화

노화가 초래하는 가시적이고 두드러진 변화를 살펴봤다. 이제 감각이 어떻게 노화 과정에 대처하는지 알아보자.

시각

노화가 가장 두드러지게 영향을 미치는 영역 가운데 하나가 시력이다. 노화 단계에서 어느 시점이 되면 대부분은 책을 자신의 팔 길이보다 멀리 두어야 읽을 수 있다는 사실을 깨닫는다. 이런 의례적 변화를 겪는 사람 가운데 일부는 이를 재미있는 현상으로 받아들이기도 하지만 실제로 시력 약화가 가져오는 심리적 여파는 기쁨보다는 슬픔이다.[37]

노화에 따른 눈의 물리적 변화는 크게 두 가지다. 첫 번째는 눈 자체의 구조적 변화다. 그 가운데 하나는 동공이 축소되어 눈으로 들어올 수 있는 빛의 양이 줄어드는 현상이다. 이로 인한 가장 두드러진 어려움은 어두울 때 눈이 잘 보이지 않는 것이다. 이와 정반대 현상으로 강한 빛에 더 취약해지기도 한다.[38] 이런 현상은 모두 눈이 빛의 변화에 적응하지 못하게 되어 발생하며 이를 암순응의 약화라고 부른다.[39] 이런 변화는 자동차 운전에 많은 지장을 준다.

수정체도 변화를 겪는다.[40] 나이 들면서 수정체는 노란 기미를 띠고 그 때문에 특정 색을 구별하기 힘들어진다. 단파장에 민감한 추상체(빛을 받아들이는 시세포의 일종—옮긴이)가 감소하면서 색 지각이 손상된다. 수정체의 경우 시간이 지나면서 탄력이 없어지므로 자기 형태를 조절하는 능력에 제약을 받게 되고, 따라서 초점을 맞추는 데 문제가 발생한다. 이런 경우의 전형적 결과가 노안이다. 노안이란 가까이 있는 물체에 초점을 맞추기가 매우 어려워지는 상태다. 수정체가 초점 변화에 적응하는 능력이 감소해 가까운 물체에서 멀리 있는 물체로 초점을 바꾸거나 그 반대로 바꾸는 데 시간이 더 걸린다. 공간 정보를 감지하는 능력인 대비 민감도 또한 영향을 받는다.

나이 들면서 겪는 다른 변화도 여럿이다. 이를테면 백내장이 있다. 백내장은 수정체에 뿌연 백태가 끼면서 발생한다. 따라서 눈으로 들어오는 빛의 양이 상당히 줄어든다. 녹내장도 매우 흔하다. 녹내장은 눈 속의 수양액(각막과 렌즈 사이의 공간에 있는 액체로 눈에 유입되는 빛을 굴절시킴—옮긴이)이 세내로 빠져나가지 못해 내부 압력이 증가하면서 생기는 질환이다. 이 질환은 적절한 치료 없이 방치하면 내부 손상을 일으키고 해당 눈의 시력 손상을 일으킨다. 백내장과 녹내장 치료의 성공률은 현재 꽤 높은 편이다. 다른 시력질환으로 황반변성이 있다.[41] 황반이란 망막 내 시각의 초점이 발생하는 부위다. 망막의 나머지 부분에 비해 황반은 간상체와 추상체의 밀도가 조밀하다. 간상체와 추상체는 시력에 필요한 전문 수용기 세포다. 황반 중심부에는 중심와(中心窩, 상의 초점이 맺히는 부분으로 색채 식별을 중점적으로 담당함—옮긴이)가 있다. 시력은 중심와 지점에서 가장 높은데 황반변성이 발생하면 이 부위에 포함된 수용기 세포에 돌이킬 수 없는 손상이 나타난다. 그렇게 되면 세세한 것을 볼 능력을 잃는다.

당뇨병 또한 시력에 영향을 미친다. 당뇨망막병증은 황반에 체액 정체를 유발하고(황반부종), 망막박리와 망막의 출혈, 동맥류의 위험도 일으킨다.⁴² 이런 질환은 서서히 발병하기 때문에 가장 위험성이 높은 집단은 일찍부터 당뇨병을 앓아온 사람들이다.

시력은 일상생활에 큰 비중을 차지하며 행복의 중요한 결정인자다.⁴³ 앞에서 살펴본 많은 질환은 최소한의 처치만으로도 상당히 호전된다. 게다가 신체 변화는 노인을 위해 더 안전한 환경을 만들게 한다. 성격적 특징은 이런 변화에 대처하는 방식에 일정 정도 영향을 미친다. 성실성이 높은 사람은 시력의 변화를 극복해야 할 난제, 즉 체념하고 수용하는 것이 아니라 정복해야 할 것으로 간주하는 경향이 있다.⁴⁴

후각과 미각

후각과 미각 역시 영향을 받는다.⁴⁵ 나이 들면서 미각 민감성의 역치가 높아져 맛을 잘 느끼지 못한다. 미각 상실을 초래하는 많은 신체 변화 가운데 미각기능과 혀 구조 변화의 영향이 크다. 후각의 경우 후각 체계의 변화로 냄새를 구별하는 민감성이 떨어진다. 이는 대개 후상피 구조의 변화 때문이다. 이런 변화는 개인에 따라 매우 다르게 나타난다. 미각보다는 후각이 개인차가 더 크다. 미각과 후각의 변화는 흡연자일 경우와 일부 약물로 민감성이 떨어지는 경우에 악화될 수 있다. 미각과 후각의 손실로 유해한 음식이나 냄새를 감지하지 못하게 된다. 미각과 후각은 영양 습관, 그중에서도 영양분 선택과 전반적 식욕에 중요한 역할을 한다. 따라서 이들 감각의 손실은 불충분한 영양 섭취로 이어질 수 있다.⁴⁶

촉각

노화에 따라 촉각에 대한 민감성이 줄어들면서 통증을 느끼는 강도가 감소한다.⁴⁷ 촉각이란 온도뿐 아니라 압력의 변화를 감지하는 능력을 가리킨다. 촉각 민감성이 받는 영향은 신체 부위에 따라 다르다. 상대적으로 가장 민감한 부위는 손가락 끝과 입술, 혀끝이다. 그리고 움직임과 팔다리의 위치를 감지하는 능력도 줄어든다. 이는 노인에게서 일어나는 낙상 발생률과 밀접한 연관이 있다.

통증 감지도 영향을 받는다. 이런 감각을 감지하는 실제 능력뿐 아니라 통증을 알리는 의지에서도 개인차가 심하다.[48] 어느 정도 습관이 되면 통증에서 오는 혼란과 고통이 줄어들 여지도 있다. 나이 들수록 진행되는 특정 건강 상태로 인한 만성 통증을 경험할 확률이 높아진다. 특히 비만이 문제가 된다.[49] 급성병에서 비롯된 추가 통증 감지가 비만 때문에 매우 어려워질 수 있기 때문이다.

만성 통증에 대한 대처는 노인일수록 필요하다. 대다수 노인들은 일상활동 수행이 나날이 어려워지는 환경에서도 독립된 삶을 영위할 수 있다.[50] 통증은 인지기능에 상당한 영향을 미치며 수많은 중요한 결함을 일으킨다.[51] 인지기능을 평가할 때 통증의 이런 특징을 고려하는 것이 중요하다. 통증은 다른 건강 문제와 마찬가지로 독자적 영향으로 수행 능력에 문제를 일으킨다.

청각

노화와 관련된 또하나의 흔한 현상은 청력 손실이다.[52] 가장 널리 알려진 문제 가운데 하나는 높은 소리에 대한 민감성이 떨어지는 노년 난청이다. 노년 난청은 속귀에서 일어나는 수많은 변화로 나타나는데[53] 그 종류에는 달팽이관 수용기세포 변성으로 인한 감각성 난청, 나선신경절세포를 비롯한 신경세포가 손실되어 나타나는 신경성 난청, 줄무늬체(선상체) 위축으로 인한 대사성 난청, 속귀 구조의 위축으로 인한 기계적 난청이 있다. 노년 난청의 원인이 중요한 것은 원인에 따라 영향을 받는 청력의 양상이 달라지기 때문이다.[54] 예를 들어 감각성 난청은 영향이 가장 적은 반면, 신경성 난청은 말을 이해하기 어렵게 만든다. 대사성 난청과 기계적 난청은 모든 높이의 소리 전반에 대한 민감성을 감소시킨다.

다양한 층위의 청력 손실은 삶의 질이라는 문제와 중요하게 연관된다. 특정 형태의 청력 손상이 있는 사람은 일상 업무와 활동 수행에 지장을 받는다.[55] 가장 우려스러운 점은 청력 손실이 의사소통에 미치는 영향이다.[56] 노인은 사람들의 말을 이해하기가 갈수록 힘들다고 어려움을 토로한다. 이들은 종종 말을 잘못 알아듣거나 혼란스러워하며 따라서 말이 엉뚱하게 해석되는 결과를 낳을 수 있다. 이들이 의사와 대화하는 장면을 상상해봐도 이런 문제가 어떻게 불안을 증폭시키는지 가늠할 수 있다. 의사는 명확성이 떨어지는 환자의 말을 제대로 이해하지 못하고 적절한 대답을 해주지 못한다. 이런 소통의 결핍은 곧바로 환자의 상태에 대한 부정확한 진단으로 이어진다.

청력 손실로 노인의 독립된 삶 또한 영향을 받기 쉽다. 청력 손실을 겪는 노인은 무엇보다 주위에서 벌어지는 위험에 반응성이 떨어지므로 화재경보 같은 청각 자극에 제대로 대응하지 못한다. 청력이 삶의 질에 미치는 여파를 고려했을 때 일상기능의 변화에 대한 정서적 대응은 매우 중요하다. 따라서 청력 손실은 우울증과 자아존중감 상실로 이어질 수 있다. 사회적 고립이 깊어질 가능성도 존재한다.

이명 또한 노인에게는 매우 흔하다. 이명이란 외부 자극이 없는 상태에서도 소음을 듣는 상태를 말한다. 특정 약물로 이명이 발생할 수도 있고 귀지가 쌓여 나타날 수도 있다. 이명은 큰 소음에 노출되거나 머리 외상 때문에 생기기도 한다. 소음을 경험하는 것은 신경세포 자극의 증가 또는 과민증의 영향일 수 있다.[57] 아직 정확히 밝혀진 원인은 없다.

균형 문제도 나이 들면서 점점 더 커진다. 균형은 속귀의 전정기관에 의해 조절된다. 노인은 종종 어지럽다거나 핑핑 도는 느낌을 받는다고 말하는데 이런 증상은 낙상 가능성을 높인다.[58] 전정기관에 발생하는 노화 관련 특정 변화가 원인일 수도 있지만, 노인이 다양한 감각 정보를 통합하는 데 시간이 더 오래 걸리기 때문일 수도 있다.[59]

순환기관의 변화

나이 들면서 두드러진 변화를 겪는 부분은 순환기관과 호흡기관이다. 이 기관들은 둘 다 중요한 기능을 수행하므로 이들이 받는 손상은 익숙한 방식의 기능에 엄청난 차질을 일으킨다.

심혈관계의 경우, 지방층이 심장 주변에 형성된다. 동시에 딱딱한 결합조직이 근육조직과 심장판막을 점차 대체한다. 좌심실 벽이 두꺼워지면서 산소가 실린 혈액을 예전과 동일한 양으로 뿜어 전신에 공급하는 능력이 줄어든다. 좌심실 이완기능이 감퇴되기 때문이다. 이는 남은 근육조직이 전과 동일한 활동을 위해 더 열심히 일해야 한다는 의미다.[60] 순환기관 전체에도 변화가 일어난다. 예를 들어 동맥벽의 경우 석회화와 콜레스테롤 침전물 축적 때문에 탄력이 떨어진다. 이런 변화가 복합적으로 작용할 경우 개인이 수행할 수 있는 신체활동은 상당히 감소한다. 65세 무렵이면 몸의 유산소 능력(혈액이 운반할 수 있는 산소의 최대량)과 심장박출량(심장이 1분당 박출하는 혈액량)은 몸 전체에 걸쳐 대략 청년의 40퍼센트 미만 수준이다.[61] 심장박출량 감소율은 젊었을 때의 건강 상태에 크게 좌우된다.

심혈관계 질환

나이 들어가면서 심혈관계 질환에 걸릴 위험이 높아진다. 이 질환은 75세까지의 남성에게서 발생률이 더 높다. 심혈관계 질환과 관련된 주요 위험 요인 가운데 두 가지인 당뇨병과 비만 위험 역시 높아진다.

심부전
심혈관계 질환에는 다양한 형태가 있다. 심부전은 심장의 수축 능력이 떨어지면서 발생한다. 심장이 더이상 신체의 요구를 충족해줄 수 없는 지경에 이르는 것이다. 심장근육이 커지는 심장 비대 현상으로 한쪽 또는 양쪽 심실 부전이 불가피하게 나타난다. 협심증은 심장이 공급받는 산소가 불충분해서 특유의 연관통을 가슴에 유발한다. 연관통이라는 명칭은 통증이 실제 손상된 장기가 아닌 부분에서 느껴진다는 데서 유래했다. 이는 대개 운동 같은 신체활동에 대한 반응으로 발생한다.

심근경색증
심장으로 가는 혈액 공급이 완전히 차단되거나 상당히 줄어든 경우 발생한다. 증상은 협심증과 비슷하지만 훨씬 정도가 심하다. 그러나 가슴 통증이 늘 심근경색증의 전조는 아니다. '고요한' 심근경색증 또한 가능하다. 노인에게서 이런 현상을 더 흔히 볼 수 있다.

죽상동맥경화증
나이 들면서 지방층이 동맥 속에 쌓이면 동맥벽이 석회화되는데, 이를 죽상동맥경화라고 부른다. 동맥에 쌓인 지방층은 혈류를 막을 수 있다. 부적절한 식사와 흡연 같은 생활습관이 이를 악화시킨다.

뇌졸중
죽상동맥경화가 뇌로 가는 혈액 공급에 영향을 주면 뇌졸중이 올 수 있다. 혈류가 차단되어 뇌의 특정 부위로 들어가지 못하기 때문이다. 뇌졸중은 뇌 동맥을 막는 혈전으로도 생길 수 있다. 혈관이 파열되어 출혈이 나타나기도 한다. 뇌졸중의 강도에 따라 또 영향을 받는 부위에 따라 다양한 문제가 유발된다. 가장 흔한 증상은 두 가지인데, 실어증이라는 언어기능장애와 편측마비라는 몸의 한쪽만 마비되는 신체장애다.

고혈압과 저혈압

고혈압은 뇌졸중 발생 위험을 높인다. 혈압 상승은 대개 뇌혈관계 내 구조적 변화로 일어나며, 이는 노화와 관련이 있다. 고혈압은 심혈관계 질환의 확률을 높일 뿐 아니라 인지수행과 신장기능을 손상시킨다. 만성 스트레스와 다량의 나트륨 섭취로 생기는 결과다.

저혈압은 (적혈구가 정상치보다 낮은) 빈혈 때문에 발생하기도 한다. 가장 흔한 형태의 저혈압은 기립성 저혈압이다. 일정 시간 쉬는 자세를 취하다 갑자기 움직일 때 증상이 나타난다. 심혈관계가 자세 변화에 신속하게 대응하지 못해 나타나는 증상이다. 뇌에 공급되는 혈액이 충분치 않아 어지럼증과 구토를 느끼고 때로 실신하기도 한다. 저혈압은 현기증 발작으로 이어질 수 있으므로 노인의 경우 실신 자체보다 그 과정에서 더 심각한 사고에 노출될 위험이 커진다.

호흡기관의 변화

나이 들수록 호흡기관에 많은 변화가 생기지만 이를 감지하기는 어렵다. 85세가 되면 1회당 흡기량이 약 40퍼센트 감소한다. 산소가 이산화탄소를 대체하는 효율도 감소하는데, 이는 폐포 내 손상 때문이다.[62]

만성 폐쇄성 폐질환
노인이 겪는 흔한 질환이다. 일단 걸리면 회복 가능성이 없고 호흡기 능력의 감퇴를 초래한다. 만성 기관지염과 폐기종이 여기에 속한다. 이 질환의 주요 원인 가운데 하나는 흡연이다. 물론 공해도 연관 있다.

폐기종
폐포벽의 과도한 팽창으로 손상이 생길 때 발병한다. 이 질환으로 폐 내부의 탄력이 현저히 줄어들면 산소와 이산화탄소 교환 능력의 저하를 피할 수 없다. 심각한 경우 환자는 혈액 속 산소 부족으로 정신이 혼미해지고 방향감각을 잃는다.

만성 기관지염
만성 기관지염은 먼지나 오염도가 높은 환경에 오래 노출되었을 때 발병한다. 천식은 또다른 호흡기질환으로 증가 추세에 있다.

비뇨기관의 기능 변화

비뇨기관 내 기능 측면에서 보면 노인은 사구체여과율이 떨어진다.[63] 사구체여과란 체내 물질이 소변으로 배설되기 전에 재흡수, 제거되는 과정을 가리킨다. 말하자면 일종의 여과 과정이다. 사구체여과는 약물대사 측면에서 중요한 연쇄 효과를 갖기 때문에 약물 과다 복용의 위험을 피하기 위해 노인에게 처방하는 약의 용량에 관한 꾸준한 점검이 매우 중요하다.[64]

가장 흔한 문제는 방광기능과 관련된 것이다. 나이 들면서 방광기능이 점점 떨어진다. 방광 크기는 변하지 않지만 지각의 변화로 요의가 더 잦아진다. 남성 노인의 경우 대부분 전립샘이 확대되는데 이를 전립샘비대증이라고 한다. 확대된 전립샘에 방광이 압박을 받아 요의 빈도가 높아진다. 가벼운 요실금이 생기는 경우도 있다. 갑작스러운 요의와 더불어 많은 경우 소변이 새는 현상이다. 격렬한 운동도 요실금을 유발할 수 있다. 노인이 되면 소화기관이 약해진다는 고정관념과 달리 실제로 소화기관에 별다른 변화는 없고 타액과 위액 분비가 둔화되는 정도다. 대부분의 노화 관련 증상과 마찬가지로 이것 역시 개인차가 크다.[65]

생식기관의 변화

　노화에 따른 생식기관 변화는 성차가 크다. 남성의 변화는 점진적이지만 여성은 급격한 변화를 겪는다. 여성의 폐경주위기(갱년기)는 대개 40세 전후 시작된다. 이 시기에 월경은 불규칙해지며 많은 여성이 수면 중 식은 땀을 흘린다. 개인차가 크지만 대략 완전한 폐경은 55세 무렵이다. 이때가 되면 난소는 난자 배출을 중단하고, 에스트로겐과 프로게스테론 수치도 감소한다. 호르몬 변화는 안면홍조, 두통, 수면장애, 급격한 기분 변화와 인지 문제를 비롯한 일련의 신체적 심리적 증상을 예고한다.

　폐경기의 부정적 여파는 대개 에스트로겐 수치의 하락 때문이다. 이는 호르몬대체요법을 이용해 인위적으로 높일 수 있다(인공 프로게스테론인 프로게스틴도 같은 효과가 있다). 예전에는 호르몬대체요법을 폐경기가 주는 부정적 여파에 대처하는 요법으로 간주했으나 이제는 최소량으로 폐경기 초기 증상을 치료하는 데 쓰인다. 더이상 호르몬대체요법이 심장질환 발병률을 감소시킨다고 보지 않지만 이 요법은 폐경기 이후 골다공증 예방에 매우 효과적이다.[66]

　이에 비해 남성의 변화는 점진적이다. 주요 변화는 테스토스테론 수치의 하락이다.[67] 이 단계를 남성 갱년기라 한다. 정자 생산 또한 감소한다.[68] 전립샘 구조의 변화는 전립샘 확장을 일으키고 요로가 막힐 가능성도 있다. 전립샘암의 유병률 또한 중년기에 더 높아진다.

내분비계와 면역 체계의 변화

내분비계는 신체기능 조절을 담당하며 호르몬을 혈류로 분비해 조절한다. 내분비계 자체의 조절 부위는 뇌의 시상하부와 뇌하수체 앞부분이다. 가장 중요한 내분비계는 (뇌에 위치한) 뇌하수체, (목에 있는) 갑상샘, (복부에 위치한) 부신과 생식샘이다. 호르몬은 소화부터 성장에 이르는 수많은 과정을 관장하며 항상성기능에도 기여한다.

노화는 다양한 샘에서 분비되는 호르몬 양을 변화시켜 내분비계에 영향을 준다. 성장호르몬, 간에서 분비되는 호르몬인 인슐린유사성장인자의 활동 둔화는 노화로 인한 신체정지(성장호르몬의 결핍)로 이어진다. 신체정지는 골광질 손실, 근육량 감소 등 노화로 발생하는 다양한 신체 변화를 초래한다.[69] 부신 겉질(부신피질)에서 만들어지는 코르티솔은 스트레스를 받을 때 분비된다. 이 호르몬은 신체활동을 돕는데 늙어갈수록 코르티솔 수치가 상승한다. 이를 글루코코르티코이드 폭포 가설이라 하는데 코르티솔 수치의 상승은 해마에 있는 신경세포의 손실을 가져온다.[70] 신경세포 손실은 노인의 인지기능에 부정적 영향을 끼친다.[71]

갑상샘호르몬의 분비가 저하되어 중년에 이르면 대사율이 느려진다. 악명 높은 복부비만의 원인이 되는 기전이 바로 이 대사율 둔화다. 이런 상황에서는 열량 섭취량에 변화가 없어도 몸무게가 늘어 복부비만이 발생한다. 또 소수의 노인에게서 발견되는 무증상 갑상샘기능저하증이라는 질

환은 일련의 인지장애를 초래한다.[72]

수면은 많은 활동에 커다란 영향력을 발휘한다. 멜라토닌은 수명-각성 주기 조절에 근간이 되는 호르몬이다. 이 호르몬은 뇌간에 위치한 솔방울샘(송과선)에서 분비되며 몸의 일주율(대략 24시간을 기준으로 하는 행동과 생리 과정의 일상 주기―옮긴이)에 영향을 미친다. 일주율은 나이 들면서 변한다고 알려져 있다.[73] 멜라토닌보조제는 수면장애를 치료하는 데 효과가 있다.[74] 하지만 광범위하게 이 보조제를 쓰기 전에 그 효과를 더 검토해야 한다.

면역 체계는 질병과 감염에 저항하기 위한 신체 방어 체계의 필수 요소다. 나이 들면서 면역성이 노화해 그 결과로 방어선이 무너지기 시작하고[75] 면역을 담당하는 T세포와 B세포의 항원 파괴 효과가 떨어져 감염에 더 취약한 상태가 된다.[76]

• 나이 들어가는 뇌

나이 들어감에 따라 뇌에서 발생하는 주요 변화 가운데 일부를 살펴볼 것이다. 뇌의 작용과 기능에 대한 지식은 신경영상 기술의 꾸준한 발전으로 향상을 거듭해왔다. 자기공명영상 같은 비침습적 검사를 통해 우리는 특정 뇌구조와 연관된 기능을 탐구할 수 있게 되었다. 뇌 내부 구조가 변하는 경우 그에 수반되는 잠재적 기능 변화가 초래됨은 물론 인지적 사회적 감정적 행동이 일생 동안 영향을 받으며, 이런 영향은 결국 전반적인 행동에 여파를 미친다. 신경학은 행동평가와 함께 다양한 개입전략의 효과를 평가하는 도구로 유용하다.[77] 그러므로 뇌구조 변화 가운데 일부를 설명하면서 동시에 신경과학 분야의 지식을 넓혀준 구체적 기술을 살펴보려 한다. 우선 몇 가지를 알아보자.

신경영상 기술과 뇌 영상화

뇌구조 신경영상 기술은 뇌의 각 조직이 가진 물리적 성질이 서로 다르다는 사실을 활용한 뇌 영상화다. 컴퓨터단층촬영과 자기공명영상은 뇌구조의 정적인 상태를 보여준다. 뇌기능 촬영기술은 생리활동의 국부적 변화 원인이 신경활동이라는 전제를 이용한다. 양전자단층촬영과 기능적자기공명영상은 실시간으로 뇌가 활동하는 모습을 보여주어 뇌가 다양한 기능을 할 때 어떤 일이 일어나는지 관찰할 수 있게 해준다. 양전자단층

촬영은 몸의 특정 부위로 가는 혈류 변화에 초점을 맞추는 반면, 기능적 자기공명영상은 혈액 내 산소 농도를 검사한다. 두 기술 모두 뇌활동의 간접적 지표를 제공하고 신경활동 자체가 아니라 혈류나 산소 수치의 변화를 보여주지만, 이 기술들은 연구와 진단의 수단으로 다양한 분야에서 상당히 유용하게 쓰인다. 반면 뇌파검사나 뇌자기도는 실제 신경세포가 발생시키는 전기활동과 자기활동을 각각 측정한다.

서로 다른 신경학적 관점

다른 학문과 마찬가지로 신경학에도 수많은 접근법이 있다.[78] 신경심리학적 접근법은 다양한 연령대 특정 환자군의 뇌활동과 기능을 건강한 대조군과 비교하는 방법이다. 병리적 장애로 뇌구조에 비정상적 변화가 생기면 인지기능에 변화가 생긴다. 건강한 대조군에서 드러나는 인지결함이 환자군이 보이는 결함과 비슷하다면, 뇌구조의 동일한 내재적 변화의 결과라 주장할 수 있다. 또다른 접근법은 상관 접근법으로 특정 인지기능을 뇌의 특정 부위나 구조와 연관 지으려 한다. 이름에서 알 수 있듯 이 접근법은 연관 관계를 찾으려 하므로 종종 연관 타당성을 둘러싼 불확실성이 존재한다. 활성화 영상 접근법은 특정 행동과 그 기저에 있는 특정 뇌활동 사이의 연관성을 명시화하는 게 목적이다. 이 기술은 인지작업을 수행하는 뇌활동의 변화를 측정한다.

노화가 인지기능에 미치는 영향은 늘 연구의 초점이다. 이 영향은 누구도 피해갈 수 없기 때문이다. 나이가 인지기능에 미치는 영향을 연구하는 접근법은 뇌 내부의 비정상적 변화와 전형적 노화를 겪는 성인의 변화 두 가지다. 나날이 발전을 거듭하는 뇌 촬영기술은 이제 뇌기능을 연구하는 기존의 인지이론에 많은 정보를 제공해주고 있다. 노령 인구에 대한 우려가 커져가는 가운데 뇌 병리의 비정상적 변화를 조기에 알아내 알츠하이머병 등을 정확하게 진단하고, 치료의 선택지를 확장하려는 선구적 연구들은[79] 12장에서 다룰 것이다.

대뇌 겉질의 변화

뇌에서 일어나는 변화를 탐구하는 데 도움이 되는 주요 도구들을 간략하게 알아봤으니 이제 뇌의 변화에 대해 알아보자. 우선 고려해야 할 부위는 대뇌 겉질이다. 대뇌 겉질의 변화에 관한 연구는 상당히 많다. 대뇌 겉질은 두 개의 분리된 반구로 이루어져 있고 뇌들보(뇌량)가 둘을 이어주는 구조다. 연구를 통해 각 반구와 관련된 수많은 전문적 기능이 드러나면서 이들의 기능이 비대칭적이라는 사실도 밝혀졌다. 언어는 주로 좌반구의 활동이다. 오른손잡이나 왼손잡이기능도 좌반구와 관련이 있어 보인다. 대부분의 오른손잡이는 언어에 대해서는 좌반구 우세를 보이는 반면, 시공간 정보처리는 우반구 우세를 보인다.[80]

노인의 뇌기능 저하는 뇌에서 발생하는 많은 생리적 변화의 결과, 즉 신경세포 손실, 백질 손실, 신경섬유다발과 베타아밀로이드반의 증가 때문이다. 이런 변화를 상쇄하기 위해 반구 내 기능의 특화가 감소한다.[81] 반구의 비대칭은 더이상 예전 같지 않다. 두 반구 모두 반대 측 반구의 유사 구조와 기능이 연동되어 있으므로 정상적 비대칭 뇌의 기능이 쇠퇴할 가능성에 대비해 각 반구가 상대측 반구를 동원한다.

이마 겉질(전두피질)은 특히 노화에 따른 인지변화에서 연구자의 흥미를 끌어왔다. 이마엽(전두엽)은 고차원적 인지기능에 반드시 필요하다. 이를 통해 우리는 인간 행동 영역 전반에 걸친 작용을 계획, 변경, 점검할 수 있다.

이마엽 노화이론

노화에 따른 뇌기능 변화를 살피는 연구는 이마엽활동에 초점을 맞추는 경향을 보여왔다. 이를 이마엽 노화이론이라 한다.[82] 이마엽 노화이론에 따르면 노화로 일련의 인지활동과 연관된 앞이마엽(전전두엽)과 내측 관자엽(측두엽) 두 부위 내 활동성이 낮아진다.[83] 앞이마엽의 낮은 동원률은 기억을 향상시키는 수단인 효과적 부호화전략을 채택하지 못하는 것으로 알 수 있다. 앞이마엽의 동원률 저하는 노인이 기억 과제를 수행할 때 실제로 발생하지만, 정보의 부호화를 향상시키는 전략 사용에 대한 조언을 받으면 나이 차가 사라진다는 데 주목해야 한다.

일련의 인지작업에 대해 노년층과 청년층의 수행을 비교할 때 분명한 것은 나이가 비단 이마엽활동에만 영향을 미치지는 않는다는 점이다. 상이한 부위의 신경활성화 또한 두 집단에서 서로 다르게 나타난다. 예를 들어 언어적 작업기억과 관련된 수행을 검토해보면 청년층의 뇌활동은 좌측 이마엽 겉질에 집중되어 있다. 반면 동일한 과제를 수행하는 노인층의 뇌를 스캔한 영상을 보면 한쪽보다는 양쪽 이마엽 겉질의 활성화가 두드러지게 나타난다. 이는 청년층의 경우 과제 수행에 좌반구만 요구되는 반면 노인층의 경우 동일한 과제를 수행하는 데 좌우 반구의 이마엽 겉질이 모두 동원되고 있음을 의미한다.[84] 다시 말해 노인에게서 이마엽 활성화 감소가 아니라 오히려 증가가 나타나는 것이다. 그러나 연구자들은 노인이 좌우 반구를 모두 사용해 과제를 수행하는 이런 현상을 제대로 설명하지 못하고 있다. 그나마 개연성 있는 설명은 노인이 노화로 감퇴된 수행을 보완하기 위한 방식으로 뇌의 더 많은 구역을 동원한다는 것 정도다.

휴식하는 뇌, 디폴트네트워크

디폴트네트워크와 관련된 최근의 한 연구는 노화와 관련된 차이가 특정 작업을 수행하는 뇌활동보다 휴식하는 동안의 뇌활동에 있다는 사실을 입증했다. 휴식하는 동안 관찰된 뇌활동 양상을 디폴트네트워크라 일컫는다.[85] 청년의 경우 완수해야 할 과제를 만나면 디폴트네트워크가 억압된다. 그러나 노인의 뇌는 그렇지 않은 듯하다.[86] 그 결과 적극적 처리가 필요할 때 이마엽 활성화가 광범위하게 이루어진다.[87]

디폴트네트워크 접근법에서 영향력 있는 모형은 노화와 인지의 비계설정이론이다.[88] 이 이론의 가설은 노화로 다양한 체계의 기능이 감퇴하지만 다양한 상쇄 구조 때문에 높은 기능이 유지된다는 것이다. 특정 뇌 부위의 기능이 감퇴하는 경우 이를 상쇄해 기능의 효율성을 향상시키고 수행을 유지하기 위해 다른 뇌 부위가 동원된다. 이런 대응 유동성이 뇌기능의 감퇴를 상쇄하는 수단으로는 긍정적이지만, 비계설정은 효율성이 덜하며 결국 전반적으로 수행이 더 낙후되는 결과를 가져올 수 있다. 하나의 가정은 이 현상이 뇌가 노화에 적응한 증거라는 것이다.

이제 노화에 따른 겉질기능의 변화가 행동에 어떤 영향을 미치는지를 다시 한번 짚어보자. 다음 장들에서는 노인의 기능에 영향을 미치는 뇌구조의 다른 변화를 심층 검토할 계획이다.

신경계의 변화

신경계 내에서 발생하는 변화를 집중적으로 살펴보자. 신경계와 면역체계 간에 중요한 상호작용이 이루어진다는 것은 오랫동안 정설로 알려져왔다.[89] 신경정신면역학 분야는 우리의 전반적 건강과 행복을 확립시키는 정신과 신체의 기능을 더 잘 이해하기 위한 탐색 속에서 성장하고 있다. 비타민E와 단백질은 규칙적 운동과 마찬가지로 노인의 면역기능을 향상시키는 것으로 보인다.[90] 반면 지속적 스트레스는 반대 효과를 가져온다.[91]

노화에 따른 뇌의 작용은 대부분 신경세포에서 발생한다. 신경세포는 몸 전체에 걸쳐 정보를 전송하고 수신한다. 정보는 수상돌기(신경세포에 달려 신경 자극을 중계하는 가느다란 세포질의 돌기—옮긴이)에 먼저 수신된 후 세포체로 전달된다. 이렇게 전달된 정보는 전기화학적 신호로 변환되고 이 신호는 축삭돌기로 내려가 시냅스(신경세포의 축삭돌기 말단과 다음 신경세포의 수상돌기 사이의 연접 부위—옮긴이) 뿌리로 전달된다. 정보가 전달되는 부위 사이에 물리적 연결이 전혀 없기 때문에 정보는 시냅스로 가는 신경전달물질을 통해 다음 신경세포로 전달된다.

신경전달물질 경로의 변화

나이 관련 변화들은 다양한 신경전달물질 체계에서 발생한다. 이 체계 가운데 하나가 도파민 경로다. 나이 들면서 도파민 수치가 감소하고, 도파민을 생산하는 신경세포의 과도한 손실은 파킨슨병의 발병과 연관된다. 파킨슨병은 수전증, 신체 경직, 균형장애, 발을 질질 끄는 걸음걸이 등의 특징을 갖는 운동장애로, 이 질환은 12장에서 상세히 다룰 것이다.

아세틸콜린 신경전달물질 체계도 변화를 겪는다. 이 역시 노화로 아세틸콜린 생산이 감소해 벌어지는 일이다. 이와 관련된 문제 가운데 가장 흔한 것은 기억장애다.[92] 아세틸콜린 신경전달물질 체계에 대한 관심이 상당한데, 이 물질이 알츠하이머병과 헌팅턴병(우성 유전병으로 무도증, 정신증상, 치매가 주된 증상임—옮긴이)에서 수행하는 역할 때문이다.

노화에 따른 백질 고강도의 증가

뇌구조의 변화는 뇌용적과 밀도의 변화를 포함한다. 노화의 또다른 지표는 백질 고강도 증가다. 백질(뇌조직으로 회백질 사이를 연결해 정보를 전달하는 통로—옮긴이)은 유수축삭(말이집으로 둘러싸인 축삭 또는 신경섬유—옮긴이)들로 이루어져 있다. 말이집(신경섬유의 축삭을 감싸는 피막—옮긴이)은 신경 신호전달의 속도와 효율성을 향상시킨다. 백질 고강도는 탈말이집과 신경 수축 또는 둘 중 하나의 형태로 나타난다.[93]

신경 수축이 발생하는 것은 분명하다. 그러나 이런 용량의 감소가 뇌 전체에 걸쳐 똑같이 나타나는 것은 아니다. 신경 수축의 영향을 받는 주요 부위는 앞이마엽과 해마 그리고 소뇌다. 반면 감각 겉질은 보존된다.[94] 백질 또한 감소한다. 확산텐서영상은 백질 전체에 걸친 수분 확산 상태를 측정하는 기술이다. 이 영상은 수분 확산을 측정해 백질구조의 보전 상태에 대한 정보를 제공한다.[95] 백질 고강도는 인지수행장애와 관련 있고[96], 해마 용적의 변화는 기억에 영향을 미친다.[97] 그뿐 아니라 이마엽 용적의 손실은 실행기능의 손상과 특별히 관련된다.[98] 노화에 대한 횡적 종적 연

구를 비교해보면 백질 고강도 증가가 실행기능을 감퇴시킨다는 것을 밝히는 충실한 증거가 있다.[99]

내부 변동성의 증가

백질은 개인 내부 변동성 측면에서 특히 중요하다. 개인 내 차이 또는 내적 변동성은 여러 과제에서 발견되는 개인 안에서 일어나는 변화를 가리킨다. 개인의 신경생리학적 구조가 잘 보전되어 있는가를 알려면 개인 내 차이의 정도를 보면 된다. 자기공명영상 촬영을 하는 동안 백질 고강도 용적 증가로 나타나는 백질 부위의 손상은 수행 효율성에 큰 영향을 미친다.[100] 백질 손상은 반응시간 증가와 개인 내부 변동성 증가를 초래한다. 번스 등의 연구자들은 이마엽 내의 신경전달 감소가 개인 내부 변동성 증가와 연관된다는 증거를 제공했다.[101]

개인 내 차이는 아동기부터 청소년기까지 감소하다가 노년기에 다시 증가한다. 청소년기와 성인 초기에 개인 내 차이가 감소한다는 사실은 회백질(뇌와 척수에서 신경세포가 모여 있는 곳, 육안으로 관찰했을 때 회백색을 띠며 기억과 사고기능을 담당—옮긴이) 밀도가 감소하고 시냅스 가지치기(시냅스 수의 감소) 과정이 발생한다는 뜻이다.[102] 뇌의 이런 형태학적 변화는 신경계 내의 효율성 향상을 일으킨다.[103] 노인 뇌의 회백질 변화 또한 유사한 효과를 보인다.[104] 백질 용적의 변화도 증가하다 감소하는 발달곡선을 따르며[105] 백질의 퇴화는 개인 내 차이의 증가와 연관이 있다.

잡음 완화를 통한 신경전달의 효율성 또한 중요하다. 이로 인해 더 효율적인 신경전달물질 체계가 이루어지기 때문이다. 콜린성 체계(아세틸콜린을 신경전달물질로 쓰는 체계—옮긴이)와 도파민 체계를 비롯한 신경전달물질 체계가 나이 관련 변화로 조절 능력이 저하되면 신경의 잡음 수치를

높이며 이는 개인 내부 변동성을 증가시킨다.[106]

콜린성 경로는 효율적인 억제성 조절을 담당하는 듯 보인다.[107] 인지수행에서 관찰되는 변동성 유형은 무엇보다 주의력결핍장애를 비롯해 억제조절의 결핍을 암시하며, 따라서 여기에 콜린성 체계가 관련되어 있음을 시사한다. 도파민은 다양하고 광범위한 영역과 관련되는데, 여기에는 인지과제[108] 특히 고차원적 인지처리활동이 포함된다.[109] 수많은 과학 실험 결과가 증명했듯이 나이 들면서 도파민 신경전달물질 체계 내의 기능감퇴가 일어난다.[110] 이런 영향으로 개인적 기억(일화기억)[111]과 단기기억(또는 작업기억)의 감퇴 문제가 야기된다.[112] 주의를 비교적 덜 요구하는 작업 수행은 상대적으로 별 영향 없이 보존된다.

반과 다발의 생성

노화는 신경계에 많은 영향을 미친다. 물론 대다수의 경우 행동 변화는 대다수 노인에게서는 포착하기 힘들 만큼 미묘하다. 정상 발달의 한 가지 특징은 뇌의 특정 부위 내 신경섬유다발의 생산과 관련이 있다. 신경섬유다발은 불용성 타우 단백질로 이루어진 신경원섬유 덩어리인데 에너지 대사와 양분 수송, 세포 소통의 장애물로 작용한다. 어려움은 정상 노화와 비정상 노화를 기술하려 할 때 발생한다. 신경섬유다발이 하나의 사례다. 왜냐하면 이런 신경섬유다발은 정상적 노화를 겪는 성인에게서 발생하지만 부검에서 알츠하이머병 진단의 필수요소이기도 하기 때문이다.

신경반이라고도 하는 아밀로이드반 또한 시냅스에서 발달한다. 이 반들은 퇴행성 신경조직이 모여 생긴다. 그 핵심부에 베타아밀로이드가 있다. 따라서 반들은 신경전달을 방해하고 국부적 세포 사망의 원인이 되기도 한다. 이렇게 형성되어 고밀도를 지니게 된 반들은 노년기 전에는 두드러지게 드러나지 않는다. 그러다가 노년기가 되면 고농도로 축적된 아밀로이드반은 신경퇴행성 질환으로 발현된다.[113]

신경세포의 손실을 상쇄하기 위해 생존한 신경세포들 내에서 수상돌기가 연장되고 그 수도 증가한다.[114] 뿐만 아니라 신경가소성(지식이나 경험이 쌓이면 새로운 신경이 성장하고 신경연결망이 더해져 변화하는 인간 뇌의 능력—옮긴이)은 신경계 구조의 변화가 일상기능에 미치는 영향을 감소시킨다.[115]

체온 조절 능력의 변화

자율신경계는 전반적으로 노화에 따른 변화가 거의 없다. 그러나 체온 조절과 수면 빈도의 문제는 나이 들면서 더 뚜렷해진다. 나이가 들수록 심부체온(뇌를 포함한 오장육부의 온도, 피부체온은 두피를 포함한 사지의 온도—옮긴이)을 측정하기가 더 어려워진다.[116] 이는 사람들이 실제로 자신의 체온이 낮다는 사실을 인지하지 못한다는 의미다. 설상가상으로 심부체온을 올리는 우리의 능력(혈관 수축 반응) 또한 나이 들면서 현저히 줄어든다.[117] 반대로 체온이 높은 것을 인지하지 못하는 것은 열에 대한 반응으로 땀샘에서 발생하는 땀의 양이 줄어들기 때문이다.[118] 갈증 민감도도 줄기 때문에 이런 상태에서 노인은 수분 보충을 하지 못할 확률이 높아진다.[119] 따라서 노인의 경우 기상이변시 저체온증과 고체온증의 위험에 더 쉽게 노출된다.[120]

수면 문제

노인이 되면 잠이 줄어든다는 통념은 사실이 아니지만[121] 잠의 증가(9시간 이상 자는 것)는 사망 위험 증가와 관련이 있다. 분명한 사실은 노인들 사이에 수면 문제가 흔하다는 것이다. 이는 잠들기 어렵다거나, 한밤중에 깬다거나, 일찍 일어난다거나, 밤잠을 설쳤다는 느낌이 드는 등의 양상으로 발현된다.[122] 노인의 수면뇌파 변화 양상을 보면 1단계 수면(수면으로의 이행 단계)에서 보내는 시간이 길어지므로 4단계, 즉 서파수면과 렘수면이 희생되는 대가가 따른다.[123]

내분비계를 살펴봤을 때 노화가 일주율에 영향을 준다는 사실이 드러났다. 여러 연구에 따르면 노인들이 자신을 '아침형 인간'이라고 보는 양상이 증가했다. 아침형 인간이라는 말은 노인들이 저녁보다는 낮에 활동하기를 선호한다는 의미다.[124] 이 주관적 변화는 수면-각성 주기가 바뀌면서 발생하는 생리적 변화를 분명히 반영한다.[125] 노인의 인지기능을 평가할 때 이런 변화를 고려하는 게 중요한 이유는 이 연령층에게 불리하게 작동하는 체계적 편향을 막기 위해서다.[126]

수면 부족이 일상기능에 미치는 여파는 잘 알려져 있다. 일상의 모든 측면이 영향을 받는다. 수면 부족 증상에는 기분 저조, 집중력 감소, 피로, 동기 하락이 있다.[127] 수면-각성 주기는 낮에 깨어 있고 밤에 자는 두 단계 형태에서 낮잠이 늘고 밤잠이 줄어드는 다단계 형태로 바뀐다.

수면무호흡증도 수면장애의 또다른 증상이다. 무호흡증이 수면을 방해하는 이유는 코골이로 산소를 흡입하는 동안 기류에 부분적 방해가 일어나 일시적으로 호흡이 멈춰서이다. 이런 경우 기류가 막힐 때마다 쌓이는 산소 부족 효과를 상쇄하기 위해 심장박동이 더 세져야 한다. 결국 자는 동안 혈압이 상승한다. 깨어 있는 동안에도 이와 관련된 혈압 상승이 종종 일어난다. 따라서 심장발작과 뇌졸중의 위험도 증가한다. 수면 시간과 질을 저하시키는 다른 요인에는 기분장애와 신체 허약이 있다.

이 장의 요점 정리

　나이 들면서 발생하는 신체 변화는 나이가 미치는 심리적 영향의 양상에 근본적으로 중요한 함의를 갖는다. 노화 원인을 설명하려는 수많은 이론이 존재한다. 그 가운데 어떤 이론이 가장 타당한 설명을 제공하는가는 논란의 여지가 있다. 그러나 부인할 수 없이 분명한 한 가지 사실은 시간이 지나면서 신체가 겪는 변화다. 신체 크기와 형태의 변화는 우리의 신체적 정신적 건강 모두에 영향을 미친다. 사회가 점점 더 외모에 강박관념을 갖게 되면서 이는 많은 논란이 벌어지는 분야이기도 하다(14장 참조).

　우리가 느끼는 감각은 그동안 너무 당연시되었기에 그 중요성은 기능이 감퇴되기 시작해야만 비로소 언급된다. 특히 시력과 청력의 감퇴는 다양한 상황에서 받아들이는 정보를 효과적으로 각인하고 처리하는 데 영향을 준다. 이들이 인지기능에 미치는 영향을 결코 과소평가해서는 안 된다.

　능력이나 기능의 손실은 순환기관, 호흡기관, 비뇨기관, 내분비계, 면역 체계의 기능을 비롯한 수많은 주요 기능에서 광범위하게 일어날 수 있다. 이런 변화는 개인의 전반적 건강과 안녕감의 측면에서 중요하다. 특히 대다수의 노인에게 그간 영위해왔던 삶을 지속하는 데 주요한 저해 요인이 될 수 있다. 원치 않게 닥친 이런 변화들은 노인에게 충격과 공포로 다가온다.

　마지막 부분에서 뇌와 신경계 내의 변화를 검토했다. 다른 모든 체계와 마찬가지로 다음 장들 역시 앞으로 소개할 노화의 다양한 심리적 맥락을 제공하기 위해 계속해서 신체 변화를 살펴볼 것이다. 특히 신경학적 변화로 나타나는 노화의 여파는 일상기능 측면에서 근본 변화를 가져온다. 질병이 행동에 미치는 영향을 고려할 때, 신경학과 일상기능은 분명 관련되어 있다. 그 대표 사례가 치매다(12장 참조).

3장

노화에 따른
기초 인지 과정과
인지기능의 변화

2장에서는 나이와 관련된 감각 체계의 변화를 논했다. 3장은 감각 정보처리와 관련된 인지 과정에 초점을 맞출 것이다. 특히 기본 지각 과정과 주의 과정을 다룬다. 감각탐지와 인지처리를 연결해 설명하려는 많은 이론이 있다. 일부 이론은 노년기로 접어들면서 이 연관성이 더 밀접해진다고 주장한다.[1] 또다른 이론은 관찰된 인지 손상의 유형이 순전히 감각기능의 감퇴 때문에 일어난다고 말할 수는 없다고 주장해왔다.[2] 그러나 감각 체계가 이런 문제와 얼마나 연관되는가와 무관하게 감각기관이 기초 감각처리에서 기억과 언어에 이르는 간단하고 복잡한 인지작용에 중요하다는 것[3], 독립적인 생활과 안녕에 기여한다는 사실만은 분명하다.[4] 그러므로 이에 대한 설명은 나중에 더 복잡한 인지작용을 고찰할 때 필요한 배경 정보를 제공한다.

주의력을 집중적으로 살펴보기 전에 중요하게 고려해야 할 것은 세포에서 일어나는 작용과 이 작용이 인지 과정을 결정하는 방식이다. 이때 생각해야 할 한 가지는 노화가 단지 퇴행에 불과한 것인가 아니면 그보다 더 복잡한 문제인가다.

● 노화는 단지 퇴행일 뿐인가

크레이크와 비알리스토크는 2006년에 쓴 논문에서 평생에 걸쳐 일어나는 인지기능의 변화를 검토하고 이를 신체 변화와 비교했다. 신체 측면에서 보았을 때 인간은 인생의 양 끝 시기, 다시 말해 유아기와 노년기에 다른 시기보다 취약하다. 반면 청소년기와 성년기는 독립과 활기의 시기다. 뇌구조의 변화를 보면 성년기에 이르기까지 뇌 무게와 크기가 증가한다. 뇌 무게와 크기 증가는 신경세포(회백질) 간의 시냅스 연결과 신경조직(백질)의 말이집형성이 증가하기 때문이다. 청소년기가 되자마자 회백질은 시냅스 가지치기로 감소하기 시작한다. 학습이 일어나는 것이다. 인간은 환경과의 지속적 상호작용을 통해 과제를 수행하는 더 효과적이고 효율적인 방식을 발달시킨다. 회백질 용적의 변화가 발생하는 연령대는 뇌 부위마다 다르다. 이마엽과 마루엽(두정엽)의 경우 12세에 그 용적이 절정에 이르고 관자엽은 16세, 뒤통수엽은 20세에 절정에 이른다.[5] 청년기부터 회백질 용적은 줄어들기 시작한다. 처음에는 가지치기 때문에 감소하지만 나중에는 신경성 위축으로 감소한다.

말이집형성으로 생기는 백질의 변화는 대개 유전자에 의해 통제된다. 이 과정은 먼저 뇌줄기(척수와 대뇌 사이에 줄기처럼 연결된 뇌의 부분—옮긴이)와 척수에서 발생한 다음 겉질 하부와 겉질 부위로 확산된다. 말이집형성 과정은 뇌 부위마다 다르다. 이마엽 내의 말이집형성은 20대 후반과

30대 초반에 걸쳐 지속된다. 측두부와 앞이마엽은 고차원적 사고와 밀접한 관련이 있는 부위다.[6] 이마엽은 가장 마지막까지 발달이 일어나는 부분이자 노화 관련 감퇴에 가장 먼저 영향을 받는 부위다.[7] 이마엽의 백질은 신경성 위축뿐 아니라 혈액 공급의 부족에서 오는 손상의 위험이 더 높다. 백질의 보전은 풍부한 시냅스 연결과 적절한 시냅스 가지치기와 함께 정보처리의 효율성을 결정하는 중요 인자들이다.

노화로 뇌에서 일어나는 일은 사실상 퇴행이라는 주장이 제기되어왔다. 그러나 이런 주장은 시간이 흐르면서 진행되는 인지기능 역학의 변화를 제대로 설명하지 못한다. 오히려 아이들이 보이는 수행의 결함은 불완전한 지식 때문이고, 노인의 결함은 저장된 지식에 접근할 때 겪는 어려움에서 비롯되었다고 보는 게 더 정확한 설명일 수 있다.[8]

감각 과정의 변화

2장에서는 다양한 감각기관에 발생할 수 있는 물리적 변화를 검토했다. 환경에 반응하고 적응하는 우리의 능력은 당연시되며 일상적으로 수행된다. 그러나 효과적이고 효율적인 반응과 적응에는 고도로 민감한 감각기관이 필요하다. 이런 감각기관은 시각, 청각, 촉각, 후각, 미각과 관련된 긴요한 정보를 제공한다. 정보획득의 정확성과 획득한 정보처리의 숙련성은 인지기능에 중요한 요소다.

신호탐지이론

감각기관에 정보가 들어오는 과정에 일종의 문턱 또는 역치閾値가 있다. 자극이 지나치게 약하다는 것은 신호를 감지하지 못한 채 넘어감을 의미한다. 감각기관의 민감성은 다 다르다. 특정 자극에 대한 민감성이 클수록 자극을 감지하기 위해 필요한 문턱이 낮아진다. 자극을 감지하는 데 필요한 최소한의 강도, 즉 관찰자가 자극을 탐지하는 확률이 50~55퍼센트 정도 되는 지점의 자극 강도를 절대 식역識閾이라 한다.

그러나 이 문턱 또는 역치에 영향을 미치는 것은 자극의 강도만이 아니다. 예를 들어 소리의 높낮이와 주파수도 청각 자극의 역치에 영향을 준다. 노인의 경우 낮은 음의 역치는 높은 음보다 낮다. 노인이 낮은 소리에 민감하다는 뜻이다. 시각의 경우 색이 그 역할을 한다. 노인은 빨강, 주황,

노랑에 대한 역치가 다른 색에 비해 낮다.

감각활동을 평가할 때는 개인의 반응양식을 고려해야 한다. 정보를 처리할 때 이런 반응양식이 중요하기 때문이다. 신호탐지이론이 중요한 것은 이 지점이다.[9] 우리는 나이 들면서 더 신중해지는 경향이 있다.[10] 신호탐지 용어를 사용하자면 노인은 존재하지 않는 신호를 착각할 확률이 낮다. 다시 말해 노인은 경보를 울릴 때 실수가 적다. 그러나 그 때문에 노인은 일부 표적을 감지하지 못한 채 지나칠 수 있다. 따라서 뭔가 놓치고 지나가는 횟수가 늘어난다. 이런 특성 때문에 특정 상황과 특정 자극에 대한 노인의 민감성을 과소평가할 가능성이 있다.

지각과 지각 과정

감각기관을 통해 자극이 받아들여진 후 많은 일이 일어난다. 지각 과정이란 뇌가 특정 자극을 해석하는 방식이고, 지각은 수신된 정보를 조직화하고 해석하는 과정이라고 정의할 수 있다.[11] 지각은 자극의 강도뿐 아니라 자극을 향한 주의력의 정도, 저장된 지식, 자극에 대한 기대 그리고 감정 상태의 영향을 받는다. 지각은 후속 처리와 행동 측면에서 다음에 무슨 일이 일어날지 알려준다. 이 전체 과정은 보이지 않는 곳에서 이루어지므로 뇌의 복잡한 내적 작용을 반영한다. 그러나 이 숨겨진 과정의 최소한이라도 수량화하기 위해 다양한 방법이 개발되어왔다.

반응시간 측정

감각을 측정하는 또하나의 중요한 척도는 반응시간이다. 반응시간 측정은 자극의 개시와 반응 사이에 경과한 시간을 재는 것이다.[12] 다양한 측정법이 고안되었고, 이들은 각각 반응 체계의 상이한 측면들을 연구한다.

간단한 반응시간 과제는 단일한 반응만 요구하는 하나의 자극만 제시한다. 선택 반응시간 과제의 경우 피험자에게 두 개의 자극이 주어지고 각각에 별개의 반응이 요구된다. 복잡 반응시간 과제는 세 개 이상의 자극을 제공하고 자극마다 상이한 반응을 요구해 수준을 높인 것이다.

모든 반응시간 측정을 구성하는 요소는 두 가지, 사전운동시간과 운동시간이다.[13] 사전운동시간은 자극 시작과 운동 반응이 시작되는 시점 사이의 시간이다. 운동시간은 반응의 시작 시점부터 완성까지의 시간이다. 사전운동시간은 대개 숨겨져 있는 반면 운동시간은 근전도검사를 통해 정확히 측정할 수 있다.[14] 반응시간은 주로 84퍼센트나 되는 사전운동시간과 16퍼센트에 불과한 운동시간으로 이루어져 있다고 추정된다.[15] 이는 반응시간이 뇌의 중앙처리 작용을 평가하는 척도라는 점을 보여준다.

복잡성 수준과 반응둔화

예상했겠지만 반응시간은 나이가 들수록 늦어진다. 반응시간의 둔화는 인지기능, 특히 일상 행동의 인지기능에 대한 상당한 통찰을 제공한다.[16]

반응시간을 둔화시키는 중요한 한 가지 결정요소는 작업의 내재적 복잡성이다. 활동이 복잡할수록 반응하는 데 더 많은 시간이 필요하다.[17] 솔트하우스는 1991년 나이-복잡성 가설을 제시했다. 청년과 노인의 반응시간 수행을 비교하면 노인의 느린 반응시간은 간단 반응시간 과제에서 복잡 반응시간 과제로 진행될수록, 즉 복잡성이 늘어날수록 증가한다. 이는 과제처리에 필요한 중앙처리 수준을 반영한다. 반응시간 측정에서 반응둔화의 결정 요인은 일반적인 인지둔화일 수도 있다. 물론 노화로 일어나는 변화에 역할을 하는 요인은 지각처리와 기억 등 다양하다.[18]

자극지속이론과 인지둔화

영향력이 매우 큰 이론인 자극지속이론[19]은 인지둔화의 이유를 신경계에서 정보를 중심적으로 처리하는 속도의 둔화에서 찾는다. 일단 감각기관에 의해 받아들여진 정보가 등록되면 이를 처리하는 데 필요한 시간은 노인인 경우 더 오래 걸린다. 노인일수록 초기 자극에 잇달아 발생하는 후속 자극을 처리하는 효율성이 떨어지는데, 초기 자극이 여전히 처리 중이기 때문이다. 이를 알아보는 한 가지 방법은 임계 플리커 융합 역치다.[20] 연속적인 광펄스를 제시하되 개별 펄스를 따로 보게 하는 것이 아니라 제시 비율을 조율해서 제시하면, 어느 시점에서 피험자는 연속적인 빛을 보았다고 말한다. 다시 말해 광펄스가 너무 빨리 제시되어 서로 섞이는 것이다. 이것을 임계 플리커 융합 역치라 한다. 나이 들수록 이 역치가 감소한다.[21]

노화와 주의력의 변화

이제 주의라는 주제로 넘어가보자. 주의 과정이 일어나지 않는다면 삶은 공허할 것이다. 주의기능 가운데 일부는 거의 의식하지 못하거나 아예 모르는 사이에 발생한다. 물론 다른 주의기능은 목표를 의식적으로 결정할 필요가 있다. 주의처리는 환경 속 자극을 등록하고 반응하는 속도에 영향을 미친다. 나이는 여기서 상당한 영향력을 발휘한다.

노인의 인지둔화를 살펴볼 수 있는 다양한 방법이 있다. 자주 사용하는 방법은 노인과 청년의 반응시간을 그래프로 도식화하는 것이다. 이를 브린리 플롯이라 부른다.[22] 전반적으로 그래프는 직선으로 나타난다.[23] 인지기능이 노화로 둔화되는 것은 청년의 인지기능과 비례하므로 노인군의 수행 추정치는 청년군의 반응시간에 특정 상수를 곱해 예측할 수 있다. 상수의 범위는 활동이 얼마나 복잡한가에 따라 약 1.2~1.8까지다. 이는 노인이 청년보다 40퍼센트 정도 반응이 느리다는 것을 보여준다. 작업이 어려워짐에 따라, 필요한 처리시간이 늘어남에 따라 노인과 청년 사이의 격차가 더 벌어진다.

정보처리 접근법

인지기능을 연구할 때 대개 정보처리 접근법을 택한다. 우리가 다양한 정보를 어떻게 다루는지 설명할 때 컴퓨터 관련 비유를 쓰기 때문이다. 컴퓨터에 비유하면 우리는 환경에서 정보를 받는 수신자다. 수신된 정보는 변형과 그 이후의 부호화를 위해 뇌로 전달된다. 정보처리는 많은 단계를 거친다. 그중 중요한 구성 요소는 주의 과정이다. 인지심리학의 창시자 가운데 한 명이자 이 분야에서 가장 설득력 있는 저자이기도 한 윌리엄 제임스는 '주의'의 의미를 다음과 같은 설명으로 포착해냈다.

> 주의가 무엇인지 모르는 사람은 없다. 주의는 정신이 동시에 포착할 수 있는 여러 대상이나 동시에 실행할 수 있는 생각의 흐름처럼 보이는 것들 가운데 하나를 분명하고 생생한 형태로 손아귀에 넣는 것이다. … 주의는 특정 대상을 효과적으로 다루기 위해 다른 것들을 버리는 행위이며, 혼란스럽고 멍하고 흩어진 상태 … 즉 주의가 산만하다고 말하는 상태와 정반대의 상태다.

노화로 발생하는 주의의 변화를 설명하기 위해 많은 모형이 제시되었다. 주의는 특정 정보를 걸러내고 선택한 구체적 자극에 집중하는 능력이다. 이런 구조는 감각이 수용하는 모든 것을 뇌가 처리할 수 없기 때문에 필요하다. 자신에게 유리하면서도 진화가 추동한 유혹, 즉 감각이 수용하는 모든 정보를 처리해 경계(특정 자극〔정보〕의 출현을 지속적으로 감시하는 것으로 주의의 한 양상—옮긴이)를 유지하고 적당한 기회에 적합한 정보를 이용하려는 유혹이 있다 해도 이는 불가능하다.[24] 오히려 우리는 현재의 목표와 관련 있는 정보에 집중해야 한다. 행동의 효율성과 일관성을 보장하기 위해서다.[25] 연구가 밝힌 바에 따르면, 주의 자원들을 저장해두는 하나의 중심 저장소는 존재하지 않는다. 주의 자원의 저장소는 다양하며 각각 자신만의 방식으로 작용한다.[26]

상향처리와 하향처리

인지심리학에서 흔히 쓰는 개념이다. 상향처리는 자료 주도적 처리라고도 하는데 우리의 주의가 환경, 다시 말해 감각 자극에 의해 결정되는 상황을 가리킨다. 반면 하향처리는 주의를 기울일 대상과 걸러내야 할 대상을 의식적으로 결정한다. 이는 대상과 상황의 심적 표상이 주는 정보의 흐름을 파악해 현재 목표를 성취하기 위해 어디에 초점을 맞춰야 할지 선택한다. 하향처리는 저장된 정보에 의존하므로 현 상황에서 무엇이 적절하고 적절하지 않는가에 대한 예상이 중요한 영향력을 발휘한다.

능력 감소 아니면 억제 결함

주의 자원-능력 감소 모형은 나이 들면서 사용 가능한 주의 자원이 줄어든다고 주장한다.[27] 이 모형은 노화하면서 작업이 복잡해질수록 결함이 뚜렷해지고 정보처리의 효율성이 떨어지며 오류가 증가하는 현상에 대해 정보가 개인의 처리 능력을 넘어서기 때문이라고 설명한다.

해셔와 잭스는 1988년 이와 다른 설명을 제시했는데, 억제 결함 모형이 그것이다. 이에 따르면 노인에게서 관찰되는 결함은 사용 가능한 자원의 감소라기보다는 과제 수행 시 무관한 정보를 억제하는 능력이 줄어들기 때문이다. 필요한 주의를 산만하게 하는 요소에 대처하는 데 쏟아서 막상 목표 과제를 처리하는 데 쓸 능력이 부족해지는 것이다.

주의에 대한 실험적 검토에서 주력해온 세 가지 활동 범주는 지속적 주의, 분리 주의, 선택적 주의다.[28]

지속적 주의

경계라고도 불린다. 지속적 주의활동은 상황을 중단 없이 점검하도록,

대개 변화가 없는 환경에서 일어날지 모를 변화를 감지하도록 항상 대비할 것을 요구한다. 이런 활동의 불가피한 대가는 피로다. 이 경우 오류가 꽤 빈번하게 발생하는데, 그 이유는 오류가 반복적 성질을 갖고 있는데다 피로를 유발해서다. 경계 과제에 대한 나이별 성과를 보면, 단순한 과제에서는 노인과 청년 사이에 유의미한 차이가 거의 보이지 않는다. 오히려 노인에게서 오류를 유발하는 산만함의 발생 빈도가 적다.[29] 그러나 과제가 복잡해지거나 변화의 빈도가 늘어나면 노인이 더 많은 오류를 범한다.[30]

분리 주의

상이한 활동을 하는 사이에 주의를 분리해야 할 때를 말한다. 분리 주의는 주로 이중 과제를 이용해 평가한다. 피험자는 동시에 두 가지 과제를 수행해야 하며, 그럼으로써 이들이 두 가지 활동에 지속적으로 주의를 기울이고 있다는 것을 입증해야 한다. 좋은 사례는 운전하면서 휴대전화로 통화를 하는 것이다. 주의 자원의 공급이 유한해 주의가 두 가지 동시 활동 사이에서 분산된다면 과제 가운데 하나를 수행하는 데 어려움을 겪는다. 이런 상황에서 노인의 경우 수행 능력이 떨어지는 경향이 있다.[31]

이중 과제 수행이 영향을 받을 때 이를 이중 과제 비용이라 한다. 이 비용의 효과는 가만히 서 있는 상태에서 일련의 단어들을 암기해야 하는 노인 사이에서 관찰된다. 서 있는 피험자의 무게중심 이동은 과제가 요구하는 주의의 변화에 상응해 발생한다.[32] 과제가 어려울수록 피험자가 유지하고 있는 자세가 불안정해진다. 대부분의 연구에서 나온 증거에 따르면 인지부하가 늘어남에 따라 균형을 유지하기 위해 노력을 기울이는 행태, 즉 과제 우위가 바뀌는 현상이 나타난다. 우위의 이동이 나타나는 이유는 넘어져서 발생하는 실제 비용이 단어를 잊어버리는 비용보다 훨씬 커서다.

과제 전환

분리 주의를 평가할 수 있는 또하나의 과제는 피험자가 한 과제에서 다른 과제로 주의를 이동해야 하는 경우다. 이런 과제 전환은 흔히 겪는 일이다. 다중매체 시대에 책을 읽다가 이메일이나 휴대전화 문자에 답을 하고 다시 책을 읽는 식으로 주의를 전환하는 상황은 흔하다. 우리는 별다른 의식 없이 이런 활동을 한다. 그러나 실제로 이런 과제 전환이 이루어질 때마다 반응시간의 측면에서 어느 정도 비용 또는 대가가 발생한다.

과제 전환 비용을 측정하는 다양한 방법이 있다. 두 가지 활동을 전환하는 데 걸리는 시간과 각 활동을 따로 수행하는 데 걸리는 시간의 차이를 계산해 비용을 측정하는 경우, 이는 포괄적 비용평가다. 이런 평가는 두 가지 활동을 모두 수행하는 데 필요한 노력을 표시해준다. 또다른 평가 방법은 과제를 전환할 때의 수행에만 초점을 맞추고 전환이 이루어질 때의 반응시간과 전환을 요구하지 않을 때의 반응시간을 비교하는 국소 비용평가다. 이런 평가를 통해 목표 과제를 올바르게 선택하고 목표 외의 과제를 억제한 결과에 드는 비용이 얼마나 되는지 측정할 수 있다. 포괄적 비용은 청년에 비해 노인이 더 크지만 국소 과제 전환 비용은 거의 차이가 없다.[33]

선택적 주의

이중 과제 수행은 일상생활의 고유한 측면이지만, 주의를 산만하게 하는 방해 요인에 방해받지 않고 한 가지 목표에 집중해야 할 때도 있다. 이를 선택적 주의라고 부른다. 선택적 주의 능력은 나이 들면서, 특히 주의에 대한 요구가 높은 어려운 상황일 때 더 많은 영향을 받는 것 같다. 그 이유에 대한 한 가지 설명은 억제 조절 결핍으로 방해에 취약해진다는 것이다. 다시 말해서 노인은 행동 억제를 점점 더 힘들어하며 그 결과 외부 방해 요인에 고스란히 영향을 받는다.

개인 내부 변동성과 인지기능의 연관성

인지기능을 다루는 대부분의 연구는 다양한 피험자집단의 수행을 비교한다. 자료는 평균점수와 표본분산, 공분산 변화의 측면에서 분석한다. 평균점수의 변화는 예를 들어 인지결손이 발생하는 환자군을 수행에 영향을 받지 않는 대조군과 비교할 때 이상적이다. 그러나 평균점수에 초점을 맞추는 것은 시간 추이에 따라 변하는 개인 내 차이가 연구의 초점일 경우에는 별로 유익하지 않다. 시간 추이에 따른 수행의 경우 표본 간 의미심장한 차이가 전혀 없을 수 있기 때문이다. 그렇다고 개인의 수행에 변화가 전혀 없다는 말은 아니다. 단지 집단으로 볼 때 차이들이 표본 간 비교에서 결국 평균에 도달하므로, 다시 말해 증가가 감소에 의해 상쇄되므로 그다지 의미 있는 결과로 이어지지는 않는다는 뜻이다.

이런 자료를 탐색하는 다른 방법도 많다. 그중 하나는 표본 내 편차의 정도를 보는 것이다. 이는 피험자집단이 시간 추이에 따라 서로 더 비슷해지는지 아니면 달라지는지를 알려준다. 말하자면 집단 간 동질성과 이질성 가운데 어떤 것이 더 커지는가를 보는 것이다. 입증된 것에 따르면 정보처리 속도의 변화는 중년기 동안 집단 간의 편차가 커진다.[34] 노인의 인지기능을 연구하는 데 특히 적절한 방법은 개인 내부 변동성 연구다. 이와 관련된 신경생리학적 측면은 2장에서 논했다. 개인 내부 변동성의 한 예는 각 개인의 반응시간 측정치가 상이한 과제를 수행할 때 어떻게 변하는지 검토하는 것이다. 이런 분석은 평균치 분석과 달리 수행에 관해 더 정확한 추정치를 제공한다.[35] 청년보다 노인 간의 내부 변동성이 더 크다.[36]

이런 차이가 확연히 드러나는 것은 지각운동 과제에서다.

많은 연구가 개인 내부 변동성을 사망 위험을 정확히 예측할 수 있는 지표로 여길 뿐 아니라[37], 특히 (시력 등) 노화의 생체 지표와 관련이 있다고 생각해왔다.[38] 이런 연관성은 내부 변동성이 중추신경계의 보전성에 대해 정확한 지표를 제공한다는 점을 시사한다.[39] 더 큰 내부 변동성은 이마엽을 써야 하는 과제에서 드러난다.[40] 이를 측정하는 방식은 경미한 인지 장애가 있는 개인의 수행 능력을 검사할 때와 치매 진단을 받은 이들을 살필 때 유용하다.[41] 치매의 다양한 하위 유형에는 개인 내 변화 양상이 분명히 존재해 이것이 이마엽의 변화와 연관이 있음을 암시하기 때문이다(12장 참조).

시각주의와 인지기능

시각주의는 일상적 인지기능에서 매우 중요하다. 많은 인지활동이 별다른 의식 없이 자동으로 이루어진다. 시각주의도 예외가 아니다. 시각주의의 근본 구조는 과제의 요구가 정보를 처리하는 개인의 능력을 능가할 때 비로소 드러난다. 그런 경우 우리는 의식적으로 주의를 그 특정 활동 쪽으로 돌리는 동시에 다른 자극에 대한 반응을 억제해야만 한다.

시각주의를 구성하는 중요한 과정 가운데 하나는 선택이다. 선택은 특정 자극에만 주의를 기울이는 동시에 추가적 정보처리를 위해 중요한 요소들을 통합하는 활동이다. 시각지향이란 의도한 목표에 주의력을 높이기 위해 사건을 예측하는 역량을 활용하는 능력을 가리킨다. 표적탐지는 표적의 위치를 보여주는 단서가 제시되는 경우 더 빠르고 정확하다. 이는 은밀한 시각지향이 이루어지고 있다는 것을 보여주는 하나의 사례다.

주의 범위의 감소

인지기능에 영향을 주는 하나의 중요한 요인은 주의가 미치는 범위의 크기다. 주의 범위를 평가하는 데 자주 쓰는 측정법은 시각탐지 과제다. 노화가 미치는 영향은 주의를 산만하게 만드는 방해 항목의 수가 늘어날 때 점점 더 뚜렷해진다. 이는 주의 범위가 나이 들어가면서 천천히 줄어든다는 사실을 보여준다. 주의 범위 크기의 변화는 일상활동 수행에 분명한 함의를 갖는다. 그 함의를 측정하는 좋은 방법은 가용 시각장 과제다.[42] 이 과제는 피험자에게 먼저 화면 중간에 시선을 고정하라고 요구한다. 그 다음에 피험자들은 자신의 시각장 내에서 발생하는 변화를 알아내야 한다. 다시 말해 표적 또는 방해 자극이 나타났다는 것을 기록해야 한다. 이 과제의 결과를 보면 나이에 따른 차이를 명확하게 알 수 있는데, 결국 노인 실험군이 청년 대조군보다 수행 능력이 떨어진다. 실제로 이 과제 수행의 예측력은 노인집단의 자동차 사고 빈도를 보면 알 수 있다.[43]

운동감지 능력의 변화

운동을 지각하는 과정을 볼 때 분명한 점은 운동지각에는 복잡한 인지작용 전반이 필요하다는 사실이다. 운동지각에 복잡한 인지작용이 필요하다는 것은 일상생활에서 이런 작용이 얼마나 중요한가를 반영한다. 움직임을 정확히 지각하고 처리해야 할 필요는 거의 모든 일상적 수행 과제의 바탕이 된다. 따라서 시각 겉질의 많은 부분이 이런 움직임을 처리하는 활동에 할애된다는 사실은 놀라운 이야기가 아니다. 운동정보의 처리는 각종 일상활동에 대처하는 근간이 되기 때문에 이런 능력이 감퇴할 경우 삶의 질 측면에서 상당한 여파가 오리라는 것은 어렵지 않게 짐작할 수 있다. 나이 든다는 것은 운동감지장애가 늘어나는 현상과 관련이 있다.[44] 노인의 시각장애는 실생활의 많은 측면과 밀접하게 연관된다. 특히 중요한 것은 낙상과 그로 인한 심각한 부상의 위험이 늘어난다는 점이다.[45]

실생활 환경에서 운동감지를 검토할 때 고려해야 할 중요 개념은 총체적 운동 개념이다. 총체적 운동을 감지한다는 것은 움직임을 구성하는 대상의 개별적 궤적에 상관없이 일군의 대상 움직임을 포괄적으로 감지하는 것을 가리킨다. 다시 말해 총체적 운동은 응집된 움직임을 감지하는 것이다. 벌 떼의 경우, 가까이 가서 자세히 보면 서로 반대의 궤도를 따른다 하더라도 전체적으로 보면 특정 방향을 향해 일렬로 나아가는 듯 보인다. 응집성이 높을수록 총체적 운동을 감지할 가능성이 높아진다.

노령이 되면 운동을 감지하는 능력이 감소한다는 것을 보여주는 증거가 많다.[46] 운동감지 능력의 성차를 나타내는 증거, 다시 말해 노년기 여성의 운동감지 능력이 더 취약하다는 증거도 일부 있다.[47] 이런 운동 연구에는 대개 무선점 운동 그림을 이용한다. 그림은 개별 점으로 이루어져 있는데, 실험 조건에 따라 일정한 수의 점들이 같은 방향으로 움직인다(신호). 반면 나머지 점들은 두서없이 움직인다(잡음). 나이 효과에 주력해온 연구가 주로 이용하는 유형은 신호용 점이 상하좌우를 따라 움직이며 자극을 준다. 복잡한 흐름, 예를 들어 신호가 되는 점이 방사상으로, 중심에서 가장자리로 움직이거나 중심을 향해 움직이는 흐름 또는 시계 방향이나 시계 반대 방향으로 회전하는 흐름을 이용한 연구는 거의 없다. 복잡한 기법을 사용한 연구의 경우 결과 간 불일치가 심하다. 복잡한 운동 자극은 노인 표본에 부적합하다는 주장도 있다. 복잡한 자극의 변화처리 양상이 측정하고자 하는 전체적 운동지각의 변화를 반영하는 게 아니라 대비 민감도의 나이 관련 변화를 반영할 수 있기 때문이다.[48]

지각학습과 시각훈련

노화로 눈에 수많은 물리적 변화가 일어난다. 그러나 이런 물리적 변화는 대개 노인이 겪는 많은 시각적 문제를 설명하는 데 충분치 않다. 눈에 일어나는 물리적 변화는 노인이 겪는 문제보다는 오히려 시각 경로의 결함을 암시한다.

앞에서 소개한 연구들은 노인이 겪는 시각 문제에 개입해 이들이 대처할 수 있도록 도와야 할 필요가 있음을 보여준다. 여기에는 시각학습이 포함된다. 시각학습은 특정한 훈련으로 시각 자극을 인지하고 반응하는 방식을 향상시킨다.[49] 이를 통해 과제와 관련된 정보를 더 효율적으로 선택할 수 있게 된다.[50] 시각훈련을 통해 시각 수행 능력이 향상된다는 사실이 입증되었다. 실제로 성인의 시각 체계에는 훈련으로 이득을 볼 수 있을 만큼 충분한 가소성이 존재하며[51], 노인 표본에서 이를 증명하는 자료들이 있다. 그러나 시각학습 분야에 대한 연구는 극소수에 불과하다.[52]

이제 신경전달물질이 주의에서 수행하는 역할을 살펴보자. 신경전달물질에 대한 내용은 이 장에서 논의한 내용과 별 관련이 없지만 마무리 격으로 짚어볼 만한 문제다. 2장에서도 간단히 기술했지만 여기서는 수많은 인지기능을 떠받치는 두 가지 주요 신경화학물질, 즉 아세틸콜린과 노르아드레날린의 역할에 관해 부연설명을 할 것이다. 이 두 물질은 인지에 영향을 주는 유일한 신경전달물질은 아니지만 여기서 다룬 내용과 가장 관련이 깊다.

신경전달물질의 기능

신경전달물질은 주의 작용 구조에서든, 기분이 수행에 미치는 영향에서든 그야말로 인지기능의 토대다. 우울증에서부터 치매에 이르는 일련의 질환을 치료하는 다양한 약물 사용의 전제이며, 신경 자극의 일부로 서로 떨어져 있는 시냅스를 가로지르며 정보를 전달한다는 점에서 정보처리의 기본 구성 요소기도 하다. 신경전달물질은 시냅스를 가로지르며 뒤쪽 신경세포에 있는 수용기에 들러붙는다. 아세틸콜린, 노르아드레날린, 도파민, 세로토닌 같은 주요 신경전달물질은 순수한 형태로 추출된다. 시각 정보처리에 중요한 물질은 아세틸콜린과 노르아드레날린이다.

콜린성 신경세포는 몸 전체에 골고루 분포되어 자극을 받으면 아세틸콜린을 분비한다. 특정 부류의 콜린성 신경세포는 자율신경계 같은 말초신경계 내에서만 나타나 땀샘의 신경 자극 전달에 영향을 미친다. 다른 부류의 콜린성 신경세포는 중추신경계에 있다. 중추신경계는 뇌와 척수로 이루어져 있는데, 이곳에 있는 콜린성 신경세포 중 일부는 줄무늬체(운동제어와 인지기능에 관여하는 뇌 부위—옮긴이)와 망막에 위치한다. 다른 신경세포는 앞뇌(전뇌) 기저부, 즉 뇌의 겉질 영역과 변연 영역에 걸친 겉질 하부의 핵이 뭉쳐 있는 부분에 분포한다. 콜린성 신경세포가 앞뇌 기저부에 있다는 사실이 중요한 이유는 이 신경세포가 내측 격막을 경유해 축삭돌기를 통해 해마체 쪽으로 자극을 전달해서다. 이와 마찬가지로 거대세포 바닥핵(기저핵) 또한 이 부위에 있으면서 편도체와 새겉질(대뇌 겉질 가운데 가장 최근에 진화된 부위—옮긴이)을 자극한다.[53] 콜린성 경로는 여러 고차원적 인지기능의 기초이며, 특히 주의력과 기억을 관장한다.

정신약리학에 따르면 콜린성활동을 감소시키는 스코폴라민을 복용한 환자는 기억에 손상을 입는다. 반면 카페인은 앞뇌 기저부의 콜린성 체계에 의존하는 인지기능의 경계 능력을 향상시킨다.[54] 콜린성 신경전달물질의 경로는 알츠하이머병에도 영향을 받기 때문에 이 질환의 뚜렷한 인지 감퇴와 밀접한 관련이 있다. 실제로 알츠하이머병에서 나타나는 고차원적 사고의 결함이 시각 정보처리 저하 때문이라는 견해가 늘고 있다.[55]

또하나의 중요한 신경전달물질인 노르아드레날린 또한 말초신경계와 중추신경계에 골고루 분포되어 있다. 중추신경계 내에서는 노르아드레날린으로 활성화된 신경세포가 하측뇌줄기와 다리뇌(뇌교)에 분포하며 그중 가장 큰 부분이 청반핵이다. 노르아드레날린으로 활성화된 세포들은 뇌의 모든 부위로 신경 자극을 보낸다.[56] 아세틸콜린과 마찬가지로 노르아드레날린도 학습과 기억 같은 고차원적 과정과 연관된 신경전달물질이며, 동시에 각성이나 흥분 같은 더 기초적이고 저차원적 기능에도 관여한다. 정신약리학에 따르면 노르아드레날린은 일상적 인지작용에서 매우 중요한 역할을 한다. 클로니딘을 투여하면 수면 부족 같은 상태가 유발되는데[57] 이는 클로니딘이 노르아드레날린의 길항제, 즉 효과를 감소시키는 약물이기 때문이다. 클로니딘을 투여하면 반응시간이 극적으로 늘어난다. 콜린성과 노르아드레날린성에 모두 영향을 주는 카페인은 이런 가수면 상태를 각성 상태로 바꿀 수 있다.[58]

이 장의 요점 정리

일상생활에서 기초 인지 과정이 갖는 중요성에 초점을 맞췄다. 최근 알츠하이머병 연구에서는 연구 초점이 변하고 있다. 연구자는 알츠하이머병 환자군의 고차원적 인지기능뿐 아니라 기초 인지 과정처리를 살펴보는 추세다. 알츠하이머병 환자에게서 근본적으로 기초 인지 과정처리에 분명한 결함이 있다는 증거가 늘어났다.[59] 실제로 기초 인지처리장애는 불가피하게 고차원적 인지기능에 영향을 미친다.

인지심리학은 노화 과정에 대한 우리의 이해에 상당한 공헌을 해왔다. 기초 감각과 기초 지각 과정은 더 복잡한 기능을 구성하는 요소다. 이 기능의 결함이 반응시간 연장의 측면에서든 복잡한 과제 대처 능력 감소의 측면에서든 어떻게 일상적 과제와 활동에 대처하는 개인의 능력에 영향을 미치는지 살펴봤다.

주의력 또한 매우 중요한 능력이다. 앞으로 주의 과정을 더 자세히 살펴볼 것이다. 우리가 일상에서 수행하는 많은 활동에 대해 곰곰이 생각해보면, 그 활동이 개별적으로든 통합적으로든 지속적 주의나 분리 주의 또는 선택적 주의를 포함하고 있음을 알게 된다. 가장 명백한 예는 동시에 여러 가지 일을 처리하는 능력이 어느 정도 당연시된다는 점이다. 예를 들어 나는 이 글을 키보드로 입력하면서 동시에 컴퓨터의 알림 메시지 두 개를 확인한다. 사실 이제 사람들이 한 번에 하나씩 일을 처리하는 경우는 거의 없다. 만연된 기술문명은 우리의 주의를 흩뜨린다.

마지막 부분에서 신경전달물질이 이런 기초 인지작용에 중요하다는 사실을 지적했고, 특히 주의 과정에서 주요 역할을 수행하는 두 가지 신경전달물질에 관해 설명했다. 정신약리학이라는 분야 전반에 관해서는 12장에서 약물이 어떻게 일련의 질환을 억제하고 치료하는지를 다룰 때 더 살펴보고자 한다.

4장

노화와 단기기억의 상관관계

많은 연구가 장기기억 문제, 즉 평생 습득한 지식에 접근하고 삶의 중요한 사건을 기억하는 등등의 능력에 초점을 둔다. 그러나 장기기억을 다루기 전에 노화에 따른 단기기억의 변화를 검토하는 것이 중요하다. 이를 위해 정상 노화와 관련된 문제 유형을 주로 고찰해야 한다. 여기서 주로 사용할 모형은 작업기억 모형이다. 작업기억은 정보조작과 통합, 단기저장을 다루는 과정이라고 개념화할 수 있다. 기초 인지 과정을 다룬 3장이 중요한 이유가 바로 여기에 있다. 기초 인지 과정이 없다면 능동적 작업기억 작용은 상당한 어려움을 겪는다. 작업기억이 작용하기 위해서는 효과적인 감각 체계뿐 아니라 완전한 주의 통제 과정이 필요하다.

이 장 후반부에서는 이마엽에 좀더 초점을 맞춰볼 것이다. 이마엽은 많은 작업기억활동과 밀접한 관련을 맺고 있으며 모든 고차원적 실행기능의 중심이다. 이마엽은 또한 일상생활에서 이루어지는 성공적 기능의 측면에서도 중요한 열쇠다(7장 참조). 마지막 부분에서는 신경영상 기술을 이용해 노인의 실행기능을 검토한 최근 연구를 살필 것이다.

작업기억의 역할

단기기억이 지닌 의미를 살펴보자. 단기기억은 대개 제한된 저장 용량을 가진, 다시 말해 저장 정보량의 저장 기간이라는 측면에서 제약이 있는 불연속 인지 체계를 가리킨다. 인지연구의 초기 선구자는 단기기억의 용량이 유한함을 입증했다. 이에 대한 가장 명쾌한 논증은 밀러의 〈마법의 수, 7±2: 정보처리 용량의 몇 가지 한계〉(1956)라는 논문에 제시되어 있다. 이 논문은 정보 저장에 시간적 한계가 있다는 점 또한 명확히 했다. 적합한 반복전략을 전개하지 않으면 입력된 정보는 영구히 유실된다.[1]

오늘날 더 흔히 쓰이는 개념은 단기기억보다는 작업기억이다. 작업기억은 제한된 저장 용량 체계 내의 일시적 정보 저장 유형을 반영할 뿐 아니라 정보 흐름의 능동적 조작, 통합과 관련 있고 더 고차원적 자기점검 작용과도 관련된다(6장 참조).

배덜리-히치 작업기억 모형

서로 경합을 벌이는 작업기억이론도 많다. 그러나 이 장과 책의 주제에 맞춰 배덜리와 히치가 제시한 모형을 주로 참고할 것이다. 배덜리-히치 모형은 단기기억에 대한 이해를 높여주었다. 이들의 주장에 따르면 작업기억은 정보의 수동적 저장소에 불과한 게 아니다. 작업기억의 기능은 다수의 정보 흐름을 머릿속에 유지시켜 정보 분석과 조작을 유도하는 것이다.

이런 설명을 통해 이들이 제시한 모형은 문서를 파악하고 퍼즐의 답을 찾아내는 작업의 측면에서건, 다른 일상의 역동적 사고 과정의 측면에서건 인간의 인지처리가 지닌 복잡성을 잘 밝혀주었다. 1974년에 발표된 이들의 모형은 지난 40년간 여러 차례 수정을 거쳤다.

음운 고리(조음 루프) 작업기억은 뇌의 특수 부위에 담당하는 정보, 구체적으로는 언어정보와 시공간정보를 처리하는 요소들로 이루어져 있다. 음운 고리는 작업기억의 여러 요소 가운데 하나로 청각적 음향정보를 처리하는 일에 관여한다. 음운 고리는 정보를 임시로 저장하기 위한 용량을 제공한다. 스스로에게 소리 없이 정보를 반복하는 행위를 통해 정보를 재생하지 않으면 이런 정보의 모든 흔적이 소실된다. 음운 고리의 역할은 광범위한데그 주요 기능 가운데 하나는 언어처리다. 또한 음운 고리는 수학 연산 작용에서도 중심 역할을 수행한다.[2] 마루엽 내의 부위는 실시간으로 처리해야 하는 정보의 저장과 유지에 관여한다.[3] 음운 고리 입력을 요청하는 과제들은 이마엽 일부뿐 아니라 좌관자엽도 활성화시킨다.[4]

시공간 스케치판 대상의 외관과 공간 내 대상의 위치를 일시적으로 저장하고 처리하기 위해 제안된 개념이다. 시공간 스케치판은 일상적 인지활동에 상당히 관여한다. 그중 하나는 길 찾기 영역이다.[5] 시공간 스케치판은 음운 고리와 강하게 연계되어 있기에 언어정보는 종종 심상으로 부호화된다.[6] 시각 요소가 강한 과제는 뒤통수엽을 활성화시킨다.[7] 또한 분명한 것은 시공간적 정보처리에는 대개 이마엽이 관여한다는 사실이다.[8] 작업기억 내 별개의 처리 영역이 있다는 모형은 별다른 방해나 교란 없이 언어 과제와 시공간 과제의 동시 수행이 어떻게 가능한지를 설명해주었다.[9]

그러나 유사성이 큰 두 가지 과제를 동시에 수행하려고 할 경우 혼란과 장애가 올 수 있다는 것 또한 분명하다. 우선 두 가지 과제는 두 가지 별개의 구성 요소를 활성화시키고 각각 자신만의 고유한 주의 자원에 의존한다. 이런 설명은 과제활동의 상이한 양상에는 별개의 주의 자원이 있다는 개념과 연결된다.[10] 그러나 두 과제가 동일한 성질의 제한된 자원을 놓고 경쟁하는 경우 용량 제한의 문제가 뚜렷이 드러난다.

중앙 집행부 상이한 과제처리를 감독 지휘하고 효율적으로 조직하는 능력은 작업기억의 세 번째 요소, 즉 중앙 집행부가 작용하고 있다는 사실을 반영한다. 중앙 집행부는 인지활동을 전반적으로 감독하며 임시 완충기와 장기기억뿐 아니라 음운 고리와 시공간 스케치판에서 들어온 정보를 통합한다. 또한 중앙 집행부는 기억 저장소 자체로 작용하지는 않으며 계획과 협응(신경기관이나 운동기관 등의 움직임을 서로 조정하는 능력—옮긴이) 행동을 위해 주의를 지휘하는 일을 담당한다.[11] 이런 중앙 집행부의 기능 가운데 하나는 무관한 정보의 억제다. 고차원적 실행기능 대부분을 담당하는 것은 이마엽[12]이다. 우선 유념할 점은 이마엽활동이 실행기능과 근본적으로 연관이 있다 하더라도 뇌의 다른 부분들도 실행기능에 관여하므로 고차원적 실행기능은 실로 복잡한 문제라는 것이다. 이마엽은 이런 실행기능을 총체적으로 조율해 일관된 행동을 적절히 산출하도록 작동한다.

임시 완충기의 기능

중앙 집행부는 정보를 조작하고 결합하는 작업에 관여하지만 정보 저장소로 기능하지는 않는다. 반면 임시 완충기는 저장소로 기능한다. 임시 완충기는 장기기억에서 온 정보뿐 아니라 음운 고리와 시공간 스케치판에서 처리된 정보를 연계하면서 상이한 요소에서 온 정보들의 통합 구조로서 기능한다.[13]

작업기억을 상세히 기술했으니 이제 나이가 어떻게 작업기억 작용을 방해하는지 배덜리-히치 모형의 각 요소를 차례로 검토하며 살펴보자.

작업기억과 나이의 관계

숫자 폭과 문장 폭 과제

나이 들면 언어적, 시공간적 기억폭이 줄어든다. 하지만 인지감퇴라는 더 넓은 맥락에서 볼 때 이런 감소는 극히 미미하다.[14] 오히려 노화에 따른 결함은 과제의 복잡성과 인지요구가 증가할 때 두드러진다.[15] 복잡하고 인지요구가 많으면 작업기억 내에서 발생하는 능동적 정보조작이 필요하기 때문이다.

연구에 따르면 노화는 작업기억에 영향을 준다. 그러나 정확히 어떤 식으로 영향을 주는가는 명확하지 않다. 숫자 폭(숫자들을 잠깐 동안 보여 준 다음 평균 몇 개까지 기억해낼 수 있는가를 기초로 측정한 단기기억력—옮긴이) 과제가 좋은 사례다. 이 과제에서 피험자는 점점 더 많은 숫자들을 정확한 순서로 기억해야 한다. 노인은 평균 7.1개 정도의 숫자 폭을, 청년은 7.6개 숫자 폭을 지닌 것으로 밝혀졌다.[16]

문장 폭 과제도 있다. 이 경우 피험자는 일련의 문장을 받고 확인한 다음 각 문장의 마지막 단어를 떠올려야 한다. 이 과제에서도 미미하나마 나이가 영향을 미치는 듯하다.[17] 나이가 작업기억에 미치는 부정적 영향은 기억처리 요소나 저장 요소의 감소 탓이라기보다 오히려 무관한 정보를 억제하는 능력의 감소 때문이라는 추정이 있다.[18] 이는 여기에 중앙 집행부가 관련되어 있음을 암시한다.

시공간 파악 능력의 변화

노화가 작업기억에 영향을 미치는 양상을 연구할 때, 숫자 폭이나 문장 폭과는 달리 시공간 폭의 사례는 구하기가 어렵다. 시공간 폭 과제의 결과가 겉으로는 시공간적인 것 같지만, 실제로는 시각 정보를 언어화하는 데 익숙한 서양사회의 문화적 경향상 그것이 순수하게 시공간적 성질의 결과인지 아니면 언어처리의 결과인지 모호하기 때문이다. 나이가 언어적 작업기억에 미치는 영향에 초점을 맞춘 연구는 많았지만, 시공간적 작업기억에 초점을 맞춘 연구는 거의 없었다. 언어적 작업기억에서 나타난 나이 효과와 유사한 시공간 효과를 보여준 연구도 없었던 것은 아니다.[19] 그러나 이 경우 시각적 작업기억을 공간적 작업기억과 분리할 수 없었다.

더 최근 연구에 따르면 시공간적 작업기억과 노화 사이의 연관성은 미미하다.[20] 시각적 작업기억의 경우 나이와 작업기억 사이에는 통계적으로 유의미한 관계가 발견되지 않았다. 그러나 이 수행을 언어적 작업기억 과제 수행과 비교했을 때, 언어 과제에 대해서는 유의미한 나이 효과가 보였다. 그러나 주목할 사실은 언어 과제에 대한 수행이 시공간적 과제 수행보다 성적이 더 나았다는 점이다. 이런 결과에 대해 한 가지 가능한 설명은 시공간 수행 과제가 중앙 집행부에게 요구한 것이 언어적 과제보다 더 많았다는 점이다. 시공간 과제가 더 어려웠고 전반적으로 더 낮은 수행 성적이 나왔다고 추정할 수 있다.

노인의 시공간 능력을 평가할 때 특히 효과적인 과제는 지그소퍼즐이다.[21] 이 과제는 숫자를 매긴 그림 조각들을 피험자에게 보여주고 맞추게 한다. 피험자는 그림틀에 맞춰 조각을 배치해야 한다. 이 과제의 초점은 조각들을 능동적으로 조작하는 기능으로 피험자는 그 조각들을 조합해 원래 그림으로 재구성하는 작업을 시도하게 된다. 기억의 부하는 피험자가 과제를 수행하는 내내 다양한 조각이 그림으로 드러나면서 최소화된다. 지그소퍼즐 과제에서 상이한 연령대의 수행을 비교하면 나이 차가 뚜렷이 드러난다. 전반적으로 나이가 든 피험자는 대조군보다 더 많은 오류를 저지르고 과제마다 작업시간도 더 길었다. 이 수행은 정보조작과 통합에 노화로 인한 문제가 있다는 것을 보여준다.[22]

노인의 시공간 능력에서 관심이 가는 영역은 관련 정보를 결속시키는 능력에 나이가 미치는 영향이다. 여기서 결속이란 특정 자극에 대한 인지적 표상을 발달시키는 과정이다. 예를 들어 퍼즐이라는 표상은 색, 모양, 방향 등 다양한 정보 요소를 포함한다. 정보를 정확하게 기억하려면 대상에 대한 이 모든 정보에 쉽게 접근할 수 있어야 한다. 연구에 따르면 대상의 세부 특징을 결속하는 능력은 나이의 영향을 받지 않고 비교적 온전히 남아 있는 반면[23], 대상의 위치 결속 능력은 나이의 영향을 받는다.[24] 이와 유사한 결과는 이후의 연구에서도 밝혀졌다.[25]

노화와 집행기능

무관한 정보를 억제하는 능력의 감소는 특정 활동에 대한 집중력 유지 능력의 감소와 관련 있을 수 있다.[26] 다른 연구에 따르면 노인은 다수의 정보를 지속적으로 파악해야 할 경우 더 큰 어려움을 겪는다.[27] 노인이 이중 과제를 수행하는 경우 장애를 겪는다는 사실을 입증한 연구들이 있다.[28] 이 연구들은 일련의 과제를 이용해 이를 밝혀냈다. 전반적인 작업기억 폭을 보여주는 좋은 지표들은 기억할 숫자나 단어를 제시하면서 동시에 수학적 언명의 정확성이나 제시된 문장의 문법적 정확성을 평가하는 항목을 추가로 제시하는 과제다. 노화의 영향은 이런 과제에서 나타난다. 노인의 작업기억 폭은 대략 세 가지 항목에 국한되는 데 비해, 청년의 기억 폭은 약 네 가지 항목에 국한된다.²⁹ 이중 과제는 그 역동성 때문에 상이한 정보의 흐름을 처리해야 하는 능력을 요구한다.

이중 과제활동을 뒷받침하는 것은 실행 통제 과정이다.³⁰ 실행 통제가 얼마나 필요한가는 개별 과제의 특징뿐 아니라 각 과제 사이의 중첩 정도에 달려 있다. 노인은 청년보다 이중 과제를 수행하는 데 더 어려움을 겪는다.³¹ 객관적 실험 자료가 이를 뒷받침해주었다.³² 이중 과제 수행 능력은 노년기까지 독립을 유지할 수 있는 능력이기에 중요한 의미를 지닌다.

이중 과제 수행에서 드러나는 나이 차를 살핀 초기 연구는 횡단적 설계를 활용했다. 각 과제의 수행을 따로 비교한 다음 다시 두 과제를 결합할 경우 분명한 나이 차가 나타났다.³³ 이런 차이는 대개 노인이 한 가지 과제에 집중하느라 다른 과제를 도외시한 결과다.³⁴ 나이 효과는 복잡성이 커지는 과제에서 증가하는 경향을 보였다.³⁵ 물론 이런 결과를 증명해주지 않는 연구도 있다.³⁶ 솔트하우스와 로건과 프릴은 단일 수행 과제에도 노화와 연관된 장애가 있다는 점을 보여주었다. 정보를 부호화(인지 과정 또는 정보처리 과정의 한 형태로 청각, 시각, 촉각 등의 감각 정보를 처리하고 저장하기 위해 그 정보를 유의미하게 만들고 장기기억에 저장된 기존의 정보와 연결하고 결합하는 과정—옮긴이)하면서 동시에 다른 활동을 수행하라는 요청을 받는 경우 노인이 더 어려움을 겪는다. 이는 아마도 부호화가 그 자체로 인지하는 데 요구가 많은 힘든 작업이어서일 것이다.³⁷ 두 가지 과제 사이의 유사성 또한 정보 인출에 영향을 미친다.³⁸

노인의 이중 과제 수행 성과가 낮은 이유를 설명하기 위해 제시된 하나의 가설은 연습 부족과 관련된 설명이다. 노인과 청년의 이중 과제활동에 대한 다양한 연구가 있어왔다. 연구에 참여한 노인집단은 과제훈련을 받았음에도 전반적으로 여전히 나이 차를 보인다.³⁹

리와 크램프, 본다는 노인의 이중 과제 수행 연구에 생태학적 접근법을 적용했다. 발테스 부부의 선택, 최적화, 보상이론에서 영향을 받은 것이다. 이 관점에서 인간은 발달의 기회였든 특정 제약에 대한 대응이었든 어쨌거나 부단히 다양한 환경 변화에 적응하며 이 변화는 전 생애에 걸쳐 다르게 나타난다. 선택, 최적화, 보상 모형은 적절한 목표 선택과 수행의 최적화 그리고 손실에 직면했을 때의 보상-상쇄기능에 관한 이론이다. 이 모형은 나이 들면서 변화하는 인지기능과 운동기능을 고찰할 때 특히 도움이 된다.

노화로 나타나는 운동기능장애를 상쇄하기 위해 운동기능이 인지 과정의 통제 아래 놓이게 된다는 주장이 있다. 고도로 자동화된 연속 행위인 균형 유지 등의 감각운동은 나이 들어가면서 점점 더 많은 인지 자원을 요구한다.[40] 전반적인 인지수행을 희생하고서라도 우선권을 부여받는 것은 감각운동기능이나.[41] 이런 우선권의 부여는 이중 과제를 행하는 상황에서 특히 두드러진다. 따라서 이 모형은 노인의 이중 과제 수행을 탐구하는 데 생태적으로 더 유효한 방법의 기초를 형성한다고 볼 수 있다. 노인은 어려운 인지 과제를 수행하는 동시에 두 팔을 흔들라는 요구를 받으면, 안정적 자세를 회복하는 데 시간이 더 오래 걸린다.[42] 노인에게 가만히 서 있으라고 한 다음 인지부하가 몸의 흔들림에 미치는 영향을 검토했을 때도 앞의 실험과 비슷한 결과가 나타났다.[43] 인지 과제와 감각운동 과제의 난이도를 다양하게 조작한 결과를 보면 감각운동에 우선권을 주는 결정이 인지 과제를 파악하지 못해서가 아니라는 것이 분명해진다.[44] 개인의 안전과 안녕의 측면에서 볼 때 이런 우선권 부여는 적응성이 매우 높은 행동이다.

노인에게서 자주 일어나는 사고는 낙상이다. 대부분의 낙상은 정상적인 일상활동 중에 발생한다.[45] 낙상은 부상과 공포, 때로는 사망을 초래하기 때문에 비용과 관련된 문제다.[46] 연구들에 따르면 이마엽 겉질 내의 혈류 감소가 알츠하이머병 환자의 자세와 걸음걸이 문제의 원인이다.[47] 알츠하이머병 환자에게서도 낙상 사고가 자주 일어난다.[48] 티즈데일은 노인의 불안정한 자세가 이중 과제를 수행해야 하는 상황에서 균형을 잡는 데 장애가 되는 요인을 극복하기 위한 주의 자원을 감독하지 못하기 때문이라고 주장했다.[49]

노화에 따른 집행기능의 결함은 위스콘신 카드분류검사와 스트룹 단어검사를 비롯한 일련의 과제를 통해 입증되었다.[50] 집행통제를 요구하는 과제는 정보처리 속도의 감소에 영향을 받는다는 주장이 있다.[51] 정보처리 속도를 고려할 때 집행통제가 필요한 과제의 경우 나이 효과는 대개 사라진다.[52] 그러나 모든 과제가 그런 것은 아니다. 훈련을 통해 처리 속도를 높여 전반적으로 수행이 향상되었다는 증거가 많다.[53] 인지훈련 문제는 14장에서 더 상세히 검토할 것이다.

집행기능은 수많은 관련 활동으로 세분화된다.[54] 세분화하는 방식에 대한 다양한 설명이 있다. 미야케는 집행기능이 세 가지 활동으로 구분 가능하다고 주장한다. 즉 상이한 하위 과제에 주의를 할당하는 활동(변경), 작업기억 내에서 처리되는 재료의 정확성을 보장하는 활동(갱신), 무관한 반응의 침입을 막는 활동(억제)이다.[55]

노화가 집행기능에 미치는 영향에 관한 연구를 통해 나이 들면서 탈분화 과정이 발생할 수 있다는 사실이 밝혀졌다. 실로 구조방정식 모형 접근법(한 구성물의 효과를 대리 측정치를 결합해 평가하는 통계분석법)은 가장 적합한 두 개의 하위 요소 과정을 포함한 모형을 제시한다. 이 경우 변경과 갱신은 하나의 잠재변인(직접 관찰되거나 측정될 수 없기 때문에 다른 변인을 통해서 간접적으로만 측정이 가능한 변인—옮긴이)을 형성하고, 억제는 다른 잠재변인을 형성한다.⁵⁶ 변경과 갱신이라는 잠재변인과 억제라는 잠재변인 둘 다 기억과 처리 속도와 무관했다.

노화와 작업기억 간의 상관관계에 대한 많은 연구들은 수행에서 보이는 개인차의 잠재적 지표인 억제에 초점을 맞췄다. 이 연구들에 따르면 억제는 처리해야 할 정보와 무관한 정보가 작업기억으로 들어가는 것을 차단해 제한된 주의 자원의 손실을 방지하고, 이 체계와 연관된 능력이 당면한 과제와 무관한 정보처리에 쓰이지 못하게 한다.⁵⁷

앞에서 기술한 것과 유사한 모형이 구조방정식 모형을 이용해 확인되었다.⁵⁸ 그런데 이번에는 억제를 별개의 하위 요소로 삼지 않았다. 이 모형에서 사용한 두 가지 요인은 ① 작업기억 내 정보 저장 ② 장기기억에 대한 접근이다. 처리 속도는 매개변인으로 취급했다. 이 모형의 함의는 억제가 쉽게 확인 가능한 단일 작용이 아니라는 것이다.⁵⁹

탈분화 과정은 인지보유(인지기능감퇴가 여력을 지닌 완충지대를 활용해 상쇄될 수 있다는 개념) 등의 다양한 적응기제나 보상기제로 일부 개인에게서 지연될 수 있다.⁶⁰ 인지노화의 영향을 상쇄하는 요인들에 대해서는 14장에서 더 자세히 논할 것이다. 장기기억으로 넘어가기 전에 여러 차례 집행기능을 언급했다는 사실에 유념해야 한다. 집행기능에 관여하는 뇌 부위는 이마엽이다. 이에 대해 알아보자.

고차원적 인지와 이마엽

신경해부학적 변화로 설명하자면, 이마엽은 주의뿐 아니라 주의가 서로 다른 과제에 할당되는 방식에서 근본 역할을 수행한다. 그러나 이마엽은 발달이 가장 늦게 이루어지면서도 노화에 매우 취약하다.[61] 이런 면에서 이마엽은 인간 뇌에서 가장 진화된 부위다.[62] 이마엽은 우리가 행동을 조절하고 사회에서 상호작용하며 자기 인식을 발달할 수 있게 해준다.[63]

이마엽 모형은 이 부위의 대뇌 혈류가 뇌의 다른 부위보다 일찍 쇠퇴하는 것을 보여주는 신경영상연구에서 발달했다. 국부적 대뇌 혈류는 뇌의 서로 다른 부분에서 일어나는 신경활동의 지표이며, 특정 부위의 혈류량 감소는 기능의 손실을 나타낸다. 따라서 신경조직의 손실 속도도 다른 곳보다 빠르다.[64]

이마엽은 일단 계획이든 의사결정이든 여러 활동의 조율이든 충동적 행동의 억제든 간에 일상생활 거의 모든 면에 관여한다. 말하자면 이마엽은 모든 형태의 고차원적 집행기능에 반드시 필요하다.

이마엽 모형에 따르면 수행하기 어려운 과제를 위해 이마엽의 관여가 필요하다. 이를 보여주는 증거들이 있다. 유용한 사례는 위스콘신 카드분류검사다.[65] 카드마다 숫자와 색이 모두 다른 형태의 도형이 들어 있다. 피험자는 도형 색이나 모양이나 숫자 등을 기준으로 카드를 분류하라는 과제를 받는다. 피험자가 그 규칙을 성공적으로 습득했다는 것을 증명하면 규칙이 바뀐다. 이런 카드분류 과제에서 노인은 카드분류 기준을 바꾸라는 과제를 받았을 때 더 많은 실수를 했다. 노인은 반응방식을 바꾸지 못하고 이전 기준에 따라 분류했던 것이다.[66] 다시 말해 노인은 새로운 규칙을 채택하는 데 필요한 예전 패턴에 대한 반응을 억제하지 못했다. 이것은 보속증(保續症, 적절하지 않다는 것을 알면서도 계속 동일한 반응을 하는 것—옮긴이)의 한 가지 예다. 이와 관련된 행동은 노인에게서 자주 관찰되는 '표적을 벗어난 장황한 말'로[67], 언어 반응이 초점을 잃는 것이다. 이런 현상의 원인에 대해서는 집행통제의 결함으로 표적 과제와 무관한 생각을 억누를 수 없기 때문이라고 설명할 수 있다. 무관한 생각이 떠오르면 생각의 흐름을 분산시켜 반응의 일관성이 감소된다.

    뇌의 상이한 부분들이 어떻게 특정 인지기능에 관여하는가에 대한 이해는 신경영상 기술의 지속적 발전 덕분에 나날이 깊어지고 있다. 다음으로 신경영상 기술을 이용해 노화가 집행기능에 미치는 여파를 설명하는 인지 모형이 어떻게 발전되었는지 살펴보자.

영상연구로 밝힌 뇌기능의 변화

영상기술이 나날이 발전하면서 노화의 신경인지연구도 활발해졌다. 꽤 많은 연구가 집행기능에 특별히 집중했고[68] 또한 인지부하가 높은 과제 수행에서 나이 차가 나타난다는 사실을 입증했다.[69] 연구가 밝힌 것에 따르면, 노인에게 집행기능 과제 수행을 요구하는 경우 측면 앞이마엽 겉질 구조의 활성화가 증가하는 모습을 보이는 게 일반적이다.[70] 노인의 집행기능 활동은 신호 대 잡음 비율이 낮다, 즉 신호보다 잡음이 많아서 처리활동의 조정이 필요하다.[71] 이런 비효율적 처리는 나이 들면서 발생하는 변화인 백질 변화, 외피 세선화, 해마 활성화 감소 등 때문이다. 노화로 일부 활동을 자동으로 처리하지 못하게 되면서 주의를 더욱 의식적으로 통제해야 하며 그 결과 집행통제의 역할이 커진다. 노인에게서 뇌활동이 후측에서 전측으로 이행하는 현상이 나타나는 것을 보면 이런 통제의 필요성이 분명히 드러난다.[72] 이를 신경의 비계飛階라 한다. 신경의 비계는 과제를 수행할 때 측면 앞이마엽 부위가 새로운 정보의 학습과 인지활동 유지에 필요하기 때문에 생긴다.[73]

일련의 작업기억 과제 수행을 검토하기 위해 영상기술을 사용하면 나이 차가 분명히 드러난다. 청년집단은 앞이마엽 겉질 측면의 활성화가 증가하는데[74] 노인집단은 과제 요구 난도가 낮아도 겉질 측면의 활성화가 더 높고 한쪽 측면만이 아니라 양측을 다 쓰는 경향을 보인다.[75] 이런 활동

양상은 과제를 수행하기 위해 적합한 처리 자원을 동원하는 노인의 능력이 감퇴했음을 의미한다.[76]

터너와 슈프렝이 수행한 최근의 한 메타분석은 집행기능 과제 전반에 걸쳐 나이와 뇌기능 간의 영향 연구였다. 이들은 노화로 일어난 집행기능의 변화가 부위마다 특수한 형태로 존재한다는 사실을 발견했다. 특정 집행통제는 배외측 앞이마엽 겉질의 관여를 증가시키는 반면 억제성 조절은 과도한 동원이 필요 없는데, 이는 이런 활동을 하는 동안 더 효율적으로 처리가 이루어진다는 것을 암시한다.

이 장의 요점 정리

작업기억 모형의 발달로 정보처리 시 작동하는 복잡하고 역동적인 체계를 더 잘 이해하게 되었다. 분명한 것은 작업기억이 정보를 단기간 수동적으로 저장하는 저장소가 아니라는 점이다. 작업기억은 신정보와 구정보의 활성화, 은닉, 병치, 재통합 과정으로 각 과정의 연결망을 통해 당면한 문제에 대처하도록 돕는다. (요즘 드물어지긴 했지만) 전화번호를 기억하는 행위건, 문제를 해결하려는 더 복잡한 활동이건, 이런저런 일상의 변화무쌍한 요구에 대처하는 방식이 작업기억이다.

작업기억의 감퇴는 독립적 삶을 영위하는 능력의 감퇴이기도 하므로 중요한 의미가 있다. 이에 관여하는 유일한 요인이 인지둔화만이 아니라는 것은 확실하다. 오히려 서로 다른 요구에 대처하는 노인이 겪는 어려움은 당면 과제와 무관한 정보의 침입을 억제하는 능력의 감퇴에서 비롯되었을 가능성이 높다.

마지막 부분에서는 이마엽의 활동, 이마엽이 작업기억에서 차지하는 중요성에 초점을 맞췄다. 신경촬영법 연구는 노인이 비효율적으로 자원을 동원한다는 것, 즉 자동처리가 적합한 과제에서도 오히려 의식적 통제로 해결한다는 사실을 보여주었다. 하지만 일련의 활동이 예전만큼 원활하지 않다 하더라도, 노인이 다양한 전략을 활성화해 이런 감퇴를 상쇄하고 상당 정도 기능을 유지하는 게 가능하다는 사실을 보여주는 충분한 증거들이 있다.

5장

노화와 장기기억의 상관관계

3장과 4장에서는 기초 인지 과정과 단기기억을 주로 다루었다. 단기기억 또는 작업기억은 기초 감각, 지각, 주의 과정의 결합을 토대로 이루어진다. 장기기억에도 이런 작용은 필수다. 자극이 처리를 거쳐 장기기억으로 저장되려면 먼저 감지와 지각과 주의의 대상이 되어야 한다.

기억연구에서 혁명의 시대였던 1950년대 이후 연구자는 장기기억과 관련된 수많은 개별 요소를 알아냈다. 이 요소들은 각각 일상기능의 핵심을 반영한다. 장기기억 분야의 많은 지식은 다양한 형태의 기억상실증을 겪는 환자에 대한 연구에서 도출되었다. 개별 사례 연구와 관련해 수백 편의 논문이 쏟아져 나왔다. 나온 지 좀 오래되었지만 가장 읽기 쉬운 문헌인 파킨의 책(1997)은 기억상실증연구가 어떻게 기억 체계의 상이한 형태에 대한 이해로 이어졌는가를 포괄적으로 설명해준다. 이런 세분화된 기억 형태에는 자서전적 정보를 저장하고, 행위의 복잡한 연속에 대한 지식을 보유하며, 특정 시기에 해야 할 일을 기억하는 능력이 포함된다. 그뿐 아니라 우리가 어떻게 전 생애에 걸쳐 축적된 지식을 구성하는 정보와 형상을 보유할 수 있는가 또한 고려해야 한다.

장기기억의 주요 구분 가운데 하나는 서술기억과 비서술기억의 구분이다. 서술기억은 의식적 회상이 필요한 기억이다. 서술기억은 일화기억과 의미기억으로 다시 세분된다. 반면 비서술적 기억은 의식적 회상을 요구하지 않지만 그럼에도 행동에 영향을 미치는 기억으로 절차기억이 여기에 속한다.

일화기억

툴빙은 일화기억 능력을 내면의 시간 여행에 비유했다.[1] 일화기억은 예전의 경험을 다시 살아나게 해줄 뿐만 아니라 과거의 지식을 이용해 미래의 행동을 이끈다. 이름처럼 일화기억은 구체적 개별기억으로 이루어져 있다. 그것은 특정 시간에 특정 장소에서 내 자아를 기준으로 발생했던 사건에 대한 기억이다. 일화기억은 각 경험을 다른 유사한 기억과 구분할 수 있는 방식으로 부호화하며 또한 매우 견고하다. 이런 의미에서 일화기억은 맥락 정보가 풍부해 자서전적 기억의 기초를 형성한다.

나이 들어가면서 인생의 특정 사건에 대한 기억이 감퇴된다. 이것의 심각성 여부는 기억을 평가하는 특정 방식뿐 아니라 수행하는 기억 과제의 정확성에 따라 다르다. 일화기억은 나이 들면서 전반적으로 훼손되며 훼손의 정도는 정보처리 능력과 환경에도 영향을 받는다.[2] 노인의 기억감퇴는 예를 들어 제한된 시간에 특정 내용을 습득해야 할 때 더 부각된다. 대개 노인집단은 더 늦게 정보를 인지하고 더 많은 시간을 들여야만 청년집단과 인지처리 수행 정도가 비슷해진다.

어떤 형태의 기억이건 세 가지 처리 단계인 부호화, 저장, 인출이 결부되어 있다. 이 단계 가운데 어디서든 오류가 발생하면 기억의 보전성이 영향을 받는다.

부호화 단계는 보유할 정보의 질을 결정한다는 점에서 중요하다. 이 단계에서는 다양한 접근을 취할 수 있다. 기억해야 할 정보를 반복하는 기계적 학습을 하면 저장은 충분히 이루어진다. 그러나 기계적 학습 과정은 기억해야 할 정보에 의미를 부여하는 심화 과정이 없으므로 차별적 기억 흔적을 만들어내지 못한다.

기계적 학습을 대체할 수 있는 방식은 정교한 부호화다. 이는 차별적 기억 흔적을 산출하며 이렇게 산출된 기억 흔적은 시각적 언어적 보완을 통해 기억해야 할 정보의 고유한 특징을 반영한다. 이는 기억해야 할 정보에 대한 시각 이미지를 구성하거나 의미 결합 과정을 통해 기억을 향상시킬 수 있다. 이를 테면 머릿속에 해당 정보의 뚜렷한 그림을 형성한다든가 특정 범주로 정보를 연결하는 것 등이다. 기억해야 할 단어 목록을 제시받을 경우 노인군은 청년군보다 기억하는 단어 수가 적다. 이때 채택하는 전략으로 노인은 일반적으로 기계적 학습을 선택한다. 그러므로 산출되는 기억 흔적은 명료성이 떨어지며 나중에 기억해낼 정보의 오류 가능성이 높다.

수행은 더 정교한 부호화전략을 이용하라는 신호에 비례해 향상된다. 노인은 정교한 부호화보다는 기계적 부호화를 자연스레 선택하기 때문에 이들의 기억 산출에 결함이 있는 것처럼 보일 수 있다. 그러나 노인이 기억의 정교한 부호화를 할 수 없는 이유는 산출상의 결함이기보다 조정상의 결함일지 모른다. 또는 인지 자원이 감소했기 때문일 수도 있다. 이때 인색한 부호화전략을 채택하는 것이 더 쉽고 능력 소모도 더 적다.[3]

정보의 부호화 다음에는 저장 단계가 따른다. 일단 저장된 정보는 보유된다. 정상적 노화는 정보 접근 능력이 다소 감소하지만 정보의 장기 저장에 불리한 영향을 미치지 않는다. 미래의 정보 인출은 기억 흔적을 적절히 조직화하면 크게 향상된다.

기억 인출은 많은 형식을 취한다. 회상 과제를 수행하려면 저장된 장기기억에서 특정 항목을 인출하려는 의식적 시도가 필요하다. 회상은 기억에 대한 적극적 탐색과 관련 정보만 산출하도록 하는 의사결정 과정을 포함한다.[4] 단서가 있는 회상 또한 의식적 인출이 필요하지만 이 경우 적절한 단서가 제공되어 인출 과정에 도움을 준다는 게 다르다.

  재인기억(개인이 현재 마주한 인물, 사물, 현상, 정보 등을 과거에 봤거나 접촉했음을 기억해내는 것—옮긴이)은 회상과 달리 의사결정 단계만 요구한다. 이는 피험자에게 자극을 제공하기 때문이다. 재인기억검사는 제공된 정보 항목이 원 목록의 일부인지 제대로 확인하는 과정으로 구성된다. 이런 의사결정 과정은 회상과 익숙함에 달려 있다. 특정 정보 항목을 회상하는 능력은 그 항목이 기억 속에서 얻을 수 있는 정보라는 점을 알려주고, 익숙하다는 느낌은 최근에 그 정보 항목에 노출되었음을 보여준다.

  연령집단 사이의 차이는 대개 회상기억에서 드러난다. 회상기억 수행은 노화로 감퇴되기 때문이다. 이런 결과는 재인기억검사 때보다 회상 과제가 부과하는 인지부하가 상대적으로 크다는 점으로 일부 설명 가능하다.[5] 재인기억 수행의 우월성은 부호화 특수성이론을 참고해 설명할 수 있다.[6] 이 이론에 따르면 부호화하는 동안 존재했던 맥락 정보가 인출 시에도 있으면 수행이 향상된다. 재인기억검사를 할 때 필요한 맥락 정보를 주는 것은 바로 예전에 제공되었던 자극이다. 이런 지원은 회상기억검사에는 사용할 수 없다. 오히려 특정 정보를 인출하려고 할 때 회상에 필요한 맥락 정보를 산출하기 위해 애써야 하기 때문이다. 이 과정은 고도의 정보처리 자원을 요구하는 난해한 작업이다.

  의미상 유관한 단어 쌍과 의미상 무관한 단어 쌍에 대한 재인기억을 청년과 노인에게서 비교했을 때, 무관한 단어 쌍에서는 두 집단 간에 정확성 차이가 발생했지만 유관한 단어 쌍에서는 차이가 없었다.[7] 이런 차이는 노인집단에서 주의결핍이 아니라 오히려 제공된 자극 사이의 연상관계 형성 능력이 감퇴했기 때문이다(연상결핍 가설). 이 수행의 차이는 과제의 기억 요소가 해당 대상에 대한 능동적 조작과 결합할 때 좁혀진다. 예를 들어 피험자가 대상의 목록을 기억하고 각 대상에 대한 구체적 지시사항도 수행해야 하는 경우, 정보를 수동적으로 듣기만 했던 집단과 활동까지 수행했던 집단을 비교하면 후자의 집단에서 회상 성적이 현저히 향상되었다.[8] 이것은 정보를 풍부하게 다중으로 부호화할 수 있었기 때문이다.

노화가 수행에 미치는 영향은 대개 재인기억검사보다 회상기억검사에서 더 큰데, 이런 결과는 회상기억 과제에 환경 신호가 상대적으로 부족하기 때문일 수 있다.[9] 반면 재인기억검사는 회상기억검사보다 쉽다.

의미기억

의미기억은 우리가 살고 있는 세계의 실제와 형상에 대한 지식이다. 이 기억은 언어 지식, 수리 연산, 다른 규칙과 규정을 통합한다. 일화기억과 달리 의미기억은 시간이나 공간 그 어떤 구체적 장소와 엮여 있지 않고 그 어떤 구체적 맥락 요소도 포함하지 않는다. 의미기억은 대개 나이를 먹어도 보전되며 나이 때문에 더 발달하기도 한다.[10] 어휘는 나이가 뇌기능에 미치는 영향을 검토하는 연구에서 어떤 질병이 생기기 전 일반 능력의 지표로 통용된다. 나이 들면 이런 정보에 접근하는 속도가 느려진다.[11]

자서전적 기억

자서전적 기억은 자기 자신과 자신이 속한 세계, 그것들의 관련 방식에 대한 기억으로 이루어진다. 이것은 나는 누구인가와 내 삶의 구체적인 일화 등, 일화기억과 의미기억 모두를 통합한다. 자서전적 기억은 자아의 심리적 역사라고 기술되어왔고, 따라서 정체성의 필수 요소다. 대체적으로 노인은 자신의 인생에서 10~30세 사이에 일어났던 사건을 잘 기억한다. 이를 회고 절정이라 한다.[12] 회고 절정은 긍정적 유인으로 촉발된 기억에 특히 강하다.[13] 어느 연구자는 이 시기에 대한 기억이 명료한 것은 이때가 개인의 고유한 정체성의 핵심이므로 기억이 깊이 부호화되었기 때문이라고 설명한다.[14] 다시 말해 이 시기의 기억은 인생 이야기, 즉 삶의 여정을 시작하는 창세기로서 우리가 진정한 자아라고 인지하는 이야기의 근원을 형성하기 때문에 기억에 강하게 남는다.[15]

절차기억

　절차기억은 우리가 평생에 걸쳐 숙련한 다양한 행동의 발달과 유지에 관여한다. 앞서 논한 기억들과 달리 절차기억은 의식적 검토의 영향을 받지 않는다. 이런 의미에서 자서전적 기억을 서술기억이라고 한다면, 절차기억은 비서술기억이다. 나이 들면서 찾아오는 전반적 감퇴 가운데 가장 으뜸가는 사례가 기억이지만 늘 그런 건 아니라는 점 또한 앞에서 지적했다. 노화로 기억감퇴가 발생한다는 가정은 적어도 절차기억에서는 오류다. 평생 숙련한 기술은 보유 가능할 뿐 아니라 새로운 기술 계발도 가능하다.[16] 이 같은 절차기억의 보유는 효과적인 보상 체제이기 때문에 심리운동 속도와 작업기억기능의 감퇴를 상쇄해 수행을 유지하게 해준다.[17]

암묵기억

절차기억은 그전에 논했던 기억들과는 성격이 다르다. 다른 기억들의 경험이 주관적인 반면 절차기억은 의식적 자각 밖에서 오기 때문에 차이가 난다. 암묵기억 또한 절차기억과 같은 특징을 공유하므로 당사자는 인식하지 못하지만 예전의 경험이 수행에 영향을 미친다. 이런 유형의 기억은 종종 어간 완성 과제를 통해 입증된다. 어간 완성 과제란 피험자로 하여금 목록에 있는 단어를 공부하게 한 다음, 그 목록에 있던 단어를 최대한 많이 기억하는 대신 특정 단어의 부분을 보고 나머지를 완성하도록 요구하는 것이다. 피험자는 단어들을 숙지한다. 검사지는 목록에 있는 몇 개의 문자들과 빈칸으로 이루어져 있다. 피험자는 적합하다고 생각하는 문자로 빈칸을 채워야 한다.

이 실험에서 청년보다 노인이 채워 넣는 단어 수가 더 적다. 이는 노인의 점화 효과(시간적으로 먼저 제시된 단어가 나중에 제시된 단어처리에 영향을 주는 현상—옮긴이)가 더 약하다는 사실을 입증한다. 예를 들어 피험자가 제시받은 단어가 실제로 있는 단어인지 아닌지 결정해야 하는 과제에서는 나이 차가 더 적게 관찰된다.[18] 이는 정교한 부호화의 중요성을 보여준다.

암묵기억의 효과가 더 두드러지는 상황이 있다. 예를 들면 피험자에게 익숙하지 않은 일련의 이름들을 처리하라고 요구하는 과제에서다. 그다음 다른 목록을 제시하고 피험자에게 이들 가운데 어떤 게 유명인사의 이름

인지 알아내라는 두 번째 과제를 낸다. 이는 거짓 명성 효과라는 현상을 초래하는데, 노인은 자신이 처리했던 첫 명단의 일부를 유명인 이름이라고 판단하는 실수를 저지른다.[19] 그러나 이런 현상은 암묵기억 때문이 아니라 단지 일화기억의 결함을 드러내는 것이라는 주장도 존재한다. 피험자는 첫 명단에 속했던 이름들이 고취시킨 익숙한 느낌이 커질수록 영향을 받는다.

출처기억

특정 정보를 학습했던 시공간적 맥락을 모두 회상할 수 있다는 것은 기억의 중요한 측면이다. 이를 출처기억이라 한다. 출처기억의 수행은 분명 나이의 영향을 받는다. 한 연구에 참가한 피험자는 일군의 남성과 여성 화자가 말하는 문장을 귀 기울여 듣는다. 듣는 동안 텍스트와 화자의 사진도 제시된다. 나중에 누가 어떤 문장을 읽었는가를 맞춰보라고 했을 때 노인집단의 정보 인출 능력은 청년집단에 비해 떨어졌다.[20] 이때 감정적으로 두드러지는 정보를 조작했더니 노인집단의 수행이 향상되었다.[21] 이와 유사한 연구들은 노인일수록 맥락 정보를 부호화하더라도 회상할 때는 그 부호화한 정보를 활용하는 데 문제가 있다는 것을 보여주었다.[22]

이 문제가 노인과 관련해 특히 중요한 것은 약물 복용과 연관되어 있기 때문이다. 특정 시간에 약을 실제로 복용했다는 사실을 기억하는 것과 앞으로 언제 복용할 것이라는 의도를 구분할 줄 아는 능력은 노인에게 매우 중요하다. 일어나지 않은 일을 기억하는 현상이 착각기억이다.[23] 이런 착각기억은 출처기억에 결함이 생겼음을 뜻한다.

이런 이유로 노인은 거짓기억을 지어낼 가능성이 더 많다. 디즈-뢰디거-맥더모트 패러다임을 따른 실험을 살펴보자. 피험자는 동일한 의미 범주에서 추출된 단어 목록을 받는다.[24] 그러나 목록에 대한 설명은 전혀 제공되지 않는다. 그런 다음 피험자는 특정 항목이 정해진 맥락에서 제시되

없는지를 밝히는 재인기억검사를 받는다. 방해 자극 가운데는 전에 제시한 의미 범주에 속하는 이름이 들어 있다. 이 경우 먼저 받은 원래 목록이 점화어로 작용하므로 피험자는 방해 자극으로 제시된 단어가 원래 목록에 들어 있었다고 생각한다.[25] 기준이 될 만한 패러다임(이 실험의 경우 목록)을 제공받는 경우 노인은 거짓기억의 생성을 막을 수 있는 능력이 떨어진다. 그 이유에 대해 연구는 노인에게서 내용과 맥락을 연결 짓는 능력이 더 감퇴되어서, 라고 설명한다.[26] 영상연구를 통해 제시된 증거에 따르면 이마엽기능이 손상된 곳에서 거짓기억 효과가 가장 강하다.[27]

출처기억의 손상은 일상생활과 관련된 대처 능력 측면에서 중요한 의미를 갖는다. 왜냐하면 출처기억의 문제로 노인층은 다양한 사기 행태에 취약해질 수 있기 때문이다. 특히 전화 신용사기가 대표적이다.[28] 사기꾼은 다른 구실로 전화를 걸어 노인 수신자에 대해 가능한 한 많은 정보를 모은다. 그리고 나서 며칠 후 다시 전화를 건다. 사기꾼은 처음에 얻은 정보를 언급하면서 수신자가 그 대화를 얼마나 기억하는지 가늠한다. 만일 수신자가 전의 대화를 기억하지 못할 경우 사기꾼은 작업에 돌입한다.

담화기억

　담화기억은 문자 또는 언어를 통한 의사소통의 심적 모형을 만들어내는 능력이다. 따라서 청각장애 등의 신체적 제약은 이에 영향을 끼칠 수 있다. 두드러진 결함을 통제한 실험에서 노인은 담화기억활동을 상당히 잘 수행한다. 노화에 따른 수행 감퇴를 상쇄하기 위해 많은 보상전략이 동원되며, 특히 언어구조에 대한 지식이 유용하게 쓰인다. 일부러 일상의 자연언어를 제거한 말을 제공했을 때 담화기억이 악화되는 결과가 이를 증명한다.[29]

　전에 들었던 이야기를 말해보라는 과제에서 주제 정보에 대해서는 노인의 수행 수준이 대조군과 별 차이가 나지 않지만, 세부 사항에 대한 기억은 감퇴되는 경향을 보인다. 수행의 하락은 제시받은 정보가 익숙하지 않았을 때, 문법적으로 더 복잡할 때, 제시 속도가 빠를수록 두드러진다.[30] 노인에게는 더 복잡한 정보를 제시받을 경우 상대적으로 덜 중요한 정보를 억제하는 능력이 감퇴되기 때문이다.[31]

　건강과 관련된 행동에서 흥미로우면서도 중요한 한 가지 사실은 노인은 전에 가졌던 지식이나 믿음과 불일치하는 정보를 정확하게 걸러내는 능력이 떨어진다는 점이다.[32] 환자의 건강 상태나 질환에 관해 당사자에게 말해줄 때 이런 특징을 고려할 필요가 있다. 환자가 자신의 현재 건강 상태에 대해 어떤 정보를 갖고 있는지, 그 정보가 과연 실제로 맞는지 또한 부정확한 측면은 무엇인지 확인해야 한다.

안다는 느낌

특정 정보와 그것의 관련 맥락을 기억하는 능력, 그 정보를 안다는 느낌과 익숙하다는 느낌을 엄밀히 비교하면 분명한 나이 차가 발생한다. '기억한다는 것'과 '안다는 것' 사이의 차이는 여러 번 반복 검증되었다.[33] 청년과 노인을 비교하는 경우 '안다는 것'에 관해서는 비슷하지만 '기억'에 대해서는 노인집단이 전반적으로 수행 수준이 떨어진다. 기억 또는 회상 과정은 나이 들면서 저하된다.[34] 기억이란 특정 정보와 그 정보를 학습했던 맥락 사이의 적절한 연관관계를 재생하는 능력이 동원되는 복잡한 과정이다. 이는 전에 언급했던 연상결핍 가설과 연관된다.[35] 기억과 관련된 상위인지 문제는 6장에서 다룰 것이다.

미래계획기억

우리는 특정 시간에 무엇을 어떻게 해야 한다는 기억력(미래계획기억)에 기대어 일상생활을 영위한다. 따라서 나이 들면서 미래계획기억이 빠르게 감퇴한다는 것은 불행한 일이다. 미래계획기억의 능력을 높이기 위해 먼저 필요한 것은 수행할 행동을 기억하는 일이다. 그런 다음 수행 시점을 기억해야 한다. 또한 이런 정보와 무관한 다른 활동을 동시에 수행하면서도 일정 기간 정보를 기억해야 한다. 통제가 잘된 특정 실험실 조건에서는 동시에 수행해야 하는 무관한 활동이 너무 많은 주의 자원을 요구하지 않는 종류라면 피험자는 미래계획 과제를 반복해서 숙지할 수 있다. 그러나 실생활에서는 이런 반복적 숙지가 불가능하기에 현실적으로 미래계획기억 과제는 여러 날이 걸린다. 기억해야 할 수행 과제와 실시간으로 경합을 벌이는 다른 요구 때문에 의도했던 행동은 반복적 숙지가 자꾸 중단되며 간헐적으로만 발생한다.

미래계획기억은 시간 의존적 과제와 사건 의존적 과제로 구분할 수 있다. 시간 의존적 미래계획기억은 특정 시간에 특정 행동을 수행하라고 한다. 사건 의존적 미래계획기억은 특정 행동을 특정 상황에서 수행하도록 한다. 연구 결과를 보면 노인의 경우 시간 의존적 미래계획기억의 감퇴가 더 크지만[36], 노인일수록 사건 의존적 기억력이 떨어진다는 것을 입증하는 연구 결과도 일부 존재한다.[37] 결과적으로 이런 불명확성은 시간 의존적이냐 사건 의존적이냐 하는 구분 자체가 미래계획기억에 미치는 나이의 영향을 알아보는 데 별 효력이 없음을 시사한다.[38]

이런 애매함은 더 현실적 맥락의 연구 결과를 보면 어느 정도 해소된다. 계획한 행동이 축하 카드 보내기 같은 일상생활의 일부인 경우 노인군은 청년 대조군보다 높은 수준의 수행을 보여준다.[39] 반면 이와 유사한 활동을 통제된 실험실 조건하에 수행하면 상반된 결과를 보인다.

노인이 실생활에서 청년보다 더 나은 미래계획기억을 보이는 것은 이들이 기억감퇴를 상쇄하고자 일기 같은 보조도구에 더 많이 의존해서가 아니다. 실제로 연구는 피험자에게 기억 보조도구를 쓰지 말라는 명시적 지침을 내렸다.[40] 이런 제약하에서도 노인의 기억 수행이 우월했던 결과에 관한 설명은 나이 들면서 이들이 더 짜임새 있는 생활을 구성해 기억활동에 더 도움이 되는 환경을 만들었다는 것이다. 동기 또한 기억에 일정 역할을 할 수 있다. 나이 들면서 기억력 문제가 점점 더 중요해진 노인은 기억 수행에 대해 청년보다 더 높은 우선권을 부여했다.[41]

미래계획기억에 대한 많은 연구는 노인에게 초점을 맞췄다. 그런데 불행하게도 이 연구 결과들은 편차가 커 노화로 인한 미래계획기억 감퇴의 증거를 제공하는 연구도 있고, 향상되었다는 증거를 제공하는 연구도 있다.[42] 일반적인 연구 결과를 정리하면, 노인은 실험실연구에서는 수행이 악화되는 경향을 보이고 실생활과 가까운 조건에서는 수행 성적이 더 낫다.[43]

2009년 로지와 메일러는 인터넷으로 대규모 미래계획기억연구를 광범위한 연령대에 걸쳐 실시했다. 컴퓨터 스크린에 특정 이미지(웃는 얼굴)가 나타날 때마다 그것을 클릭하는 과제였다. 이미지 자극은 20분 동안 지속된다. 20분이 지난 다음 피험자는 일련의 설문과 회상기억을 측정하는 인지수행 과제에 참여했다. 처음에 설문과 기억 과제에 대한 지침을 들은 피험자 가운데 일부는 설명을 듣는 동안 웃는 얼굴을 봤고, 다른 피험자는 보지 못했다. 하나 더 추가된 조작은 일부 피험자에게는 '검사가 끝날 무렵' 웃는 얼굴이 나타날 거라고 말했고(시간적 확실성 제공), 다른 피험자에게는 '검사 중에' 나타날 거라고 말해주었다(시간적 불확실성 제공).

연구 결과에 따르면 미래계획기억은 작업기억 폭과 비슷한 비율로 감소했다. 설명을 듣는 동안 웃는 얼굴을 본 집단의 수행 성적은 얼굴을 보지 못했던 집단보다 좋았지만 나이 차가 나타나지는 않았다. 시간적 확실성이 제공된 것은 수행에 부정적 영향을 미쳤다. 이는 노인에게서 특히 두드러지는 결과였다. 이런 결과에 대한 가능한 설명은 표적의 출현을 확신하지 못하는 경우 우리는 필요한 게 무엇인지 더 의식하게 되고, 따라서 활동하는 동안 과제 점검 수준이 더 높아지며 그럼으로써 웃는 얼굴이 반응을 유도해 클릭할 확률을 높인다는 것이다. 이런 결과에 대한 증거는 동시적 수행 과제에서도 나타났다. 즉 자극이 나중에 나타날 거라는 말만 들은 집단은 과제에 따른 인지부하가 더 무거워 점검 수준이 높아졌다.

이 장의 요점 정리

　장기기억이 어떠한 별개의 하위 유형으로 나뉘는지 알아봤다. 장기기억 역시 다른 요소와 전방위적으로 관련을 맺고 있다. 지각과 주의, 작업기억과 장기기억은 떼려야 뗄 수 없는 관계다. 작업기억 모형에 관한 최근의 연구는 장기기억이 작업기억에 관여하는 과정에 관심을 기울인다. 지식을 저장할 능력이 없다면 우리는 어디에 있게 될까?

　노화는 일화기억에 해로운 영향을 미치지만 의미기억에는 그렇지 않다.[44] 이런 차이는 필시 의미기억이 뇌의 특정 장소에 저장되는 게 아니라 겉질 전체에 퍼져 있어[45] 노화로 뇌구조에 변화가 생겨도 손실이 덜하다는 것이 하나의 이유가 될 수 있다. 반면 일화기억은 해마의 참여가 필요하기 때문에 특정 부위와 결부된다.

　장기기억은 많은 핵심 요소로 이루어진다. 그중에서도 정보처리의 깊이, 부호화의 구체성, 조직화가 중요하다. 정보처리의 깊이는 정보기억이 부호화 단계 동안 정보를 얼마나 처리했는가에 상당히 의존한다. 새로운 정보가 기존의 지식에 많이 통합될수록 나중에 더 잘 기억할 수 있다. 부호화의 구체성은 부호화되는 조건과 정보가 잘 맞을수록 기억이 향상된다는 사실 때문에 중요하다. 조직화가 잘된 정보일수록 기억하기 쉽다는 것 또한 부호화의 구체성과 관련 있다. 노화가 이런 부호화전략의 이점에 부정적 영향을 미치는 것 같지는 않다.

　기억은 우리의 자아 인식에 핵심 요소이므로 매우 중요하다. 다음 장에서는 더 극단적인 힘들이 기억과 자아 인식 체계에 영향을 발휘하는 사례, 이 공격으로 예전 자아의 그림자만 남는 사례를 살펴볼 것이다.

6장

상위인지가 일상생활에 미치는 영향

비교적 최근까지만 해도 심리학의 내성주의적 경향은 실험주의자에게 경멸의 대상이었다. 내성주의자들은 심리학 초기 연구의 전형적 모습을 보여왔다. 분트와 티치너의 작업으로 인간 뇌의 내적 작용에 대한 이해가 상당히 발전했음에도 초기의 이 선구적 작업은 많은 비판을 받았다. 그 가운데 하나는 정신치료 분야에서 제기되었다. 이들은 프로이트의 무의식이론은 모든 정신활동이 의식적 점검 대상이 아니라고 했으므로, 개인의 명시적 행동에 영향을 미치는 무의식적 정신활동을 도외시하지 말아야 한다고 주장했다.

가장 신랄한 비판은 왓슨과 스키너 등 새로운 심리학자의 활동으로 성장세에 있던 행동주의 학파에서 나왔다. 이들은 겉으로 드러나는 행동만이 심리학연구의 유일한 초점이어야 하며, 내성주의적 설명은 자신들의 새로운 심리학(과학)과는 무관하다고 주장했다.

내성주의에 대한 새로운 관심은 대부분 20세기 중반 인지 혁명의 결과로 생겨났다. 그러나 이전의 내성주의와 달리 새로운 경향은 실험 패러다임을 기반으로 한 객관적 평가를 강조했다. 이 새로운 계열 연구의 초기 관심사는 '기시감旣視感' 상태, 다시 말해서 안다는 느낌이었다. 기시감은 질문 당시에 정보를 기억해내지는 못해도 정보를 알고 있다는 확신이다.[1] 이런 안다는 느낌은 그것을 느끼는 사람이 해당 정보를 실제로 알고 있는가의 여부를 정확히 예측하는 듯 보였다.

이와 연관된 '학습 판단'은 기존의 학습 준비기간이 시험을 충분히 잘 볼 만큼이었는지를 정확하게 측정하는 능력을 반영한다.[2] 기시감이나 학습 판단 같은 유형의 판단은 항목별로 평가할 수 있다. 이 실험에서 개인들은 수험 준비 과정에서 예전에 학습했던 것 가운데 어떤 항목은 정확히 기억하고 어떤 항목은 그렇지 않은지 표시하라는 요구를 받는다. 상대적 정확성에 대한 이런 판단은 기억에 대한 예측이 객관적 시험 성적으로 이어지는지를 평가하는 절대적 정확성 평가로 이어질 수 있다. 절대적 정확성을 완벽히 입증한 사람은 자신이 기억하지 못하리라 판단한 모든 답을 틀렸고, 30퍼센트 정도를 올바르게 기억하리라 예측했던 사람은 절대적 평가에서도 30퍼센트 정도의 정확성을 보여주었다.

상위인지란 무엇인가

사고에 대한 주관적(내성주의적) 설명은 심리학의 역사에서 다소 비난을 받았음에도 여전히 연구 대상이다. 상위인지(생각하는 과정에 대해 생각하는 능력) 연구는 계속 있었고, 현재는 점점 더 심리학 내 많은 하위 학문의 주목을 받는다. 대표적인 것이 인지신경심리학이다. 이는 주관적 설명을 정확성을 담보하는 객관적 지표와 비교 평가할 수 있게 해주는 다양한 기술이 발명되었기에 가능해졌다.

상위인지라는 용어를 처음 도입한 것은 1970년대 어린아이가 어떻게 자신이 기억에 저장한 정보 인식을 발달시키는가를 논했던 플래벌이었다.[3] 상위인지 과정은 우리가 일상적으로 수행하는 많은 활동의 토대가 된다. 상위인지는 크게 지식 관련 요소와 행동 조절 요소, 두 가지로 나눌 수 있다. 상위인지 지식은 사고방식, 장기기억에 저장한 정보, 추론 능력에 대한 이해를 반영한다.[4] 또한 공부를 돕고 새로운 자료를 학습하는 능력을 향상시킨다. 상위인지적 점검과 조절은 자신의 행동을 면밀히 살피고 다양한 상황에서 필요할 때 행동을 바꾸는 능력의 기초다.[5]

상위인지 분야의 공통된 개념 틀을 마련한 사람은 넬슨과 내런스였다. 이 개념 틀에 따르면 인지 과정은 대상 수준에서 일어나는 인지와 상위 수준에서 일어나는 인지 유형으로 분류할 수 있다. 대상 수준의 인지처리는 부호화와 정보 인출 등의 기본 정보처리며, 상위 수준의 처리는 이런 대상 수준의 활동을 감독하고 필요할 때 하향식 통제와 조율을 집행한다.

상위인지는 대부분의 인간 행동에서 일어난다. 일련의 인지 과정을 통합된 전체로 묶는 그 성질 때문에 상위인지라는 용어는 많은 개별 행동의 기저 개념으로 사용된다. 상위인지는 자신의 사고 과정(또는 인지)에 대한 지식, 우리가 자신의 행동을 점검하는 방식과 관련 있다.[6] 지금까지 노화 연구는 대개 상위인지와 기억 또는 상위기억에 초점을 맞춰왔다. 예를 들어 성인의 경우 자신의 기억을 평가하는 능력은 일상생활에 중요한 영향을 미치기 때문이다.

상위기억

노인이 의사에게 호소하는 문제는 대개 기억과 관련 있다. 나이 들면서 기억력이 감퇴한다는 확신 때문에 이런 현상이 발생한다.[7] 그러나 실제로 자신이 얼마나 자기 기억을 제대로 평가하는지, 자신의 평가에 대한 정확성이 나이 들면서 어떻게 변해가는지 고려해야 한다. 이런 작업은 자신의 능력에 대한 평가와 신뢰가 자아와 타인을 인식하는 방식에도 영향을 주고 결과적으로 삶의 질에 강한 영향력을 발휘하기 때문에 중요하다.[8]

기억력에 대한 인식의 변화

기억에 대한 믿음을 탐구하는 많은 측정법이 개발되었다. 이런 측정법은 피험자에게 자신의 기억력 전반과 특정 유형의 상황과 관련된 능력 모두를 평가하게 한다. 피험자는 기억에 대한 개인적 신뢰뿐 아니라 자신이 기억 과정을 어느 정도 통제하고 있는지 생각해봐야 한다. 한 연구는 피험자에게 20~90세에 이르는 상이한 연령대 성인의 기억력을 평가해보라고 했다.[9] 피험자는 나이에 따라 청년, 중년, 노년층으로 나눴다. 이 실험은 기억에 대한 이들의 암묵적 믿음을 보여주었다. 실험에서 드러난 사실은 모든 피험자가 기억은 나이 들면서 감퇴한다고 믿는다는 것이다. 또 흥미로운 점은 청년층과 중년층은 50세 무렵부터 기억감퇴가 가속화한다고 생각한 반면, 노년층은 기억감퇴가 좀더 늦은 나이에 시작된다는 암묵적 믿음을 갖고 있었다. 그러나 성인이 자신의 기억에 대해 얼마나 많은 통제력을 갖는가 하는 물음에 대해서는 연령대에 상관없이 비관적이었다.[10]

노화가 기억기능에 부정적 영향을 미친다는 공통된 믿음은 우리가 인생 후반부에 발휘하는 능력에 대한 인식을 혼란스럽게 하거나 왜곡한다. 이런 현상은 타인에게 일어나는 일은 내게도 일어난다고 생각하는 손쉬운 가정 때문이다.[11] 노화로 인한 기억력 감퇴는 피할 수 없다고 확신한 노인과 그렇지 않다고 생각한 노인을 비교했을 때 분명한 사실은, 전자의 노인집단은 기억기능의 수행을 자신만의 능력 덕으로 돌리고 정확한 기억에 도움을 받기 위한 여러 전략을 별로 사용하지 않는다는 것이다. 수행력 감퇴를 나이 때문이라고 생각하는 태도를 고려할 때 이런 결과는 예사롭지 않다.[12]

수행에 대한 주관적 설명과 객관적 행동 지표가 일치하지 않는 경우가 종종 있다.[13] 인지실패 질문지[14]는 인지기능의 표준 지표로 일반 기억과 일상의 행동 실수에 특히 초점을 맞춘다. 인지실패 설문은 교통사고 빈도와의 상관관계를 비롯한 많은 분야에서 유용한 검사로 입증되었다.[15] 인지실패를 자각하는 개인의 능력은 그의 상위인지 자각력을 반영한다. 인지실패 질문지 점수와 상위인지 질문 간에는 높은 정적 상관(한 변인의 값과 다른 변인의 값이 비례하는 관계—옮긴이)이 있었다.[16] 매카치와 리기는 인지실패 점수가 높은 피험자일수록 이런 실패에 대해 가급적 크게 고민하지 말아야 한다는 점 또한 인식하고 있음을 밝혀냈다. 이는 상위인지 자각과 통제 수준이 높다는 뜻이다. 청년과 노인층의 인지기능에 대한 자기보고를 통해 매카치와 리기는 노인이 보고하는 문제의 수가 청년보다 적다는, 래비트와 앱슨의 선행 연구를 반복 검증했다.

객관적 검사 점수와 상관없이 기능에 대한 자기보고는 능력에 대한 자기표상의 과정을 엿볼 수 있는 통찰을 제공한다는 측면에서 중요하다.[17] 노인이 보고하는 문제의 수가 적었다는 것을 해석해보면, 노인은 자신의 오류를 보고하는 것에 관심이 적어지는데 나이 들면서 자신의 삶에서 중시하는 기능에 대한 기대가 변해서다.[18]

노인은 나이 들어가면서 어떤 결함이 나타날지 상당히 우려한다. 특히 나중에 알츠하이머병에 걸릴 거라는 공포는 계속해서 커지고 있다.[19] 노화로 발생하는 불안은 기억력 감퇴와는 다른 독립적 영향력을 발휘하기 때문에 상황을 악화시킨다. 노인의 불안 등급이 청년보다 훨씬 높을 때는 이들이 정보를 기억해야 하는 상황에 처할 때다.[20] 인지실패에 대한 두려움은 반드시 수행의 결함을 초래한다. 이런 결함은 불안을 더욱 부채질하고 앞으로 더 많은 손상의 가능성을 증대시킨다. 이런 하향순환은 개인의 행복과 일상적 기능에 매우 심각한 여파를 미치곤 한다.

기억기능에 대한 이런 믿음, 다시 말해 기억 변화에 대한 암묵적 가정이 삶에 영향을 미친다 하더라도 종단연구는 사람들이 지각하는 기능 변화가 객관적 측정치와 일치하지 않음을 보여주었다.[21] 오히려 기억 문제에 대한 주관적 고통 호소는 객관적 점수가 아니라 우울증 점수와 정적 상관이 있다.[22] 노인이 자신의 능력에 대한 부정확한 믿음을 견지하고 있다는 사실은 이들의 전반적 행복에서 중요한 의미를 지닌다. 일반적 인지감퇴 현상도 이것이 알츠하이머병의 징후일지도 모른다는 걱정과 결합해 우울증을 유발할 수 있다.[23] 우울과 불안은 인지기능의 손상을 확산시킨다.[24] 결국 불안과 우울이 자기 충족적 예언으로 변하는 것이다.[25]

자신의 능력에 대한 노인의 상반된 평가를 설명하는 가설도 많다. 그 가운데 하나는 좋은 기억이나 나쁜 기억과 관련된 인지의 개인차가 이런 부조화를 초래한다는 것이다. 또다른 주장은 노인일수록 인지실패를 판단하는 데 정확성이 떨어진다고 한다. 실제로 노인이 자신의 실수를 보고하는 횟수는 젊은층에 비해 적다. 이는 나이 들면서 부과되는 요구 자체가 감소해 인지오류가 두드러지는 시점도 지연되기 때문일 수 있다.[26] 아니면 노인이 그간 겪은 많은 문제를 잊어버리고 자신의 기능에 과도하게 낙관적인 견해를 피력하는 것에 불과할 수도 있다.

또는 평가 과제의 생태학적 타당도 결여, 즉 실험실 상황 또는 이와 유사한 상황에 대한 연구가 실제 세계의 맥락에서 일반화되기 어렵기 때문에 일상적 인지실패에 대한 질문지 평가와 상관관계가 약해서라고 볼 수도 있다.[27] 이 문제를 더 밀고 나간 행동 특수성 가설은 실태를 정확하게 파악하기 위해 구체적 행동에 주안점을 두는 질문과 적절한 단서로 이루어진 질문지를 작성하고 그 구체적 행동에 대한 평가도 가능한 한 자연스럽게 이루어져야 한다고 주장한다.[28] 삶의 질 저하가 우려되는 몇몇 특정한 사례에서는 고려해야 할 실질적 문제가 많아지긴 해도 이런 접근법은 매우 유용하다. 약물 복용 이행도가 가장 대표적 예다.[29]

헤르초크와 동료들의 연구 주제[30]는 류머티즘 관절염 환자의 약물 복용 이행도였다. 설문 조사와 인지수행 과제를 비롯한 포괄적 검사와 함께 인터뷰도 병행했다. 약물 복용 이행도 자체는 뚜껑에 마이크로칩을 부착한 특수 제작 용기를 사용해 평가했다. 이 칩은 환자가 약병을 열었던 날짜와 시간을 기록하도록 되어 있었다. 이 연구 모형을 통해 회상기억 과제 전반에 걸친 저조한 수행은 기억감퇴에 대한 고통 호소의 전조임이 드러났다. 뿐만 아니라 약물 복용 이행도의 실제 오류를 검사한 결과 주관적 고통 호소가 실제 오류로 이어진다는 점 또한 밝혀졌다.

이런 결과들은 행동 구체성 가설의 예측과 궤를 같이한다. 흥미롭게도 우울증 때문에 이런 관계가 약화되지는 않았다. 또한 노인이 중년보다 약물 복용 이행 능력이 더 낮다는 점도 입증되었다.

통제감과 일상기능

우리의 기억과 각 기능의 효율성은 매우 감정적인 문제이며, 자아상 형성에 없어서는 안 될 요소다. 자신의 기억 과정에 대한 정보를 상위기억이라고 하는데, 연구 결과 나이 들어가면서 상위기억의 정확성이 떨어진다. 이는 사람들이 어떻게 자신이 검사에서 수행하는 정보를 수정하는가를 검토해 입증되었다.[31]

자신의 기억력에 대한 개인적 믿음은 일상의 기능방식에 상당한 영향을 미친다. 따라서 자신의 기억과 관련된 자기효능감이 중요하다.[32] 자기효능감의 영향이 시작되는 시기는 중년이다. 중년기는 인지기능의 경미한 변화에 민감성이 강해지는 시기다. 중년기에 우리는 기억실패의 사례를 불가피한 기억감퇴에 대한 우려와 공포로 대한다.[33] 노화에 대한 이런 암묵적 확신과 우려는 기억과 관련된 자기효능감에 부정적 영향을 미친다.[34]

여기서 고려해야 할 중요한 요인은 우리가 어느 정도로 자신의 인지 과제 수행방식을 통제하고 있다고 느끼느냐 하는 것이다. 이 통제감에 초점을 맞춘 연구들은 통제감과 수행 간에 정적 상관이 있다는 것을 보여주었다.[35] 개인들이 자신이 수행에 통제력이 있다고 느낄 때, 정보 인출의 정확성을 보장하기 위해 더 많은 노력을 쏟는다.

흥미롭게도 기억기능에 대한 주관적 보고가 객관적으로 측정한 수행을 늘 반영하는 것은 아니다. 어떤 경우 노인은 객관적 검사 수행 점수와는 반대로 자신의 기억에 상당한 문제가 있다고 보고한다. 이런 경우 기억실패에 대한 인식의 증가는 우울증 때문일 수 있다는 우려가 존재한다.

우리가 기억실패를 내적 안정 요인이나 불안 탓으로 돌리는 정도가 얼마나 되는가는 인식에 상당한 영향을 미친다. 노인의 기억결함은 대개 내적 안정 요인 때문이라고 여겨진다. 이는 노인의 기억결함이 훨씬 더 심각하고 장기적인 문제라는 가정을 수반한다. 청년이 저지르는 기억오류는 대개 당사자의 노력이나 주의 부족 같은 내적 불안 요인 탓으로 돌린다. 이때 근거가 되는 가정은 우리가 내적 안정 요소를 거의 통제하지 못한다는 것이다. 밝혀진 바에 따르면 사람들은 통제할 수 없는 내적 안정 요인 때문에 기억결함이 생기는 경우에 더 공감을 표한다.[36]

인지와 감정 조절의 과정

인지에서 감정의 역할은 중요한 연구 대상이다. 신경학 기술 덕분에 우리는 인지와 감정작용이 발생하는 과정을 더 깊이 이해할 수 있게 되었다. 인지에서 감정이 작용하는 과정에는 두 가지 별개의 신경 과정이 결부된다. 매우 강한 부정적 자극을 받는 경우, 편도체 작용이 자동으로 발생해 기억 부호화를 위해 정보를 해마와 연합해 처리한다. 자극이 크지 않을 경우에는 그것이 감정적인 성질이라 하더라도 앞이마엽 겉질의 작용이 필요하다. 이는 더 의식적으로 통제된 정보 부호화 과정을 반영한다.[37]

감정은 우리가 노화에 적응하는 데 중심 역할을 하며 전반적인 안녕감과도 늘 연결되어 있다. 또한 회복탄력성도 여기에 관여한다. 감정 조절은 현실을 객관적으로 인식하면서도 긍정심을 잃지 않기 위해 활용된다.[38] 기본 감정과 고차원 인지작용 사이의 상호작용이 부각되자 연구들은 노화가 변연겉질계에 미치는 영향에 초점을 맞추기 시작했다.[39]

노화와 감정 반응

감정처리와 반응은 계속 발달하면서 점차 현재 발생한 사건에 대한 반사적 반응이 아니라 정신적 사건이 되어간다. 감정은 더 복잡한 계획 작용을 통해 행동을 이끈다. 이런 경험을 통한 추상화 과정의 결과, 새로운 이차적 정서들이 발달된다.[40] 성년기 발달 과정 동안 감정의 내적 표상은 더욱 복잡해지고 감정처리방식 또한 더욱 유연해진다. 그러나 노년기가 되면 이런 복잡성이 감소한다.[41] 따라서 감정적 상황이 발생해도 갈등을 둘러싼 감정들을 복잡하게 평가하는 반응은 나타나지 않는다.[42] 이는 노년기가 되면서 고차원적 인지기능이 감퇴했기 때문으로 보인다.

감정 조절과 억제

상위인지의 중요한 측면 가운데 하나는 감정의 조절과 억제다. 감정 조절은 우리가 제대로 존재하는 데 필수불가결한 기능이자 일상의 스트레스와 긴장에 적응하기 위한 중요한 결정 요소다. 감정 조절이 불충분할 경우 기분장애 등 많은 문제가 발생하며 이는 또한 신체 건강 전반에 영향을 미친다. 이런 상황은 노화와 더불어 더욱 심각해진다. 늘 그렇듯, 고대 그리스로 돌아가면 감정 조절에 대한 적절한 격언을 얻게 된다. 다음은 플라톤의 말이다.

> 타고난 천성이 평온하고 행복한 사람은 나이듦의 압박을 거의 느끼지 않지만 이와 반대인 사람에게는 젊음도 늙음도 모두 짐일 뿐이다.

감정 조절의 목적은 특정 감정에 대한 경험을 예상하고 적절히 대응해 완전히 피하거나, 선택적으로 집중해 이를 감당할 수 있게 만드는 것이다. 아니면 감정 조절은 특정 행동에 대한 내외적 반응을 조정하기 위해서 발생할 수도 있다.[43]

이제까지의 주장에 따르면 노인은 부정적 기분을 최소화하고 긍정성을 유지하기 위해 환경을 조절하고 개조한다. 사회감정적 선택이론에 따르면 노인에게서 이런 조절 동기가 발생하는 이유는 얼마 남지 않은 시간 동안 다양한 목표와 기대를 합리화하고 재구조화해야 한다는 자각에서다.[44] 다른 연구에 따르면 이런 동기는 여성에게 두드러지며 남성에게서는 거의 나타나지 않는다. 대개 노년기 여성의 감정적 반응도는 젊은 시절과 전혀 다른데 이는 여성이 타인의 반응에 구애받지 않고 자신이 느낀 감정에 근거해 내린 판단에 더 확신을 가진다는 의미다.[45] 그럼에도 다른 연구는 상황에 대한 노인의 반응도가 낮기는커녕 오히려 강화되고, 특히 사건에 개인 관련성이 높을수록 강한 반응을 보인다는 점을 밝혀냈다.[46] 따라서 감정을 유발하는 사건의 특징은 반응도를 결정하는 중요한 요인으로 보인다. 해당 상황에 대한 노인의 반응도는 이들이 과거에 유사한 상황에 반응했던 경험을 통해 효율적이고 효과적인 대처 방안을 가지고 있느냐에 따라 달라진다고 볼 수 있다.[47]

노화와 감정적 복잡성

우리는 감정 조절을 통해 기분이나 명시적 행동, 생리 반응과 같은 상이한 상황에 대한 반응방식을 통제한다.[48] 노인은 무엇을 해야 하고 누구와 그 경험을 공유할 것인가를 신중하게 선택해 감정을 조절한다.[49] 또한 이런 자신에게 자부심을 가지며 자신의 감정적 반응을 잘 통제할 수 있다고 생각한다.[50] 따라서 노인은 더 유연하고 표적이 확실한 대처전략을 채택하는 경향이 있다.[51]

노화에 따른 감정 조절 능력이 커지는 데 기여할 수 있는 하나의 방법은 감정적 복잡성의 증가다.[52] 감정적 복잡성의 한 요소는 상반된 감정을 동시에 느끼는 감정동시발생 능력[53]이다. 뿐만 아니라 노인은 더 효과적으로 감정 반응들을 구별하는 구조적 복잡성의 능력을 갖고 있다.[54] 상반된 각각의 감정은 생리 반응을 유발한다. 그러면 개인은 이 상태 변화를 해석하고 거기에 특정 감정의 꼬리표를 붙인다.[55] 이 범주화 과정은 개인의 고유한 발달 경험을 반영한다는 면에서 매우 개인주의적이다.

 스트레스가 많은 시기에는 부정적 기분이 우세해지고 긍정적 기분은 약화된다.[56] 감정적 복잡성에 접근할 수 있는 능력은 불쾌한 감정을 유발하는 상황을 만날 때 해야 하는 감정 조절에 도움을 준다. 정교하게 다듬어진 접근을 통해 개인은 상황을 더 잘 이해하고, 상황에 대한 타인과의 상호작용 속에서 더욱 뚜렷이 자신의 감정을 표현할 수 있게 된다.[57] 이런 능력을 가진 이들의 경우 극단적 감정 반응을 드러내는 일이 줄어든다.[58] 최근의 한 연구는 나이 들면서 감정적 복잡성이 늘어난다는 주장을 뒷받침하는 근거를 제공하지는 못했지만[59] 이런 복잡성이 감정 조절에 도움이 된다는 주장을 뒷받침하는 증거를 제공했다.

 자아 개념의 모순이란 자아 개념이 상황과 역할에 따라 달라지는 상태를 말한다.[60] 자아 개념의 모순은 불안하고 부정적인 감정 상태에 비례한다.[61]

사회인지발달 단계

상위인지 과정들이 어떤 방식으로 우리의 행동에 스며들어 있는지 살펴봤으니, 여기서는 인지가 사회 행동에 미치는 영향을 구체적으로 알아보기로 한다. 감정과 인지를 명확하게 구별할 수 없듯 우리가 사회적 동물이라는 사실에서도 벗어날 수 없다. 타인의 정신 상태를 파악하는 선천적 기술은 타인의 행동방식을 예측할 수 있는 능력의 기초가 되며, 사회인지의 기초를 형성한다. 이는 타인에 대한 정보를 처리하는 방식이 사물에 대한 정보를 처리하는 방식과 분명 다르다는 사실을 반영한다. 이 차이는 아주 어릴 때부터 뚜렷이 드러난다. 밝혀진 바에 따르면 인간은 타인의 얼굴과 목소리를 처리하는 능력을 타고난다. 이 특별한 능력은 인간 종이 진화하는 데 주요 요인이었다.[62]

사회인지는 세 단계로 발달한다고 간주된다. 첫 단계는 인간 행동을 지각하고 모방하는 선천적 능력이다. 두 번째 단계는 신체 표현과 몸짓을 다양한 감정 상태와 연관시키는 능력이다. 마지막 단계는 우리가 타인에게서 관찰한 행동을 수행할 때 느꼈던 방식을 근거로 자신의 내면 상태의 원인을 타인에게서 찾는 능력이다.[63]

사회인지는 예전에 경험한 사건을 근거로 정신의 구조를 선택하고 활용해 이루어진다. 이런 도식은 우리가 사회 정보를 처리하는 과정에 이용하는 일반화된 표상이다.[64]

인지적 마음이론과 정서적 마음이론

마음이론은 자신과 타인의 마음 상태를 모두 생각하는 능력을 가리킨다. 타인이 특정한 신념을 갖고 있다는 것, 세상에 대해 자신과 다른 관점을 견지할 수 있다는 것을 파악하는 능력은 아동 발달에서 중요한 단계다. 마음이론은 어린아이가 보이는 자기중심성에서 확실히 탈피하는 것으로 타인의 행동에 대해 추론하게 해주는 중요 기제다.[65] 이 능력이 출현하려면 상위 표상 능력이 발달해야 한다.

마음이론은 모든 사회적 상호작용에 근본이 되는 중요성을 갖는다. 행동을 조절하는 데 마음이론이 하는 역할이 사회인지의 토대가 된다.[66] 사회인지는 타인을 지각하는 방식, 저장된 자신의 지식을 사회규범과 관련시키는 방식 등을 가리킨다. 대다수의 마음이론연구는 어린아이, 비정상적 발달을 보이는 집단[67], 정신질환자를 중심으로 이루어져왔다.[68]

빌딜 단계에 있는 어린아이의 경우 마음이론 능력은 18개월쯤 나타난다. 이때 아이는 관심의 공유와 서술적 지적(자신이 보고 있는 대상을 다른 사람이 볼 수 있게 손가락으로 가리키면서 상대방의 눈을 살피는 것—옮긴이) 등의 활동을 수행한다.[69] 18~24개월 사이에 아이는 가상놀이에 참여할 수 있고[70], 24개월 무렵에는 내면의 욕망을 이해한다.[71] 4세에 이른 아이는 타인이 틀린 믿음을 가질 수도 있음을 이해하며[72], 7세가 되면 더욱 발달된 상위인지 능력을 성취한다.[73] 고차원적 사회 행동은 9~11세 사이에 발생하며, 이 단계에 이른 아이는 제삼자들 간에 무례한 언행이 발생하는 상황을 인식하게 된다. 이런 능력은 상당히 복잡한 기술이다. 왜냐하면 이 정도 능력은 제삼자들의 행동을 관찰하는 동안 누군가가 하지 말았어야 할 말을 했다는 것, 그로 인해 상대가 상처를 입을 수 있다는 사실을 인식하는 것이 필요하기 때문이다.

마음이론은 개념적으로 크게 두 가지로 이루어져 있다. 하나는 타인을 향한 의도와 생각으로 이루어진 인지적 접근이다.[74] 이 인지 요소를 평가하는 과제들은 틀린 신념과 의도를 추론하는 의도귀인과 사회적 실례 과제 등이다. 사회적으로 타당한 정보를 표상하는 기초는 타인의 관점에 대한 추론인 일차 표상과 다양한 관점을 고려하는 상위 표상인 이차 표상이다.[75]

마음이론의 인지 요소와 대조되는 요소는 정서적 요소다. 이것은 타인의 감정과 관련된다.[76] 정서적 흥분은 예를 들어 친절한 자극 대 불친절한 자극처럼 상이한 자극들을 분리하는 기제로서 중요하다. 감정에 대한 이해는 2~3세 사이에 발달하며 마음이론에서 나왔던 것들과 연계된다. 그다음에는 감정 반응을 조절하는 능력이 나타나며 이 능력은 사춘기까지 계속 발달한다. 감정을 통제하고 조절하는 능력은 집행기능의 발달과 밀접한 연관이 있다.

이런 요소를 측정하는 방법은 다양하다. 특히 '눈으로 마음 읽기 실험'[77]이 여기 포함된다. 정서적 마음이론은 감정이입과 혼동되지만 이와는 다르다. 감정이입은 상대방 감정 상태의 원인을 반드시 파악하지는 않은 상황에서 상대방 감정을 같이 느끼는 주관적 상태를 가리킨다. 반면 정서적 마음이론은 타인이 느끼는 감정의 원인에 대한 평가가 병행되며 그의 상태를 동시에 느낄 필요도 없는 작업이다.[78] 물론 감정이입 또한 감정적 요소와 인지 요소로 세분화되는데, 그런 경우 감정적 마음이론은 둘 가운데 인지 요소와 밀접한 관련이 있다.[79]

노화와 집행기능의 변화

마음이론과 집행기능 사이의 연관성 탐구는 연구자들의 주요 관심사다. 특히 인지통제 측면에서 결과가 중복되는 연구가 많다. 집행기능의 발

달은 마음이론의 발전에 필요한 인지적 복잡성을 제공한다.[80]

노인의 마음이론연구는 극소수이며 결과도 서로 일치하지 않는다. 나이 들면서 마음이론 능력의 감퇴를 보여주는 연구도 있는 반면[81], 오히려 노화로 마음이론 능력이 향상된다는 결과를 보이는 연구도 있다.[82] 좀더 최근의 연구들은 나이가 마음이론을 구성하는 개별 요소에 각기 다른 영향을 미친다는 것을 확인했다. 타인의 상이한 마음 상태를 추론하는 능력은 변하지 않지만 이런 정보를 처리하고 조작하는 능력, 즉 마음이론의 인지 요소는 감퇴하는 것처럼 보인다.[83] 인지 요소가 노화로 감퇴하는 현상은 집행기능의 감퇴 때문일 확률이 가장 높다.[84] 베일리와 헨리는 노화에 따른 마음이론 능력의 변화를 살필 때 억제성 조절 기제의 중요성을 강조한다. 노인의 마음이론을 검토한 대부분의 연구는 여태껏 정서적 마음이론보다는 이 인지 요소에 초점을 맞췄다.

나이가 인지적 마음이론과 정서적 마음이론 둘 다에 미치는 영향에 대한 최근의 연구도 있다.[85] 마음이론을 객관적으로 평가하는 모든 검사에서 노인은 대조군인 청년집단보다 상당히 낮은 수준의 수행을 보였다. 마음이론 능력을 주관적 평가 기준으로 가늠했을 때는 집단 간에 차이가 발생하지 않았다. 주관적 기준으로는 노화의 영향을 포착하지 못하는 이 같은 현상은 기억을 비롯한 다른 인지기능 영역에서도 밝혀진 바다.[86] 객관적 수행이 분명히 노화로 손상되었음에도 인지실패를 주관적으로 인지하는 사례가 더 적었다는 말이다. 주관적 측정치와 객관적 측정치 사이의 이런 부조화는 상위인지 지각의 결함을 반영하는 것으로 볼 수 있다.[87]

듀발과 동료들은 인지적 마음이론 측면에서 노인집단의 결함을 발견했고 청년-중년집단에서는 결함을 발견하지 못했는데, 이는 이 분야가 그간 쌓아온 성과를 뒷받침하는 결과다.[88]

일차원적, 이차원적 마음이론에도 노화가 영향을 미친다는 증거가 있다.[89] 이 경우 결과는 집행기능이 얼마나 온전한가에 달려 있다. 이차원적 마음이론에 대한 노화의 영향은 정보처리 속도나 집행기능이나 기억처리 때문이 아니다. 이런 결과들은 상이한 활동의 변화무쌍한 요구에서 비롯된다. 일차원적 추론은 제한된 주의 자원으로부터 많은 것을 요구한다. 타인의 관점을 채택하는 데 정보를 조정할 수 있을 수준으로 필요한 것이다.[90] 이차원적 마음이론(정보의 상위 재현을 특징으로 하는 고차원적 이론)은 집행기능의 역할에 상당 부분 기대고 있다.[91]

눈으로 마음 읽기 실험을 이용해 정서적 마음이론을 연구한[92] 듀발 등은 기본 감정에 관해서 그 어떤 노화의 영향도 관찰하지 못했다. 이 검사는 기초적이든 복잡한 것이든 여러 가지 특정 감정을 배우에게 표현하도록 한 뒤, 눈 부위를 찍은 사진들을 피험자에게 보여주고 감정 상태를 추측하게 했다. 기초적 감정 확인은 비교적 자동 발생하기에 많은 주의 자원이 들지 않는 반면[93], 복잡한 감정 확인은 상당한 주의를 요구한다. 복잡한 감정을 이해하려면 추가적 추론이 필요하기 때문이다. 뿐만 아니라 복잡한 감정을 효과적으로 처리하려면 어떤 형태로든 맥락이 필요한데 이 검사에서는 맥락을 제공하지 않았다. 노화의 영향은 톰의 미각검사에서도 나타났다.[94] 피험자에게 특정 맥락 속에 있는 타인의 입맛을 평가하도록 한 과제였다.[95] 피험자는 과제를 성공적으로 수행하기 위해 그 인물의 인지와 감정을 모두 처리해야 했다. 이 검사의 경우 각본상 사회적 맥락도 포함되어 있었다.

사회인지의 신경 토대

　감정 반응을 조절하는 능력을 측정하는 행동연구의 결과는 뇌 영상화 기술을 통해 반복 검증되었다. 사회인지신경학 분야는 나날이 확장되고 있다. 이 연구를 통해 사회적 상황에서 보이는 우리의 반응방식을 심층적으로 살펴볼 수 있다.

　사람의 인과 판단 유형을 연구해 밝혀진 사실은 이런 사회적 판단이 비교적 자동작용이며 의식적 통제가 관여하지 않는 과정이라는 점이다. 따라서 이런 판단은 종종 오류를 일으킨다. 이런 오류는 행동 원인이 모호할수록 빈도가 높아진다. 연구에 따르면 사회인지에는 외측 관자엽 겉질, 편도체, 바닥핵[96] 등의 일반적인 뇌 부위뿐 아니라 복잡한 사회적 판단을 내릴 때 앞이마엽과 전측 대상회(주의, 반응 억제, 정서 반응(특히 통증)에 관여하는 이마엽 한가운데 있는 뇌구조—옮긴이)와 해마도 활성화된다.[97] 편도체와 바닥핵은 모두 감정을 처리할 때 필수적이다. 이런 부위들은 노화의 영향에 상대적으로 덜 민감한데 특히 앞이마엽 겉질 전체의 감퇴에 비해 덜하다. 그러나 또 전체에 비해 앞이마엽 겉질 복내측(뇌줄기에서 시작하는 신경로 가운데 하나—옮긴이) 부위의 퇴화도 상대적으로 느리다. 이 부위는 감정처리에서 중요한 역할을 수행한다. 결국 노년기 내내 감정을 처리하는 노인의 능력은 비교적 잘 보존된다.

노화와 신경퇴화질환

노인들의 사회인지를 탐구한 연구는 많지 않다. 그러나 사회인지평가는 (정신질환 진단 및 통계편람 제5판에서 분류한) 주요 신경질환의 조기 발견에 유용하다. 이 신경질환들은 노령 인구의 증가로 점점 문제가 되고 있다. 사회인지를 평가하는 효과적인 방법은 마음이론 측정이다.

사회적 기능이 다양한 질환에 어떤 영향을 받는지 살펴봤을 때 특히 문제되는 질환은 알츠하이머병이다. 사회적 기능의 장애는 알츠하이머병의 중간 단계에 찾아와 독립성과 삶의 질 저하를 초래한다.[98] 특히 타인의 마음을 추론하는 고차원적 틀린 신념 과제의 수행 능력이 떨어진다.[99] 이는 알츠하이머병 환자들의 전반적 작업기억이 저하되었음을 의미한다.[100] 지금까지 행해진 소수의 연구에서 알츠하이머병 환자의 경우 인지적 마음이론에서 일부 장애가 있다는 증거가 있지만 정서적 마음이론에 장애가 있다는 증거는 없었다.[101]

타인의 감정을 얼굴 표정으로 정확히 판단할 수 있는 것은 사회인지의 본질적 요소다.[102] 이 능력은 정서적 마음이론과 직결되기 때문이다. 여기에도 노화에 따른 중요한 차이가 있다. 노인은 대개 타인의 얼굴에 나타난 부정적 감정을 알아차리는 것을 훨씬 더 어려워한다.[103]

타인의 얼굴 표정을 정확히 평가하는 능력은 알츠하이머병의 영향을 가장 많이 받는 부분이다.[104] 상대적으로 경미한 치매 환자에게도 문제가 드러난다는 몇몇 연구 결과도 있다.[105] 이 능력의 장애 여부는 얼굴의 미묘한 표정 변화를 가늠해야 할 때 더 명백히 드러난다.[106] 유발 효과(좋은 일이 일어날 가능성을 과대평가하는 경향—옮긴이) 또한 영향을 미치는 것 같다. 따라서 환자들은 긍정적 감정 표현은 비교적 더 정확히 평가한다.[107] 이런 환자들은 감정이입에 장애를 겪는다는 것을 암시하는 증거도 있다.[108]

알츠하이머병이 뚜렷이 드러나기 전의 상태인 경도인지장애 환자의 경우, 뚜렷한 감정 표현을 인식하는 데는 전혀 결함이 없는 반면[109] 감정이 미묘했을 때는 약간의 결함을 보인다는 점[110]은 흥미롭다. 이는 상측 두구(관자엽의 윗 고랑—옮긴이)와 같이 감정 인지와 더 밀접히 관련된 뇌의 부위 쪽으로 신경질환이 확산되었음을 나타내는 것일 수 있다. 이런 장애는 단일 부위 경도인지장애보다는 다중 부위 환자에게서 더 확연히 드러난다.[111]

알츠하이머 환자와 경도인지장애 환자로부터 얻은 결과에 따르면, 가장 결정적인 것은 인지장애이며 마음이론 능력의 결핍은 부차적이다. 다시 말해 결함은 사회인지의 구체적 결함이 아니라 인지기능의 전반적 저하 때문에 생긴다. 이것은 이마엽이 경도인지장애나 알츠하이머병에 별로 영향을 받지 않기 때문으로 보인다.

이 장의 요점 정리

집행기능의 다양한 측면이 우리의 일상 행동에 어떻게 스며들어 있는지 살펴봤다. 상위인지 개념은 자신의 사고 과정에 대해 성찰하는 능력이며, 자신의 기억을 얼마나 정확히 평가할 수 있는가를 반영한다. 상위인지는 행동 수행에 관여하며 이를 통해 우리는 자신이 궤도를 벗어나지 않았다는 것, 상황에 따라 적절하게 적응할 수 있는 것을 확신한다.

감정을 점검하고 조절하는 것 또한 상위인지의 기능이다. 이런 과정은 일상에서 중요한 역할을 한다. 사회인지와 마음이론 부분에서는 사회적 상황과의 통합 및 상호작용에 집행기능이 어떤 역할을 하는지 검토했다. 집행기능의 성공 여부는 타인의 생각과 감정을 추론할 수 있는 능력에 상당 정도 달려 있으며, 감정적 상황에서 적절히 반응하는 능력이 여기에 관여한다. 마지막 부분에서는 상위인지기능에 영향을 미치는 여러 신경질환을 소개했다.

7장

일상기능의 변화

대부분의 성인에게는 가능한 한 오랫동안 독립을 유지하는 것이 무엇보다 중요하다. 노화에 따른 많은 변화를 고려할 때, 독립적 삶과 관련해 노화는 큰 난제일 수 있다. 자신과 자신의 물적 재화를 챙길 수 있다는 것은 독립적 삶의 두 가지 사례에 불과하다. 일상기능이란 일상에서 마주치는 다양한 문제에 대처하는 능력을 가리킨다.[1]

이 장에서는 일상생활에서 일어나는 의사결정과 문제해결 과정을 살펴본다. 의사결정과 문제해결은 건강 관련 결정이나 타인과의 상호작용에서 발생하는 문제 상황에 대한 대처방식 등, 광범위한 일상 행동에 영향을 미치는 근본적 인지작용이다. 이와 연계된 작용은 (6장에서 소개한) 사회인지와 도덕적 추론이다. 수많은 주요 결정과 사회적 상호작용이 이런 작용을 토대로 이루어진다.

마지막 부분에서는 언어에 초점을 맞출 것이다. 언어는 인간을 다른 동물과 구분해준다. 언어는 인간의 정체성과 기능에 중추적 역할을 담당하는데, 노화가 이 고유한 능력에 어떤 영향을 미치는지 살펴볼 것이다.

의사결정 과정의 변화

의사결정은 우리가 환경에서 정보를 추출하는 방식과 딜레마에 직면했을 때 환경에서 추출한 정보를 처리하는 방식에서 비롯된다. 나이 들어 갈수록 자신의 건강과 안녕 문제에 관해 우리가 내리는 판단 자체가 점점 더 큰 관심사가 된다. 흥미로운 점은 노인일수록 긍정적 정보에 편향을 보인다는 것이다. 이를 긍정성 효과라 한다.[2] 노인과 청년의 건강계획평가 방식을 비교해봤을 때 노인들의 최종 결정에 영향을 준 것은 긍정적 정보였다.[3] 노인은 대개 부정적 정보를 무시했다. 사실과 세부 사항에 초점을 맞추라고 명시적으로 지침을 내렸을 때 비로소 균형 잡힌 평가가 이루어져 긍정적 정보에 대한 편향이 사라졌다.

치료 선택

치료 선택 의제에 관해 의사가 환자와 함께 결정을 내리는 사례가 늘고 있는데, 치료법이 다양한 암 치료가 대표적이다. 치료 결정권을 의사가 독점하던 전통적 관행이 바뀌고 있는 것이다. 연구에 따르면 환자들이 치료법 결정에 참여한 사례에서 긍정적 효과가 나타났다.[4]

유방암 치료법 의사결정에 대한 연구도 있다. 건강한 여성에게 정확한 병력을 근거로 유방암 치료법을 선택하라고 요구한 실험이었다. 다양한 치료법이 제시되었고 전문적 식견으로 그 치료법에 관해 설명했다. 나이집단

별로 비교한 결과 젊은 여성일수록 새로운 정보를 찾고 상이한 치료법의 장단점을 가늠하는 경향을 보였다. 젊은 여성은 상향식 정보처리전략을 채택한 셈이다. 반면 노년기 여성은 자신이 갖고 있던 사전 지식에 더 많이 의존해 다양한 치료법을 충실하게 살피지 못했다. 하향식처리전략의 전형이라 할 수 있다. 하향식 접근법은 더 빠르고 인지적 부담이 덜하며 엄밀할 수 있다. 단, 지식이 최신의 것일 경우에 한해서다. 그러나 전반적으로는 상향식 접근법이 더 바람직하다. 이런 결과는 지난 3년 동안 유방암 진단을 받았던 표본집단의 여성을 통해 반복 검증되었다.[5] 남성도 전립샘암에 대한 결정을 내려야 했을 때 이와 비슷한 경향을 보였다.[6]

잘못된 정보의 출처

건강 관련 결정에 대한 정보를 얻기 위해 사람들이 사용하는 정보의 출처를 분석한 연구도 있다. 노인이 정보를 얻기 위해 주로 이용하는 수단은 의학 전문가의 상담보다는 신문과 텔레비전 그리고 주변 친구다. 많은 이유가 있겠지만, 그중 하나는 굳이 의료계 전문가에게 부담을 주고 싶지 않다는 마음에서다.[7] 또다른 주요 정보원으로 종종 오보를 제공하는 수단은 인터넷이다. 광범위한 정보의 원천에 대한 접근이 용이해지면서 검증된 정보를 거짓 정보와 구별할 필요성이 커지고 있다.

도덕적 추론 과정의 변화

우리가 일상적으로 내리는 결정과 판단은 복잡한 인지작용에서 비롯된다. 이런 인지작용은 독립적으로 일어나지 않는다. 사건이 발생하는 맥락은 최종 판단에 큰 영향을 미친다. 맥락화는 특정 행동의 도덕성 여부를 검토할 때 특히 중요하며, 이때 참조할 만한 영향력 있는 모형이 바로 콜버그 모형이다. 콜버그는 도덕적 추론을 위한 3단계 인지발달 모형을 제안했다.[8] 이 모형의 기초는 피아제로부터 영향을 받았다.[9] 콜버그와 피아제의 주장에 따르면 도덕적 추론은 필요한 인지구조가 가동 중일 때만 발생한다. 피아세이론의 용어를 사용하자면, 타인의 관점을 이해하는 능력이 발달할 때와 추상적이고 가설적인 사고를 가능케 하는 형식을 채택할 수 있을 때 자기중심적 성향이 감소된다.

콜버그의 3단계 인지발달

콜버그이론은 3단계 인지발달로 구성되며 각 단계는 서로 다른 두 개의 하위 단계로 이루어져 있다.[10] 초기 단계 또는 인습 이전 단계의 특징은 자기중심적 사고다. 이 단계에서 옳고 그름을 나누는 유일한 지표는 처벌이며, 개인은 자신의 행동이 타인에게 미치는 여파를 인식할 능력이 전혀 없다. 차차 자기중심적 사고가 줄어들면서 아이는 타인의 관점을 초보적으로나마 인식하기 시작한다. 이 개인주의 사고방식 다음에는 전반적인 사회의 관점을 더 넓게 수용하는 단계가 온다(인습 단계). 그러나 이 단계의 사고는 대개 이분법적이다. 도덕적 원리 단계가 등장하면서 비로소 윤리 문제에 대한 추상적 이론화가 가능해진다(인습 이후 단계).[11] 이 단계에 와서야 개인은 비로소 자신의 고유한 윤리 원칙을 발달시킨다. 도덕 판단은 뿌리 깊은 윤리 규범에 기반을 두는데, 이런 원칙은 사회의 기대와 갈등을 빚을 수 있다. 개인이 핵심적으로 발달시키는 윤리 원칙의 중심 개념은 정의, 연민, 평등이다.

콜버그는 개인이 순서대로 각 단계를 습득해야 하며 이를 보편적이라고 생각했다. 그러나 가장 고차원 단계인 인습 이후 단계는 늘 도달할 수 있는 것은 아니다. 그뿐 아니라 인습 이후 단계라는 도덕 개념은 서양식 사고의 소산일 수도 있다. 왜냐하면 많은 사회에서 이 단계에 해당하는 도덕이 나타나지 않기 때문이다. 이런 사회에서는 집단을 위해 개인이 희생하는 것을 미덕으로 치며 개인주의를 호의적으로 바라보지 않는다.

타인의 관점 수용하기

나이 측면에서 주목할 점은 연령층이 다른 집단의 상이한 반응에 영향을 주는 요소는 도덕적 난제가 제시되는 방식이라는 사실이다. 대개 피험자의 도덕적 성숙도 점수가 높았던 것은 자신의 나이집단에 어울리는 문제 상황에 반응하는 실험에서였다.[12]

효과적 문제해결과 의사결정에 필요한 기술은 타인의 관점을 채택하는 능력이다. 이런 능력은 도덕적 판단 형성에서도 중요한 역할을 한다. 챕은 도덕적 조망 수용의 4단계 모형을 제시했다.[13] 가장 낮은 수준에서는 한 가지 관점만 인정과 고려의 대상이 되는 반면, 가장 높은 수준의 정교함을 보이는 사람들은 두 개 이상의 관점을 인정하고 고려한다.

몇몇 밝혀진 내용에 따르면, 노인은 타당한 관점이 하나뿐이라고 생각하는 경향을 보인다.[14] 이런 결과는 4년에 걸쳐 실시된 종단연구에서 반복 검증되었다.[15] 도덕적 성숙도는 나이의 영향을 받지 않지만 도덕적 조망 수용 수준은 나이에 따라 변화했다. 제한적 조망 수용을 채택할 경우 상황을 평가할 때 전반적 인지부하가 줄어든다. 그러나 높은 교육 수준과 양호한 건강 상태, 견고한 사회적 지지도는 도덕 판단의 전반적 감퇴를 상쇄하는 완충 역할을 해준다.

사회적 문제해결 과정의 변화

감정과 인지를 별개의 실체로 생각하는 경향이 있다. 그러나 감정과 인지는 분리할 수 없다. 일상생활이야말로 이 둘의 연관성을 가장 명확하게 드러내준다.[16] 사회적 문제해결 모형은 특히 상황의 정서적 특징과 그 상황에 대처하기 위해 사람이 어떤 유형의 전략을 채택하는가에 초점을 맞춘다. 피험자가 산출한 일련의 난제 해결책을 살펴본 결과 다양한 반응의 범주가 보였다.[17] 상황에 대처하려는 분명한 시도가 있을 때 뚜렷한 문제해결전략이 나타난다. 문제의 다양한 측면을 관통하는 사고는 인지-분석전략의 산물이다. 반면 일부 피험자는 실용적 또는 인지적으로 문제를 해결하려 하지 않고 자신을 상황에서 제외한 채 수동적이고 의존적인 전략을 채택했다. 문제가 실제로 존재한다는 사실을 부인하기 위해 회피전략을 사용하는 경우도 있었다.

노화에 따른 전략 사용의 변화를 살펴보면 나이에 상관없이, 문제의 감정적 영향이 낮은 경우에는 일반적으로 문제에 초점을 맞추는 대처전략을 사용했다. 그러나 고려해야 할 문제가 감정적 중요성이 높은 경우에는 나이 차가 나타났다. 문제의 감정적 여파가 클 경우 노인은 문제에 초점을 맞추는 상황대처전략 대신 다소 수동적인 의존전략이나 회피전략을 선호했다. 이는 노인이 청년보다 감정 통제력을 발휘하는 능력이 더 커서 갈등과 다른 스트레스 요인을 줄이기 때문일 수 있다.[18] 다시 말해 나이 들면서 꼭 필요하지 않은 것은 미루는 식으로 인식이 작용한다.[19] 노인일수록 충동적 행동을 삼가는 경향이 있다.[20] 부정적 사건이 나타나면 상황을 재해석해 대립이 감소되는 상황을 만들어 감정적 갈등을 최소화하려 시도한다. 그 결과 앞에서 살펴본 대로 행동 조절이 늘어나는 것이다.[21]

일상생활 문제해결 능력

노화 과정에서 불가피한 인지기능의 퇴보에 대한 많은 연구 결과를 감안해 우리는 노인의 삶의 질이 떨어진다고 생각한다. 그러나 사회적 문제해결을 다루는 수많은 연구에서 인지기능이 삶의 질에 미치는 영향을 검토해왔고, 인지기능은 삶의 질과 연관이 없다는 결과를 산출했다. 직관과 어긋나는 결과지만 사실이다.[22] 다소 기이한 이런 결과에 대한 한 가지 설명은 실험 과제가 일상기능을 평가하는 데 적합하지 않았기 때문이라는 것이다.

인지기능 측정에 쓰이는 추상적 측정 유형은 대개 명확한 정의와 하나의 정답을 갖고 있으나, 맥락이 결여되어 있는데다 저장된 지식을 필요로 하지도 않는다. 이런 유형은 우리가 일상생활에서 직면하는 문제와 매우 대조적이다. 사실 일상의 문제는 정의 내리기 어렵고 우리가 제공받는 정보라는 게 감정적이고 맥락에 엮여 있으며 온전하지도 않다. 게다가 표준지능 측정과 달리 단일한 정답이 있는지도 의심스럽다.[23] 일상생활 속 문제를 해결하려면 축적된 지식과 경험을 사용해야 한다.[24] 일상의 구체적 문제해결 능력을 측정해야만 삶의 질도 평가할 수 있다는 연구도 있다.[25] 실생활에서 발생하는 문제를 효율적으로 해결할 수 있어야만 우리는 삶이 던져놓는 문제에 효과적으로 대처하는 자신의 능력을 믿고 독립을 유지할 수 있다는 것이다.

• 사회인지의 변화

6장에서 우리는 인지적 관점에서 사회인지를 검토했고, 사회인지 과정의 유형들을 알아봤다. 여기서는 사회인지가 일상기능의 내재적 부분이라는 점을 주로 살펴볼 것이다.

일상 행동에서 도식의 역할

사회적 상황에서 어떻게 행동하는가는 안녕감에 상당한 영향을 미친다. 일생 동안 우리는 다른 사람을 만나고 이들에 대한 즉각적 인상을 형성하며 서로 교류한다. 이런 일상 행동의 토대는 정보를 전체적이고 효율적이며 효과적으로 통합시켜주는 통일된 인지 기반이다. 이 통일된 인지 기반의 한 가지 요소는 도식으로 저장된 지식과 과거의 경험을 기반으로 행동하도록 안내자 역할을 한다.

많은 처리 작용에서와 마찬가지로 인지처리에도 상향식 접근, 즉 자극 중심의 접근뿐 아니라 하향식 접근, 즉 목표 중심의 접근이 있다. 도식에 기반을 둔 처리에서 하향식 접근법은 범주 기반 작용이라 일컬어진다. 이 경우 예전에 형성된 도식에 기반을 두고 인상이 형성된다. 이런 접근은 정확한 동시에 최소한으로만 인지 자원을 필요로 한다. 그러나 우리의 도식이 더이상 정확하지 않다면 부적절한 반응이 이루어진다. 따라서 상향식 접근법과 같은 단계적 작용은 현재의 정보를 기반으로 새로운 도식을 구성하는 데 필요하다. 들어온 정보를 바로 능동적으로 처리하려면 큰 노력이 필요하지만 정확성이 높아지는 것만은 분명하다.[26]

특질 진단성

특질 진단성은 개인의 인상을 형성할 때 중요하다.[27] 특질 진단성이 높은 행동은 타인에게 그의 구체적 성격 특질에 대해 알려준다. 예를 들어 거짓말 여부는 도덕적 행동의 진단성이 높은데, 거짓말을 통해 확인된 부정직성은 부도덕을 암시하기 때문이다. 반대로 정직한 행동은 그와 같은 수준의 진단성을 제공하지 못한다. 정직한 행동을 일으키는 동기에 대해서는 명확하게 확인할 수가 없어서다. 개인에 대한 묘사를 제공받아도 우리는 대개 특질 진단성이 높은 정보를 기반으로 인상을 형성한다. 물론 정보를 수집하는 게 아니라 단 한 번의 경험으로 이루어지는 인상 형성도 있다. 사람들은 새로운 사람을 만날 때 진정으로 중요한 요소에 관해 더 날카롭게 인식한다. 이런 능력은 적응기능의 대표적 사례라 할 수 있다.

인과귀인이론

사회인지에서 중요한 한 가지는 삶에서 특정 사건을 일으키는 원인이 있다는 믿음이다. 이것을 인과귀인이론이라 한다. 우리는 일상적 상호작용에서 인과 분석을 활용해 타인의 행동을 (힘든 일 같은) 상황 요인이나 (불안한 성격 같은) 성향 탓으로 돌린다. 말하자면 상대방의 성격 특질이 그를 통제하는 상황과 비교했을 때 어느 정도로 그의 행동 동기로 작용하는지를 평가한다.[28] 다시 말해 성향귀인(내적 요인)과 상황귀인(외적 요인)의 역할을 측정하는 것이다. 이런 귀인은 사회적 상황 내의 반응방식에 영향을 미친다. 도식은 여기서도 중요하다. 도식은 특정 상황에 대한 우리의 지식을 내포하며 행동의 안내자로 작용한다. 이 도식은 사전 경험에 근거해 우리의 문화와 사회에 뿌리박고 있다.

인과귀인은 많은 형식을 띤다. 인과귀인을 측정하는 방법은 피험자에게 짤막하게 어떤 상황을 설명하고 문제나 결과의 원인을 생각해보라고 하는 것이다. 피험자가 성향귀인으로 결정을 내릴 경우 이 결정의 주요 요인은 성격 특질이다. 어떤 경우에는 특정 맥락이 우발 요인으로 간주되어 상황귀인으로 결정이 나는 경우도 있다. 사람들은 성향 결정인자와 상황 결정인자를 모두 고려해 상호귀인으로 결정을 내리기도 한다.[29]

나이 들면서 상호귀인 성향이 늘어난다. 이는 다양한 상황을 고려해야 하는 특정 상황에 대해 노인이 경험한 세월을 반영한다. 그러나 늘 그렇지는 않다. 노인은 관계에 대한 이야기를 들을 때는 상호귀인 접근을 채택하지만, 업적 중심의 이야기인 경우에는 그렇지 않다.[30] 화제에 등장하는 인물의 나이 또한 접근법 채택에 영향을 미친다.[31]

제시된 상황에서 타인의 성과를 기술하는 경우 피험자는 주로 상황 요인보다는 성향 요인을 강조한다. 다시 말해 피험자는 타인의 행동이 외부 요인보다 그의 성격 특질에 의해 초래되었다고 생각한다. 그러나 정작 관찰 대상인 타인은 자신의 행동이 상황에 따른 것이라고 여긴다. 이 경우 행동을 결정할 때 성격 특질의 영향을 지나치게 강조한 꼴이 된다. 이를 근본적 귀인 오류라 한다.[32] 또한 행위자-관찰자 비대칭이라고도 한다. 나이집단을 비교한 결과, 노인일수록 청년보다 근본적 귀인 오류를 더 많이 저질렀다. 특히 부정적 성과에 대한 묘사를 들은 경우 그러했다.[33] 등장인물의 나이 또한 귀인평가에 영향을 미쳤다. 즉 등장인물이 젊으면 성향귀인을 채택했고 노인이면 상황귀인을 채택했다.

언어에 나타나는 변화

추론과 의사결정을 살펴봤으니 이제 일상생활에서 언어의 역할을 검토할 차례다. 언어 또는 발화는 타인과의 대화든, 즐거움을 위한 독서든 이메일 작성이든, 우리 일상에 스며들어 있다. 언어나 발화 또는 두 가지 능력 모두에 어려움이 생기는 경우 행복감 저하에 즉각적 여파를 미친다.

단어 재인 능력

노년 난청과 같은 감각의 결함은 단어 재인 능력에 큰 영향을 미친다.[34] 단어 재인을 더 어렵게 만드는 다른 변화에는 대표적으로 언어처리의 둔화 현상이 있다.[35] 기본적 단어 재인 과제에서 노인과 청년의 수행은 큰 차이가 없다.[36] 나이 차가 두드러지게 드러나는 경우는 단어의 복잡성이 증가될 때뿐이다.[37] 그리고 단어의 복잡성 측면에서는 단어의 빈도를 높이는 것보다 단어를 부호화하기 더 어렵게 만들었을 때 나이 차가 더 확연히 나타났다.[38]

철자 능력

철자 능력은 다른 능력에 비해 나이가 들어도 보존이 잘되는 능력이다. 노인은 철자가 잘못된 단어를 감지하는 과제에서 청년만큼 정확성을 보인다.[39] 그러나 홀로 격리되어 철자 능력을 측정하는 경우 노인집단에서 노화의 영향이 나타나 철자의 오류를 잡아내는 정확성이 감소한다.[40] 그뿐 아니라 철자를 말하는 과제를 수행할 때 오류가 생기기 시작한다는 것은 이 과제가 회상기억과 재인기억 두 가지 인지를 요구한다는 점을 시사한다.[41]

발음

발음은 평생 보존된다. 발음은 교육을 통한 일반적 성과를 나타내므로 결정 지능, 즉 습득된 지식 저장고의 일부다(9장 참조). 병원에서 쓰이는 표준발음평가는 국립 성인 읽기검사다(더 자세한 내용은 8장 참조).

단어 의미 보유 능력

단어 의미 보유 능력은 결정 지능을 측정하기 위한 수많은 도구 가운데 하나다. 나이 들어서도 보존되는 다른 능력과 달리 노인은 의미처리 과제에서 두느러진 변화를 보인다. 노인의 경우 의미 생산이 둔화되고 정의의 정확도도 감소한다는 증거가 있다.[42] '보스턴 이름대기검사' 같은 실험에서 확인되었듯 의미처리 수행 능력은 노화로 감소한다.[43] 특히 노인에게서 감소하는 것은 단어 정의를 내리기 위해 맥락 정보를 활용하는 능력인데, 이는 추론 능력이 쇠퇴했음을 보여준다.[44]

단어 의미 인출(기억)의 결함이 나타나는 이유에 대한 설명은 첫째, 나이 들면서 해결해야 할 과제와 무관한 정보 인출을 막는 능력이 떨어진다는 것이다(억제 결함 모형).[45] 둘째, 지식의 심적 표상들 간의 연결이 약화되어 발생하는 경우다(전달 결함 모형).[46]

설단현상

설단현상은 주목받는 연구 주제다. 설단현상이란 어떤 단어가 머릿속에 맴돌면서도 막상 그 단어를 기억해내지 못하는 인지 상태, 나올 듯 나올 듯 애가 타는데 바로 그 순간에는 맞는 단어를 찾아내지 못하는 인지 상태를 가리킨다. 이런 상태는 재채기가 나올 듯 말듯 한 상태와 비슷하다고 간주되어왔다.[47] 따라서 설단현상은 행위 상위인지의 좋은 예이며, 뭔가 안다는 압도적인 느낌과 기억의 중단이 결합된 상태다.

설단현상은 나이가 들수록 빈번해진다.[48] 노인집단에서 설단현상은 일정 기간 만나지 못한 친지의 이름을 떠올릴 때 주로 일어난다.[49] 시간을 좀 더 주거나 주위의 독려가 있을 경우 이 현상은 대개 소멸된다.[50] 설단현상의 원인은 다양하다. 기억해야 할 단어와 발음상 유사한 단어들의 숫자(이웃 밀도), 유사한 단어의 사용 빈도(이웃 빈도)가 중요한 원인인 듯하다. 이웃 빈도가 낮을수록 설단현상이 늘어난다.[51] 전달 결함을 이유로 채택하는 경우, 기억해야 할 단어와 연결된 이웃 단어의 수가 적기 때문에 전반적인 활성화 수준이 감소해 설단현상이 많이 나타난다고 볼 수 있다.

노인이 이웃 밀도가 높은 저빈도 단어(많이 쓰이지 않는 단어)를 알아보는 데 더 어려움을 느낀다는 증거도 있다.[52] 억제 결함 모형의 관점에서 볼 때 이런 상황에서 저빈도 단어를 알아보지 못하는 것은 알아내야 할 단어와 발음상으로 유사한 고빈도 단어가 많은 데서 발생하는 활성화를 막지 못하기 때문이다.

이야기 이해 능력

텍스트를 읽고 이해할 수 있는 효율적 능력은 주어진 문제에 대한 특수한 지식의 영향을 받는다. 최소한 노인의 경우는 그러하다.[53] 산문의 요소들을 이해하고 회상하는 능력은 또한 작업기억에도 상당히 의존한다. 작업기억의 범위가 제한된 경우에 더 많은 시간과 자원을 개별 단어 의미를 처리하는 데 할애하게 된다. 작업기억의 폭이 증가하면 더 많은 자원을 텍스트 전체의 의미를 처리하는 데 할애할 수 있다.

예전에 읽었던 산문 구절에 근거해 정보를 기억하라는 요청을 받은 노인의 수행 능력은 감소한다. 여기에 이야기를 요약하라는 요구를 추가로 받으면 정확성은 더 감소한다. 요약은 추가적인 처리를 요구하기 때문이다. 요약 능력의 결함은 인지기능의 결함을 반영한다.[54]

흥미로운 점은 라디오 뉴스 텍스트에 대한 노인의 회상이 매우 정확했다는 점이다. 이는 많은 연구 결과와 상충된 결과다.[55] 이는 작위적 실험조건과는 달리 실생활에서 필요한 기능 손상은 적었음을 암시한다. 합리적 수준의 생태학적 타당도를 얻을 수 있는 실험의 중요성을 다시 한번 확인할 수 있는 사례다.

발화 이해 능력

한 사람 이상의 발화자의 말을 처리하는 작업의 영향은 노인에게 중요하다. 예측을 불허하는 변화무쌍한 일상의 대화는 발화 또는 '음향 실현' 패턴의 수많은 변화를 초래한다. 상이한 발화자를 비교해보면 특히 그러하다. 말을 듣는 사람, 즉 발화 수신자는 이런 변화를 극복하기 위해 지각의 표준화를 시도한다.[56] 따라서 상이한 발화자가 말하는 단어 재인의 정확성은 한 사람의 발화를 처리할 때에 비해 결함을 보인다.[57]

주변에 소음이 있는 상황, 다시 말해서 신호 대 잡음비가 나쁜 경우 발화자의 말을 듣는 것도 문제가 된다.[58] 예측하기 쉬운 단어로 문장을 구성할 경우에는 수행장애가 감소한다.[59] 운율이나 억양 또한 중요한 요인이다. 따라서 보통의 운율을 처리하는 능력보다 실험시 제시되는 목록의 운율을 처리할 때 정확성이 떨어진다.[60]

발화 이해에서 발생하는 결함을 설명하는 타당성 있는 가설은, 노인이 감각 결함을 상쇄하기 위해 맥락 정보에 대한 비중을 늘려 제시되는 단어의 의미를 정확히 파악한다는 것이다. 맥락 정보에 자원을 사용하느라 남는 자원이 불충분해진 상황에서 발화의 다양한 요소를 통합하는 데 필요한 고차원적 수준의 처리는 어려워진다.[61]

발화 생산 능력

청년과 노인의 자연스러운 발화의 복잡성을 비교해보면 노화의 영향이 확연히 나타난다. 나이 들면서 발화의 다양성이 떨어지며 복잡한 절이나 표현의 사용 빈도도 줄어들고 오류가 늘어난다.[62] 노인이 자신의 발화 능력 쇠퇴를 인지하고 기능을 유지하는 척하기 위해 필요한 조정을 하기 때문이라는 것이 이에 대한 설명이다.

연구 결과를 분석해보면 공통적으로 노인의 발화 생산에는 보상전략이 많이 쓰인다. 요컨대 여러 연구에 따르면 노인은 하나의 문법구조가 끝나고 다른 구조가 시작되는 지점에서 더 많은 시간을 텍스트 처리에 할당한다. 이 과정을 '마무리'라 한다. 이 텍스트 처리에 걸리는 시간은 제시된 재료의 복잡성에 달려 있으며 이 시간은 다음으로 넘어가기 전, 예전에 제시된 재료를 이해하는 데 얼마만큼의 처리가 필요한가를 보여주는 척도다. 이런 전략 이용은 다른 실패를 상쇄하려는 의식적 노력에서 비롯된 것이다.

자발적 발화 분석에서 중요한 것은 표적(생산해야 할 발화)을 벗어난 장황한 말 또한 평가한다는 점이다. 이는 특정 대화의 초점을 유지할 수 있는 능력의 척도가 된다. 장황한 말이 증가한다는 것은 억제 반응이 감소했다는 징후다.[63] 말의 장황함은 자기 인생의 특정 시기를 설명하라는 요청을 받은 노인의 경우 가장 두드러지게 나타난다.[64]

이런 결과를 보면 초점을 벗어난 말을 하는 사람을 타인이 어떻게 인식하는가에 대해 많은 것을 알 수 있다. 초점을 벗어난 말을 하는 이들과의 교류는 만족도가 낮으며[65], 사람들은 이들의 전반적 지적 능력이 감퇴했다고 추측한다.[66]

물론 이런 결과는 보편타당하지 않으며 다른 설명도 얼마든지 가능하다. 노인의 산만한 설명은 대화의 전반적 질과 정보성 면에서 더 높은 평가를 받기도 한다.[67] 이는 노인이 간결하고 정확한 설명보다 자신이 경험한 사건을 상상력으로 재해석하는 데 집중한다는 점을 시사한다.[68]

노인 상대용 발화라는 고정관념

노인의 발화와 이해력을 둘러싼 오해로 젊은이는 종종 '노인 상대용 발화'를 채택한다. 노인 상대용 발화의 특징은 갓난아이와 소통할 때 부모가 사용하는 발성을 닮은 발화 양식이다.[69] 노인 상대용 발화에 쓰이는 문장은 표현도 단순하고(절의 수가 적고) 더 짧으며, 포함된 단어의 음절수도 적을뿐더러 느린 발화 속도와 긴 휴지기를 갖는다.

노인을 생각하는 척하는 이런 고정관념을 걸러낸다면 발화 양식과 구조를 바꾸는 것이 어떤 방식으로 노인들의 존엄성을 지키면서도 이들과의 소통을 향상시킬 수 있는지 살필 수 있다. 확장과 반복 그리고 이해 여부의 확인 등을 시도했더니 의미의 정교화, 삽입절의 감소를 통해 전반적으로 의사소통의 질이 높아졌다. 노인 상대용 발화의 다른 특징들은 소통 과정에 그 어떤 긍정적 영향도 미치지 못했다.[70]

전자책과 노인의 독서

취미로서의 독서는 인지적 어려움을 초래하는 활동에 참여하려는 개인의지를 보여주는 하나의 지표다.[71] 노화와 관련된 쇠퇴의 효과를 예방하거나 줄이는 데 이런 활동이 어떤 중요성을 지니는가에 관한 주장이 많다. 이 논란이 많은 주제에 대해서는 14장에서 논의하겠다.

독서는 정신적 자극일 뿐 아니라 정보의 주요 원천으로서 지식 저장고를 보충하는 데 중요하다. 특히 노인과 관련된 쟁점이 건강 문제에 관한 지식의 정확성과 그것이 건강과 행복에 미치는 영향이라는 것을[72] 살펴봤다.

얼마 전까지만 해도 사람들은 독서에서 책과 도서관의 이미지를 떠올렸다. 눈보라가 몰아치는 저녁 따뜻한 난롯가 옆에서 환상적인 소설을 읽으면서 보내는 아늑한 시간. 물론 요즘에는 종이책이 연상시키는 이 고색창연한 분위기를 별로 느낄 수 없다. 킨들이나 아이패드용 전자책이 종이책을 상당 부분 대체해버렸다. 그러나 지금 노인 세대의 여가용 독서 행태를 고려할 때 이런 독서 매체의 변화는 문제가 될 수 있다.

그럼에도 확실한 것은 전자책이 책을 읽는 노인에게 오히려 유연하게 이용될 수 있다는 점이다. 전자책은 일단 무게가 훨씬 더 가볍고 다루기가 쉽다. 특히 근골격계에 문제가 있는 경우 그 효과는 더 두드러진다. 요즘 나오는 대부분의 전자책은 무반사 화면을 사용해 가시성을 개선한 경우가 많다. 또한 텍스트 크기와 글자 모양도 독서에 최적하게 조정할 수 있다. 이제 더이상 활자를 키우고 제목 활자 범위도 제한해서 노인이 읽기 좋게 특수 제작한 책을 읽을 필요가 없다. 전자책이 활자책의 유일한 실제적 대안이었던 오디오북의 자리를 넘겨받을 가능성이 크다. 오디오북을 듣는 경험과 책을 스스로 읽는 경험은 결코 같지 않다. 정보처리방식이 완전히 다르기 때문이다. 이야기가 있는 텍스트를 오디오북으로 듣는 경우에는 독서를 재미있는 경험으로 만들어주는 (문장 분석과 건너뛰며 읽기, 다시 읽기 등의) 심리적 지름길과 인지적 책략을 쓸 수 없다.

이 장의 요점 정리

　의사결정 과정이 우리가 선택하는 치료 유형에 어떤 영향을 미치는지 살펴봤다. 나이 들면서 정보를 다루는 방식에서 많은 편향을 보인다는 것이 밝혀졌다. 자신의 조건에 대한 이해를 높이기 위해 사람들이 쓰는 정보의 원천을 고려하면, 이 편향 가운데 일부가 더 악화될 수 있다. 인터넷은 대체로 경이로운 정보의 바다이지만 질이 낮은 정보도 많다.

　옳고 그른 것에 대한 지각은 평생 동안 우리가 내리는 수많은 결정에 영향을 준다. 윤리의식은 타인과의 상호작용에서 문제에 부딪힐 때 우리가 수행하는 선택의 공급원이다. 또한 행동을 조절하는 능력도 일상 상황에서 기능하는 방식에 상당한 영향력을 발휘한다. 사회인지의 문제를 다루었는데, 정보처리방식에 효율성을 기하기 위해 우리가 이용하는 심리적 지름길의 유형에 강조점을 두었다. 또한 특정 결과를 결정하는 데 개인적 성향과 환경 요인이 수행하는 역할도 살폈다.

　마지막 부분에서는 언어와 발화 기술의 중요성을 부각시켰다. 노인이 겪는 설단현상 같은 주요 문제 역시 검토했다. 발화를 생산하고 이해하는 노인의 능력 못지않게 중요한 것은 타인과의 상호작용방식이다. 여기에는 편견에 찬 가정들이 많다. 우리가 노인용 말씨 따위의 생색내기 요소만 걷어낸다면 분명 적은 노력으로도 노인과 소통하는 방식을 향상시킬 수 있을 것이다.

8장

노인의 인지기능을 평가하다

8장에서는 인지기능평가와 관련해 임상진료의 기반이 되는 핵심 원칙들을 소개한다. 나이 들어도 독립성을 유지한 채 오래 살 가능성이 높아졌다는 사실을 고려할 때, 인지기능평가의 필요성이 점점 더 커지고 있다. 인지기능은 많은 영역에 걸쳐 중요한 영향력을 행사한다. 따라서 인지결함이 정상 노화 과정에 따른 것이든 질병 때문이든, 기능결함을 정확히 평가하고 적절하게 조기 치료를 하면 일상기능을 가능한 한 오래 보존할 수 있다.

다음으로 임상의가 사용할 수 있는 가장 널리 쓰이는 검사들을 살펴본다. 이것들은 처방이 아니라 현장에서 쓰이는 일군의 측정방식이다. 킵스와 호지스는 임상의를 위한 탁월한 인지평가 개요를 제공했다. 그뿐만 아니라 헤벤과 밀버그의 저작 역시 리잭의 저서[1]만큼이나 신경심리검사에 대한 포괄적이고 통찰력 있는 설명을 해주었다.[2]

신경심리검사

헤벤과 밀버그는 신경심리검사의 주요 쓰임새를 정리했다. 신경심리검사의 주요 기능은 인지기능과 기분, 행동 등 다양한 요소를 평가하는 검사 전반에 걸쳐 피험자의 강점과 약점에 대한 윤곽을 제시하는 것이다. 인지기능평가는 서로 다른 두 부분, 특정 과제에 관여하는 심리 구조를 파악하려는 인지적 접근법과 수행 예측을 목표로 하는 진단적 접근법으로 나뉜다.

인지기능평가가 긴 시간에 걸쳐 정기적으로 이루어져야 정확한 예후를 알 수 있다. 이런 자료가 축적되면 임상의는 환자를 위한 재활전략을 개발할 수 있다. 가족과 돌보미 교육은 전체 치료에서 핵심적 부분이다. 이런 교육을 통해 환자의 상태(특히 문제 행동이나 결과에 대한 예측 등)에 대한 자각도가 증가해 더 효과적인 보조 체계가 가능해진다. 그중 가장 중요한 것은 환자가 특정 치료 계획을 충실히 따라올 가능성이다. 환자가 치료 계획을 충실히 지키는 데 얼마나 많은 감독이 필요할지 고려하는 것 자체가 이미 치료 계획의 일부다.

배경 정보가 중요하다

　인지기능에 대한 모든 임상평가의 필수 요소는 각 피험자의 개인사다. 학교 성적이 좋지 않아 육체노동자가 된 사람의 경우 학업 수준을 알아보는 검사에서 정상 이하로 나온다. 전문직 대졸자에 비해 낮은 성적은 개인사에 대한 정보가 없으면 인지장애로 오해할 수 있다. 따라서 인지 영역의 장애를 진단하려면 세심한 주의와 신중함이 요구되며, 개인들의 수행을 평가할 때도 규범 자료가 반드시 필요하다.

　기본 정보 이외에도 신체적 정신적 질환의 진단, 모든 사고의 세부 사항과 외상, 과거와 현재 복용하는 약물 관련 세부 사항, 현재의 운동 여부와 식사(특히 알코올 섭취량 또는 향정신성 기분전환용 약물)에 관한 정보를 수집해야 한다. 임상 면담은 직접적 상호작용과 행동 관찰을 통해 개인에 대한 풍부한 자료를 얻을 수 있는 효과적인 수단이다.

　정확한 진단을 방해할 수 있는 잠재적 방해인자도 반드시 확인한다.[3] 특히 임상평가를 받는 사람들 가운데 섬망을 앓는 이들을 배제해야 한다. 12장에서 살펴볼 섬망이라는 질환은 극도의 인지혼란을 일으키는데, 기민함의 정도를 관찰하면 섬망 상태인지 아닌지를 효과적으로 알아볼 수 있다. 섬망증세가 있는 이들은 안절부절못하고 불안해 보이기도 위축되어 보이기도 한다. 기민함의 정도는 처방약이 초래하는 부작용인 잠재적 교란 효과 측정에도 이용된다.

무엇을 어떻게 검사할까

어떤 평가든 평가를 시작하기 전에 근본적인 질문을 반드시 던져야 한다. 검사나 일련의 과제가 검사 대상에게 적절한가? 피험자가 검사 결과를 무효화할 수 있는 문제를 보이지는 않는가? 이들이 보이는 문제의 원인이 이들을 다른 전문병원으로 보내야 할 정도인가? 검사의 타당도와 신뢰도가 적정 수준인가? 이 평가로 개인의 일상기능에 대한 통찰을 얻을 수 있는가? 선택한 평가방식이 타당한 데이터를 제공할 만큼 포괄적인가?

지능 지표로서의 능력

모든 신경심리검사는 대개 질병이 발생하기 전의 능력을 측정하는 것부터 시작하는데, 여기서 능력이란 대개 지능 지표로서의 능력을 말한다.[4] 이런 평가를 하는 이유는 다양한 인지 영역에서 이들이 기능하는 방식에 대한 객관적 증거가 존재하지 않을 가능성이 높아서다. 기능의 사후 지표는 개인의 교육 수준과 하는 일의 유형, 질병이나 부상의 영향을 받지 않는 객관적 측정방식으로 이들의 수행 능력을 평가해서 나온다. 이런 검사에는 어휘와 일반 지식 측정이 포함된다. 지능검사는 광범위한 활동기능에 대한 단상을 제공한다는 점에서 다차원적 성격을 띤다. 이런 검사는 다른 과제를 평가할 기준을 제공한다. 시간이 충분치 않을 경우에는 간단한 지능선별검사를 이용할 수 있다.

검사 초기에는 일반적으로 시간감각과 공간감각을 측정한다. 임상적으로 가장 유용한 검사는 시간감각이다. 하지만 날짜를 아는가의 여부는 임상의에게 많은 정보를 제공하지 않는다. 날짜 오류는 흔히들 저지르는 실수이기 때문이다.

주의와 기억 능력

인지기능은 주의 측정부터 일반적 작업기억과 실행기능 측정까지, 기초적 과정과 고차원적 과정을 평가하는 측정법을 결합해 평가해야 한다. 주의 측정 대상은 한 가지 활동에 집중하는 능력, 상이한 과제에 주의를 분산하는 능력, 긴 시간 동안 한 가지 과제에 지속적으로 주의를 기울일 수 있는 능력이다. 간섭이나 방해 자극이 과제 수행에 미치는 영향도 평가할 수 있다. 주의는 다른 모든 인지활동의 토대가 된다.

이런 측정치를 결합해 연구자나 임상의는 기능결함이 어디서 발생하는지 확인한다. 특정 장애 부위는 그 부위에 초점을 맞춘 추가 과제를 선택해 더 깊이 탐색할 수 있다. 이 경우 특정 결함에 대한 신뢰도가 증가한다.

작업기억을 측정하는 경우 배외측 앞이마엽 겉질 작용에 관한 지표를 얻을 수 있다.[5] 작업기억은 광범위한 활동을 지원하므로 이를 평가하는 데 쓰이는 검사법 또한 광범위하다. 작업기억 손상의 징후는 대개 자신이 하고 있는 일에 집중하지 못하는 것, 자신이 무엇을 하려고 했는지 기억하지 못하는 것 등의 양상으로 나타난다.

더 고차원적이고 복잡한 인지기능은 집행기능 측정법으로 평가한다. 집행기능평가는 상충되는 과제에 어떻게 주의를 분산해 할당하는지, 어떻게 초점을 바꾸는지, 행동 순서를 어떤 방식으로 계획하고 조직하는지, 어떻게 추론하고 판단을 내리는지, 또 어떻게 행동을 조절하는지를 측정하는 난해한 과제로 이루어진다. 집행기능 손상은 이런 활동의 두드러진 쇠퇴 양상을 통해 신속히 감지할 수 있다.

유창성검사는 흔히 집행기능평가에 이용된다. 유창성이 낮다는 것은 집행기능장애의 징후다. 집행기능장애의 징후인 충동성의 증거는 간단한 반응 억제 측정으로 얻는다. 여기에는 여러 형태의 반응-무반응 선택 과제를 사용할 수 있다. 임상의는 자신이 테이블을 한 번 두드리면 피험자도 두드리고, 두 번 두드리면 두드리지 말라는 지침을 내린다. 그리고 나서 규칙을 바꾸면 과제 전환 능력을 평가할 수 있다. 집행기능이 낮을 경우 피험자는 같은 행동을 반복한다.[6]

기억을 평가하는 형식은 새 정보의 부호화, 정보 보유, 저장된 정보 인출 같이 다양한 단계의 기억 요소를 평가하는 과제로 이루어진다. 또다른 평가 대상으로 망각 속도, 간섭 효과, 재인과 회상 비교 등이 있다.

해마-사이뇌(간뇌) 체계평가는 일화기억에 초점을 맞추는 측정법을 이용한다. 일화기억은 순행성기억(최근에 습득한 정보)과 역행성기억(먼 과거에 습득한 정보) 측정을 통해 평가할 수 있다. 항상 그런 것은 아니지만 대부분 순행성기억상실과 역행성기억상실은 알츠하이머병에서처럼 함께 일어난다. 순수한 순행성기억상실은 종양 때문에 발생할 수도 있다.[7]

앞쪽 관자엽의 기능을 평가할 때는 의미기억검사를 이용한다. 어휘가 감소해 피험자가 필요한 단어 대신 불특정 단어를 사용하는 경우 의미기억에 문제가 생겼음을 명확히 알 수 있다.

언어 생산과 이해

언어 생산과 이해 문제는 조기에 확인해야 한다. 무엇보다 실어증 여부 진단을 위해서다. 언어 문제는 피험자에게 자신의 배경과 당면한 어려움을 말해 보라고 요청해 평가할 수 있다. 이런 문제들은 이들이 조음調音과 언어유창성에 장애가 있을 경우 명백하게 드러난다.

물건을 명명하는 능력은 시각, 의미, 음운적 측면을 포괄하는 일련의 처리활동과 관련 있다. 예를 들어 임상의는 책상 위의 물건들을 가리키며 피험자가 얼마나 정확히 명명하는지 검사한다. 여기서 장애는 음소와 의미상의 착어로 드러난다. 착어란 자기가 의도한 말을 발음이나 의미가 다른 말로 대신해놓고도 틀렸다는 사실을 알아차리지 못하는 현상이다.

언어 이해는 의미의 복잡성을 여러 단계로 설정한 다음 그 단계에 입각한 지침들을 피험자가 얼마나 정확히 따라가는가를 평가한다. 간단한 듯 보이지만 간단치 않은 표현을 사용하면 피험자가 들은 정보를 얼마나 정확하게 반복해서 말할 수 있는지 살피는 데 효과적이다. 독해력은 '눈을 감으세요'와 같이 활자화된 명령에 어떻게 반응하는지 관찰해 신속히 평가할 수 있다. 쓰기는 대체로 읽기보다 더 많이 지장을 받는다. 쓰기를 정확히 수행하려면 글자 조형과 철자 능력이 모두 필요하기 때문이다. 따라서 쓰기는 난필증(쓰기를 통해 자신을 표현하지 못하는 것)과 통합운동장애(운동과 협응장애) 여부를 알아볼 수 있는 평가법이다.

일반 신경기능

계산 불능은 숫자를 이해하고 다루는 능력의 장애를 가리킨다. 계산 불능은 숫자 개념을 이해하는 능력이 완전히 상실되었음을 나타내며(일차적 계산 불능) 계산수행 불능(이차적 계산 불능)이 반영된 것일 수도 있다.

실행증은 운동이나 감각장애가 없는데도 특정 신체 부위를 움직여보라는 지시를 따라 움직일 때 동작이나 연속 동작에 오류가 생기는 현상을 가리킨다. 평가 방법은 특정 동작 흉내 내기, 물건 사용하기, 연속적 일련의 과제 수행 등이 있다.

시공간기능은 다양한 방식으로 평가한다. 시각무시증(손상 입은 뇌와 반대쪽 시야에 제시된 시각 자극에 반응하지 못하는 현상—옮긴이)은 대개 우반구 손상으로 발생한다. 이런 결함은 글자 소거 과제뿐 아니라 시각적 감각적으로 두뇌 양쪽을 모두 쓰는 과제로 밝힐 수 있다. 피험자에게 기하학적 형태를 베끼게 하거나 시계의 문자판을 그려보라고 요청하는 것도 유효하다. 물체를 정확히 알아보지 못하는 것은 시각실인증(실인증은 '알지 못한다'는 문자적 의미를 갖는 것으로 기본 감각이상, 지능장애, 주의력결핍, 실어증에 의한 이름대기장애 등이 없음에도 자극을 인식하지 못하는 증상—옮긴이)의 징후일 수 있다.[8]

검사의 근본 요소

어떤 인지기능평가건 피험자의 과제 수행 노력 정도, 동기부여 정도, 기분 상태를 고려하는 것이 중요하다.[9] 마지막으로 검사집(檢査集, 검사의 일면성을 피하고 피험자의 특성을 다면적으로 파악하기 위해 여러 검사를 선택해 짜맞춰놓은 모음—옮긴이)을 정밀하게 준비해야 한다. 임상검사를 구성하는 데 도움이 되지 않는 채우기식 측정법이 없도록 하기 위해서다. 어떤 평가든 물리적 제약, 특히 시간 제약이 있고 거기에 피험자의 상태가 부과하는 제약도 있다는 점을 늘 염두에 두어야 한다. 피험자의 체력뿐 아니라 과제를 수행하는 신체적 능력은 모든 평가 상황에서 고려해야 할 근본 요소다.[10]

• 인지기능평가에 쓰이는 검사

선택할 수 있는 일련의 개별 검사와 측정법 또는 기존의 종합검사집이 상당히 많다. 실제로 현장에서 쓰이는 측정법의 세부사항을 모두 설명할 수 없으므로 여기서는 노인의 인지기능을 평가하는 데 사용하는 유형 몇 가지만 소개하겠다.

검사 전 주의사항

검사 전에 필수적으로 해야 할 일은 임상의나 연구자가 피험자의 현재 기분을 측정하는 것이다. 과제 수행이 우울증과 불안에 상당한 영향을 받기 때문이다. 이때 유용한 검사는 벡의 우울검사[11]와 벡의 불안검사[12]다. 미네소타 다면성격검사는 건강염려증과 히스테리 또는 편집증 등의 부적응행동을 검사하는 표준 방법이다.

다양한 검사집

간이정신상태검사[13] 노인의 인지기능을 평가할 때 가장 자주 쓰는 검사법이다. 검사의 초점은 방향감각과 주의, 단기기억과 언어처리평가에 맞춰져 있다. 집행기능과 시공간처리평가는 포함되지 않으므로 검사집을 보완하기 위해 추가 측정이 필요하다.[14] 이 측정법의 주요 단점 가운데 하나는 측정에 필요한 시간이 길다는 점이다. 검사하는 데 걸리는 시간이 가급적 짧아야 좋다. 현재 쓰이는 최신 버전에는 간략한 검사법이 포함되어 있다. 이 검사는 태블릿 PC와 스마트폰에서도 사용 가능하며 겉질하치매를 더 심층적으로 평가하기 위해 확장한 버전이다.

케임브리지 인지검사 노인용 케임브리지 인지검사의 일부로 방향감각, 언어, 학습, 기억, 사고를 비롯한 신경심리학적 기능을 주로 검사한다.[15]

몬트리올 인지평가[16] 간단한 검사를 통해 임상의가 축적한 데이터의 주요 간극을 메꿔준다. 경도인지장애처럼 치매에 선행하는 질환을 보이는 사람들을 평가해야 할 필요성이 늘고 있다. 경도인지장애를 검사할 수 있는 도구가 여럿 있는데, 간이정신상태검사도 여기에 포함된다. 그러나 이런 평가를 늘 시의적절하게 이용할 수는 없기 때문에 기억 손상을 조기에 발견하고 치료하기 위해서는 1차 진료를 통해 사용할 수 있는 몬트리올 인지평가 같은 도구가 전략적으로 중요하다. 이 검사에 드는 시간은 약 10분에 불과하다. 연구에 따르면 이 검사는 검사-재검사 신뢰도와 경도인지장애 감지에서 탁월한 성과를 보여주었다.

애든브룩 인지검사 수정판[17] 인지기능을 평가하는 데 빈번히 쓰이는 또하나의 간략한 검사법이다. 신뢰도도 매우 높고, 인지 손상의 초기 탐지에 민감성이 높은 임상 치매 척도와의 상관관계도 높다. 더 쉽게 접근할 수 있는 인지기능장애 측정법, 다시 말해 민감성이 뛰어나고 신속하며 실행하기 쉬운 측정법이 필요하다. 애든브룩 인지검사는 머지않아 컴퓨터 패키지로 만들어져 임상의의 접근 가능성을 높일 것이다. 모바일검사는 태블릿 PC에서도 시행할 수 있기 때문에 쉽게 실행할 수 있다.[18]

케임브리지 신경심리학적 자동화검사집 시각 기억, 주의, 계획을 비롯한 포괄적 인지기능을 평가하는 전산화된 검사집이다. 신경심리학연구에서 광범위하게 쓰여왔으며 유용한 측정법을 모아놓았다. 지금은 모바일검사집을 쓸 수 있게 되어 기억기능을 신속하게 평가할 수 있다. 이는 의료 전문가에게 향상된 유연성과 접근 가능성을 제공한다.

질병 이전 능력을 측정하는 검사

국립 성인 읽기검사[19] 청소년부터 노인까지 적용할 수 있는 질병 이전의 표준지능 측정법이다. 피험자에게 철자와 발음이 다양한 50개의 단어 목록을 제공한 후, 특정 단어의 발음법을 생각해서 말해보라고 한다. 이 검사의 가정은 읽기 능력이 뇌 변화와는 별개라는 것이다. 그러나 이 측정법은 치매 초기 단계에서만 정확하다는 일부 증거가 발견되었다.[20]

웩슬러 성인 읽기검사[21] 질병 이전의 능력을 측정하는 검사로 피험자에게 철자와 발음이 다양한 단어 목록을 주고 크게 읽어보라고 한다. 국립 성인 읽기검사는 종종 최대 70세까지의 성인을 대상으로 쓰이지만 웩슬러 검사는 89세까지 적용할 수 있다. 이 측정법은 웩슬러 성인 지능검사[22] 그리고 웩슬러 기억검사[23]와 더불어 표준검사로 사용된다. 따라서 이 측정법은 일반적 능력과 기억 수행에 탁월한 예측을 가능하게 해준다.

광범위 성취도검사4-단어 읽기[24] 단어 읽기 능력을 측정하며 피험자의 연령에 상관없이 평가 가능하다. 피험자는 단어 목록에 있는 단어를 소리 내어 읽어야 하는데, 단어들은 사용 빈도가 높은 순에서 낮은 순으로 나열되어 있다.

지능을 측정하는 검사

레이븐의 누진행렬검사[25] 다양한 추상적 추론과 문제해결 과제를 통해 비언어적 지능을 평가한다. 피험자는 행렬로 제시된 특정 패턴을 완성하기 위해 빠진 요소를 알아내야 한다.

웩슬러 성인 지능검사[26] 모든 연령대의 성인에게 사용 가능하다. 이 측정법에는 많은 지표가 포함된다. 그중에서 언어 이해 지표는 정보와 어휘, 유사성을 측정하는 하위검사로 되어 있다. 작업기억 지표는 산수와 숫자 암기 하위검사로 구성되어 있고, 지각 추론 지표에는 구획 설계와 행렬 추리, 시각 퍼즐 하위검사가 포함된다. 처리 속도 지표에는 부호화와 상징찾기검사가 포함된다.

주의처리 능력을 측정하는 검사

선추적검사[27] 피험자에게 정해진 시간 안에 정해진 순서대로 일련의 자극을 연결하라는 과제를 낸다. 이 검사는 선추적 A와, 선추적 B 두 가지로 구성된다. 선추적 A는 모두 숫자로 되어 있지만 선추적 B는 피험자가 연속된 숫자와 글자를 번갈아 완성해야 한다. 이 과제는 지속적 주의와 반응방식의 변화 등 다수의 주의처리 능력을 요구한다.

숫자경계검사[28] 지속적 주의와 정신운동 속도를 측정한다. 이 검사는 피험자에게 제시된 자극들을 신속히 훑어보고 표적 항목을 지우라고 요구한다. 여러 방법으로 점수를 내는데, 여기에는 전체 과제 완성 시간과 누락 오류 출현율이 포함된다.

청각직렬가산검사[29] 지속적 주의와 분리 주의 그리고 속도 지표를 검사한다. 피험자는 일련의 한 자리 숫자들을 제시받은 다음 매번 새로운 두 숫자를 더해야 한다.

일상적 주의검사[30] 일상생활과 연관된 여덟 가지 상이한 하위검사를 포함한다. 여기에는 선택 주의, 지속적 주의, 과제나 감각처리전환능력평가가 포함된다. 이 검사의 중요한 측면은 모든 자료가 실생활의 상황과 관련된다는 점이다. 지도 찾기와 전화번호부 찾기 과제가 실례다.

집행기능을 측정하는 검사

집행기능장애증후군 행동평가[31] 일상기능에 영향을 미치는 집행기능 요소에 초점을 맞춘다. 여기에는 계획, 조직, 문제해결 능력뿐 아니라 주의를 효과적으로 배분하는 능력 측정도 포함된다. 이 능력에 문제가 생기면 회복과 재활에 장애로 작용할 수 있다. 동반되는 설문지는 일명 실행기능장애 설문이다. 이것은 감정, 동기, 행동, 인지 등 실행기능장애로 영향받을 가능성이 있는 측면들을 측정한다.

언어유창성검사[32] 피험자에게 60초 내에 임상의나 연구자가 만든 특정 기준에 의거해 가능한 한 많은 단어를 자발적으로 말하라고 요구하는 과제다. 예를 들어 동물이라는 특정 범주에 속하는 단어를 가능한 많이 말해야 하는 검사도 있고, 특정 철자로 시작하는 단어를 말해야 하는 검사도 있다.

스트룹 단어검사[33] 피험자가 기본 반응 양식을 억제하고 인지유연성을 발휘하는 능력을 측정하는 데 믿을 만한 측정법이다. 이 과제에는 세 단계의 지침이 있다. 우선 피험자에게 제시된 단어를 크게 읽으라고 요구한다. 그다음에는 색종이의 색을 맞추라고 한다. 마지막으로 단어를 다시 제시한 후 해당 단어를 표기하는 데 쓰인 색을 맞추라고 한다. 단, 이번에는 색단어와 그 단어를 표기하는 데 쓰인 글씨의 색을 다르게 해둔다(빨강이라는 단어를 파란색 글씨로 쓰는 따위).

런던타워 드렉셀 대학교 과제[34] 계획력과 문제해결 기술을 평가하며 하노이의 타워 퍼즐에서 기초한 것이다. 두 세트의 고정용 판과 구슬이 있다. 검사자가 정해진 패턴대로 구슬을 배열하면 피험자는 구슬을 움직일 수 있는 허용 범위의 규칙 내에서 이 배열 윤곽을 맞춰야 한다.

위스콘신 카드분류검사[35] 추상적 추론 능력 측정과 피험자가 자극이 바뀌어도 같은 행동을 반복하는지를 확인하는 데 효과적인 방법이다. 과제의 형식은 다양하다. 전통방식의 검사에서 피험자는 시행착오를 거쳐 올바른 분류 규칙을 알아내야 한다. 분류 기준은 카드에 제시되는 색이나 형태 또는 수많은 기하학적 모양과 관련 있다.

기억을 측정하는 검사

문짝과 사람검사[36] 회상과 재인검사를 이용해 언어적, 시각적 기억 둘 다 평가할 수 있게 해준다. 방식은 문짝을 찍은 일련의 컬러사진을 기억하라는 지침을 이용하는 것이다.

리버미드 행동기억검사[37] 일상기억기능평가다. 특정 약속을 기억하는 능력, 이름을 떠올리는 능력, 메시지 전달 과제를 기억하는 능력, 산문을 기억하는 능력, 안면 인식 과제, 무엇보다 암묵기억을 비롯한 일련의 활동을 검사한다.

언어 능력을 측정하는 검사

보스턴 이름대기검사[38] 일련의 선 그림을 올바로 기억해내고 명명하는 능력을 평가한다. 피험자가 지각 문제의 징후를 보이는 경우 범주상 단서나 의미상 단서의 형태를 띤 다양한 지시를 제공할 수 있다.

학습 능력을 측정하는 검사

넬슨-데니 읽기검사[39] 어휘, 이해, 읽기 속도를 측정해 학습 성취도를 측정하는 두 부분으로 이루어졌다. 과제는 학습 능력을 평가할 일련의 짧은 단문과 선다형 항목으로 구성된다.

시공간처리 능력을 측정하는 검사

시계그리기검사[40] 피험자에게 원이 그려진 종이를 주고 원 안에 숫자를 채운 다음 검사자가 가리키는 시간을 표시하라고 지시한다. 이를 통해 피험자의 시공간적 처리뿐 아니라 계획과 추상적 사고 능력을 평가할 수 있다. 이 측정법의 다른 형태인 CLOX는 피험자가 겪는 집행장애의 정도를 평가하는 데 초점을 맞춘 검사다. 피험자는 먼저 도구를 쓰지 않고 시계를 그려야 한다. 이 과제를 수행하지 못하는 경우에는 완성된 시계 그림을 따라 그린다. 모방 과제는 성공적으로 완수하지만 스스로 그림을 그리지 못하는 이들은 어느 정도 집행기능장애가 있다는 뜻이다.

임상의가 선택하는 다양한 검사

최근의 한 논문에 따르면 임상의가 환자 상태를 판별하기 위해 사용하는 검사의 범위는 비교적 협소하다.[41] 가장 빈도가 높은 측정법은 간이정신상태검사다. 또다른 검사법으로는 시계그리기검사, 지연기억검사, 언어유창성검사, 유사성검사, 선추적검사가 있다. 몬트리올 인지평가[42] 같은 최신 측정법도 채택 빈도가 높아지는 추세다. 태블릿 PC 기반의 애플리케이션 사용 가능성이 늘어나면서 의료 전문가의 선택 범위는 더욱 넓어질 것이다.

노인용 규범 자료를 얻다

사용 빈도가 가장 높은 인지기능평가 도구를 살펴봤다. 어떤 검사든 중요한 것은 그가 타인과의 관계 속에서 수행하는 방식을 살펴보기 위해 피험자의 점수를 의미 있는 맥락 속에 놓는 것이다. 대부분 임상 측정법을 특정 상황에서 사용해왔기 때문에 의미 있는 비교를 할 만큼의 규범 자료가 축적되어 있다.

노인용 규범 자료를 수집할 때 당면하는 문제는 노인집단처럼 이질적인 집단에서 '정상' 수행을 어떻게 정의할 것인가다. 수집된 자료는 대개 횡단연구 설계를 활용한 연구에서 얻어진 것들이다. 이때 가장 큰 문제는 횡단연구의 경우 교육 배경과 직업이 상이한 노인 표본집단의 수행을 비교해야 하므로 연구에서 발견한 차이를 과장할 가능성이다. 이를 동년배 효과라 한다. 고려해야 할 또 한 가지는 노인 표본집단이 얼마나 상이한 질병 증상을 보여주는 개인으로 구성되어 있는가다. 종단연구는 이런 편향을 줄이는 데 도움이 된다.

표본 수집 문제는 차치하고 개인 수준에서도 문제가 발생할 수 있다. 노인 표본집단은 검사에 참여하는 열의에서 상당한 차이를 보인다.[43] 노인은 더 쉽게 지치므로 피로는 평가 계획을 세울 때 고려해야 할 주요 방해 변인이다.

노인의 협조 능력은 신체적 정신적 증상 유무에 영향을 받는다. 운동기능 상실과 지속적 통증은 특히 고려해야 할 문제다. 측정 용지를 채우거나 다양한 버튼 반응을 통해 긴 시간 동안 컴퓨터 화면에 집중해야 하는 평가의 성격상, 청각장애나 시력 문제 등의 신체적 제약이 과제 수행에 별도의 부정적 효과를 미친다는 점도 유념해야 한다.[44]

노인평가에 즐겨 쓰는 접근법은 간략하면서도 정확성이 높은 측정법이다. 불행히도 노인용으로 특수 설계된 측정법이 거의 없기 때문에 노인 집단의 기능 변화를 민감하게 측정하지 못할 가능성이 있다. 이른바 바닥 효과(측정 도구가 측정하는 특성의 하위 수준에 속한 사람을 변별해내지 못하는 현상—옮긴이)가 나타날 수 있다는 뜻이다.

컴퓨터 기반 평가의 사용에 대해서도 살펴볼 필요가 있다. 우리는 컴퓨터가 검사 시 유용한 플랫폼이 된다는 것을 안다. 그러나 이런 접근법을 사용할 경우 고려해야 할 몇 가지 중요한 문제들이 있다.

컴퓨터로 치매를 예측하다

경도인지장애와 치매를 감지하고 추적하는 도구 개발은 초미의 관심사다.[45] 경도인지장애와 치매의 조기 감지는 치료와 관리, 특히 현재 건강한 사람들의 치매 예측 면에서 매우 중요하다. 현행 검사를 이용해 경도인지장애 판정을 받은 사람에게서 훗날 알츠하이머병 발발 가능성을 예측할 수 있다.[46]

아직은 지필검사가 많지만 컴퓨터 기반의 과제들이 나날이 늘어나는 추세다. 낯선 기술을 사용하라는 요청을 받을 경우 피험자의 불안 정도가 높아질 수 있는 단점을 감안한다 해도 컴퓨터를 기반으로 한 검사에는 고유한 장점이 많다. 컴퓨터검사는 매번 표준화된 포맷으로 시행 가능하고 채점 또한 자동으로 할 수 있다. 무엇보다 자동평가는 주관적 편향의 영향을 배제한다. 웹 기반 평가 패키지의 사용 증가로 검사 전용 컴퓨터와 운영 체계를 개발할 필요성도 자연히 사라지고 있다.

그러나 컴퓨터검사에는 단점 또한 많다. 컴퓨터처리 속도의 차이는 타이밍의 정확성 문제를 야기한다. 화면의 크기, 노트북인가 데스크톱인가의 여부, 피험자가 마우스를 쓰는가 키보드를 쓰는가 등 많은 요소가 자칫하면 연구 결과의 방해 요소로 작용할 수 있다. 이 문제 가운데 일부는 반응 버튼 전용 박스나, 눈금을 소프트웨어의 일부로 사용해 장치가 바뀌어도 타이밍을 일치시키는 방법 등으로 해결할 수 있다. 그러나 임상의와 연구자의 도구 사용 상황은 점차적으로 나아질 전망이다.

이 장의 요점 정리

정확한 인지기능의 평가는 임상의와 연구자에게 필수적이다. 교육 수준과 건강 상태에 대한 초기 정보 수집부터 구체적 검사까지 임상평가의 표준 포맷을 설명했고, 그 과정에서 사용 가능한 주요 도구들을 살펴봤다. 구체적 기능을 측정하는 도구도 있고 기능을 포괄적으로 평가하는 도구도 있다. 규범 자료 수집이 중요한 이유 또한 검토했다.

마지막 부분에서는 컴퓨터 기반 평가의 사용이 증가하는 이유를 알아봤다. 방법론적 관점에서 과학기술을 적극 사용하자는 주장은 많지만, 이런 접근법을 노인에게 사용할 경우에는 고려해야 할 주요 사항들이 있다는 점도 지적했다.

기능별 공식평가가 증가하는 현상은 비공식평가가 증가 추세를 보이는 시장의 흐름과 어느 정도 궤를 같이한다. 가장 대표적인 예가 다양한 두뇌훈련 프로그램일 것이다. 이들의 유효성은 14장에서 노화 관련 인지기능의 감퇴 여파를 최소화하기 위한 방책을 다룰 때 고찰하기로 한다.

9장

나이는 성격과 지능에 어떤 영향을 주는가

성격연구가 활성화된 이유는 중년 이후의 건강 상태가 양호해지고 기대수명이 높아졌다는 현상과 관련 있다.[1] 노화가 성격에 어떤 영향을 미치는가는 어느 정도 알려진 편이다. 물론 변화하는 성격보다 안정적으로 남아 있는 성격에 한해서 그러하다.[2]

  먼저 성격에 대한 다양한 관점을 고찰하고 성격이 실제로 얼마나 안정적인가를 살펴보려 한다. 다음으로 두 가지 핵심적 인지발달이론을 개괄한 다음 지능에 대해 설명하겠다. 대부분 지능을 대학교 입학시험 같은 무시무시한 검사로 측정한다고 생각하지만, 그렇지 않다. 지능은 다양한 영역과 얽힌 무수히 많은 능력의 결과물이다. 마지막 부분에서는 창의성과 지혜라는 두 개의 연관 개념을 소개할 것이다.

성격 변화 이론

정신 역동적 관점에서 본 성격

현대의 많은 성인 발달 모형은 일정 부분 정신역학적 관점에 기반을 두고 있다. 프로이트는 일단 성인기로 진입한 사람의 성격은 변하지 않는다고 봤다. 성격은 대개 어린 시절 질풍노도의 시기, 즉 행동의 본능과 생각 그리고 감정 사이에 커다란 갈등이 존재하는 시기에 형성된다는 것이 프로이트의 입장이다. 그는 50세가 된 사람은 사고가 경직되어 있기 때문에 심리 치료를 타당한 대안으로 삼을 수 없다고 주장했다.[3] 이런 주장을 견고하게 만들기 위해 그는 변화를 추동하는 데 필요한 성충동은 일정 나이가 지나면 없어진다고 했다.[4]

그러나 프로이트와 그 추종자들의 삶이 입증하는 것에 따르면, 이런 나이 제한은 정신 역동적 접근의 중심 원리가 아니었다. 프로이트의 제자 가운데 많은 이들이 성격 변화가 멈춘다는 나이에 이르러 자신의 성격을 적극적으로 분석했던 것을 보면 알 수 있다. 에이브러햄은 성격 변화에서 중요한 요인은 신경증이 발현되는 나이라고 주장했다.[5] 불행히도 나이에 대한 모호한 태도 때문에 20세기 중반까지 많은 노인이 심리 치료를 받지 못했다.[6] 프로이트이론이 발전하면서 성격이 전에 생각했던 것보다 훨씬 더 유연하다는 합의가 생겨났다.

프로이트는 행동에서 가장 중요한 성격은 무의식 속에 감춰져 있다고 생각했다. 이드 또는 본능은 욕망 충족에 관여한다. 자아는 이드를 통제해 이드가 마음대로 행동하면 발생할 수 있는 위험을 사전에 막는다. 이드의 요구가 의식에 도달하지 못하도록 방어기제가 세워져 있고 우리는 불필요한 갈등 없이 정상 사회에서 기능할 수 있다. 초자아는 권위자로 상징되며 검열자로 기능한다. 이드와 자아 그리고 초자아는 프로이트 구조이론의 핵심 요소다.[7] 구조이론은 이드의 충동, 자아와 초자아의 중재 효과 간의 역학을 설명한다.

에릭슨과 로에빙거의 자아발달이론

프로이트가 자아를 이드를 위해 일하는 역할로만 생각했던 것에 반해 다른 심리학자들은 정보를 통합하고 분석하고 합성하는 의식 영역이 자아라고 주장한다. 자아는 일상 행동을 지휘하며 어느 정도는 자기 자신이다.

에릭슨은 매우 영향력 있는 심리사회발달이론을 전개했다. 에릭슨의 발달이론은 더이상 리비도 충동, 즉 성욕에 강조점을 두지 않고 삶 전반을 아울러 설명했으며 환경이 개인의 발달에 미치는 영향을 강조했다. 에릭슨은 인생주기 8단계를 제안했다. 이 가운데 세 단계는 성인기와 노년기에 관한 것이다.[8] 각 인생 단계는 다음 단계로 넘어가기 전에 해결해야 할 구체적 갈등으로 이루어져 있다. 인생주기를 구성하는 단계는 다음과 같다.

1. **기본 신뢰 대 불신** 유아기에 발생하며 신뢰발달 능력에 초점을 맞춘다.
2. **자율성 대 수치와 의심** 아이가 독립심을 얻는 시기를 반영한다.
3. **자기주도성 대 죄의식** 4세 무렵 발생하며 모방할 행동을 확인하는 시도로 이루어진다.
4. **근면성 대 열등감** 자신의 환경을 지배하려는 아이의 시도로 발생한다.

5. **정체성 대 정체성 혼란** 자신이 누구인지, 자신의 계획이 무엇인지 선택하는 단계를 가리킨다.
6. **친밀감 대 고립감** 최초의 성인기 단계로 친밀한 관계 발달과 관련이 있다.
7. **생산성 대 침체감** 성장과 생산이 가능해지는 시기를 반영한다.
8. **자아통합 대 절망감** 나이 들면서 늘어나는 어려움에 맞서 자존감을 유지하려는 시도에 초점을 맞춘다.

에릭슨의 이론과 밀접하게 관련된 이론은 로에빙거의 자아발달이론이다.[9] 로에빙거는 자아의 역할을 행동 규제, 타인과의 관계 형성, 진정한 자기 이해로 규정했다. 동조자 단계라 불리는 자아발달의 가장 초기 단계에는 오직 자기와 사회에 대한 기초적 이해만 존재한다. 다른 사람들이 왜 특정한 방식으로 행동하는지에 대한 이해는 거의 이루어지지 않는다. 그다음 양심-순응적 단계가 되면 옳고 그름에 대한 내면적 표상이 생긴다. 자신과 타인의 행동에 대한 통찰은 양심 단계에서 이루어진다. 다른 이에 대한 존중은 개인주의 단계에서 실현된다. 인간 행동의 복잡성과 불확실성을 온전히 다루는 역량이 실현되는 것은 자율 단계에서다. 마지막 통합 단계는 우리가 내적 자아의 주인인 시기다.

로에빙거의 자아개념화이론은 그런 의미에서 자아 심리학과 윤리 발달을 결합한 산물이다. 로에빙거의 검사, 자기주장과 순응성 그리고 두려움 같은 성격변인에서 고득점을 받는다는 것은 고차원적 인지기능 능력이 높다는 의미다.[10]

나이와 성별에 따른 방어기제의 선택

방어기제 개념은 정신 역동적 관점에서 중요하다. 프로이트의 관점과 반대로 베일런트는 방어기제가 성인기 동안 변한다고 주장한다.[11] 베일런트에 따르면 우리는 이런 변화를 통해 일상생활에서 마주하는 도전에 적응하고 대처할 수 있게 되고, 이 과정에서 스트레스가 주는 불안에 대처할 더 성숙한 방식을 발견한다. 행동으로 분노를 경감시키는 항의 같은 미숙한 반응들은 일시적 경감만 제공할 뿐이며 자신과 타인에게 해롭다. 그러나 유머와 같은 더 성숙한 전략은 장기적 이점을 갖으며 사회적 심리적 비용도 적다.

남녀의 종단연구에 따르면 나이 들어가면서 우리는 더 성숙한 방어기제를 채택한다.[12] 자기애적 성격 유형, 즉 타인과의 소통 경험을 통해 과도한 이상화와 비하 사이에서 동요하는 유형의 사람은 부적응전략을 사용하며 이는 정신건강에 해롭다.[13] 반면 적응전략은 자신의 감정을 더 통제하고 상황을 제어 가능한 것으로 만들기 위해 상황을 재구성하는 능력을 낳는다.[14] 더 합리적 접근법을 취하는 사람은 결과를 좋게 만들려면 인내와 지속이 중요하다는 것을 알고 있다. 또하나 흥미로운 사실은 방어기제가 나이보다는 성별의 영향을 받는다는 점이다. 여성은 스트레스 상황을 피하고 비난을 내면화하며 타인에게 지지를 구하는 성향이 큰 반면, 남성은 자신의 감정을 표명하고 반동형성을 활용한다. 반동형성이란 자신이 느끼는 감정과 정반대의 행동을 통해 수용할 수 없는 욕망을 통제하는 과정이다. 그러나 욕망의 억압은 욕망이 일정 단계에 도달하면 표면화될 가능성을 늘 내포한다.

융의 성격발달 단계

융이 보기에 성인은 적응과 공고화의 과정으로 이루어진 존재다. 이 기간에 우리는 사회에서 자신에게 어울리는 자리를 찾기 위해 노력한다.[15]

이 과정은 중년에 이르기까지 계속된다. 융은 인생 후반기에 우리가 자기 발견의 여정, 즉 개성화 과정을 시작한다고 말한다. 이 시점에서 충동은 더이상 순응 충동이 아니라 잠재력을 발견하려는 충동이다.

성인애착이론

성인애착이론은 우리가 어릴 때 부모나 돌보는 사람들과 경험한 관계가 성인이 된 자신에게 영향을 미치는 방식을 탐구한다. 이 이론의 주요 주창자는 볼비였다. 그의 이론은 고아원 아이들을 관찰한 경험에서 나온 것이지만 영장류 행동학에서도 영향을 받았다. 볼비의 이론은 신체적 욕구는 충족되었지만 감정적 욕구는 충족되지 못해 발생한 불만족 개념으로 아이들이 보이는 문제 행동의 일부를 설명해준다.[16] 성공적 애착, 특히 성공적 모성애착은 자아발달에 상당한 영향을 미친다. 볼비는 충분한 돌봄을 경험하지 못한 아이의 경우 불안해하고 만년에 부정적 자아 개념이 생긴다고 주장한다.[17]

애착 유형의 문제는 아동기의 어머니든 만년의 배우자든, 우리의 주요 애착 대상인 특정 인물과 어떤 방식으로 상호작용하고 관계를 맺는가에 달려 있다. 볼비의 작업에 기반을 둔 고전적 애착 실험에서 에인스워스는 어린아이가 다양한 통제 상황에서 엄마가 떠났다 돌아오는 상황에 어떤 반응을 보이는지 관찰했다.[18] 연구자들은 엄마가 떠난 후와 돌아온 후의 행동을 반영하는 일련의 애착 유형을 살폈다. 안정된 애착 유형을 가진 아이는 홀로 남겨진 상황에 잘 대처하고 엄마가 돌아오자마자 엄마와 접촉하려 한다. 아이는 엄마가 떠났든 돌아왔든 부정적인 감정을 드러내지 않는다. 오히려 엄마와 맺은 긍정적인 관계를 강화하려고 한다. 그러나 엄마가 돌아와도 엄마와의 어떤 접촉이든 완강히 거부하는 아이도 있다. 이런 경우 아이는 회피애착 유형의 징후를 보이는 것이다. 불안애착 유형에 속하는 아이는 엄마와의 접촉을 원하는 듯 보이지만 막상 접촉하려 하면 거부한다. 추가 유형인 조직화되지 않은, 방향성이 없는 유형은 기존의 유형에 속하지 않는 아이들을 개념화하기 위해 만든 것이다.[19]

어린아이와 청소년의 애착 유형을 살핀 연구는 많지만 노인 관련 연구는 상황이 다르다. 연구들은 성인의 애착 유형이 더 안정적이며 이들의 관계 운영 능력이 더 뛰어나다는 사실을 밝혀주었다. 이는 다양한 방어기제 채택에서 입증되었다. 특히 노인에게서는 불안애착 유형의 유병률이 더 낮았다.[20] 어린 시절의 안정애착은 만년의 행복감과 관련이 있다.[21] 그러나 나이 들면서 부정적 육아에 대한 회복탄력성이 커지므로 안정애착의 결핍이 그다지 큰 영향을 발휘하지는 않는다.[22]

시간에 따른 성격 특질의 변화

특질이론 관점에서 보면 성격은 안정적이고 지속적인 일련의 성격 특질로 이루어져 있다. 이런 특질로 우리는 각자 서로 다른 방식으로 행동하게 된다. 많은 성격 모형이 있다. 물론 가장 영향력 있는 모형은 다섯 가지 요인의 성격 모형이다.[23] 다섯 가지 요인이란 개방성, 성실성, 외향성, 친화성, 신경증 성향이다. 경험에 대한 개방성은 예술에 대한 관심, 상상력, 새로운 경험에 대한 열의, 관대함, 감정적 반응에 대한 이해력을 말한다. 이는 또한 결정 지능과도 관련이 깊다.[24] 성실성은 세부 사항에 대한 주의, 질서의식, 절제, 신중함이다. 외향성은 사교성, 자기주장, 적극적 참여와 관련 있다. 외향성은 행복과 안녕감을 예측할 수 있는 의미심장한 요소라는 점이 밝혀졌다.[25] 친화성은 타인을 믿고 인간다우며 협력과 지지를 잘 보내는 사람의 지표다. 신경증 성향에서 높은 점수를 받는다는 것은 의심이 많은 사람, 감정 변화가 극심한 사람, 수줍음을 타는 사람의 특성과 연관된다. 신경증에서 고득점을 얻는 것과 임상적 기분장애 사이에는 강한 연관성이 있다. 고유한 성격 특질의 집합은 행동 안내자 역할을 한다. 그렇기에 살면서 경험하는 사건이 성격 특질을 결정한다기보다는 오히려 우리가 내리는 선택을 성격이 기능한 결과라고 보는 편이 타당하다.

일반적으로 이런 성격 특질은 노화와 상관없이 일관되는 것처럼 보인다.[26] 그러나 최근의 연구는 반드시 그렇지는 않다는 것을 보여주었다. 더 정교한 통계모델링을 통해 시간에 따른 성격 특질의 변화를 검토한 결과, 변화는 다섯 가지 주요 요인뿐 아니라 각 요인 내의 개별 단면에서도 나타났다. 이 연구들에 따르면 자기 수양, 즉 성실성의 한 요소인 수양은 나이 들면서 저하된다. 이는 노인이 자신이 원래 좋아하지 않았던 활동을 꺼린다는 것을 암시한다. 반면 신중함은 증가한다. 따라서 나이 들면 충동적 행동이 감소한다.[27]

사회인지적 접근

사회인지적 접근은 동기와 감정 간의 상호작용 그리고 일상생활과의 연관성에 초점을 맞춘다. 노화가 동기와 감정 간의 관계에 어떤 영향을 미치는가가 연구의 초점으로 부상하고 있다. 특히 개인의 욕구와 욕망과 목표가 인생 전반에 걸쳐 어떻게 바뀌는가 하는 측면에서 노화의 영향을 살펴보려는 연구가 늘어났다.

사회감정적 선택이론에 따르면 우리는 각자 위험을 최소화하고 보상을 최대화할 목적으로 관계를 구축한다.[28] 나이 들면서 우리가 바라는 보상의 유형이 바뀌고 이는 타인과의 상호작용 형태가 바뀌도록 유도한다. 이 접근법은 타인과의 관계가 정보나 감정을 제공한다고 본다. 정보를 제공하는 관계는 예전에는 구할 수 없었던 지식을 알려준다. 그리고 감정을 제공하는 관계는 삶의 질을 높여준다. 이런 관계의 동기는 개인이 사회적 네트워크 범위를 좁혀 가장 가깝다고 느끼는 사람들로만 관계를 구축해 최대한 긍정적인 감정을 경험하려는 것이다. 이런 의미에서 감정 조절은 고도로 선별된 사회적 상호작용에 노출되어 발생한다.

사회인지적 이론에 따르면 나이 들면서 정보기능을 제공하는 관계가 감정기능을 제공하는 관계로 이행한다. 이런 이행이 발생하는 이유는 노인들 사이에 자신이 죽는다는 자각이 증가해서다. 익숙한 관계에 대한 열망은 이 관계가 노인이 몹시 필요로 하는 감정적 완충기를 제공한다는 점에 기인한다.[29]

구조-과정 모형

연구에 따르면 특질 접근법은 성격을 바라보는 효과적인 틀을 제공하지만 동시에 다른 많은 측면을 배제하는 단점이 있다.[30] 이에 대한 하나의 대안은 특질 모형과 사회인지 모형 양쪽에서 나온 측면을 결합해 구조-과정으로 구성된 이차원 모형을 산출하는 것이다.[31] 구조는 특질 접근 요소를 반영하고, 과정은 사회인지 모형 요소로 이루어진다. 각 차원은 성격의 세 가지 다른 측면을 포함한다. 구조적 요소는 특질과 특징적 적응 그리고 인생 이야기고, 과정 요소는 상태와 자기 조절 그리고 자기 진술로 되어 있다. 이 모형은 나이가 성격에 미치는 영향을 포착하려는 시도의 일환으로 성격의 변하지 않는 측면(구조적 차원)과 상황 특징에 대응해 변화하는 측면(과정 차원)을 모두 반영한다. 이런 변화는 일시적이라 문제 상황이 해결되면 행동은 정상으로 되돌아간다.

인지적 관점에서 본 자아이론

인지적 자아이론에 따르면 개인은 사건을 평가할 때 그 사건과 자아와의 관련성 측면에 주목한다. 인지적 관점의 주요 관심사는 대처기제다. 사람은 대개 자신이 변하지 않는다고 생각한다. 자신은 언제나 같은 사람이라는 것이다. 그러나 사실은 그렇지 않다.[32] 그뿐 아니라 사람들은 대개 긍정적으로 자신을 평가한다.[33]

가능자아이론 이 접근법[34]은 우리가 자신을 보는 방식, 즉 자아도식이 행동방식과 선택에서 안내자 역할을 한다고 주장한다. 가능자아는 현재의 자기 모습을 평가한 후 지금보다 이상적인 모습에 대해 생각한다는 개념이다. 실제 자아와 바라는 자아 간의 불일치는 바라는 자아를 얻을 수 있도록 행동을 이끈다. 또 반대로 자신이 두려워하는 가능자아가 되는 일은 피하려 애쓴다. 긍정적인 결과를 얻으려면 바라는 자아가 실제로 도달할 수 있는 모습이어야 한다. 현실적으로 바라는 자아는 결국 자신의 운명에 대한 만족감을 높인다.[35] 이 과정은 평생 지속되며 노년기도 예외는 아니다.[36]

정체성과정이론 삶이란 부단히 변화하는 세계에서(정체성 조절) 일관된 자아의식을 유지하려는 부단한 시도(정체성 동화)라고 정의한다.[37] 우리는 자신이 스스로를 바라보는 방식에 기반을 두고 사건을 이해하려고 노력한다. 그러나 때로는 자신을 바라보는 관점에서 파악할 수 없는 사건을 이해하기 위해 어느 정도 조절을 요하는 경우가 생긴다. 나이 들어가면서 정체성 동화 과정은 점점 더 중요해진다. 이 과정이 없으면 평생 동안 축적한 경험이 자아존중감을 낮아지게 만든다. 동화 과정이 있어야 일관된 긍정적 자아상을 유지할 수 있다. 만일 동화를 잘못 판단하면 자신에 대해 내리는 평가가 더이상 현실의 평가와 결합하지 못하게 된다. 정체성 동화 접근법을 적극 채택한 사람은 자아존중감이 더 높다.[38] 정체성 조절을 채택한 사람 사이에게는 그 반대 현상이 나타난다.

정체성 동화가 건강에 긍정적 영향을 미친다는 사실을 암시하는 증거로, 노화에 대한 부정적 인식을 피하는 성인이 이를 피하지 않은 비교집단의 성인보다 7년 이상이나 기대수명이 높다는 것을 보여준 연구가 있다.[39] 이와 비슷한 결과는 정신건강을 연구한 결과를 봐도 알 수 있다.[40]

중년의 위기?

'중년의 위기'라는 용어는 1970년대에 중년으로 이행하는 성인의 두드러진 성격 변화를 정리하려는 시도에서 쓰이기 시작했다. 중년이 되면 개인은 자신의 성취와 목표에 대해 평가를 내린다. 미래를 위해 세워둔 모든 계획이 임박한 죽음에 의해 변색된다.[41]

이 분야의 영향력 있는 이론은 레빈슨과 동료들의 이론이다.[42] 이 이론의 핵심은 생애 구조, 즉 인생의 청사진이라는 개념이다. 레빈슨은 어른이 되면서 우리는 각자 상이한 단계를 거치며 나아가는데, 잔잔한 시기를 거쳐 강렬한 변화의 시기로 진입한다고 말한다. 자신의 현 상황에 대한 재평가 후에 오는 이행의 특징은 대안 탐색이다. 중년의 이행기는 청년기 특유의 발랄한 희망과 열망을 실현하지 못했다는 자각에서 비롯된 환멸을 반영한다. 따라서 이 시기는 자기 검토와 미래 계획의 시기다.

그러나 이를 뒷받침하기 위한 경험은 거의 없다.[43] 중년의 위기라는 개념부터가 문제다. 그토록 보편적 현상이라는 중년의 위기는 실제로 언제 발생하는가? 그간의 연구 가운데 가장 견고한 심리 측정 연구조차도 레빈슨의 발견을 반복검증하지 못했다. 성격을 측정한 결과 점수 변화가 전혀 보이지 않았던 것이다.[44] 사실 중년의 위기 측정에서 높은 점수를 받은 이들은 검사 전 10년 동안 신경증 성향 점수가 높았던 사람이었다. 이는 중년의 위기와 관련된 유동적 상태가 성인의 평균 상태를 대표한다기보다는 심리 문제의 역사와 더 관련이 있음을 시사한다.

나이 들면 성격도 변할까

나이 들어가면서 성격이 고착되는지, 아니면 변화하는 요구와 경험으로 유동적 상태에 놓이게 되는지에 관한 많은 논쟁이 있었다. 다소 가벼워 보이는 대답은 성격이 변하는 사람도 있고, 그렇지 않은 사람도 있다는 것이다.[45] 그러나 더 정교한 통계모델링을 이용해 평생에 걸친 성격의 개별적 차이 요소를 더 깊이 연구할 수 있게 되자, 연구자들은 사람이 자신을 보는 양상이 장기간에 걸쳐 변할 뿐 아니라 일상적으로도 변하며 이는 개인 내부 변동성을 반영한다는 사실 또한 입증했다.[46]

성격 변화 여부에서 보이는 개인차의 원인은 상호작용을 통해 고유한 삶의 경험을 산출하는 심리적, 생물학적, 환경적 영향에 기대어 설명할 수 있다.[47] 살면서 겪는 사건들은 성격 변화를 이끌어내는 데 중요한 역할을 한다. 예를 들어 결혼은 성실성을 높이고 신경증 성향을 줄여준다.[48] 건강상의 변화 또한 중요한 요인이다. 건강 쇠퇴는 사회적인 위축으로 이어지며 외향성을 감소시키고 신경증 성향을 키울 수 있다.[49] 건강과 성격은 서로 영향을 미치는 관계로서 성격 변화가 건강에 영향을 주고 건강 변화도 성격 변화를 초래할 수 있다. 예를 들어 건강이 나빠지면 외향적 성격이 내향적으로 변한다. 이는 다시 건강한 행동 패턴을 유지하려는 충동을 줄여 건강 상태를 더욱 악화시킬 수 있다. 물론 그 반대 현상도 일어난다. 성

격의 특정 변화들이 더 큰 회복력에 기여할 수 있다는 뜻이다.[50]

다음으로 지능의 의미, 노화가 지능의 기능에 미치는 영향 등을 살펴보고자 한다. 그러나 그전에 먼저 샤이에와 피아제의 작업을 간략히 소개하겠다. 샤이에 모형과 피아제 모형은 태어나면서 시작되는 가장 기본적 인지작용에서부터 성인으로서 수행하는 복잡한 추상적 과정에 이르까지 인지발달이 어떻게 이루어지는지 설명해주는 중요한 접근법이다.

• 우리는 어떤 인지발달 단계를 거치는가

샤이에 모형(1977)은 영향력 있는 인지발달 모형 가운데 하나다. 이 모형은 우리 생애를 별개의 단계로 분류한다. 각 단계의 인지능력은 인생의 특정 시기에 의미 있었던 활동과 주로 관련된다. 아동기와 청소년기에 우리는 사회에서 기능하는 데 필요한 지식과 기술을 습득하도록 자극받는다. 이 습득 단계 다음은 성인기 초기의 발달 완수 단계다. 이 단계의 동기는 각자 자신만의 목표와 방향을 가진 유능하고 독립된 사회적 존재가 되고 싶은 욕망과 상통한다. 성인기 중간 시기의 특징은 가정과 일터에서 책임감 있게 행동하라고 부과되는 요구들이다. 이 단계에서는 가족을 돌보는 데 필요한 기술을 개발하고 직장에서 늘어나는 책임에도 적응할 필요가 있다. 따라서 이 단계는 책임과 실행 단계라고 불린다. 노년기에 오는 마지막 단계인 재통합 단계는 시간과 에너지 사용방식을 전처럼 까다롭게 선별하지 않아도 되는 단계다. 재통합 단계는 우리에게 부과되는 요구가 변하며 인지기능에 영향을 미치는 노화에 대한 반응도 포함된다.

이 모형 이후 등장한 다음 모형들은 여기에 두 단계를 더 추가했다. 첫 번째로 추가된 재편 단계는 은퇴와 관련된 변화를 반영한다. 은퇴 시기에는 일상에 많은 변화가 일어난다. 이 시기는 자신의 독립 정도를 생각해야 할 때이기도 하다. 두 번째 추가 단계는 노년기, 즉 인생의 끝을 생각하는 시기다. 사람은 이 시기에 자신의 인생을 돌아보고 유언에 마지막 수정을 가한다.

이런 접근법은 인생 전반에 걸쳐 인지활동을 자극하는 동기의 변화를 점검해준다는 점에서 유용하지만 이런 구조를 사회 전반에 적용하려고 할 때는 분명한 한계가 드러난다. 특정 개인에게 이 구조를 적용하는 것 또한 한계가 있다. 그의 건강 상태에 따라 그가 모든 단계의 발달 과정을 거쳤는지 여부가 결정되기 때문이다.

고전에 속하는 피아제 모형 역시 인간을 인지발달의 다양한 단계를 거치며 발달하는 존재라고 본다.[51] 그는 아이가 환경과 접촉할 때 능동적 역할을 한다고 주장해 아이의 발달을 단지 신체적 측면만이 아니라 적응의 관점에서 봐야 한다고 했다. 아동기 때 우리는 상호작용하는 대상에 대한 인지적 표상을 개발한다. 이 모형에 따르면 생후 만 24개월이 되면 아이는 감각운동 단계에 진입한다. 이 시기에 아이는 움직임과 감각을 통해 자신의 환경을 탐색하는 법을 습득한다. 가장 기본적인 이 요소들을 토대로 2~7세 사이의 전조작기에 언어와 문제해결 기술이 발달한다. 전조작기에 아이들은 의사소통을 위해 한두 단어짜리부터 훨씬 더 긴 문장까지 말을 하기 시작한다. 이와 함께 대상 영속성 개념을 발달시킨다. 대상 영속성이란 전에 감지했던 물체의 움직임이 관찰되지 않아도 그 물체가 여전히 존재한다는 것을 이해하는 개념이다. 아이는 외부 사건에 대한 심적 표상 형성 능력을 발달시키며 이를 통해 사건이 실제로 일어나지 않아도 그 사건에 관해 생각할 수 있게 된다.

아동기 후기인 7~11세 사이에는 심적 표상을 조작하는 능력이 더욱 발달하며, 아이는 '구체적 조작기'로 진입한다. 구체적 조작에는 무엇보다 양의 보존을 파악하는 능력이 포함된다. 이제 아이는 구체적 사물의 성질이 형태의 변화에 영향받지 않는다는 사실을 이해한다. 부피 보존 사례를 보면 아이는 특정 모양의 용기에 든 물을 다른 모양의 용기로 옮기는 것을 관찰한다. 구체적 조작기 단계를 성공적으로 거친 아이의 일반적 반응은 물의 높이가 바뀌어도 부피는 바뀌지 않았다고 생각한다.

아동기 인지발달의 마지막 단계는 성인기로의 이행과 연결된다. 이 시기에는 추상적 문제를 해결하는 데 요구되는 논리 추론 같은 고급 인지기능이 나타난다. 형식적 조작기라는 이름의 이 단계는 11~15세 사이에 발생해 성인기 내내 지속된다. 이 단계에 도달한 아이는 세상이 돌아가는 방식에 대한 가설들을 발달시키고 검증할 수 있다. 추상적 사고는 현실에 대한 상징적 표상을 이용해야 가능하다. 지식은 적응을 통해 환경과 점점 더 복잡한 상호작용을 맺으며 축적된다. 지식 구조들은 상이한 상황에 적용되고(동화) 그다음에는 현실을 반영하도록 수정된다(조절).[52]

피아제의 이론은 매우 큰 영향력을 발휘해왔다. 그러나 분명한 것은 성인이 된 우리는 일상생활에서 마주치는 문제를 늘 논리 추론으로 해결하지는 않는다는 점이다. 일상에서 벌어지는 일들은 논리적 접근법에 적합하지 않은 경우가 많다. 형식 추론이 많은 심리 측정검사의 바탕이지만 일상생활에는 창의적인 무엇인가가 필요하다.[53] 이를 위해 후기 형식적 사고 단계가 피아제의 형식적 조작기를 뒤따르는 것으로 제시되었다. 후기 형식적 사고는 해결해야 할 문제에 당면했을 때 모호함을 감내하고 유연한 대응방식을 채택하는 태도를 반영한다. 심리 측정검사와 달리 우리가 삶에서 마주하는 유형의 문제에는 단일한 정답이 없다. 해결책은 다양하며 성공의 의미 또한 다르다.

지능 변화에 영향을 주는 요인들

우리가 자신의 지능을 어느 수준으로 평가하는가는 대단히 중요한 영향을 미친다. 지능은 자아의 본질적 부분이다.[54] 나이가 지능에 미치는 실제적 또는 가상적 영향은 노인에게 급속도로 중요한 관심사가 되어가고 있는데, 이는 노화에 따른 사고력 감퇴를 다루는 매체 때문인 경우가 많다.

지능 측정법은 스탠포드-비네검사로 시작되었다.[55] 원래 이 검사는 어린아이의 지능을 측정하는 데 쓰던 방법이었다. 나중에 성인용으로 웩슬러 성인 지능검사[56]가 개발되었다. 웩슬러 성인 지능검사는 수많은 개정을 거쳤고 아직도 현장에서 쓰인다. 이 검사는 언어검사와 비언어검사 두 가지 주요 검사로 나뉜다. 언어검사 성적은 대개 평생 동안 변하지 않는다.[57]

지능을 다룬 초기의 선구적 작업 덕분에 개인 내부에 지능의 근간을 이루는 일반 능력이 존재한다는 개념이 생겨났다. 다시 말해 이는 지능의 일반 요소 또는 'g'라는 것이 있다는 개념이다.[58] 그후 지능이란 단일한 실체가 아니라 다면 또는 다차원적으로 존재한다는 것이 학계에서 합의한 결론이다. 이런 접근법의 한 가지 사례를 기본 정신 능력 구조라 한다.[59] 일원화된 하나의 통합 지능은 존재하지 않는다. 지능은 언어 의미, 단어 유창성, 숫자, 공간 관계, 기억, 지각 속도, 일반 추론 등과 관련된 다양한 범위에 걸쳐 있다.

유동 지능과 결정 지능

커텔의 주장에 따르면 지능의 다차원성을 설파한 서스턴의 목록은 기본 정신 능력이 아니라 이차적 정신 능력이며[60], 지능은 오히려 유동 지능과 결정 지능 두 가지로 구성되어 있다고 봐야 한다.

유동 지능은 대개 추상적 정보조작과 통합을 비롯한 고차원적 인지활동을 수행하는 개인의 고유한 능력이다. 반면 결정 지능은 습득한 지식과 기술을 포함한다. 유동 지능과 결정 지능은 기능의 생물학적, 심리적, 사회적 측면을 참작하는 능력의 지표가 되기도 한다. 원래 결정 지능은 별개라고 간주되었지만 최근의 연구를 통해 분명해진 점은 결정 지능의 발달이 상당히 유동 지능에 기대고 있다는 사실이다.[61]

지능의 안정성

지능과 노화의 상관관계를 다루는 종단연구를 보면 대부분의 능력은 60세 이후에 감퇴한다. 그러나 여러 능력이 정점에 도달하는 연령은 동일하지 않다. 일찍 정점에 도달하는 수리 능력을 제외한 언어 능력이나 심지어 지각 속도 같은 능력은 훨씬 나중에 정점에 오른다. 노화가 지능에 영향을 미치는 데는 정해진 방식이 전혀 없다는 것만은 분명하다.[62] 노화가 지능에 미치는 영향은 개인차가 상당히 크다. 샤이네는 표본들을 전체적으로 분석해 지능의 모든 측면에서 손상을 보인 노인들은 극소수라는 것을 보여주었다. 유동 지능, 즉 정보조작 능력은 일반적으로 성인기 초기에 정점을 찍고 이후 점차 감퇴하는 반면, 결정 지능은 나이가 더 들어야 정점에 다다르므로 감퇴 시기 역시 더 늦다.[63] 일부 영역에서는 감퇴가 발생하지만 감퇴가 개인의 삶에 끼치는 부정적 영향은 환경을 통제해 어느 정도 낮출 수 있다. 따라서 익숙한 환경에 머무는 노인은 낯선 환경에 처한 노인보다 더 나은 능력을 보여주기도 한다.[64] 인간은 자신의 행복에 필수적인 부분일수록 오래도록 고도의 능력을 보유한다.

지능 변화에 영향을 미치는 요인은 많다. 인지기능은 특정 질환의 발생이나 치료법에 영향을 받곤 한다.[65] 신경퇴행성 질환뿐 아니라 당뇨병, 심장질환, 만성 폐쇄성 폐질환 같은 질환도 인지기능에 심각한 영향을 미칠 수 있다.[66] 관절염 등의 질환도 마찬가지다. 환자집단에서 발생하는 지능상의 결함에는 언어 이해, 공간처리, 귀납 추론 손상이 있다.[67] 다양한 질환 치료법 또한 이런 능력에 나쁜 영향을 끼쳤다. 심장병과 암과 당뇨병을 통제하려는 섭생은 모두 기능 손상을 초래했다.[68]

건강 관련 행동이 인지기능에 미치는 영향에서 중요하게 고려할 점은 행동이 기능감퇴의 원인인지, 아니면 개인의 인지능력이 행동 선택의 원인인지 하는 것이다. 최근의 종단연구 결과가 시사하는 바에 따르면 대개 인지기능이 신체기능을 결정한다.[69] 이는 감퇴하는 인지기능으로 신체활동이 감소한 결과로 보인다.

성차는 지능에도 나타난다. 남성과 여성은 지능 측정법이 요구하는 다양한 수행 능력 면에서 차이를 보인다.[70] 유동 지능의 감소는 남성보다 여성에게 먼저 찾아오는 반면 결정 지능의 손상은 남성이 더 빠르다.[71]

성별뿐 아니라 사회경제적 지위도 영향을 미친다. 상류층은 일정 부분 노화로 인한 지능감퇴의 영향을 덜 받는다.[72] 환경 요인도 지능에 상당한 영향력을 발휘한다. 특히 중요한 것은 은퇴한 사람의 가정환경이다. 자극이 많은 환경일수록 지적 기능의 감퇴가 적다.[73]

지능에서 성격이 차지하는 중요성은 삶에 더 개방적이고 자신감 넘치는 사람일수록 전반적으로 지적 능력이 뛰어나다는 점에서 미루어 짐작할 수 있다.[74] 반면 강도 높은 불안감은 여러 평가에서 낮은 성적의 원인이 된다.[75]

다중 지능이론

유동 지능과 결정 지능 개념은 많은 연구의 기반이지만 지나치게 제한적이라 인간 지능의 광범위한 폭을 반영하지 못한다는 평가를 받는다. 다중 지능이론은 이에 대한 대안으로 여덟 가지 형태의 지능을 제시한다.[76] 언어적 지능(언어를 사용하고 지식을 습득하는 능력), 논리수학적 지능(추상적 상징 체계를 조작하는 능력), 청각-음악 지능(음악을 감상하고 생산하는 능력), 시공간 지능(정신 이미지를 활용하는 능력), 신체운동 지능(몸을 알고 통제하는 능력), 개인 내 지능(감정을 조절하는 능력), 대인 간 지능(타인과 소통하는 능력)이다. 이런 관점에서 볼 때 인간 존재는 각자 다양한 영역에 걸쳐 일련의 강점과 약점으로 이루어져 있다.

지적 능력이나 학습 능력에 포함되지 않는 나머지 능력까지 지능 개념에 통합하기 위한 또다른 접근법은 삼위일체 지능이론이다.[77] 스턴버그가 말한 지능의 3요소는 정보를 분석하고 평가하는 능력 등의 기본 지적 자질(분석 지능), 실용 기술(실용 지능), 사고하고 개념화하고 상상하는 능력(창의 지능)이다.[78]

이런 이론들은 개인으로서의 성공을 더 정확하게 측정하기 위해 지나치게 학문적 지능 지표를 강조했던 불균형에서 벗어나 생물학적, 심리적, 사회적 요소를 포괄하는 능력을 고려하려는 움직임이다.[79] 이런 접근법은 성인의 지능이 발생하는 방식을 재개념화하고 지혜의 의미를 넓히는 데 기여했다(스턴버그의 지혜균형이론).[80]

스턴버그는 지능을 개념화하면서[81] 형식지와 암묵지를 별개의 것으로 구분했다. 암묵지는 명시적으로 표현되지 않고 교육을 통해 습득되지 않는 지식으로 실용 지능을 강조한다. 실용 지능은 일상에서 문제가 발생했을 때 효과적으로 대처하기 위한 암묵지를 습득 활용하는 능력이다.[82] 형식지는 표준심리 측정검사로 평가할 수 있지만, 암묵지는 '뭔가를 아는 것'이 아니라 '방법을 아는 것'에 가깝다.[83] 암묵지는 나이 들면서 증가하는 경향을 보인다. 이런 지식은 개인의 일상 대처 능력과 연관된다. 따라서 암묵지는 성공적 노화의 열쇠로 여겨진다.

나이와 창의성

지능 관련 논의와 밀접하게 연결된 요소는 창의성이다. 스턴버그는 지능에 분석적, 실용적, 창의적 요소가 있다고 했다.[84] 이때 분석 지능은 심리 측정검사가 평가하는 능력과 유사한 것으로, 문제마다 최상의 단일한 해결책을 찾으려고 시도하는 수렴적 사고다. 실용 지능은 효과적인 행동을 위해 암묵지를 이용한다. 창의 지능은 대개 더 확산적 사고를 불러오는데 이 경우 문제해결책이 여럿 등장한다. 그러나 창의 지능을 객관적으로 평가하는 데도 수많은 복잡한 문제가 발생한다.

평생에 걸친 창의성의 변화 양상을 관찰하려는 다양한 시도가 있었다. 몇몇 연구가 30세를 기점으로 창의성이 감소한다는 우울한 결과를 내놓기도 했고[85] 다른 연구들은 더 고무적인 상황을 제시하기도 한다.[86] 나이 들면서 점점 두각을 나타내는 창의성은 직업을 선택하고[87] 경력을 시작하는 나이와 연관된다.[88] 예를 들어 평균보다 다소 늦게 경력을 시작하는 이들은 그만큼 늦은 나이에 창의성의 정점을 경험한다.

창의성을 평가할 때 결과의 질과 양 모두를 고려해야 한다. 창의성의 정점은 흔히 생산성의 정점과 궤를 같이한다. 이는 창의성의 항상적 성공 확률 모형에 반영되어 있다.[89] 이 모형에 따르면 생산성이 더 큰 사람일수록 성공 확률이 높다.

생산성은 나이 들면서 대체로 줄어든다. 그러나 때로 60대와 70대의 생산활동이 만년에 광풍처럼 몰아치기도 한다. 일종의 '백조의 노래' 현상이다.[90] 분명한 사실은 작곡가나 작가나 화가의 만년에는 이들의 인생 초기에 형성한 양식과 상관없이 선명도가 높은 작품, 즉 단순하면서도 고매하고 품격 있는 작품들이 생산된다는 것이다. 시벨리우스의 마지막 교향곡은 이런 통합과 명료화를 보여주는 찬란한 사례다.

노인은 지혜로운가

지혜를 정의하는 말은 많다. 그러나 모든 정의의 공통점은 지혜를 삶에 대한 전문적 식견과 통찰의 축적물이라고 말한다는 점이다.[91] 그러나 지혜란 단지 지식을 쌓는다고 얻을 수 있는 능력이 아니다. 지혜는 자신이 가진 지식의 틈과 공백 지점을 알아내 가지고 있는 지식을 더 효과적으로 사용하는 능력이다.[92]

지혜는 일상의 문제를 만날 때 많은 도움을 준다. 불확실한 문제, 해결해야 할 인간관계상의 딜레마 같은 문제들이 그렇다.[93] 지혜는 또한 슬기로운 조언이라는 유형으로 타인에게 전달된다.[94]

지금까지 우리는 지혜를 인지발달의 최고봉이라 평가해왔다. 그러나 여기서 빠진 한 가지 요소는 감정이다. 지혜는 우리의 사고, 행동, 감정 간의 미묘한 균형 상태를 가리킨다.[95] 지혜로운 사람은 결코 충동적으로 행동하지 않는다. 오히려 이들은 가능한 선택지를 고요하고 침착하게 고려하며 주어진 상황에서 가능한 최상의 선택을 한다.

지혜의 의미를 생각해 이를 나이듦과 자연스레 연관 짓는 경향이 있다. 물론 지혜라는 지식과 능력의 저장고를 키우려면 짧지 않은 시간이 필요하다.[96] 지혜와 나이듦의 연관성을 뒷받침해주는 연구도 있지만 반드시 그런 것은 아니라는 증거를 제시한 연구도 있다. 분명 지혜는 나이와 무관하게 주어지는 조건은 아니다. 실로 노인의 지혜는 가변성이 상당히 높고[97],

이 가변성은 삶의 전반적 만족도와 관련된다.

여기서 생각해볼 문제가 하나 있다. 지식이 늘면 오류도 늘어난다는 것이다.[98] 지식이란 근본적으로 불완전하므로 의심과 의심에서 비롯되는 잘못된 확신을 중재할 지혜가 필요하다.[99] 우리는 사는 내내 지식을 습득하고 적절한 선택을 하는 자신의 능력에 더 확신을 갖게 된다. 그로 인해 이런 중재와 구분의 능력은 오히려 감소한다.

이와 경합하는 이론은 지혜가 인생 경험과 나이를 통해 발달한다는 세간의 선입견을 반영한다. 나이 들어가면서 지혜가 늘어난다는 생각을 지지하는 이론들은 대개 신피아제식 접근법을 채택해 지혜를 함양하는 능력이 단계별로 상승한다고 주장한다.[100] 그러나 선행 인지능력과 성격 통합을 발달시키지 못했다고 해서 지혜를 갖지 못하는 것도 아니고, 발달시킨다고 해서 지혜를 얻는 것도 아니다.

생애 단계별 발달이론의 핵심 인물은 에릭슨이다.[101] 이 이론에서 각 발달의 다음 단계는 전 단계에서 발생하는 특정 위기를 해결해 성취된다. 중년기에는 일련의 어려움이 생기기 마련이고 이때 핵심적인 도전은 생산성, 다시 말해 출산이나 직업적인 성과를 통해 세계에 기여하는 것이다. 노년기 동안 해결해야 할 핵심적 위기는 자기 인생의 성공과 실패를 수용하는 문제로 이는 자아통합의 상을 가져온다. 이 두 단계를 정복하는 것은 지혜의 증가와 연관이 있다.[102]

인지처리와 감정처리의 복잡성 간의 역학은 여기서 중요한 역할을 한다. 이 이론은 지식이란 모두 불완전할 수밖에 없다는 미첨의 주장과 같은 맥락에서[103] 지혜를 설명한다. 이들은 결국 지혜란 오류 가능성이 내재된 정보로부터 인지와 감정처리를 통합적으로 활용하는 개인의 의사결정을 통해 올바른 결론을 얻는 능력이라고 주장한다.[104]

초기 이론들을 통합하려는 접근법 가운데 하나는 지혜와 연관된 다섯 가지 기준을 제시한다.[105] 그 기준은 사실에 대한 풍부한 지식, 절차에 대한 지식, 맥락을 중시하는 태도, 상대적으로 가치를 평가하는 태도, 불확실성에 대한 인식과 관리다. 사실과 절차에 관한 지식은 둘 다 일련의 상황에 대한 제반 지식은 물론이고 적절한 전략에 대한 자각을 가리킨다. 이 지식들은 필요한 것이긴 해도 지혜의 충분요건은 아니다.[106] 나머지 세 가지 기준은 상위기준이라 불리며 이는 과거와 현재와 미래가 어떻게 서로 얽혀 있는지, 가치가 개인마다 어떻게 다른지, 어떻게 불확실성에 효과적으로 대처할 수 있는지에 대한 이해를 의미한다.

지혜를 발달시키는 사람은 어떤 유형인가 하는 문제에서 중요한 점은 노력해서 더 나아지겠다는 동기가 부여될 수 있을 만한 과거의 경험과 그에 따른 반응 여부다. 지혜와 같은 고차원적 사고 양식을 개발하려면 실존석으로 이 경험을 마주하는 것이 중요하다. 사건을 직접 경험하는 것만이 아니라, 어떤 일이 벌어졌고 그에 관한 지식이 자신의 신념 체계에 어떻게 통합되는가를 성찰해볼 수 있어야 한다.[107] 역경을 뒤따르는 긍정성은 우리가 노화의 어려움에 적응하는 방식에도 영향력을 발휘한다.[108] 이 모형은 나이와 지혜 사이에 선형관계가 전혀 없다는 주장을 확고하게 뒷받침한다. 오히려 지혜는 우리가 쓸 수 있는 타고난 능력에 기반을 두고 환경과의 상호작용을 통해 생겨난다.

내재된 인지양식의 차이는 지혜를 배양하기도 하고 억제하기도 한다. 긍정성 효과는 특정 행동을 옳고 그른 관점에서 분류하지 않고 그 함의를 파악하는 데 주력하는 인지양식에서 발생한다.[109] 이때 중요한 또하나의 능력은 창의성이다.[110]

지혜를 연구하는 분야의 주요 난제 가운데 하나는 실세로 지혜를 어떻게 측정할 것인가이다. 현재 가장 많이 쓰는 검사는 피험자에게 딜레마의 사례를 제시하는 것이다. 피험자는 곤란에 처한 허구의 인물에게 세부 조언을 해준다. 실생활에서와 마찬가지로 이런 문제에 단일한 정답은 없다. 이 접근법은 특정 시나리오와 관련된 개인의 조언을 지혜의 관점에서 평가한다. 고득점을 얻으려면 피험자의 반응이 제시된 딜레마를 전반적으로 포괄하면서 이를 해결하기 위해 취할 수 있는 개연성을 갖춘 많은 행동을 진술해야 한다. 각 행동을 제시할 때는 장단점을 함께 고려하면서 각 행동에 내재된 위험도 분석해야 한다. 무엇보다 어떤 행동을 선택하든 선택의 적절성을 확인하기 위해 그 행동을 관찰하고 평가해야 한다는 것을 인지하고 있어야 한다.

이런 연구들의 결과에 따르면 표본 피험자 가운데 지혜에서 고득점을 받은 이의 비율은 5퍼센트에 불과했다.[111] 게다가 노인만이 아니었다. 오히려 지혜에서 고득점을 얻은 피험자는 청년, 중년, 노년층에 걸쳐 고르게 분포되어 있었다. 피험자는 자신과 비슷한 나이대의 사람이 처한 난제를 해결해야 했을 때 가장 큰 통찰력을 발휘했다. 여기서 주목할 점은 많은 연구가 노화에 따른 인지감퇴에 초점을 맞추지만 지혜와 관련된 인지작용 유형은 나이에 별로 영향을 받지 않는다는 사실이다.

이 장의 요점 정리

성격의 안정성에는 다양한 개인차가 있다. 자아는 일정 정도 변하지 않는 성질을 갖고 있다. 그러나 이 자아는 자신이 가진 현재의 관점에 의문을 제기하는 수많은 요구와 전투를 치러야 한다. 성격에 나타나는 개인차는 나이 들면서 급격히 증가한다. 개인차에 주력하는 성격연구가 건강, 인지, 인생사에 대한 반응과 신체 변화 등 다양한 주제의 연구에 통합됨에 따라 노화 과정을 받아들이는 개인의 반응 차를 더욱 잘 이해하게 될 것이다. 이런 연구를 통해 생체심리사회적 관점에서 노화를 연구하는 흐름이 촉진되면 노화에 대한 더 풍부한 이론적 이해를 얻고 개선점에 대한 실용적 함의도 도출할 수 있다.

마지막 부분에서는 주로 지능과 연관된 개념들을 살펴봤다. 노화로 기능의 일부가 감퇴하는 것은 사실이지만 이를 상쇄하는 능력에는 개인차가 존재한다. 지능에 대한 기존의 관점은 지나치게 협소하다. 따라서 우리는 개인이 갖고 있는 능력의 범위 전체를 포괄할 수 있도록 구조를 확대해야 한다. 이런 의미에서 다중 지능은 직관적으로 봐도 매우 효과적인 개념이다. 창의성 개념 또한 중요하다. 창의성은 삶의 많은 영역에서 매우 중요한 역할을 수행한다.

지혜는 장의 앞부분에서 다룬 많은 주제와 관련된다. 이 문제는 변화에 초점을 맞추는 이후 장들의 관점에서 볼 때 의미심장하다. 지혜를 떠받치고 있는 고차원적 인지 과정이 우리의 삶, 특히 삶의 질과 행복에 중요한 영향력을 발휘한다는 사실만은 분명하다.

10장

노화에 적응하다

여기까지 이 책의 주요 초점은 나이 들면서 찾아오는 기능의 변화였다. 대부분의 경우 기능의 변화를 막기 위해 할 수 있는 것은 거의 없다. 그러나 우리에게는 적절한 방식으로 이런 변화에 적응하고 대처해 만족스러운 삶을 이어나갈 힘이 있다.

먼저 은퇴로 인한 삶의 변화를 고찰하는 데서 출발해 상이한 유형의 관계, 특히 나이 들면서 증가하는 의존성과 타인의 돌봄이라는 관점에서 다양한 양상을 보이는 관계의 중요성을 살필 것이다. 마지막 부분에서는 친구나 가족의 죽음 그리고 자신의 죽음에 대한 성찰과 상실의 문제를 다룬다.

성인기와 결부된 수많은 올가미가 존재하지만 성인이 될 때까지 우리가 가장 우선시하는 사항은 대부분 직업을 구하고 그것을 지속하는 것이다. 대다수 사람들에게 일은 삶의 필수 요소다. 일은 우리가 원하는 방식으로 삶을 영위할 수 있는 수단이다. 직업과 일이 삶에서 차지하는 중요성이 상당한 만큼 은퇴 시기가 되면 긴 세월 동안 촘촘히 짜여 있던 시간의 공백을 대체하기 위해 세밀한 조율이 필요하다.

고령 노동자들의 일과 직업

은퇴 연령이 지나서도 일을 계속하는 사람의 수가 늘고 있다. 직업을 계속 유지하는 집단에서 가장 높은 비율을 차지하는 이들은 교육 수준과 직장 내 지위가 높은 남성이다.[1] 결혼은 은퇴에 영향을 미치는 중요 요인이다. 함께 시간을 보내고픈 욕망이 강한 부부 관계를 유지하는 사람들은 은퇴 욕구가 강하다. 그러나 갈등 수준이 높은 관계에서는 은퇴를 미루는 경향이 있다.[2]

일을 대하는 방식에는 개인차가 있다. 일은 자존감과 명망을 가져다주고 사회에 뭔가를 환원하는 방식이다. 일을 어떤 관점으로 보든 대다수 사람에게 일이란 목적을 이루는 수단이자 사는 데 필요한 비용을 충당하는 수단이다. 일은 우리 삶에 상당한 영향력을 발휘한다. 일은 거주지, 친구, 심지어 옷차림까지도 결정한다.

전 세계적으로 노동인구의 연령이 점점 더 높아지고 있다. 노동시장은 일을 얻으려 애쓰는 50세 이상의 성인으로 가득하다. 따라서 기술의 지속적 진보와 일터의 수요 변화에 대처할 필요가 있다. 주요 장애물은 연령차별이다. 나이 든 노동자 고용에 대한 편견으로 노년층은 장기 실직이나 강요에 의한 조기 퇴직의 피해자가 된다.[3]

하지만 일부 기업에서는 고령 노동자가 전문성 면에서 가치가 큰 자원이라는 점을 높이 사 이들에 대한 차별을 철폐하기도 한다.[4] 직장에서 연령차별 철폐는 재교육의 형식을 띨 수 있다. 재교육은 노동생활의 양상이 달라지고 있음을 보여주는 하나의 방식에 불과하다. 과거에는 대개 한 직장을 선택해 고용 기간 내내 꾸준히 같은 일에 종사했다. 그러나 지금은 직장을 옮기거나 심지어 상당한 경력 변화를 경험하는 것이 일반적이다. 이런 변화는 피고용인의 유연성을 보여주는 증거라 할 수 있다.[5]

이제 많은 기업에서 사내 기술 관련 연수 기회를 제공하거나 직원에게 보조금을 지급해 외부 강좌를 수강하도록 한다. 이런 강좌들은 현장과 기술 발전에 따른 새로운 요구 사이의 불일치를 상쇄하는 데 도움을 준다. 그런데 많은 고령 노동자가 이런 변화를 받아들이지 못하는 것은 자기효능감의 결핍 때문이다. 고령 노동자는 자신에게 새 기술을 배우고 익힐 능력이 있다는 것을 믿지 못한다.[6]

직업 안정성에 대한 불안은 정신건강과 행동에 부정적 영향을 미친다. 심지어 그 불안에 현실적 근거가 없을 때에도 그러하다.[7] 실직의 여파는 실로 상당하다. 실직에 대응하는 방식은 개인차가 큰데 네 부류로 나눠볼 수 있다.[8] 자신감은 있지만 다른 종류의 구직을 불안해하는 사람, 실직 때문에 낙담하는 사람, 실업에 무관심한 사람, 미래를 낙관하는 사람이다.

은퇴, 준비가 필요하다

은퇴는 자연스러운 일로 누구나 언젠가는 겪는다. 내 시간을 고용주가 더이상 좌지우지하지 않는 시기가 오는 것이다. 은퇴는 주로 고령자를 가능한 한 효율적으로 노동력에서 제외할 필요 때문에 발생한다. 은퇴는 또한 삶의 마지막 단계와 같은 말이다. 따라서 연금(또는 연금 부족)이야말로 고령자의 삶의 질을 결정하는 중요 인자다.[9] 인류의 수명이 늘어나고 이들이 장애 없이 사는 기간도 예전보다 길어지리라는 것은 분명하다.[10]

은퇴 원인은 다양하다. 고용주의 강요가 아닌 건강상의 이유로 직장을 그만두는 경우도 있다. 은퇴를 스스로 통제할 수 있다는 인식은 매우 중요하다. 선택의 여지없이 은퇴에 내몰린 이들의 경우 신체적 정신적 건강이 쇠약해질 정도로 이 문제는 중요하다.[11] 많은 연구가 이와 유사한 결과들을 검증해주었다.[12] 그러나 많은 경우 조기 퇴직의 주요 원인은 건강 문제다.[13] 여기서 문제는 질환의 성격인데, 대개 폐질환과 암 같은 질환이다.[14]

성공적 은퇴 여부는 우리의 대비책에 달려 있다. 대비가 철저할수록 더 여유롭고 풍요로운 은퇴가 이루어진다.[15] 경제 문제는 은퇴 생활에 큰 장애다. 은퇴는 소득 급감으로 이어지지만 많은 이들이 이런 변화를 대비하지 않는다.[16] 금전적 보장과 양호한 건강 상태, 나를 지지해주는 가족과 친구가 있는 경우 은퇴는 긍정적으로 받아들여진다.[17]

물론 은퇴의 여파는 가족과 친구들에게도 영향을 미친다. 가장 큰 영향을 받는 것은 배우자다. 오랫동안 지속해오던 일상생활이 중단되기 때문이다. 은퇴 이후 부부는 재조정의 시기를 시작하게 되지만[18] 그 조정이 늘 쉬운 것은 아니다. 은퇴 이후 친구들과의 상호작용 역시 조금씩 변화한다. 어느 한쪽의 질병으로 관계가 중단되지 않는다는 전제하에서 그러하다.[19] 친구는 연민과 우정의 또다른 원천이며 이 감정들은 은퇴 이후라는 커다란 변화의 시기에 매우 중요한 역할을 한다.

많은 이들에게 은퇴는 기다릴 만한 사건이다. 특히 은퇴와 동시에 연금을 받게 될 때 더더욱 그러하다. 따라서 정부가 연금 수령 연령을 조정하려고 할 경우 많은 저항에 부딪힌다.[20] 인구 동태의 변화는 이제 노인 유권자가 수적 우세만으로도 강력한 정치력을 발휘하게 되었음을 의미한다.

여가활동

 여가 시간을 어떻게 보내는가는 은퇴 이후의 삶에서 가장 중요한 문제다. 직업 정체성 상실은 심각한 타격이다. 많은 경우 은퇴는 예전에 했던 일과의 모든 연결고리가 단절됨을 의미하기 때문이다. 완전한 은퇴가 아니라 파트타임 일을 선택하는 사람도 있다.[21]

 직장 생활을 할 때와는 달리 은퇴 후의 여가는 매우 중요하다. 문화활동일 수도 신체활동일 수도 있다. 또 사람을 만나는 활동일 수도 있고 혼자서 즐기는 것일 수도 있다.[22] 이런 활동은 개인에게 요구되는 인지, 감정, 신체적 측면에서 평가해야 한다. 수입, 건강, 능력, 교육 등 많은 외부 요인이 여가활동 선택에 영향을 미친다.[23] 건강은 노인 여가활동의 주요 결정인자다.[24] 그러나 즐길 수 있는 수준의 여가활동을 누리는 것만으로도 행복이 증진된다.[25]

변화를 대하는 태도의 전략

서양에서 노화를 바라보는, 특히 노인을 바라보는 다소 냉담한 태도를 보면 실망스럽다. 한때 동서양을 구분해주는 주요 인자였던 노화에 대한 부정적 태도는 세계화에 따라 전 지구적 현상이 되었다.[26] 이런 고정관념은 청년 세대의 인식을 오염시킬 뿐 아니라 나이 들어가는 이들의 자아상에도 악영향을 끼친다. 이런 상황에서 노령 인구의 신체적 정신적 건강이 손상될 가능성 역시 높아지고 있다.[27]

인생의 부정적 사건에 대처하는 사람들의 태도에 대한 연구가 많다. 마수다와 홈스의 이론은 인생에서 일어나는 사건의 영향에는 차이가 나지만 그 효과는 별 차이가 없다는 점을 강조한다. 이들에 따르면 사건들은 고립된 채 일어나지 않는다. 그러나 이런 접근법은 우리가 실제 어떤 방식으로 부정적 사건을 다루는지에 관해 아무런 설명도 하지 못했다. 이에 반해 라자루스의 모형(1976)은 사람들이 별개의 부정적 사건에 어떻게 대처하는지에 초점을 맞췄다.

하나 이상의 부정적 사건에 대처하는 방식에 관한 효과적 연구는 흔하지 않다. 가능한 가설은 다양한 어려움에 당면한 사람들이 감정 중심적 대처를 선택한다는 것이다. 나이도 대처전략을 결정하는 중요한 요소다.[28]

브란트슈타터는 문제해결에 초점을 맞추는 흡수전략과 감정 중심적인 수용전략을 논한다. 흡수전략과 수용전략 모두 상황의 요구와 개인의 특징 간 최상의 조화를 얻으려 한다.[29] 여기서도 나이는 전략 채택을 결정하는 주요 인자다. 젊을수록 흡수전략을, 노인일수록 수용전략을 택한다. 나이 들어가면서 수용전략의 경향이 나타나는 것은 부정적 사건에 대처하는 데 쓸 수 있는 자원이 감소하기 때문일 수 있다. 노년기의 부정적 사건들이 돌이킬 수 없는 상실과 관련된다는 점 또한 원인이 된다.

여기서 중요한 개념은 개인적 자원이다.[30] 행복은 대개 개인적 자원의 풍부함과 관련된다. 자원이 풍부하다면 자아를 위협하는 상황에 더 효과적으로 대처할 수 있다.[31] 반대로 개인적 자원의 결핍은 우울증을 유발할 수 있다.[32] 개인적 자원의 사용 가능성은 능동적 문제해결에 기여한다.[33]

통제감도 중요한 역할을 한다. 개인적 자원과 마찬가지로 통제는 주관적 행복과 상당한 연관이 있다.[34] 통제감은 자신의 능력에 대한 믿음으로 부정적 상황에 대처하는 자기효능감의 수준과 연동되기에[35] 상황 통제력을 가졌다고 믿는 사람들이 흡수전략을 쓰는 경향이 있다.

잡과 슈미트의 연구(2010)는 개인적 자원과 통제에 대한 신념과 부정적 사건을 마주했을 때 개인이 채택하는 대처전략 간의 상호작용에 초점을 맞췄다. 연구 대상은 중년이다. 중년은 유난히 소용돌이가 많은 시기로 개인적, 경제적, 신체적 측면에서 삶을 바꾸어놓는 사건들로 점철된다. 또한 기능과 자원을 자유로이 사용할 가능성이 비교적 높은 시기이기도 하다.[36] 이들의 분석에 따르면 부정적 사건을 대하는 개인의 대처전략을 연구할 때 개인차라는 요소 안에 내재된 복잡성을 더 신중히 탐색할 필요가 있다. 이런 연구를 통해 사람들이 부정적 사건에 대처하는 방식을 좀더 현실적으로 이해할 수 있다.

우정, 결혼 관계의 변화

변화 가득한 인생에서 많은 이들의 안정성은 친구와 가족으로부터 나온다. 우정을 나누는 친구는 평생에 걸쳐 매우 중요한 역할을 수행한다. 친구란 서로의 행동과 신념에 영향을 미치는 관계며 또한 나를 지지해주는 존재이기도 하다.[37]

우정의 성장 양상을 보면 발달 단계가 명확히 드러난다. 우정은 안면을 트는 것으로 시작한다. 두 사람이 서로 잘 맞는가에 따라 단순한 면식 관계가 우정으로 발달할 수 있다. 많은 경우 우정은 불가피하게 시들고 끝이 난다. 예전 관계를 새로운 관계로 대체할 수 있다는 사실을 비롯한 많은 요인이 우정의 소멸에 영향을 준다.[38]

우정은 살면서 변화를 겪는다. 성인기 초기에는 친구와 지인의 수가 가장 많다.[39] 삶의 많은 변화와 더불어 나이 들어가면서 유지되는 친구 관계가 점차 줄어든다. 그 이유 가운데 하나는 나이 들면서 요구하는 것이 바뀌어서다.[40] 성인기 초기에 우정은 대개 세계와 그 안에서 내 위치에 대한 정보의 원천이다. 그러나 노인에게 우정의 중요한 동기는 지지와 성원을 보내고 내 감정적 반응 조절을 돕는 데 있다. 인생의 선택지가 줄어든다는 것, 새로운 사람들을 만날 기회가 적어진다는 점 또한 나이 들수록 친구가 줄어드는 까닭을 설명해준다.

우정의 질은 나이 들면서 점점 더 중요해진다. 견고한 우정은 변화의 시기에 힘을 주는 매우 소중한 버팀목이다.[41] 성인 간의 우정이 갖는 특징은 신뢰감과 헌신, 상호 관심, 친화성이다.[42] 연애 관계의 양상 또한 평생에 걸쳐 변화한다. 스턴버그는 사랑이라는 정의하기 힘든 관계가 세 가지 주요 요소로 이루어져 있다고 분석했다. 애정 관계의 특징은 상대방을 향한 정열, 그와 내밀하게 사유와 감정을 공유할 수 있다는 느낌, 무슨 일이 일어나건 그에게 헌신하려는 욕망이다.

점점 더 많은 성인이 결혼하지 않는 생활양식을 선택한다(변화하는 인구 동태에 대한 정보는 1장 참조). 그러나 여전히 비혼非婚을 선택하는 사람에 대한 편견이 상존한다.[43] 대개 여성이 받는 결혼의 압박이 더 크며 이는 여성의 상황에 대한 상당히 양면적인 태도로 이어진다.[44] 결혼을 하지 않겠다는 결정은 대개 늦게 이루어진다. 이런 결정은 삶의 양식을 의식적으로 선택한 것이 아니라 살면서 발생하는 변화의 결과인 경우가 대부분이다.[45]

결혼하지 않겠다는 결정이 반드시 독신으로 이어지는 것은 아니다. 동거는 점점 더 흔한 현상이 되어가고 있다. 동거는 한시적일 수도 있고, 결혼 의도를 배제한 라이프스타일로 보일 수 있다. 다른 한편으로 동거가 결혼의 전조일 수도, 또 어떤 경우에는 결혼의 대체물일 수도 있다. 동거는 경제적 이득을 가져오기도 한다. 특히 노년 커플에게 그러하다.[46]

평균 결혼 연령은 1996년 이후 2.5세 정도 높아졌다.[47] 성공적인 결혼을 결정하는 다양한 핵심요인이 밝혀졌다. 성숙한 성인들의 결합일수록 성공 확률이 높다. 금전적으로 안정된 사람끼리의 결혼도 성공률이 높다. 당연히 가치관과 관심사의 공유 여부도 중요한 요인이다.

또 관계의 평등성, 즉 부부 각자가 결혼이라는 상황에 동등하게 기여해야 한다는 느낌도 중요하다. 의존성도 이와 유사한 흐름을 보인다. 상호의존성이 높은 부부일수록 결혼 생활을 잘 유지하는 경향을 보인다. 의존성의 불균형은 갈등을 유발한다. 의존성의 균형은 실직이나 질병으로 무너질 수 있다. 이런 경우 배우자는 자신이 돌봄노동을 제공하며 관련된 모든 조정을 맡아야 한다는 것을 알게 된다. 결국 관계 내에서 얼마나 적응을 잘하는가가 성공적 관계의 필수 요인이다.[48]

결혼 초기에 두 배우자는 인식과 기대 면에서 적응 과정을 거치는데 어떤 관계든 갈등 해결이야말로 성공적인 관계의 열쇠가 된다. 결혼 생활에 대한 만족도는 나이든 부부 쪽이 꽤 높다.[49] 대개 은퇴 이후 결혼 만족도가 증가하지만 건강 문제가 늘어나면서 만족도가 감소하는 경향을 보인다.[50] 많은 노년기 부부가 결혼 생활에서 거의 사심 없는 만족을 느낀다.[51] 배우자와 관련된 사건을 회상하는 것은 때로 긍정적 편향성을 갖는다.[52] 결혼 생활을 유지하는 부부는 서로 닮아가는 경향이 있으며 갈등에 대처할 수 있는 성공적 전략을 개발해놓았다.

살면서 부딪히는 어려움에 대처하는 능력은 견고한 결혼 관계를 유지하는 데 핵심이다. 그러나 생명을 위협하는 질병이 장기간 지속되면 결혼에 엄청난 압력을 가한다. 따라서 배우자를 간병하는 일은 부부 사이의 역학을 완전히 바꿔놓을 수 있다. 책임을 평등하게 나눠가지며 함께 살아오다가 한 사람이 다른 사람을 돌보는 역할을 떠맡게 되면, 상황에 따라 배우자 간의 친밀성이 줄거나 아예 없어질 수도 있고 관계에 추가적 압력이 생길 수도 있다. 이 문제는 12장에서 더 자세히 살펴볼 것이다.

성공적 결혼 조건을 이야기했지만 사실 너무 많은 결혼이 이혼으로 끝난다. 이혼율은 나날이 증가하고, 이혼을 예측하기 위한 많은 연구가 진행되었다. 가트맨과 동료들은 두 가지 이혼 예측 모형을 개발했다. 하나는 결혼 후 7년 내의 이혼 예측 모형이고, 다른 하나는 그후의 이혼 예측 모형이다.[53] 7년 내의 이른 이혼 예측 인자는 부정적 감정 반응이 가득한 갈

등이다. 흥미롭게도 오랜 결혼 생활 후의 이혼을 예측해준 요인은 일상활동을 이야기할 때 긍정적 감정 표현의 결핍이었다.

결혼 관계가 끝나는 원인은 한 사람의 죽음일 수도 있다. 배우자가 죽고 혼자가 된 상황은 남은 사람에게 지대한 영향을 미친다. 친구와 가족은 배우자를 잃은 친지와의 교류가 어렵다고 생각하며, 그 때문에 혼자 남은 이의 절망과 소외감은 더욱 커진다.[54] 필요한 게 많아지는 시기에 혼자 남은 이가 금전적 어려움에 처하는 경우도 많다.[55]

높아지는 의존성

노년기로 진입하는 많은 사람이 결국 의존성을 갖게 된다. 노년기 사람들이 가장 두려워하는 것은 독립성의 상실이다. 의존성이 커지고 의존의 불가피함을 깨닫는 것은 중요한 변화의 순간이다. 이런 변화를 필연적으로 동반하는 요인들은 신체적 정신적 기능의 감퇴 등 다양하다.

대부분은 타인에게 의존하는 것을 위신이 떨어진다고 여긴다.[56] 지자체와 자선단체는 독립을 유지하기 위해 지원을 요구하는 노인에게 많은 편의를 제공한다. 도움이 받아들여지지 않을 경우, 여론은 독립을 유지하도록 당사자를 격려하기보다는 도움을 받지 않는다고 탓하는 쪽으로 흘러간다.[57]

때로 의존성은 자율성이 없는 기관에 의해 강요된다. 또다른 경우 과도한 열의를 가진 의료계 종사자들이 의존성을 장려하고 패키지식의 도움을 제공하면서 대상자의 실제 능력을 고려하지 못하는 우를 범하기도 한다. 의존하는 이들이 의존을 혜택으로 느끼려면 그들이 자신의 능력을 넘어서는 활동을 해야 한다는 부담에서 벗어나도록 도와야 한다. 수혜자가 의존을 어떻게 느끼는가에 따라 건강 상태가 결정된다. 수혜자가 느끼는 의존성이 효력이 없는 경우 우울증이나 고혈압에 걸릴 가능성이 높다.[58]

의존성의 증가는 돌봄노동에 대한 필요가 급증한다는 초기 신호다. 돌봄노동은 다양한 형태를 띤다. 다음에서 효과적으로 이용되는 비공식적 돌봄노동과 공식적 돌봄노동이 어떻게 삶을 풍요롭게 만드는지 살펴보자.

공식적, 비공식적 돌봄노동

은퇴나 노쇠함으로 노인은 사회생활의 위축을 겪는다. 이를 방치하면 고독과 사회적 고립감이 초래된다.[59] 따라서 비공식적 지원망의 필요성이 커진다. 워커는 사회적 교류를 통해 삶의 질이 향상된다는 것, 무엇보다 중요한 것은 교류의 양이 아니라 질이라는 증거를 제시했다. 사회생활은 의사를 방문하는 빈도가 높은 사람일수록 더 위축되며[60], 일상활동을 유지하는 능력과도 관련이 있다.[61]

사회적 돌봄에는 공식적 측면과 비공식적 측면이 있다. 공식적 돌봄은 정부가 승인하는 조직으로 이루어지는데, 여기에는 자원봉사 단체들도 일부 포함된다. 반면 비공식적 돌봄은 가족과 친구, 자조집단(자신들의 공통된 문제를 이야기하고 서로 격려하며 도움을 주고받는 집단. 대표적인 단체로 금주 모임, 정신장애인 가족회 등이 있다—옮긴이)에게서 도움을 구한다.[62] 노인이 자신의 집에 머물도록 허용하기도 하는데, 이 경우에는 가족 구성원의 비공식적 돌봄뿐 아니라 공식적 지원망을 통해 돌봄이 제공된다. 이런 혼합 유형을 사회적 돌봄이라 하며[63] 이것은 다시 기능적 지원과 감정적 지원으로 나뉜다.

비공식적 돌봄은 장점이 많지만 단점 또한 분명하다. 모든 사람들이 이런 돌봄에 참여하려 하지는 않는다는 점, 특정 질환에 대한 정보의 부족으로 관련 지식에 한계가 있다는 것도 문제다. 기혼 여성이 직장에 다니느라 더이상 돌봄노동 제공자 역할을 맡지 못하게 된 것 또한 한계로 작용한다.[64] 맞벌이 가정이 점점 늘어나는데, 이는 생활비의 증가 및 선택한 라이프스타일을 유지하려는 욕망과 고군분투한 결과다.[65]

비공식적 돌봄노동 제공자는 신체적 정신적 긴장을 느낄 뿐 아니라 상당한 경제적 압박을 받는다.[66] 이런 문제로 사랑하는 가족을 전문 기관에 보내야 하는가 아니면 집에서 계속 돌봐야 하는가 하는 선택의 기로에 놓이기도 한다.[67]

리트워크는 비공식적 돌봄노동의 기능공유이론을 제안했다. 급박한 대응이 필요한 응급 시에는 이웃들이 지원해주고 그 다음에는 친척을 찾아 장기적 돌봄을 제공하며, 친구들은 다양한 단계에서 감정적 지원을 할 수 있게 인력을 이상적으로 배치하자는 것이다.

수명연장과 더불어 삶의 질을 높이는 방안도 요구된다. 이를 '잘 나이 들어가기'라 부른다.[68] 신체적 정신적 건강과 더불어 사회적 안녕감 또한 중요하다.[69] 사회적 자본 개념은 사회적으로 연결된 사람들의 관계망을 통해 사용 가능한 자원, 특히 공동체 자원을 반영하는 것이다.[70] 영국에서 시작된 〈늙어가기 Growing Older〉 프로그램은 삶의 전반적 질에 영향을 미치는 많은 요인을 강조한다. 그 요인에는 건전한 사회적 관계, 자발적 활동, 안전하다는 느낌, 건강한 기능 등이 있다.[71] 이 연구뿐 아니라 다른 연구에서 나온 또다른 중요한 결과는 타인이 아니라 자신이 평가한 주관적 독립성이 삶의 질에서 중요한 요소라는 것이다.

삶의 질을 평가하는 방법에는 많은 문제가 뒤따른다. 기존의 측정법이 초점을 맞춘 것은 개인의 현 상태에 대한 주관적 감정이나 안녕보다는 객관적 증상이었다.[72] 주관적 요소를 포함하는 것은 개인적 행복지수 측정이다.[73]

노인을 위한 사회적 돌봄노동은 노령층의 증가로 치매 환자가 늘어난다는 점을 고려하면 그야말로 긴급한 문제다. 치매 진단을 받은 환자를 돌보는 일은 훨씬 더 힘들다. 그중에는 심각한 행동장애를 보이는 환자도 있다.[74] 순수한 의학적 돌봄 모형은 치매 환자의 필요를 충족해주지 못한다는 사실이 밝혀졌다. 치매 환자가 겪는 불안과 욕구를 온전히 알기 위해서는 좀더 총체적 접근이 필요하다.[75]

사별 후의 슬픔에 대처하는 법

사별 과정은 삶의 많은 영역에 여파를 남긴다. 가장 근본적인 것은 애도 기간에 겪는 신체 증상이다. 주로 숨 가쁨, 잦은맥박(1분간의 심장박동 수가 100회 이상인 것—옮긴이), 소화기 문제, 피로감, 근육 긴장 등이며[76], 이는 우울증과 불안 같은 정신적 문제와 함께 나타나기도 한다.

증상은 시간이 지나면서 완화되지만 대부분의 경우 꽤 많은 사람들이 오랫동안 시달린다. 사별로 인한 극심하고 장기적인 고통은 사별 후 6개월 동안 유가족의 사망률 증가로 이어진다.[77] 죽음의 원인은 대개 심장병이나 암, 또는 알코올 남용으로 인한 간 손상이다.

갑작스럽거나 충격적인 사별 후에는 복잡한 슬픔의 일화들이 따른다. 또하나 예측할 수 있는 것은 남겨진 사람의 우울증이다.[78] 정신질환 진단 및 통계편람 제5판에 제시된 우울증 예측 기준에는 떠난 사람에 대한 만성적 그리움, 타인에 대한 신뢰 부족, 분노 과잉, 무관심과 그 밖의 추가적 증상이 포함된다.[79]

지난 수년 동안 여러 효과적인 슬픔 대처법들이 나왔다. 초기 정신분석 이론들은 애도 작업의 필요성을 강조했다. 애도 작업이란 죽은 사람으로부터 점차적으로 거리를 둔다는 궁극적 목표 아래 죽음을 초래한 사건들과 죽음의 진행 과정을 숙고하는 작업이다.[80]

그러나 이런 대처법은 애도 과정의 복잡성을 고려하지 못했다. 애도의 시기는 한 사람의 인생 전체에 영향을 미치는 적응과 변화가 일어나는 때이므로 모든 문제와 한꺼번에 씨름한다는 것은 불가능하다. 따라서 초기 정신분석 이후 더 현대적인 설명들은 환경상의 요구와 개인 대처 능력 사이의 불일치를 줄이기 위해 좀더 작고 세밀한 조처를 취할 필요성을 받아들여 스트레스의 양을 최소화한다.[81] 애도 과정의 각 특징과 전략은 다양하다. 그뿐 아니라 애도를 완화하기 위해 단기적으로 쓰이는 전략은 장기적으로는 소용이 없기 때문에 장기적 적응을 위한 다른 전략으로 대체해야 한다.

부정적 감정과 그 여파만 계속해서 생각하는 반추 과정은 부적응 현상을 낳는다. 반추 과정은 적응을 더 어렵게 만들어 애도 기간을 연장시키곤 한다.[82] 그러나 반추를 억누르는 것 또한 잠재적으로 문제를 일으킬 수 있다.[83]

더 최근의 연구 결과인 이원 과정 사별 대처 모형은 스트레스 유발 요인을 상실지향적 유형과 회복지향적 유형으로 이원화한다.[84] 상실지향적 유형은 사별했다는 정보를 처리할 필요 때문에 어느 정도 순수한 의미의 애도 작업이다. 반면 회복지향적 유형은 사랑하는 사람을 잃은 결과에서 파생되는 스트레스 요인이 커서 무엇보다 어떻게 혼자서 살아갈 것인가에 관한 근심으로 애도의 방향을 전환한다. 이원 과정 모형은 개인에게 가장 적용하기 좋은 대처법을 확실히 알아내려면 일부 조절 과정이 필요하다는 점 또한 강조한다. 이런 조절은 스트레스 요인을 능동적으로 살피는 일을 때로는 피할 필요도 있다는 점을 시인해 애도 과정이 힘이 많이 드는 소모적 과정임을 인정한다.

최근 '고령 부부의 변화하는 삶'이라는 제목의 연구는 노인이 사별에 꽤 효과적으로 적응한다는 것을 보여주었다.[85] 이 연구에 따르면 거의 절반 정도의 사례에서 피험자들은 배우자 사망 후 단기적으로 약간의 기분 저하만 나타낸 후 즉시 회복되는 양상을 보였다. 그중 일부는 배우자 사망 이후의 고통평가에서 오히려 고통이 경감되었다. 이는 남은 배우자들이 억압적인 결혼 관계, 또는 배우자를 돌보는 동안 자신에게 부과된 힘든 요구로부터 해방되었음을 시사한다.

건설적 접근법을 중시하는 니마이어의 주장에 따르면 슬픔은 상실을 보상하기 위해 세계와 거기에 자리 잡은 의미를 재구축해 적응하는 과정이다.[86] 남은 사람은 이런 과정을 통해 구축한 자기 서사敍事로 일어났던 변화를 설명할 수 있다.[87] 적응에 실패해 자기 서사를 만들지 못하는 경우 자아의 파편화가 초래된다. 자아의 파편화는 복잡한 애도를 경험하는 집단에서 명백히 나타난다.[88]

애도가 남은 사람에게 미치는 여파를 살펴봤으니 이제 누구도 피할 길 없는 자신의 죽음에 어떤 방식으로 대처하는지 알아볼 차례다. 또한 인생의 마지막이 멀지 않은 이들에게 가능한 선택도 검토해보자.

죽음을 준비하다

1960년대에 등장해 많은 비판을 받았던 한 이론에 따르면 사람은 나이가 들수록 자발적으로 외부 세계와의 교류를 줄인다. 이유는 가족과 친구의 죽음이건 의식적 선택의 결과건 별 상관이 없다. 분리이론은 교류를 줄이는 변화를 통해 자신이 맞이할 불가피한 죽음을 대비한다고 주장했다.[89] 그러나 이를 뒷받침해주는 증거는 없다. 사람은 자발적으로 세상과 자신을 분리해 죽음을 준비하는 게 아니라 오히려 경제적 어려움과 은둔하려는 경향 등 수많은 외부 요인이 이 과정에서 핵심 역할을 한다는 것이 입증되었다.[90]

분리이론의 대안 격인 한 이론은 활동에 초점을 맞췄다. 이에 따르면 죽음과 관련해서 우리가 경험하는 부정적 효과에 완충작용을 해주는 것은 자발적 고립이 아니라 오히려 사회활동이다.[91] 그러나 이런 활동이론을 극단적으로 몰고 갈 경우 사회적 교류요법의 강요로 이 또한 분리이론처럼 비판에서 자유롭지 못하다.[92] 여기서 사회생활이 죽음을 건강한 방식으로 대비하는 자세인가 하는 문제가 다시 쟁점이 된다. 사회활동에 참여하려면 비교적 건강해야 하므로 이런 사람들은 주로 건강한 노인이며, 건강이 좋지 않은 이들은 고려 대상이 되지 못했다는 문제를 제기할 수 있다.[93] 실제로 건강이라는 요소를 분석에서 제외할 경우 행복과 기대수명의 최대 예측변인은 사회활동이 아니라 오히려 혼자서 하는 활동이다.[94]

죽음뿐 아니라 죽음에 대한 개인적 생각과 감정을 검토해보면 이에 대한 우리의 반응은 분명 살면서 변화를 겪는다. 청년들이 죽음을 두려워하는 것은 가능성이 무한한 삶이 맥없이 끝나기 때문이다.[95] 중년이 되어 부모의 죽음을 경험한 사람들이 느끼는 감정의 소용돌이 속에는 나도 언젠가 죽는다는 깨달음이 감춰져 있다. 부모가 살아 있을 때는 굳이 자신의 죽음을 생각할 필요가 없다. 아무래도 내가 부모보다 오래 살리라 예상하기 때문이다. 그러나 부모가 죽으면 시간이라는 화살은 가차 없이 나의 소멸을 가리키게 된다. 나이 들면서 친구와 가족을 잃은 경험을 통해 죽음은 더이상 젊었을 때처럼 두려운 존재가 아니라 피할 수 없는 운명이 된다.

1960년대 퀴블러 로스는 죽음에 대한 주관적 경험을 연구했다. 그녀는 이 경험을 부인, 분노, 타협, 우울감, 수용이라는 다섯 단계의 개별 반응으로 나누어 기록했다.[96] 죽음을 부인하는 단계에서 환자는 반복해서 이런 저런 의사의 의견을 구하러 다닌다. 그다음 단계인 분노는 대개 좌절로부터 발현된다. 타협의 단계에서 환자는 이제까지 살아온 방식을 바꾸겠다고 공언해 시간을 벌기 위한 거래를 시도한다. 이 과정 내내 중요한 것은 환자가 자신의 감정을 표현하는 것이다. 네 번째 단계인 우울감은 타협의 시기에 온다. 우울증은 환자가 자신이 처한 상황의 심각성을 부인할 수 없음을 깨달았기 때문에 나타난다. 마지막으로 상황을 수용하면서 평안이 찾아온다. 이런 반응 순서에는 개인차가 있다. 또 다섯 단계를 다 거쳐야 하는 것도 아니다.

죽음에 대한 개인의 반응을 더 총체적으로 다뤄야 한다는 주장에 따르면 신체적 요구, 심리적 행복, 친구와 가족, 영적 믿음 같은 쟁점들도 다룰 필요가 있다.[97] 죽음에 직면할 때 당사자와 가족은 공포와 슬픔과 저항을 경험하며 이런 감정들은 변화를 막는 장애로 작용한다.[98]

공포는 우리를 위협하는 모든 상황에 대한 자연스러운 반응이다. 공포의 한 가지 특징인 과민 반응은 현재 갖고 있는 걱정과 증상을 더 악화시키고 다시 공포를 키우는 악순환을 초래한다.[99] 곧 찾아올 죽음을 감당하기 위해 공격성이나 약물 남용이 생겨나기도 한다. 정설이라 인정받는 의학적 접근이 효력을 발휘하지 못하는 경우에는 다른 분야에서 조언을 받는 쪽으로 방향을 선회할 수 있다.

사망 선고를 받은 사람 가운데 일부는 현실을 부인하는 경향을 보인다. 환자나 남은 사람이 자신의 삶에 생긴 변화를 고려하지 않고 기존에 영위하던 일상을 똑같이 반복하는 행동을 보면 이들이 현실을 부인하고 있음을 알 수 있다. 다시 말해 닥친 현실과 예전 생활 사이에 부조화가 발생한 것이다. 예전의 일상적 행동에서 벗어나야 하는 상황을 겪을 때마다 우리의 세계관 또한 변화한다.[100]

죽음이 얼마 남지 않은 사람에게 필요한 지원을 제공하기 위한 선택지는 다양하다. 생의 말기와 관련된 쟁점, 생명윤리는 생의 마지막 단계를 결정할 때 어떤 역할을 수행하는가 하는 문제를 고찰해보자.

생의 말기와 완화 치료

의료기술의 발전으로 이제 죽음의 원인은 감염질환에서 퇴행성 질환으로 바뀌었다. 이런 변화는 퇴행의 지속과 형태를 고려하는 임종 궤도의 확장을 가져왔다.[101] 의학 발전 덕분에 우리는 다양한 질병의 진행 과정을 조기에 확인하고 경로를 예측할 수 있다. 그 결과 불치병에 대한 사회적 돌봄 제공이 확대되었다.

영국에서 실시한 총 가구조사는 일상기능의 감퇴를 초래하는 만성병이 점차적으로 증가하고 있음을 보여주었다.[102] 질병의 이런 변화 양상은 영국뿐 아니라 세계적으로 공통된 현상이다.[103] 75세 이후까지 사는 사람들의 수가 많아지면서 노인은 인지장애, 우울증, 실금失禁 같은 증상을 더 오랜 기간 겪는다.[104]

수명연장에 수반되는 결과는 만성병의 증가다. 환자는 당장 죽지 않는다 하더라도 기능감퇴와 장애를 겪는 기간의 연장으로 황폐한 말년을 보낼 수 있다. 이런 이유로 생의 말기를 고려할 때 가장 중요한 것은 환자의 고통을 덜어주는 완화 치료 개념이다. 완화 치료는 중증 환자의 통증을 줄이는 치료뿐 아니라 환자와 가족의 삶의 질을 향상시키는 방법까지도 의미한다. 완화 치료는 생의 말기 문제와 심각한 병의 그늘에서 어떻게 삶을 영위할 수 있는가의 문제와 연결된다.[105] 계획했던 것을 더이상 아무것도 이룰 수 없다는 자각, 더 나아가 자신이 되고자 계획했던 존재가 될 수 없으리라는 공포[106]는 삶에서 그야말로 중대한 의미를 띠는 순간이다. 완화 치료는 중증 질환에 걸린 노인이 겪는 다양한 증상을 다룬다. 가장 흔한 증상으로는 활동의 제약, 피로감, 신체적 불편, 다양한 질병에서 비롯되는 전반적 인지장애가 있다.[107]

통증에 대한 환자의 설명은 다소 불충분한 면이 있긴 해도 비교적 정확하다는 것이 정설이다.[108] 통증을 지나치게 축소해 알리는 경우 평가에 어려움이 생긴다.[109] 그런 경우에는 동요의 증가, 운동성 감소, 극심한 혼동 같은 행동상의 단서가 통증에 대한 불충분한 정보를 보완해준다.[110]

생명윤리와 관련된 문제

호스피스 치료(말기 환자에 대한 통증 완화와 보호 치료—옮긴이)와 완화 치료 훈련은 최근 의료 종사자들 사이에서 성장세를 보여왔다. 이런 추세는 신체 증상의 관리뿐 아니라 생을 마감하는 사람에게 매우 중요한 심리적 사회적 자원을 제공하려는 시도의 소산이다.[111] 이런 시도가 제공하는 기회들은 살면서 일어나는 사건들을 계획하고 통제하려는 욕망의 증가와 궤를 같이하는 현상으로 죽음 또한 예외가 아니다.[112] 자신의 생을 끝낼 시기를 결정해 통제력을 극대화하려는 욕망이 증가하는 것도 이런 추세와 관련된다.

대부분의 질환에서 완화 치료는 갖가지 증상에 수반되는 통증을 경감하기 위해 제공된다. 그러나 신체 증상과 달리 심리 문제는 효과적으로 대처하기가 더 어렵다. 말기 환자에게 자율성과 존엄성을 잃을지도 모른다는 공포는 가족에게 부담이 되고 있다는 공포만큼이나 심각하다.[113] 병으로 맑은 정신 상태나 자각 능력을 잃을지도 모른다는 걱정 역시 심각한 문제다. 정신 능력을 잃는다는 것은 환자 스스로 결정을 내릴 수 없게 될 가능성을 내포하기 때문이다.

생명윤리가 우리 삶에 미치는 여파는 해가 갈수록 커지고 있다. 생명윤리는 인간 생명과 가치에 반하는 기술적 진보를 평가할 때 제기되는 쟁점들을 다룬다. 여기서는 개인 선택의 자유를 강조하는데 이를 둘러싼 가장 중요한 쟁점은 안락사다. 어떤 상황에서 안락사를 수용할 수 있는지를 생각하기 전에 무엇보다 선행되어야 할 것은 타인의 생명에 고결하고 특별한 가치를 부여하는 일이다.[114] 선택의 자유를 존중할 것인가, 생명의 가치를 중시할 것인가 하는 딜레마는 시한부 선고를 받은 환자들 또는 어떤 경우에는 생명유지 장치로 연명하는 친지를 둔 가족이 당면하는 문제다. 안락사는 환자 본인이나 환자를 대표할 법적 권한을 가진 사람의 독자적이고 명확한 진술을 통해 시작된다. 적극적 안락사는 대개 약물을 과다 투여하거나 생명유지 장치를 제거하는 형식이고, 수동적 안락사는 치료나 약물 투여를 중단하는 형태를 띤다.

이 장의 요점 정리

삶의 큰 변화를 겪는 사람들의 적응방식을 살펴봤다. 은퇴는 인생을 바꾸어놓을 만큼 중요한 변화다. 약 40년간 직업은 삶에 중요한 구조를 제공해왔는데 은퇴로 그 모든 게 바뀌게 된다. 은퇴 생활의 성공적 적응 여부는 삶의 질에 중요한 영향을 미친다. 이와 관련해서 우리는 여가활동, 타인과의 관계, 행복감이 어떤 중요성을 갖는지 알아봤다.

건강 악화로 타인의 돌봄노동과 지원에 의존하게 되면서 핵심적 관계의 역할이 변한다. 노인이 맨 먼저 기대는 대상은 가족이다. 그러나 핵가족화로 가족 간에 멀리 떨어져 사는 현상이 심화되고 있다.[115] 이는 자연히 돌보미를 구하는 데 어려움을 가져와 실질적 도움은 의료기관이나 다른 공적기관이 제공해야 하는 결과가 나타났다.

마지막 부분에서는 사별에 대한 애도와 임박한 자신의 죽음이라는 측면에서 죽음이 개인에게 어떠한 영향을 미치는지 검토했다. 게다가 생명윤리가 제기하는 유형의 문제들, 특히 안락사 관련 문제를 포괄적으로 다루어야 할 필요성이 매년 심화되고 있다. 이제 누구나 늘어난 수명의 혜택을 누릴 수 있다는 것을 예상하는 상황에서 기술은 하루가 다르게 발전하는 중이다. 따라서 이런 쟁점들은 생의 마지막 단계를 향해 가는 많은 이들에게서 중요해질 것이다.

아, 친구여! 세월은 참 쏜살같이도 가네그려
아무런 소리도 경건함도,
기도도, 맹세도, 남기지 않는 세월
이마의 주름은 남아도
우리는 멈추지 못하고 가야만 하네그려,
세월이 이끄는 대로, 운명이 이끄는 대로
친구여, 그 누구도
잔인한 죽음의 여신이 건네는 운명을 거절할 수는 없지 않겠는가.

_로버트 헤릭, 1648년

11장

건강하게
나이 드는 법

만성병은 일상생활의 질을 저하시킨다. 질환의 광범위한 여파는 활동 제약과 통증과 불안, 단순한 인지활동조차 하기 어려운 상태를 초래할 수 있다. 그뿐 아니라 많은 노인의 경우 신체적 질환은 심리적 질환의 진단과 치료 면에서 사태를 복잡하게 만드는 요인들을 제공하기도 한다.

지금까지 나이 들면서 발생하는 신체 변화 가운데 일부를 소개했다. 11장에서는 이런 변화가 건강과 행복에 어떤 영향을 미치는가를 알아보는 데 주력할 것이다. 우선 심장병과 암을 비롯한 고령 관련 주요 질환을 검토한 다음, 성격의 역할을 살필 것이다. 물론 강조점은 성격이 건강에 어떤 영향을 미치는가에 국한된다.

마지막 부분에서는 낙관주의, 희망, 회복력, 삶의 질 같은 연관 개념을 소개한다. 먼저 살펴볼 중요한 개념은 건강이다.

건강하다는 것은 어떤 상태일까

건강의 의미를 고려할 때, 다시 말해 건강하다는 말을 할 때 우리는 거의 예외 없이 질병이 없는 상태를 떠올린다. 그러나 건강의 의미를 효과적으로 반영하는 좀더 넓은 개념이 필요하다. 흔히 인용하는 건강의 정의는 세계보건기구가 정한 것이다. 이에 따르면 "건강이란 완전한 신체적 정신적 사회적 행복이며, 단지 질병이나 쇠약함이 없는 상태만을 의미하지는 않는다".[1] 여기서 건강이라는 개념은 신체적 질환의 부재뿐 아니라 양호한 정신건깅과 안정적인 사회 환경이 필요하다는 점 또한 강조한다. 또한 질병으로 고통받는 사람이라 하더라도 긍정적인 자세로 만족감을 느낄 수 있다는 것을 인정한다. 다시 말해 이 개념은 건강을 평가하는 데 주관적 요소를 도입한 것이다.

건강의 정의를 확인했으니 노인에게 찾아오는 주요 질환을 검토해보자. 그다음에는 질병에 대해 개개인이 보이는 대응의 차이를 살피고 이런 차이가 행복에 어떤 영향을 주는지 또한 알아볼 것이다.

고령 관련 주요 질환

심장병

심혈관계에 생기는 비정상적 변화가 극심할 경우 죽음에 이른다. 그렇게 극심하지 않은 경우라 해도 만성 장애가 생길 수 있다. 심장동맥(관상동맥) 심장병은 심장동맥에 플라크라는 지방 덩어리가 증가하면서 혈관이 좁아지거나 막히는 질환이다. 그 결과 심장으로 공급되는 혈액이 감소하거나 어떤 경우 완전히 차단된다. 단발성인 경우 협심증이 초래되어 가슴과 팔과 허리 때로는 목의 연관통으로 발현된다. 심장근육으로 가는 산소 공급의 중단이 길어지면 심장조직이 파괴되고 환자에게는 심근경색, 즉 심장발작이 나타난다.

꽤 많은 수의 노인이 심부전을 겪는다. 심장이 몸의 요구를 더이상 충족시키지 못해 조금만 힘을 써도 숨이 가빠지는 상태가 된다. 이런 상태에서는 심장이 팽창하고 폐에 물이 찬다.

위험인자 심장병 발현은 유전적 영향이 크다. 그러나 위험을 높이는 행동 요인 또한 제법 밝혀진 상태인데, 주요 위험인자는 운동 부족이다.[2] 규칙적으로 운동을 하는 사람들은 심근경색에 걸릴 위험이 상당히 줄어든다. 위험 감소 여부는 일상적 운동에 할애하는 노력 정도에 달려 있다.[3] 불행히도 운동 부족의 위험에 가장 많이 노출된 집단은 고령의 노인이다.

게다가 노인들은 나이 들수록 몸을 움직이는 수도 줄어든다.

흡연은 또하나의 주요 위험인자다. 흡연은 동맥에 손상을 일으켜 무엇보다 플라크 형성을 촉진한다. 같은 맥락에서 과도한 음주도 부정적 영향을 끼친다. 음주는 특히 뇌졸중의 위험을 증가시킨다.[4]

과체중 또한 심장질환에서 고려해야 할 인자다. 높은 체질량지수와 심혈관질환 사망 사이에는 분명한 인과관계가 있다.[5] 체질량지수가 높은 것은 대개 LDL콜레스테롤(저밀도 지질 단백질 콜레스테롤)이 많이 함유된 음식 때문인 경우가 많다. 여기서 분명한 예외는 HDL콜레스테롤(고밀도 지질 단백질 콜레스테롤), 즉 '좋은' 콜레스테롤을 포함한 음식인데 이런 음식은 사실상 심장질환의 위험을 감소하는 데 도움이 된다.[6]

대사증후군은 비만(특히 복부 비만), 높은 LDL콜레스테롤과 낮은 HDL콜레스테롤, 고혈압, 인슐린 저항성(다량의 인슐린 주사에도 혈당이 떨어지지 않는 현상—옮긴이), 높은 트라이글리세라이드(중성지방), C 반응성 단백질 증가, 심장동맥 플라크 형성의 징후와 관련이 있다. 이 가운데 세 가지 이상의 인자는 심혈관질환 발현의 가능성을 증가시킨다.[7]

예방과 치료 심장질환의 원인에 대한 심층적 이해가 이루어졌다. 이는 이 질환의 치료법이 지난 몇 년 동안 비약적으로 발전했다는 의미다. 가장 빠르고 쉬운 예방책은 스타틴이라는 약물을 이용해 혈중 LDL콜레스테롤을 낮추는 것이다. 약물 이외에도 식단 개선과 규칙적인 운동을 통해 유사한 효과를 얻을 수 있다. 고혈압 환자의 경우 이완전략 또한 효과가 있다고 알려졌다.[8]

암

　암은 심장병 다음으로 많은 국가에서 사망률을 높이는 원인이다. 암은 세포가 무제한적으로 증식할 때 생긴다. 세포의 무제한적 증식으로 종양(또는 신생세포)이 형성된다. 이 신생세포가 양성이라 전혀 위험하지 않은 경우도 있다. 그러나 신생세포가 악성일 경우 암 진단이 내려진다. 암의 형태는 다양하다. 때로 암세포는 몸의 다른 부분으로 확산된다. 암세포는 다른 세포와 달리 서로 단단히 들러붙지 않기 때문이다. 이런 확산 과정을 전이轉移라 한다. 종양이 커지자마자 각 종양은 혈관을 생성해 자체적으로 혈액을 공급받는다. 세포에 양분을 끌어들이기 위해서다. 종양은 발견되는 부위마다 정상기능을 중단시킨다. 암환자의 사망은 중요한 부위로 암세포가 전이되어 장기부전으로 이어지거나 면역력 저하에서 비롯된다.

　위험인자　암은 세포복제를 통제하는 유전자가 손상되어 발생한다. 일부 사람은 유방암이나 대장암처럼 특정 암을 발현시키는 유전적 성향을 갖고 있다. 그러나 대다수의 암은 이런 유전적 요인으로 발생하는 게 아니다. 예측할 수 없는 세포의 돌연변이가 발생하는 것은 세포분열에 문제가 생겼거나 방사선이나 해로운 화학물질에 노출되었기 때문이다.

　암은 일부 예외를 제외하고는 대개 노년기 질환이다. 결국 암이란 음식이나 물이나 공기 등 환경 속에 들어 있는 다양한 암 유발인자가 축적된 결과다. 암을 일으키는 대표적 독성 물질 세 가지는 석면과 비소와 카드뮴이다. 폐암은 실리카와 나무의 분진 같은 물질에 과도하게 노출될 경우 발생한다.[9]

　암 발병에는 생활방식 또한 중요하다. 가장 높은 위험인자는 흡연, 불충분한 식사, 과도한 자외선 노출이다. 자외선 노출은 암의 가장 흔한 원인이다. 특히 만성적으로 태양에 노출되는 경우 악성 흑색종(피부암)을 일으킨다. 다음으로 흔한 위험 요인은 흡연이다. 흡연은 주로 폐암을 일으킨다. 물론 흡연은 구강암, 인후암, 식도암을 비롯한 다른 종류의 암 발생 위험 또한 증가시킨다. 심장질환과 마찬가지로 암에서도 식사가 중요하다. 높은 체질량지수는 대장암과 직장암 같은 질환의 사망률을 높인다. 위암은 훈제, 염장, 초절임 같이 저장한 음식을 정기적으로 섭취한 사람들 사이에서 더 흔하다. 반면 신선한 과일과 채소는 위암을 예방해준다.

테스토스테론과 에스트로겐 같은 호르몬 변화도 전립샘암과 자궁암 발생에 일정 역할을 한다. 자궁암은 당뇨병과 고혈압이 발생률을 높이고 과체중 또한 에스트로겐 상승을 유발해 암을 일으킨다.[10]

예방과 치료 암은 예방이 중요한 질환이다. 정기검진과 검사는 예방에 핵심 역할을 한다. 암에는 다양한 치료법이 있다. 대부분의 암은 외과 수술로 종양을 제거해 치료한다. 방사능 치료도 또다른 치료 선택지로 고에너지 방사능을 암조직에 쏘여 세포의 증식을 막는다. 항암 화학요법은 암세포의 확산을 막기 위해 쓰이는 또하나의 치료법으로 암이 전이된 환자에게 가장 흔하게 쓰이는 치료법이다.

근골격계 질환

수많은 질환이 근육과 관절 또 결합조직에 생긴다. 근골격계 질환은 통증과 주요 부위의 강직과 염증을 유발한다. 퇴행성 관절염의 경우 관절에서 조직 퇴화가 발생한다. 퇴행성 관절염은 가장 흔한 형태의 관절염이다. 골다공증은 뼈를 약화시켜 부서지기 쉽게 만드는 질환이다.

위험인자

퇴행성 관절염 특정 활동, 대개는 특정 직업에서 요구되는 일부 활동 때문에 관절을 만성적으로 혹사할 때 생긴다.

골다공증 여성이 걸릴 확률이 더 높은 질환으로 여성의 골 질량이 남성보다 적기 때문이다. 문화적 차이도 있는데 백인과 아시아 여성이 흑인에 비해 골다공증에 걸릴 위험이 더 크다. 뼈가 작고 체질량지수가 낮은 여성이 몸무게가 많이 나가는 여성보다 위험하다. 다른 많은 질병과 마찬가지로 흡연과 음주도 발병 위험을 높인다.

예방과 치료

퇴행성 관절염 통증 억제책이 치료요법으로 사용된다. 아스피린, 이부프로펜, 비스테로이드성 소염제를 처방한다. 또한 해당 관절에 코르티코스테로이드를 직접 주사하는 방법도 있다. 적절한 운동요법은 통증을 완화에 도움을 준다.[11] 이런 치료법은 근본적 치료보다는 증상 완화 효과가 있다. 그 이상의 치료도 가능하다. 고갈된 윤활액의 합성물질을 해당 관절에 대체해 주입하는 것이다. 더 발본적이고 영구적인 치료법은 고관절 치환술이나 무릎관절 치환술이다.

골다공증 골다공증의 위험은 충분한 양의 칼슘을 유제품과 푸른 잎채소, 연어, 빵 등의 음식을 통해 섭취하고 마그네슘, 포타슘, 비타민K와 D, 여러 가지 비타민B 복합제를 복용하면 급격히 감소한다.[12] 규칙적 운동도 발병 위험을 줄이는 데 도움이 된다. 식품보조제와 운동을 병행해 뼈의 힘을 회복시키면 치료가 가능하다.[13] 골밀도를 향상시키고 뼈의 손실을 늦추거나 아예 막아버리는 약물도 쓸 수 있다. 이 약물 치료는 부상이 발생했을 때 뼈의 골절 가능성을 줄이는 추가적 이득도 있다. 에스트로겐 또한 뼈와 관련되기 때문에 호르몬대체요법도 선택지가 될 수 있다. 그러나 호르몬요법의 경우 잠재적 이점과 발생 가능한 위험을 함께 고려해야 한다.[14]

당뇨병

당뇨병은 혈중 포도당(글루코스)이 조절되지 않아 몸에 축적되는 질환으로, 혈당 수치를 조절하는 호르몬인 인슐린에 몸이 반응하지 않아서거나 췌장이 인슐린을 충분히 생산하지 못해서 발생한다. 당뇨병은 일형당뇨와 이형당뇨 두 가지가 있다. 일형당뇨는 어린 나이에 발병하며 자가면역 반응으로 췌장세포가 파괴되어 생긴다. 췌장이 인슐린을 생산하지 못하기 때문에 인슐린 주사가 필요하다. 이형당뇨는 가장 흔한 형태의 당뇨병으로 몸에서 생산되는 인슐린 수치가 감소하는 질환이다. 이형당뇨에는 인슐린 주사가 필요하지 않으며 식사를 통해 포도당을 조절한다.

위험인자 비만과 운동 부족이 당뇨병의 주요 위험 요인이다. 문화적 요인도 중요한다. 아메리카 원주민이 가장 높은 발병률을 보인다. 만성 스트레스도 당뇨병 위험 요인을 높이는 역할을 한다.[15]

예방과 치료 이형당뇨를 예방하는 가장 좋은 방법은 식사를 조절하고 혈압을 낮추는 것이다. 적당량의 알코올도 효과가 좋다.[16] 혈중 포도당이 적정 수준으로 유지되는지 확인하기 위해 정기적인 혈액검사가 필요하다. 치료법은 혈중 포도당을 낮추기 위해 인슐린을 주입하는 것이다. 식사 조절과 운동을 병행하는 것 역시 중요하다.

호흡기질환

주요 호흡기질환의 유형 가운데 하나는 만성 폐쇄성 폐질환이다. 이 병에 걸린 사람들은 폐로 들어가고 나오는 공기량, 즉 폐활량이 줄어들어 회복되지 않는다는 느낌을 받는다. 문제는 숨을 내쉴 때 더 두드러진다.

위험인자 흡연은 호흡기질환의 주요 위험인자다. 공기 중에 떠다니는 오염입자와 작업 환경에 있는 독성 물질과 깊은 관련이 있다.

예방과 치료 만성 폐쇄성 폐질환을 앓는 사람의 필수 지침은 금연이다. 그다음에는 호흡곤란 환자의 기도를 열기 위해 흡입기를 쓸 수 있다. 흡입기를 통해 폐로 들어가는 산소량을 늘려주고 염증을 줄인다. 질환이 심각한 상태일 때는 감염된 조직을 제거하는 폐 수술도 가능하다.

성격이 건강에 미치는 영향

고령 관련 질환을 살펴봤으니 이제 건강 변화에 대한 개인의 반응이 어떤 영향을 미치는지 검토하는 게 중요하다. 성격과 건강 사이의 관계를 설명하기 위해 많은 이론들이 제시되어왔다.[17] 연구에 따르면 성격은 건강에 직접적 원인이다.

건강에 대한 성격의 영향을 연구해온 역사는 길다. 대표적인 연구는 프리드먼과 로젠만의 A형 행동 유형이다.[18] A형에 해당하는 고유한 성격 특질을 가진 사람, 즉 경쟁심이 강하고 참을성이 부족하며 성과 지향적이고 적대적인 성향의 사람은 심혈관계 질환에 걸릴 위험이 더 높았다. 종단연구들은 A형 성격과 심혈관계 질환 사이에 단순한 상관관계가 아니라 인과관계가 있음을 입증했다. A형인 사람은 기분장애와 분노 수치, C3 단백질과 C4 단백질의 수치가 더 높았다.[19] 이 단백질은 심장병 위험의 지표다. 특질 불안이 높은 것도 심혈관계 질환의 명백한 위험인자다.[20]

성격이 건강에 미치는 영향은 일시적인 것이 아니라 평생 동안 지속된다. 낮은 성실성 점수는 청소년과 청년기의 불량한 식사나 불충분한 운동 같은 해로운 생활양식의 선택으로 이어져, 결과적으로 건강을 위협하는 체질량지수를 초래한다.[21] 낮은 성실성 점수와 몸무게 증가 사이의 관련성은 성인기 내내 유지된다. 이는 특히 신경증 점수가 높은 여성에게 나타나는 현상인데[22] 이런 성격은 흡연 경향과도 연관이 있다.[23]

성실성의 한 요소인 자기수양은 사망률을 낮추는 요인이다.[24] 수양은 건강한 활동과 행동요법을 채택해 행복을 유지할 수 있도록 작용한다. 높은 충동성과 결합된 낮은 성실성은 낮은 HDL콜레스테롤과 인터류킨-6 단백질 수치와 연관이 있다. 인터류킨-6 단백질은 항바이러스성 단백질로 면역 반응에서 중요한 역할을 한다.[25]

사망 시기를 예측할 수 있는 성격의 특징적 양상이 있다. 예를 들어 낮은 성실성과 외향성 그리고 높은 신경증 성향이 이에 속한다.[26] 신경증 성향은 스트레스 민감도에 영향을 주어 생애 전반에 걸쳐 영향을 미칠 수 있다. 신경증 성향은 스트레스를 유발하는 많은 사건에 대한 민감도의 증가에서 비롯된다.[27] 연구에 따르면 스트레스 호르몬인 코르티솔의 만성적 증가는 건강이 감퇴할 것을 예측해주는 주요 요인이다.[28] 결국 감정조절장애야말로 미래의 행복에 영향을 미치는 명백한 변인인 것이다.[29]

또한 주목해야 할 점은 높은 성실성 점수 같은 성격 특질이 알츠하이머병 발생률 감소와 연관이 있다는 것이다. 가톨릭교 수녀와 신부 또 수사를 조사한 종단연구(이 가운데 최대 12년 동안 지속된 연구도 있다)에서 나온 높은 성실성 점수는 알츠하이머병의 낮은 발병률과 상관관계가 있었다.[30] 성실성은 높은 수준의 회복탄력성과 연관되고, 회복탄력성은 고통스러운 삶의 사건들로부터 유래하는 부정적 여파를 상쇄한다.[31]

높은 적대성 점수는 A형 관련 건강 위험뿐 아니라 기분장애 발생의 관점에서도 중요하다. 성인기 내내 적대성 점수가 일관되게 높은 사람은 낮은 사람보다 우울증 발생 위험이 더 높다.[32]

다른 주제로 넘어가기 전에 기억해야 할 사항은 성격이 건강에 영향을 미치는 것은 분명하지만, 반대로 건강 상태 또한 성격에 영향을 준다는 사실이다. 질환에 시달리다보면 성격에 변화가 온다. 심장발작을 겪거나 또

는 만성질환 진단을 받은 환자의 성격 변화는 이미 입증되었다.[33]

통제감과 자기효능감

건강 상태의 변화에 대한 반응과 관련된 핵심 개념을 검토해보자. 통제점은 환자가 질병에 대처하는 방식에 영향을 미친다고 알려져왔다. 통제점이란 개인이 자신의 행동 통제를 담당한다고 인지하는 원천이다. 내면의 통제점을 갖는 것은 자신의 조건과 상황에 대한 더 나은 이해 그리고 대처기제와 관련이 있다. 자신의 상황을 파악하고 대처하려는 태도는 당면한 상황을 통제하려는 노력이다.[34] 레벤슨은 여기에 두 가지 요소를 추가했는데, 우연의 역할과 강력한 타인이 자신의 행동에 미치는 영향이다.

또하나 연관된 개념은 자기효능감이다. 자기효능감이란 특정 행동을 수행하면서 끝내 기대했던 결과가 나오게 할 수 있는 자신의 능력에 대한 믿음이다.[35] 자기효능감은 선택한 목표 추구에서 동기와 지속성을 모두 증가시켜 일정 정도 효력을 발휘한다. 그러므로 자기효능감은 광범위한 건강 관련 행동에 영향을 주며 개인이 불행을 감당하고 이를 극복하게 도움을 주어 회복탄력성과도 연관된다.[36] 회복탄력성 개념은 곧 다시 살펴볼 것이다. 그전에 먼저 긍정심리학의 두 가지 개념인 낙관주의와 희망이 건강에 어떻게 영향을 미치는지부터 살펴보자.

낙관주의적 자세와 대응

학습된 낙관주의

학습된 무기력연구 모형에 대한 최근의 경향은 사람이 어떻게 더 긍정적이 되는가를 보여주는 긍정심리학 접근법을 접목하려는 시도다.[37] 원학습된 무기력[38]은 사람이 자신에게 일어나는 일을 거의 통제하지 못하는 상황에 노출될 때 발생한다. 이런 일이 반복되면서 미래의 사건도 전에 겪었던 사건과 유사하게 통제할 수 없으리라 단정하는 것이 학습된 무기력 상태다. 개인이 실패를 자기 탓으로 돌릴 때, 상황이 바뀌지 않으리라 예상할 때, 바뀌지 않을 것 같은 상황이 삶의 구석구석으로 스며들 때 이런 태도가 나타난다. 다시 말해서 학습된 무기력은 내적이고 항구적이고 포괄적 요인들이 작동하고 있다는 것을 인식한 결과다.

이런 시각은 개인의 설명방식에서 찾을 수 있다. 개인의 설명방식은 다양한 삶의 사건에 대한 자신의 반응을 스스로 어떻게 합리화하고 설명하는가를 반영한다. 크게 보자면 설명방식은 낙관주의적이거나 비관주의적이다.[39] 낙관주의를 유지하는 것이 대개는 훨씬 더 어렵다.[40] 비관주의와 달리 낙관주의는 부정적 사건이 상황에 의한 것이고 일시적이며, 특정 시간과 장소에 국한된다고 생각하는 것이 특징이다. 낙관주의에는 사건의 원인이 내재적이라는 식의 인과율, 다시 말해 원래부터 특정 결과가 나오도록 결정되어 있었다는 식의 관점은 존재하지 않는다. 셀리그먼은 비관주의를 물리치고 낙관주의를 촉진하기 위한 두 가지 방법을 제안했는데, 그것은 기분전환과 상황에 직면하기다. 기분전환이란 당면한 문제와 완전히 별개의 문제에 주의를 기울여 자신의 문제를 참신한 시각으로 다시 마주할 수 있는 방법이다. 이런 접근법을 쓰는 경우 특정 상황에 대처하려고 할 때 감정적으로 상황에 휩쓸리는 정도를 줄이는 데 도움이 된다. 여기서 중요한 점은 일시적 기분전환과 영구적 회피를 구분하는 것이다. 반면 직면은 기분전환을 보완하는 방법으로서 현재 벌어지는 상황과 맞대면하는 시간이다.

기질적 낙관주의

기질적 낙관주의를 가진 사람은 긍정적인 일이 일어나리라 생각한다.[41] 따라서 기질적 낙관주의는 더 높은 수준의 인내와 관련된다. 이를 측정하는 고전적 방식은 생애진로검사다.[42]

스트레스를 경험하는 수준은 상황에 대한 우리의 평가에 따라 달라진다. 스트레스를 받는 초기에 우리는 스트레스 유발 상황이 자신의 행복에 긍정적인 함의가 있는지 아니면 부정적인지 먼저 결정한다. 그다음 상황에 대한 최상의 대처방식을 결정하는 시도, 즉 전략 개발이 이루어진다. 이런 평가들이 바로 라자루스와 포크먼 대처 모형의 기초다(1984). 이들에 따르면 기본방식은 문제중심 대처와 감정중심 대처 두 가지인데, 전자의 경우 문제 상황 자체가 관심의 초점이다. 이 경우 스트레스 유발요인의 피해를 줄이려는 전략이 개발된다. 후자의 경우에는 스트레스 유발요인을 최소화하려는 시도보다는 개인의 스트레스 수준을 줄이는 데 집중한다. 대다수의 경우 문제중심 대처가 더 선호된다.[43] 그러나 개인이 상황을 전혀 통제할 수 없는 경우처럼 감정중심 대처가 더 적합할 때도 있다.

낙관주의는 어려운 상황에서의 강한 인내 그리고 자신의 능력에 대한 확신과 관련된다.[44] 낙관주의는 또한 문제중심의 대처전략과 연관된다.[45] 낙관주의적 관점에서 힘든 상황은 극복을 통해 경험을 풍요롭게 해주는 도전으로 간주된다.[46] 낙관주의가 행복에 영향을 미치는 방식은 그것이 우울증 감소에 기여한다는 것이다.[47] 낙관주의의 뿌리에는 어떤 어려움이든 일시적인 것에 불과하며 자신이 그 어려움에 대처할 능력을 가지고 있다는 신념이 자리 잡고 있다.

자아존중감은 우리가 자신을 인식하는 방식이다. 다시 말해 우리가 자신을 얼마나 흔쾌히 받아들이는가에 관한 개념이다. 낙관주의는 환경과 우리의 관계를 반영한다.[48] 당연히 자아존중감과 낙관주의 역시 강하게 연관되어 있지만 분리 가능한 개념이기도 하다.[49] 자아존중감과 기질적 낙관주의가 높은 사람은 신체적 정신적 건강이 비교적 양호하다.[50] 아마 틀림없이 더 효과적인 대처전략을 효율적으로 사용했기 때문일 것이다.[51] 이런 대처전략은 행복 인지 수준을 높여주고 부정적 기분을 상당히 줄여준다.[52] 자아존중감과 낙관주의의 또다른 결과는 면역 체계 기능향상과[53] 건강 유지를 위한 긍정적 행동이다.[54] 이 근간에는 회복탄력성 개념이 있다.[55]

낙관주의는 대개 긍정적 상태라 간주되는 한편 현실에 기반을 두지 않은 상태, 환상에 불과한 상태라고 간주될 수도 있다. 낙관주의자의 문제중심 대처의 선호가 이들을 불리한 상황에 빠뜨릴 수도 있다. 문제가 되는 상황이 개인적으로 통제할 수 없는 것들로 이루어져 있을 때 특히 그러하다. 변화시킬 수 없는 조건에서 유일한 대응방식은 상황을 수용하고 그로 인한 감정적 여파에 대처하는 것, 즉 감정중심 대처전략이다.[56]

상황적 낙관주의

상황적 낙관주의는 이름에서 알 수 있듯 기질적 낙관주의의 연장으로 특정 상황에 대한 기대를 반영한다.[57] 엄밀히 말해 광범위한 의미의 낙관주의라기보다 인생의 특정한 영역과 관련된 낙관주의다. 상황적 낙관주의는 학습된 낙관주의와 일정 정도 관련이 있다. 차이라면 학습된 낙관주의는 미래에 일어날 긍정적 사건에 대한 설명만 할 뿐 이에 대한 기대는 없다는 점이다. 상황적 낙관주의 점수가 높은 사람은 스트레스를 적게 받고 긍정적인 기분을 더 많이 느낀다.[58]

희망과 자아존중감

긍정 심리학은 희망 개념과도 관련된다.[59] 희망이란 자신의 목적이 실현되리라는 예상이다. 우선 목표가 있다. 여기서 중요한 것은 특정 목표를 이루겠다는 결심과 그에 적합한 구체적 행동 계획이다. 스나이더의 접근법에 따르면 목표 성취를 이루어줄 계획의 필요성을 인정하는 것이 중요하다. 이제 수동적이었던 상태가 능동적 행동으로 변한다. 할 수 있다는 생각은 긍정적 결과를 추구하는 자신의 적극적 움직임이 없으면 안 된다는 것을 보여준다. 자신이 바라는 결과가 일어날 확률은 불확실하다. 결과를 확신할 수 있다면 희망은 필요 없다. 그런 의미에서 희망은 낙관주의와 쌍을 이룬다. 높은 수준의 낙관주의는 특정 목표를 이루려는 욕망에 관여한다. 그러나 낙관주의는 희망과 달리 목표를 성취하기 위한 구체적 계획과는 관련이 없다. 학습 능력과 운동 능력은 모두 희망과 밀접하게 연관된다.[60] 또한 신체적 정신적 건강, 특히 자아존중감과 깊게 연결되어 있다. 낮은 자아존중감은 우울증과 연결된다.[61] 희망 점수가 높은 사람이 건강한 습관에 대해 더 잘 알고 있으며 질병 회복도 더 빠르다.[62]

회복탄력성과 건강

회복탄력성은 스트레스가 많은 상황의 대처방식에 중요한 역할을 한다. 이런 대처방식의 토대는 성격이다. 특정한 성격 특질을 가진 사람은 아무런 역효과나 부작용 없이 스트레스 상황에 대응한다(회복탄력성). 반면 이와 다른 특질을 가진 사람은 스트레스 상황에 취약하다. 개인이 어떤 상황에서 발휘할 수 있다고 느끼는 통제의 정도는 왜 어떤 사람은 다른 사람보다 스트레스 상황을 더 잘 헤쳐나가는지 설명하는 데 일부 요인을 제공하는 것에 불과하다는 평가를 받았다.[63] 코바사와 매디에 따르면 스트레스 상황에서 높은 수준의 용기를 보인 사람은 세 가지 핵심 특징을 공유했다. 이들은 상황에 대한 통제의식이 있었고, 높은 수준의 책임감을 느꼈으며, 모든 변화를 위협이 아닌 향상의 기회이자 도전으로 인식했다.

이와 관련된 개념은 긴밀감이다.[64] 긴밀감은 세상이란 이해할 수 있는 대상이고 의미로 가득하며 통제할 수 있다는 믿음이다. 긴밀감이 강한 사람은 건강상 해로운 영향을 적게 받는다.[65] 통제감 또한 긴밀감과 관련되며[66] 상황을 통제할 수 있다는 신념에 근거한다. 낙관주의가 건강에 미치는 영향에 대한 관심이 증가하고 있다. 낙관주의의 특징은 긍정적 결과에 대한 충만한 믿음이다. 낙관주의는 역경 속에서의 낮은 고통, 양호한 건강 상태, 질병의 빠른 회복에 관여한다.[67]

회복탄력성 개념은 그 자체로 높은 수준의 자아존중감, 개인적 통제,

낙관주의를 반영한다.[68] 회복탄력성이 높은 사람은 역경에 부딪혔을 때 받는 스트레스 수준이 낮고 회복하는 속도도 더 빠르다. 이들은 문제를 긍정적으로 보며 역경을 극복했을 때 성장했다는 느낌을 받는다.[69]

스트레스 대응방식은 건강에 직접적 영향을 미친다. 스트레스 요인에 대한 부적응전략은 질병을 초래할 수 있다. 회복탄력성은 스트레스 대응방식에 개입해 건강을 지킨다. 예를 들어 낙관주의는 질병 위험, 특히 생명을 위협하는 질병 위험의 감소에 도움을 준다.[70]

다양한 개념을 구성하는 요소들이 상당히 중복된다. 이런 이유로 성격 특질을 분류하면서 역경이 닥쳤을 때 회복탄력성을 제공하는 특질과 취약성을 증가시키는 특질로 분류한 것이다. 자주 사용되는 모형은 코스타와 매크레의 다섯 가지 성격 요인 모형이다. 다섯 가지 성격 요인이란 신경증 성향(특히 스트레스 상황에서의 감정적 불안), 외향성, 개방성(유연성), 친화성(남을 잘 믿는 성향), 성실성(목적의식과 통제력)을 가리킨다.

회복탄력성과 관련된 개념들은 낮은 신경증 점수와 관련된 특징, 즉 감정적 불안과 반대되는 감정적 안정을 가장 직접적으로 반영한다.[71] 감정적 안정은 양호한 건강 상태와 관련이 있다.[72] 외향성과 성실성 그리고 개방성 또한 건강에 중요한 요인이다.[73] 외향성과 관련된 긍정적 특징은 어려운 상황에 처했을 때 더 많은 선택지를 인식할 수 있는 능력과 겹치며 이는 적응 행동의 확장구축 모형과 연관된다.[74] 성실성은 목적 지향적 행동과 연관되기 때문에 중요하다.[75] 여기서 중요한 것은 개방성의 두 측면, 즉 감정적 자각과 호기심이다.[76] 이들은 스트레스 요인에 더 유연하고 적응성 높은 대응방식과 관련을 맺는다. 친화성이 건강과 행복에 수행하는 역할을 검토하는 데 초점을 맞춘 연구는 거의 없었다. 친화성이 건강을 뒷받침하는 조력자 이상의 역할을 한다는 것을 보여주는 연구도 없다. 친화성은 친밀한 관계에 대한 만족감의 증가와 관련이 크므로 기대수명에 간접적으로 긍정적 영향을 미칠 수 있다.[77] 윌리엄스는 이런 특질이 건강에 영향을 미치는 이유를 더 낮은 직업상의 스트레스, 더 나은 대인 관계, 부정적 사건에 대한 덜 극단적인 생리 반응, 역경 이후의 더 효과적인 회복으로 설명하고 이를 입증해주었다.[78]

노인의 회복탄력성

건강의 측면에서 회복탄력성이 얼마나 중요한지 검토했으니 이제 노화와 관련된 회복탄력성을 구체적으로 살펴보자. 성공적 노화는 대개 높은 수준의 인지와 신체기능 그리고 낮은 수준의 질병이나 장애를 가리킨다.[79] 그러나 이런 특징은 노인 스스로가 생각하는 성공적 노화를 반영하지 못할 수도 있다.[80] 가장 중요한 점은 대부분의 연구가 과거에 심각한 병을 앓았던 전력이 있는 노인일지라도 자신이 성공적 노화 과정을 거치고 있다고 생각할 수 있음을 강조해왔다는 것이다. 여기서 중요한 개념이 바로 회복탄력성이다.

중년기

연령대의 맨 끝인 노년기를 보기 전에 중년기 동안 우리가 노화에 대처하는 방식을 살피는 작업은 상당히 중요하다. 노화 과정과 관련된 많은 건강 문제를 초래하는 시기가 중년기이기 때문이다. 건강 문제가 만성병으로 나타나는 경우 삶의 많은 영역이 큰 영향을 받는다. 이때 위협받는 것은 자존감이다. 만성병이 발현하는 경우 기능이 감소하고, 이는 타인과 지원에 대한 의존의 증가로 이어진다. 현재와 미래의 중년층은 이 시기에 나타나는 건강 상태의 변화에 더 효과적으로 대처할 가능성이 높다. 이들의 교육 수준이 높고 의료 체계 또한 과거보다 더 잘 갖춰져 있기 때문이다.[81] 그러나 노년까지 건강한 삶을 유지하기를 강요하다시피 강조하는 성공적 노화라는 통념을 피할 곳이 없다는 사실은 이런 가능성에 꼭 유리하게만 작용하지는 않는다.

우리는 대부분 나이 든다고 해서 자신이 병에 걸리리라 생각하지는 않는다. 실제로 늙는다고 반드시 병에 걸리는 것은 아니다. 건강과 관련된 다양한 쟁점이 적응에 미치는 영향을 검토한 최근의 한 연구에 따르면, 질병의 특징은 개인의 질병 대처방식을 탐색할 때 매우 중요하다.[82] 심장병에 대한 적응과 인지장애에 대한 적응을 비교해보면 이를 알 수 있다. 심장병의 경우 시간이 지나면서 통제감이 증가했다. 이는 아마 심장병이 예측 가능한 성질을 갖고 있으며 증상을 완화할 수 있는 선택지가 있어서일 것이다. 반면 인지장애의 경우 통제감이 감소했는데, 기술적 도구들에 대한 의존도가 점점 높아지기 때문이다. 따라서 인지기능의 감퇴는 훨씬 더 확연해질 것이고 더 많은 장애를 조래하게 된다.[83]

노년기

회복탄력성이 노인의 건강에 중요한 영향을 미치며[84] 심리적 안녕감에 도움을 준다는 사실을 보여주는 증거가 늘어나고 있다.[85] 나이 들어가면서 인생사는 점점 더 힘들어진다. 노년기는 가처분소득의 감소, 건강 악화, 장애의 증가, 사랑하는 이들의 죽음을 예고한다. 회복탄력성이나 친화력 등의 성격 요인이 이런 상황에서 도움을 줄 수 있다. 부정적 사건이 닥쳤을 때 이런 특질을 가진 노인의 기대수명이 그렇지 않은 이들보다 더 긴 경향을 보인다.[86]

되풀이되거나 만성적인 건강상의 문제와 함께 금전적 상황의 악화, 사회적 빈부 격차가 커지고 있다.[87] 발전에 따른 이익과 손실 사이의 불균형이 심화된다.[88] 늙는다는 이유로 전반적 행복감이 떨어지는 것은 아니지만[89] 자아존중감은 늙는다는 사실에 영향을 받는 것 같다.[90] 자아존중감이 반드시 떨어지는 것은 아니지만 다른 연령집단에 비해 노인의 가변성이 더 높고[91] 노년기의 끝으로 갈수록 더 그러한 듯하다. 자아존중감이 건강과 행복에 완충 역할을 해준다는 점을 고려할 때 이런 결과는 의미하는 바가 크다.[92] 특정 영역과 관련된 자아존중감의 가변성이 더 심한 것처럼 보인다. 자아존중감을 상태나 특질 가운데 무엇이라고 간주해야 할지에 대한 논쟁이 있으므로[93] 일단은 다양한 환경 요인이 자아존중감을 결정한다고 볼 수 있을 것 같다.

나이 들면서 점점 더 문제가 되는 것은 건강이다. 특히 만성병에 걸릴 가능성이 증가한다. 흥미롭게도 노인일수록 스트레스 요인에 비교적 강한 회복탄력성을 보인다.[94] 노화는 불가피하게 손실을 초래하지만 그 손실의 중요성에 따라 부정적 여파는 상당히 달라진다.[95] 손실은 많은 전략을 통해 보상받으며, 이때 이 전략들은 무엇보다 자아존중감을 보호하는 쪽으로 작용한다.[96] 사회적 행동의 경우 노인일수록 공식적 제휴 관계보다는 정서적으로 풍요로운 관계에 집중하는 경향이 있다.[97] 관계가 더이상 만족스럽지 못할 때나 서로 수용하거나 인정해주지 못할 때는 감정적 분리가 발생한다.[98]

돌보미의 역할

마지막으로 삶의 질에 대해 알아보기 전에 회복탄력성이 돌보미의 역할을 맡는 사람들과 밀접하게 연관된다는 사실을 언급해야겠다. 돌봄의 문제에는 강한 성별 분할이 있기 때문에, 여성은 돌봄을 제공하기도 하고 받기도 하는 두 가지 역할을 인생의 어느 시점에서든 모두 경험할 가능성이 높다. 돌보미 역할은 아이를 기르면서 시작되어 나이 들어가는 친척, 배우자, 마지막으로 손자까지 이어진다. 실제로 모든 돌봄노동의 4분의 1만 남성이 맡는다는 통계치가 이런 성차를 뒷받침해준다.[99] 여성이 배우자를 돌볼 확률이 더 높은 것은 이들의 수명이 남성에 비해 더 길다는 사실을 반영한다. 이는 약 90퍼센트의 노인이 집에서 가족의 돌봄을 받는다는 결과를 보면 알 수 있다. 돌보미의 역할을 떠안게 된 노인은 자신의 건강과 복지 문제를 방치하기 쉽다.[100]

회복탄력성은 돌보미 역할을 맡은 개인으로 하여금 변화하는 요구에 부단히 적응하게 하는 데 매우 중요한 역할을 한다. 회복탄력성이 높은 돌보미는 포괄적 통제감을 유지하는 동시에 타인의 지원 또한 이끌어낸다.[101] 지금까지 살펴본 내용을 정리하자면, 우리의 목표는 성공적 노화라기보다 오히려 회복탄력성을 키우는 데 있다. 성공적 노화보다 회복탄력성이 노회 관련 변화의 대응책으로서 훨씬 더 나은 대안이다. 왜냐하면 이것은 질병을 겪은 이후 예전의 기능을 되찾는 능력을 나타내는 지표이기 때문이다.[102]

삶의 질 지수

건강 관련 변화를 설명하기 위해 많이 쓰이는 또다른 용어는 '삶의 질'이다. 삶의 질 지수는 노인학에서 광범위하게 쓰인다. 이는 유용한 개념 도구지만 실제로 무엇을 평가하느냐에 따라 다양하게 나타난다. 삶의 질은 광범위하면서도 다면적 개념이며 무엇보다 건강, 감정, 사회적 독립, 경제적 요소를 포괄한다.[103] 사회적 기대라는 맥락에서 자신의 현 상태를 평가하는 주관적 관점이라고 할 수 있다.[104]

삶의 질은 인지 요소와 정서 요소라는 두 가지 근본 요소로 나뉜다.[105] 이들은 우리가 자신의 현재 상황에 대해 느끼는 방식, 삶이 좋은가 나쁜가에 대한 판단과 일치한다. 홀츠하우젠과 그의 동료들은 최근 한 연구에서 삶의 질의 인지적 측면을 집중적으로 다루었다.[106]

삶의 질이 지닌 주관적 성질을 정밀하게 포착하려는 몇 가지 설문이 있다. 이런 설문을 통해 응답자는 삶의 질을 평가하는 데 필수적인 자기 삶의 요소를 명시할 수 있다(환자자체평가지수가 그 실례다).[107] 이런 설문은 삶의 만족도 지수와 비슷한 측정법이다. 그러나 이런 측정법들은 부정적 항목에 초점을 맞추므로 여기서 얻은 높은 점수를 통해 알 수 있는 것은 긍정적 특질이 아니라 특정 장애나 결손이 없거나 아니면 이런 것들이 최소한으로 존재한다는 점뿐이라는 비판이 있다.[108] 측정법 문항의 완성 또한 매우 복잡하고 까다로운데다 많은 측정법이 노인에게 최적화되어 있지 않다는 것 또한 한계다. 이런 상황에서 개발된 측정법이 '공존질환 노인용 삶의 질 검사'다.[109] 이 검사는 자기 삶의 전반적 행복에 가장 중요한 요소들을 구체적으로 명시하라고 요구한다. 많은 예시를 제공해 선택 과정을 돕는다. 그다음 응답자들이 해당 영역에 대해 현재 어떻게 느끼는지, 다시 말해 그 영역에서 향상이 가능한가의 여부를 중심으로 각 예시를 평가한다. 마지막으로 각 영역을 전반적 중요성 측면에서 평가해 등급을 매긴다. 이 측정법은 삶의 질의 개별화된 지표를 제공한 다음 가장 적합한 의료 지원이나 개입이 무엇인지 확인할 수 있도록 도움을 준다는 점에서 실질적 의의가 있다.

이 장의 요점 정리

나이 들면서 질병이 발생하고 일부 질환은 만성이 되기도 하지만 이런 질환이 삶에 영향을 미치는 데는 다양한 요인이 작용한다. 이 장에서 특히 초점을 맞춘 것은 성격의 역할, 성격과 관련된 행동상의 특징이었다. 주요 성격 특질뿐 아니라 자기효능감 또한 중요한 역할을 수행하며 이는 회복탄력성과 연계되어 있다.

긍정 심리학은 지난 10여 년 동안 점차적으로 부상했다. 낙관주의, 희망, 회복탄력성 같은 개념은 모두 개인의 행복감 향상에 기여한다. 셀리그먼은 긍정 심리학의 주요 목적은 번영을 증대하는 것이며 이 번영의 핵심은 긍정적 감정, 삶에 대한 헌신, 의미에 대한 확신, 자아존중감, 낙관주의 그리고 회복탄력성이라고 했다.[110]

현대인의 기대수명이 늘어나면서 나이 들어서도 행복을 유지할 뿐 아니라 증대시킬 수 있다는 발상은 숙고해볼 만한 문제다. 특히 비공식적 지원망에 의존하는 노인이 늘고 있다는 점을 고려하면 더욱 그러하다. 12장에서는 돌보미의 신체적 정신적 행복이 환자의 행복만큼 중요하다는 점을 고찰할 것이다.

12장

정신건강과
퇴행성 신경질환

성인 정신건강 문제의 출현 빈도를 살피기 위해 실행된 많은 연구는 횡단연구의 성격을 띠었다.[1] 이런 연구들은 늘 특정 질환을 확인하기 위해 정신질환 진단 및 통계편람을 이용한다.[2] 이 편람이 개정될 때마다 진단 기준과 명명법이 바뀌기 때문에 결과의 비교 가능성도 달라진다. 인구가 노화함에 따라 노인의 정신건강 문제도 늘어날 것이다. 베이비붐 세대는 높은 비율의 기분장애와 이와 관련된 문제를 겪고 있으며[3] 치매 또한 치료법 개선이 큰 성과를 보이지 못하는 상황에서 이들이 나이 들수록 더 큰 문제가 되리라 예상할 수 있다.

노년기에 가장 보편적인 세 가지 정신질환은 우울증과 섬망과 치매다. 여기서는 주로 이 세 가지 질환을 검토하겠다. 이 질병들은 노년층 대부분이 겪고 있다는 특성뿐 아니라 이들을 어떻게 정확히 구별할 수 있는가의 측면에서도 문제가 된다.[4]

세 질환을 구별할 수 있는 중요한 방법은 병력을 살피는 것이다. 여기에는 발병 양상 검토도 포함된다. 치매는 점진적으로 발병하며 진전 속도도 꾸준하고 느리다. 섬망은 급성으로 발병한다. 우울증은 이 두 극단적 질환의 중간쯤에 위치하는 특성을 지닌다.[5]

두 가지 이상의 질환이 같이 나타나는 공존질환의 가능성 때문에 시간 경과에 따른 증상의 전개를 면밀히 살피는 작업이 필요한 경우가 많다. 치매는 진행성 질환이다. 섬망으로 인한 두 가지 결과는 사망 아니면 정상기능의 완전한 복구다. 우울증은 회복과 재발을 되풀이하는 양상을 보인다. 어떤 경우에는 병적 기분 상태가 오랫동안 변함없이 지속되기도 한다. 또한 우울증은 치매 발생의 주요 예측변인이라고 간주된다.[6] 일부 우울증의 경우에는 인지기능의 감퇴가 확연해서 가성치매 진단이 내려지기도 한다. 이런 상태는 특히 치매 발생으로 이어지기 쉽다.[7]

우울증과 섬망, 치매뿐 아니라 불안장애, 수면장애, 약물 남용 같은 다른 질환 또한 살펴볼 것이다. 마지막 부분에서는 정신약리학에 관해 알아보려 한다. 여기서 소개되는 대다수의 질환을 치료하는 데는 약물이 효과적이다. 따라서 중요한 것은 약물의 작용 방식, 즉 약을 투여했을 때 일어나는 작용에 대한 기본 지식이다. 약물의 효력에 영향을 미치는 요인은 많지만 우리가 통제할 수 있는 한 가지는 특정 약물의 복용 수칙을 엄수하는 일이다.

우울증

기분부전증이란 환자가 경도의 우울증 증상을 꽤 오랜 기간 겪는 상태를 가리킨다. 이 질환은 나중에 우울증으로 발현되기도 한다. 우울증은 우울한 기분이 2주 이상 지속되고 환자가 예전에 즐겼던 활동에서 아무런 즐거움도 느끼지 못하는 상태, 즉 쾌감의 결여 상태로 전반적인 기력 결핍 상태라고 정의된다. 우울증은 특히 노인에게서 흔하다. 우울증에 동반되는 다른 증상으로는 죄의식, 수면장애, 정신운동초조나 지체(과도하거나 둔화된 운동)가 있다. 섬망이나 환각 같은 증상도 동반될 수 있다.[8] 주의력결핍이나 기억장애 같은 두드러진 인지장애와 일반적 인지둔화도 나타난다.[9] 노인집단의 경우 단극성 우울증이 양극성 우울증보다 흔하게 나타난다.[10]

일군의 인지 측정법을 통해 우울증에 걸린 노인을 살펴보면 이들이 정상적 통제가 가능한 사람과 치매 진단을 받은 사람 사이에 위치한다는 결과가 나온다.[11] 가성치매나 가역성 치매 진단은 우울증이 두드러진 인지장애를 유발했을 때 내려진다. 그러나 이 용어들은 그다지 정확하지 않다. 왜냐하면 증상이 치매와 그다지 유사하지도 않거니와 반드시 가역적이지도 않기 때문이다.[12]

오히려 이런 증상과 상당한 관련이 있는 것은 이마엽 줄무늬체기능장애다. 이 장애는 주변 환경에 대한 전반적 무관심과 정신운동지체뿐 아니라 집행기능장애를 일으킨다. 혈관질환 또한 감정적 반응을 매개하는 편도체의 역할에 영향을 준다. 환자가 이미 갖고 있는 만성병도 편도체의 역할에 영향을 미친다. 해마 용적의 감소는 우울증과 치매에서 모두 나타나는 듯 보인다.[13]

어떤 사람들이 우울증 같은 질환에 걸리는가를 설명하기 위해 스트레스-체질 모형을 자주 사용한다.[14] 체질 요소란 질환을 발생시키는 개인의 특정 성향을 가리키며 유전적 소인이나 심리적 취약성이 여기에 속한다. 스트레스 요소는 질병을 유발하는 외부 사건이나 자극으로 흔히 배우자나 직장을 잃는 사건이 여기에 해당된다.

우울증의 잠재적 위험 요인에는 성별이 중요한 역할을 한다. 우울증은 여성에게서 더 높은 비율로 발생하는데, 80세 이상 노인의 경우에는 남성에게서 더 높은 비율로 나타난다.[15]

이차적 우울증 발생 비율은 노인 사이에서 더 높다. 나이 들면서 질병이 늘고 약물 사용도 증가하기 때문이다.[16] 노인에게서 우울증 발생률이 상대적으로 더 높은 것은 신체질환 때문이다. 우울증과 연관된 질환으로는 감염질환, 당뇨병, 심혈관질환(특히 심근경색을 앓았던 환자) 그리고 치매가 있다. 우울증이 질환의 증상을 악화시킬 수도 있다.[17] 또한 질환이 우울증을 악화시킨다는 증거도 있는데 유난히 혈관질환이 그러하다.[18] 노년기의 우울증과 혈관질환 사이에는 실제로 강한 연관성이 있는 듯하다.

뇌혈관질환이 우울증에 중요한 역할을 한다는 것을 시사하는 증거가 있다. 이로 인한 우울증은 다른 우울증 증상과 다르다. 혈관성 우울증의 경우 인지장애, 구체적으로 언어유창성과 명명命名장애, 무관심, 정신운동지체(정신운동초조는 제외된다), 이해력 부족 등의 증상이 더 심하게 나타난다.[19]

혈관성 우울증 가설은 고령에 발생하는 우울증을 반영하며, 이 경우 노인이 경험하는 장애는 보통 우울증과 다르다. 특히 혈관성 우울증으로 인한 인지장애의 심각성은 다른 우울증보다 크며[20], 심혈관질환 위험 요인을 관리해 혈관성 우울증에 걸릴 확률을 줄일 수 있다.

주변 환경의 극심한 변화는 우울증 발생의 위험 요인으로 작용할 수 있다. 이런 변화로는 낮은 경제적 지위, 사회적 고립, 독립을 저해하는 장애, 사별이 있다.[21] 병에 걸린 배우자를 돌보는 역할은 우울증 발생 위험을 높인다.[22] 이런 역할에는 사회적 고립과 신체적 감정적 부담의 증가가 수반되기 때문이다. 돌보미의 복리 문제에 관해서는 이 장의 후반부에서 치매를 다루면서 더 살펴볼 것이다.

10장에서 살펴본 것처럼 일부 개인은 전형적 양상과 다른 방식으로 사별에 반응한다. 이런 비정상적 애도는 대개 우울증의 주요 증상과 유사하다. 명백한 사회적 위험 요인뿐 아니라 신체적 위험 요인이 발생하는 경우에도 우울증이 발현될 수 있다. 경미한 혈관장애로 뇌의 겉질 하부로 가는 혈류가 감소할 경우 둔화와 무관심이 나타날 수 있다.[23]

노인의 우울증은 진단이 어렵기 때문에 일정 기간 모르고 지나가거나 아예 모르고 넘어가기도 한다.[24] 우울증 증상은 암이나 심장병 증상과 매우 유사하며 특정 약물로 경험하는 부정적 효과와도 어느 정도 비슷하다.[25] 이런 의미에서 노인의 '가면우울증'(다양한 신체적 정신적 증상이 두드러져 우울 증상이 가려져버린 우울증—옮긴이)은 심각한 문제다.[26] 청년과 노인의 우울증 양상이 다른 것은 노화의 영향을 받는다는 뜻이다. 따라서 노인의 경우 신체질환에 더 강조점을 두게 된다. 피로 증가와 수면 부족은 노화의 불가피한 현상이라고 여기지만 실제로 이런 증상은 우울증 때문일 수 있다.[27] 노인의 우울증은 진단이 어렵기도 하지만 또한 과잉진단의 대상이 될 수도 있다. 이는 우울증을 측정하는 많은 방법에 수면 문제나 장腸 문제 등 신체질환에 대한 항목이 포함되어 있기 때문이다. 따라서 정상적 노화 과정에 수반된 증상을 우울증으로 오인할 가능성이 있다.

인지장애는 특히 진단이 어렵다. 어느 정도의 인지감퇴는 노화의 자연스러운 결과이기 때문이다. 따라서 인지감퇴에 대한 고통을 호소하는 경우 이를 우울증의 증상이라고 간주할 수 있다. 반면 고통을 호소하는 행위를 알츠하이머병처럼 더 점진적 질환의 지표라고 볼 수도 있다.[28] 이는 적절한 치료가 이루어지고 있지 않다는 말이다. 이런 상태에서 감별진단(증세가 유사한 특징이 있는 질병을 비교 검토해 초진 때의 병명을 확인하는 진단법— 옮긴이)은 그다지 신뢰할 만한 방법이 아니다.

우울증이 임박한 치매의 경고로 작용하는 경우도 있다. 우울증이 치매 초기 단계나 치매 위험 요인으로 작용할 수 있는데, 특히 사는 내내 우울증을 앓았던 환자의 경우에 확률이 높다. 알츠하이머병과 혈관성 치매는 우울증과 가장 연관이 많아 보인다.

자살성 사고思考는 심각한 우울증에 동반되는 증상이다.[29] 노인의 자살 시도는 청년층에 비해 성공 확률이 높다.[30] 또 노인층의 자살은 여성보다 남성에게서 더 빈번하다.[31] 자살에서 보이는 성차는 우울증이 진단되지 않은 채 진행된 결과일 수 있는데, 여성보다 남성이 더 많다. 이는 남성이 우울증 진단에 필요한 증상을 보고하지 못하기 때문인 경우가 많다.[32] 반면 여성은 자신에게 필요한 지원을 요구하는 일을 힘들어하지 않으며, 사회적 네트워크와 의료 서비스를 적절히 활용한다.[33] 많은 경우 자살은 심각한 신체질환에 대한 반응이다. 또한 정신 문제가 자살 행동의 매개 역할을 함은 물론이다.[34] 의사가 자살 전에 우울증 징후를 보았다 해도 공존질환으로 가려져 있었을 수 있다.

우울증 치료 전에 어떤 형태건 신체질환 치료가 반드시 선행되어야 한다. 약물 복용도 반드시 검토해야 하며 환자의 정기적 알코올 섭취 여부도 측정해야 한다.

우울증을 성공적으로 치료하는 방법은 많다. 노인층일수록 항우울제가 효력을 발휘한다. 선택적 세로토닌 재흡수억제제는 부작용이 가장 적어 의사들이 선호한다. 약효가 6주 후에도 나타나지 않으면 다른 약물을 고려해야 한다. 관찰 기간으로 6~8주 정도가 적당한데 이는 약효가 노인층의 경우 청년층보다 늦게 나타나서다. 일단 발휘된 약효는 감소하지는 않는다. 그러나 노년층의 경우 재발률이 높기 때문에 기능의 장기적 변화를 유도하기 위해서 장기적이거나 지속적인 처방이 필요하다.[35]

항우울증 약물에 반응이 계속 나타나지 않는다면 투여량을 늘려야 한다. 여기에는 반응 향상을 위해 이차 약물을 추가하는 처방도 포함된다. 추가되는 약물은 대개 리튬이다. 이 경우 리튬이 유발할 수 있는 심각한 부작용 때문에 정밀한 점검이 필요하다.[36]

전기경련요법은 노인에게 그리고 정신병적 증상이 있는 경우에 효과가 있다. 전기경련요법은 발작을 일으키기 위해 머리에 전극을 연결하는 치료법이다. 현대적 요법의 경우 치료 전에 근육이완제를 먼저 주사하는데, 치료하는 동안 환자의 자해로 뼈가 탈구되거나 골절이 일어나는 사고를 방지하기 위해서다. 전기경련요법은 환자가 유동식 섭취를 거부해 생명이 위태롭거나 자살의 위험이 심각할 때 고려해볼 만한 방법이다. 또는 표준 항우울제요법이 긍정적 결과를 보이지 않을 때도 고려된다.[37]

전기경련요법의 반응은 항우울제보다 빠르다. 항우울제의 효과가 가시화되는 데는 최대 8주까지 걸릴 수 있다. 반면 전기경련요법의 긍정적 효과는 단 몇 회의 치료만 받아도 바로 나타난다. 전형적 치료방식은 몇 주에 걸쳐 일정한 간격을 두고 6~12회 정도 전기충격을 가하는 것이다.[38]

물론 부작용도 있다. 치료 전후에 찾아오는 기억상실이 그것이다. 이런 기억상실증은 대개 지속 기간이 30분 정도에 불과하다. 환자들은 처치 직후 약간의 방향감각 상실과 두통을 겪을 수 있다.

인지행동 치료는 노인 환자집단의 기능향상과 유지에 효과적이다.[39] 이 방법은 환자의 행동뿐 아니라 이들의 믿음과 사고 과정에도 초점을 맞춰 습관적 행동에 의문을 제기하고 사고 과정을 재구조화해 우울증 진행을 차단하는 방법이다.[40] 노인층의 우울증을 치료하는 가장 효과적 전략은 인지행동 치료와 항우울제를 병행하는 것이다.

우울증에 걸린 노인에게 필요한 사회적 지원은 노인복지센터나 주간병원(입원과 외래 치료의 중간 형태를 취하는 치료 시설. 정신장애인을 치료할 때 취하는 형태로 주간에는 병원에서 치료받고 밤에는 가족과 함께 지냄—옮긴이)을 통해 제공할 수 있다. 또다른 대안은 환자를 지역 지원구조 측면에서 더 많은 것을 제공하는 다른 지역으로 이주시키는 것이다. 그리고 규칙적 운동은 우울증 환자 치료의 모든 프로그램에서 빠지지 않는 중요한 요소다.[41]

노인의 우울증 치료 결과를 보면 통제된 실험에서 나온 회복예측률과 실제의 회복률 사이에 차이가 있다. 다시 말해 치료 효능과 실제 치료 효과 간에 간극이 있다.[42] 이는 공존질환 때문일 수 있는데 공존질환은 모든 치료 효과에 개입해 영향을 준다. 임상실험의 경우 이런 공존질환을 통제하기 때문에 순수한 결과를 얻을 수 있고 이런 차이가 회복률의 차이로 이어진다. 노인에게 치료법을 권고하는 임상의는 처방약이든 일반약이든 다른 약물과 함께 복용했을 때 일어날 수 있는 상호작용, 즉 약물병용 문제를 고려해야 한다.

조울증

　조울증(양극성 장애라고도 한다)이 있는 대다수의 환자는 대개 노년기 이전에 진단을 받은 사람들이다. 조증을 노년기에 처음 경험한 사람의 경우 우울증 진단을 일찍 받았을 확률이 높다. 조울증은 여성보다 남성에게서 두 배나 많다. 고령에 발생하는 조울증은 대개 50세 즈음에 나타난다. 많은 경우 신경학적 공존질환도 일어난다. 이런 경우를 탈억제증후군이라 한다. 조증은 여러 약물이 서로 작용한 결과 초래될 수 있다. 이는 특히 처방받는 약의 수가 나날이 늘어나는 노인 사이에서 발생하는 문제다.

　조증 환자에게는 전반적 기분 상승이 일어난다. 조증은 자존감에 영향을 미칠 뿐 아니라 낙관주의 수준을 상승시킨다. 활동성이 증가하고 말하는 속도도 빨라진다. 활동 수준이 증가하면서 수면 시간은 크게 줄어든다. 동시에 위험을 무릅쓰는 행동 또한 증가한다. 인지장애도 일어나는데 주의산만이 그 증상 가운데 하나다. 낙관주의 수준의 상승에는 과대망상과 환각 같은 정신병적 특성이 수반되기도 한다.

　리튬은 노인의 조울증을 치료하는 약물로 종종 선택된다. 그러나 이를 처방하기 전에 고려해야 할 중요한 사항이 많다. 무엇보다 리튬의 치료 범위는 협소하다. 치료 범위란 의도한 결과를 얻기 위해 안전하게 처방할 수 있는 약물의 복용량 범위를 가리킨다. 이것이 협소하다는 것은 약물 독성에 대한 우려 때문에 복용량의 범위가 좁다는 뜻이다. 따라서 이런 약물을 복용하는 노년층 환자는 청년층보다 복용량이 낮다 하더라도 면밀한 점검 대상이 되어야 한다. 이는 신장 청소율, 즉 신장이 혈장으로부터 여러 물질을 배설하는 능력을 나타내는 척도가 나이 들면서 낮아지기 때문이다. 따라서 환자의 체내 독성 수치가 올라가지 않았는지 확인하는 것이 매우 중요하다.[43]

리튬 대신 쓸 수 있는 약물은 벨프로에이트 나트륨이다. 벨프로에이트 나트륨은 경련을 진정시키는 데 효과가 좋다. 또다른 장점은 부작용이 적다는 것이다. 벨프로에이트 나트륨을 리튬 치료의 보완책으로 쓰면 리튬을 줄여도 치료 효과는 그대로 유지할 수 있다. 일부 환자의 경우 신경이완제(항정신병약) 처방도 고려해볼 수 있다. 그러나 신경이완제를 노인 환자에게 쓸 경우 당뇨, 저혈압, 진정 효과 같은 부작용의 위험이 있다.[44]

벤조디아제핀은 조증이 유발하는 행동상의 동요를 관리하는 데 쓸 수 있다. 그러나 이런 종류의 약물을 노인에게 처방하는 데는 한 가지 위험이 따르는데, 지나친 진정작용과 인지혼란 때문에 발생하는 낙상으로 심각한 부상 위험에 노출된다는 것이다.[45]

불안장애

우울증과 마찬가지로 불안 또한 기억과 주의 능력에 많은 인지적 결함을 초래한다.[46] 그럼에도 노인층의 불안은 우울증만큼 주목 받지 못했다. 불안장애의 범위는 꽤 넓다. 범불안장애, 공포장애, 강박장애, 외상 후 스트레스장애가 불안장애에 속한다. 불안장애는 노년기에는 거의 발생하지 않으며 훨씬 더 젊었을 때 발병한다.[47]

우울증과 마찬가지로 노인의 불안을 확진하는 데 어려움이 많다. 우울증이든 불안이든 독립적으로가 아니라 공존질환의 일부로 존재하기 때문이다. 우울증과 불안은 어느 정도 증상이 유사하다. 두 질환 모두 겉으로 보기에는 심혈관이나 내분비계의 문제를 나타내는 증상을 유발해[48] 불안의 원인이 신체적 문제라는 오진을 내리기 쉽다. 빠른 심박동이나 복부 통증 같은 증상은 약물의 부작용일 수도 있다.

환자가 실제로 겪고 있는 병은 우울증인데 불안장애 진단을 받기도 한다. 이는 노인이 우울함과 연관된 감정을 표현하는 데 서툴러 의사에게 자신의 불안을 문제의 원인으로 언급하기 때문인 경우가 많다. 우울증의 경우에서 살펴봤듯이, 불안장애 환자가 겪는 인지 문제 유형은 치매 증상과 유사하다.[49]

환자가 불안과 관련된 증상을 보일 때 제일 먼저 해야 할 일은 이들이 현재 복용하고 있는 일반의약품을 검토하는 것이다. 식사에 대한 정밀한 검사도 필요하다. 정기적으로 섭취하는 카페인과 알코올 양까지도 확인해야 한다.

노인 사이에 가장 흔한 형태의 불안장애는 범불안장애다. 이 질환은 여성에게서 더 흔하다. 환자는 대부분 불안해하고 긴장감을 느끼며 생리적 자극에 더 민감하고 두려움을 표명한다. 불안장애로 인한 일련의 부정적 사고는 무분별하게 나타나므로 특정 질환이나 상황과 무관하다.

공황장애는 노년기에는 거의 발병하지 않는다. 공황을 일으키는 사건은 인생 초기에 겪었을 확률이 높다. 공황장애는 간헐적으로 재발되는 질환이다. 공황장애의 특징은 환자들이 살면서 다양한 시점에 이 증상을 경험한다는 것이다. 공황발작은 뚜렷한 이유도 없이 발생하는 극도의 불안 상태다. 갑작스럽게 발현되는 공황발작은 몇 분 동안 지속된다.

공포장애는 노인에게 꽤 흔한 질환이며 여성에게서 더 높은 비율로 나타난다. 공포장애란 환자가 특정 물체나 사건을 보는 경우 극도의 불안을 느끼는 것을 말한다. 특정 사건을 상상만 해도 불안 반응이 초래되는 경우도 있다. 공포장애의 형태는 다양하다. 광장공포증은 대중교통수단을 이용하는 등 탈출이 어려운 상황이 두려워 이런 상황을 피하는 질환이다. 광장공포증은 병약함 탓에 발생할 수도 있다. 대인공포증은 대개 비교적 일찍 발병하지만 평생 지속된다. 불안이 사람들을 만나는 상황에서 초래되므로 환자는 자신이 위협으로 느끼는 만남 자체를 피한다.

외상 후 스트레스장애는 특정 사건, 대개 생명을 위협하는 상황을 경험한 후에 발병한다. 증상은 대개 사건을 겪고 6개월가량 지난 후 나타난다. 주요 증상으로는 해당 사건으로의 침습적 플래시백과 되풀이되는 꿈이다. 환자는 극단적 분노나 집중력 부족을 보이기도 하고 많은 경우 우울증과 불안을 겪는다. 술이나 약물 의존 가능성도 높아진다. 외상 후 스트레스

장애 관련 증상은 노인층일수록 더 두드러진다.[50] 신체적 질환의 발발같이 스트레스를 주는 일들로 극심한 고통을 느끼거나 장기요양시설로 이주한 경험 또한 강렬한 감정적 고통을 유발할 수 있다. 이런 적응장애는 노인층에서 특히 흔하게 볼 수 있다.

다른 많은 질환과 마찬가지로 강박장애 또한 대개 성인기 초기에 발병한다. 그러나 이 질환은 평생 잘 치료되지 않는 경향이 있다. 강박장애는 환자가 불쾌하다고 느끼는 침습적 생각과 이미지로 이루어져 있으며, 환자는 이런 침입에 저항하려 한다. 강박적 행동은 이런 시도의 결과다. 환자들은 강박행동이 자신의 고통을 경감해주는 수단 외에 아무런 목적이 없다는 사실을 잘 알면서도 이런 행동을 멈추지 못한다. 강박장애 진단은 이런 증상이 일상기능에 방해가 될 만큼 심각할 때 내려진다.

앞에서 소개한 장애를 비롯한 대부분의 불안장애는 항우울제로 치료할 수 있다. 불안과 우울증이 모두 나타나기 때문이다. 선택적 세로토닌 재흡수억제제는 광장공포증과 대인공포증을 치료하는 데 처방할 수 있다. 그러나 비약물 치료를 통해 치료되는 공포증도 있다. 노인의 외상 후 스트레스장애를 잘 치료할 수 있는 방법은 거의 없다. 그러나 선택적 세로토닌 재흡수억제제와 삼환계 항우울제가 일정 정도 약효를 보인다. 벤조디아제핀은 불안 증상을 치료하는 데 유용하다. 그러나 인지혼란과 지나친 진정 효과 때문에 낙상 가능성을 높일 우려가 있다. 베타차단제는 불안으로 인한 생리적 증상을 치료하는 데 쓰인다. 그러나 노인에게 이 약을 처방할 경우 부작용이 상당하다는 단점을 반드시 고려해야 한다.[51]

비약물 치료로는 인지행동요법이 있다. 공포증을 치료하려는 노인은 극히 드물지만 도움을 구해올 때는 행동요법이 가장 효과가 좋다. 행동요법이란 환자가 두려워하는 상황에 대한 점진적 노출과 이완 훈련을 병행해

이완 상태가 공포를 대체하도록 만드는 것이다. 적응장애는 주로 상담과 사회적 지원을 통해 관리된다. 이 경우에는 특정 불안이나 우울증 증상을 완화하기 위해 약물을 처방하기도 한다. 다른 경우와 마찬가지로 노인의 강박장애를 효과적으로 관리할 수 있는 구체적 방법은 거의 없다. 다만 행동요법이나 일부 항우울제가 효력을 보일 수는 있다.

신경증적 장애

신경증적 장애는 불안장애와 강박장애 그리고 공포증을 한데 묶어 말할 때 쓰는 용어다. 따라서 관련 증상은 대개 우울증과 불안 증상을 수반한다. 불안으로 인한 신체 증상으로는 근육 뭉침, 두통, 흥분이 있다. 공황발작 같은 증상을 신체질환으로 오진해 환자를 심장병이나 위장병 전문의에게 보내는 일도 있다. 그러나 공존질환의 가능성을 고려하면 이런 신중한 처사는 적절하다. 특히 불안이나 우울증이 신체적 통증의 호소로 나타나는 신체화 장애(신체화증후군)가 그러하다. 이런 경우 증상을 통제하려 했던 부적응전략 때문에 행동 문제가 나타난다. 이런 부적응전략으로는 회피전략, 알코올이나 기타 약물 남용, 식이장애가 있다. 유전적 요인은 환자가 특정 감정을 느끼는 동안 경험하는 반응에 일정 정도 영향을 미친다. 신체적 감퇴나 불능의 여파는 노인층에서 두드러지게 나타난다.

신경증적 장애가 있는 노인에게 인지행동요법이 효과가 있다는 사실을 입증하는 증거가 있다. 인지행동요법은 신경증적 장애와 관련된 부적응적 사고방식을 막기 위한 기술을 활용한다. 그 과정으로는 부정적 생각이 떠오를 때 이를 인지왜곡의 결과라 여기고 맞서는 것, 행동 교정을 돕기 위해 조건화와 강화전략을 사용하는 것 등이 있다. 노인을 위한 치료 계획을 세울 때 중요한 점은 환자의 신체기능 수준과 인지장애의 정도를 고려하는 것이다. 노령 환자가 가진 신체기능 문제와 인지장애는 현실적 치료

에서 사용할 수 있는 방법을 선택하는 데 제약을 가져온다.[52]

노인의 신경증적 불안 증상을 치료할 때 대개는 약물 치료를 쓴다. 그동안 정신과 의사들은 자신이 제공하는 치료법이 노인층에게 적합하지 않다는 데 의견의 일치를 보여왔다. 그런데 요즘 이런 양상이 변하고 있는 것 같다.

건강염려증

건강염려증은 신체형 장애로 분류된다. 증상의 원인이 심리적 문제에 있음에도 환자는 끊임없이 신체적 문제를 이야기하기 때문이다. 환자는 자신의 질환에 대한 심리적 해석을 들으려 하지 않는다. 그러므로 이들은 끊임없이 병원을 찾아온다.[53] 노인에게 건강염려증이 발생하는 것은 돈과 위신을 잃는 데 대한 극도의 불안감과 그로 인한 신체질환의 강박관념 때문이라고 할 수 있다. 또한 신체적 병약함에 따른 수행력 부족을 사회적으로 정당화하기 위해, 즉 기능의 감퇴를 상쇄하기 위한 수단으로 이 질환을 앓는 사람도 있다.[54]

불면증

수면은 24시간 내생적 주기(신체 내부에서 자연적으로 일어나는 주기—옮긴이) 안에서 발생한다는 특징을 갖는다. 이 주기는 자동적으로 진행되지만 햇빛과 반복되는 일상생활(식사 시간 따위의) 등 24시간 주기의 실행을 돕는 환경 자극으로부터 영향을 받는다.[55] 아무런 제약이 없는 경우 수면-각성 주기는 평균 24.2에서 25.1시간 정도다.[56]

수면은 뇌파검사를 통해 탐지할 수 있는 여러 단계로 이루어져 있다. 자는 동안 비렘수면과 렘수면 단계가 번갈아가며 발생한다. 평균적으로 성인은 이 주기를 밤마다 최대 6회까지 경험한다.[57]

수면 부족은 많은 노인이 겪는 문제로 나이 들면서 점차 수면 패턴이 바뀌어 총 수면 시간이 성인기 초기보다 짧아진다. 이유 가운데 하나는 노인은 잠이 드는 데 성인보다 시간이 더 걸린다는 것이다. 게다가 노인이 대개 성인보다 잠이 일찍 깬다는 사실을 감안하면 수면 부족은 더 악화된다. 또한 밤에도 깨어 있는 경우가 더 많아진다. 결국 서파수면(깊은 잠) 시간이 렘수면과 마찬가지로 상당히 줄어든다. 이런 요인과 다른 요인이 결합해 전반적인 수면의 질 저하를 초래한다.[58]

불면증은 수면의 양과 질이 정상적인 건강기능에 필요한 만큼 충분치 않을 때 발생하며 기억과 주의력 저하, 낙상 위험 증가로 이어진다. 불면증은 외부 스트레스 요인이나 행동 패턴의 방해 때문에도 일어나는데, 단기간의 문제로 그칠 수도 있고(급성 불면증) 장기화될 수도 있다(만성 불면증).[59] 만성 불면증은 수면무호흡증과 신체질환으로 인한 고통이나 정신질환의 결과일 수 있다. 치매도 수면 패턴을 심각하게 망가뜨린다. 또다른 요인으로는 약물 부작용, 카페인과 니코틴 같은 자극성 물질의 과용 그리고 낮잠이 있다.[60]

불면증 환자 진단 시 중요한 점은 이들의 수면 패턴에 대해 명확한 설명을 듣는 것이다. 수면 일기를 쓰면 이런 설명을 효과적으로 얻을 수 있다. 불면증 환자 치료의 첫 단계는 환자의 수면 위생(밤에 숙면을 취하기 위한 행동과 원칙—옮긴이)의 개선이다. 이는 수면에 부정적 영향을 미치는 행동을 분리해 교정하고 수면 환경을 개선할 방법을 찾는 것이다. 그중 한 가지 방법은 환자가 침대에서 보내는 시간을 제한하는 것이다. 침대는 휴식 장소가 아니라 잠을 자는 장소로 수면 욕구를 느낄 때만 침대로 갈 것을 권고한다. 이완요법과 운동도 환자의 불안을 줄이기 위한 방편으로 쓰일 때 유용한 치료법이다.[61]

약물도 사용 가능하다. 그러나 약물 사용은 의존 가능성과 신체적 부상 위험의 상승이라는 문제가 따른다. 불면증 치료제로는 조피클론, 졸피뎀, 잘레프론 같은 벤조디아제핀계 약물을 처방한다.

조현병

지난 수십 년 동안 조현병(정신분열) 환자를 시설에서 내보내는 경향이 점진적으로 증가했으며 지역사회 내에서 지원을 받아야 할 노령의 조현병(망상, 환청, 언어 와해, 정서적 둔감 등의 증상과 더불어 사회적 기능에 장애를 일으킬 수도 있는 정신과 질환—옮긴이) 환자 수가 늘어났다.

조현병 증상은 특이한 행동이 존재한다는 측면에서 양성일 수도, 정상적 행동이나 정서가 없다는 측면에서 음성일 수도 있다.[62] 조현병의 양성 증상들(망상, 환각, 사고장애 등)은 나이 들면서 규칙성과 강도가 약화되기도 한다. 고령에 조현병을 앓는 환자들이 겪는 환각은 이미 손상된 감각 처리기능 때문일 확률이 높다. 피해망상은 노인 사이에서 더 많이 나타난다. 반면 음성 징후인 무욕증(무관심), 언어 결핍, 정서둔화, 집행기능감퇴는 악화될 수 있다. 이는 대개 발병 이후 투병 기간이 누적되면서 결과적으로 사회적 고립을 강요당하게 되었다는 점, 부실한 지원망과 불규칙하게 반복된 입퇴원 과거 경력 때문이다. 노화로 인한 인지기능의 감퇴도 조현병을 더욱 악화시킨다.

대다수의 경우 성인 초기에 조현병이 발현되지만 고령이나 최고령의 사례도 있다. 고령 조현병은 여성의 비율이 더 높다. 노년기 조현병과 관련된 두 가지 주요 양상은 감각기능장애와 사회적 고립이다. 노년기 조현병은 성인기에 사회적 기능장애와 분열적 또는 편집증적 성격 특질을 보였던 사람에게서 발현될 가능성이 높다.

조현병 환자의 경우에는 신체질환이 공존한다는 사실이 흔히 간과된다. 이는 이 환자집단이 돌봄을 받고 있을 때조차 특정 치료를 고수하기 위해 자신의 증상을 보고하지 않는 경향 때문인 것 같다. 또한 환자는 통증에 대한 내성이 증가해 신체질환을 찾아내지 못한다는 결과도 있다.[63] 늘 그렇듯이 공존질환 치료가 중요하다. 공존질환에 대한 치료가 병행되어야 환자가 전반적 안녕감을 찾을 수 있다. 성인기 초기에 발병한 환자가 병 때문에 자신의 건강을 제대로 돌보지 않았을 경우 특히 그러하다.[64] 감각처리에 생긴 기존의 결함에서 증상이 유래하는 경우가 많으므로 시력을 개선한다든지 쌓인 귀지를 제거하는 등, 처치 가능한 질환을 치료해 일부 문제를 경감하는 데 기여할 수 있다.[65]

처방 약물의 투여량은 젊은 성인에 비해 훨씬 적지만 추체외계통 부작용의 위험은 매우 높다. 추체외계통 부작용이란 약물의 여파로 바닥신경절기능에 나타나는 급성 신경성 후유증이다. 증상으로는 갑작스러운 근육 수축 현상인 근육긴장이상, 과다활동 상태로 가만히 앉아 있지 못하는 정좌 불능, 수전증이나 활동 제어 불능, 정서 반응 불능을 나타내는 가성 파킨슨병이 있다. 항우울제의 사용을 늘리면 인지기능이 증진되고 인지행동요법 또한 효과가 있다. 기능향상을 가장 잘 예측할 수 있으려면 사회적 지원을 개선해야 한다. 시설 치료는 증상이 심각해져 기능이 침해받는 경우 점점 더 선호하는 선택지가 되고 있다.[66]

망상장애

망상장애 환자에게 발현된 망상은 대개 평생 지속된다. 망상은 대개 피해망상의 성격을 띤다. 물론 신체망상과 과대망상도 있다. 망상장애는 대체로 40대에 발현되며 남성보다 여성에게 더 흔하다. 망상장애의 위험 요인으로는 사회적 고립, 경제적 근심, 감각 손상과 두부외상이 있다. 망상장애 발병에 일반적인 패턴은 없다. 점진적으로 발병하는 경우도 있고 급성 발병도 있다. 환자는 망상 이외의 사고 작용에는 문제가 없다. 치료법으로 선호되는 약물은 비정형 신경이완제다. 이로써 환자의 추체외계통 부작용 확률이 줄기 때문이다.[67] 인지행동 치료 또한 환자가 갖고 있는 망상을 둘러싼 문제를 다루는 데 유용하다.

성격장애

성격장애를 하나의 진단 범주로 봐도 좋은가에 대한 논쟁은 합당하며 여전히 진행 중이다. 특정 진단이 갖가지 증상을 묶어놓고 성격장애라고 부르는 경우가 대부분이어서다. 노인의 성격장애를 진단하려고 할 때 이 문제가 더 두드러지는데, 노년기로 들어갈수록 충동적 행동을 할 가능성이 줄어들어 부적응 행동을 감지하기가 더 어려워지기 때문이다. 반면 노령 환자의 쇠약 상태를 약물에 의존하려는 몸부림에 불과한 것으로 오진할 수도 있다.[68]

성격장애는 지속적이고 극단적인 행동 패턴이 고착되어 일상생활에 필요한 유연성이 작동하지 않는 상태가 특징이다. 반사회적 성격장애, 경계성 성격장애, 수동 공격적 성격장애는 청년층에게 흔한 반면 노인은 편집증, 분열성 성격장애, 또는 강박성 성격장애 진단을 주로 받는다.[69]

노년기의 성격장애 관련 연구가 거의 전무해 검증된 평가 방법 또한 없다. 나이 들수록 성격은 큰 변화 없이 고착되는 게 일반적이지만, 상황 변화에 대처하기 위해 전략을 택할 때 특정 특질에서 얻은 이득과 그로 인해 발생한 민감성이 두드러지게 드러나는 경우도 있다. 이런 요인은 상황 변화에 적응하는 유연성과 효과를 결정하는 중요한 결정인자다.[70]

성인기 내내 성격장애 증상을 보였을 수 있는데도 노년기가 될 때까지 진단을 받지 않은 경우가 종종 있다. 그에 대한 설명은 다양하다. 그중 하나는 노년기가 삶의 방식에 초래하는 변화가 상당히 두드러지기 때문에 아무리 행동 관리를 하더라도 성격장애 증상의 징후를 숨길 수 없다는 것이다. 또다른 설명은 식이장애 같은 다른 질환이 더 뚜렷하게 나타나기 때문에 성격장애가 가려졌을 가능성이 있다는 것이다.[71]

성격장애 진단을 받은 환자에게 제공할 수 있는 정신과 치료는 환경 조절을 통한 질병관리 정도라는 것이 일반적 합의다.

편집장애

편집장애는 정신질환 진단 및 통계편람 II축에 속하는 성격장애의 하위 질환이다. 편집증은 노년기에 발병할 수 있다.[72] 편집증을 앓는 사람은 의심이 많으며 의심에 대한 근거를 설명하지 못하면서도 타인을 믿지 못한다. 노인의 편집증적 사고는 대개 시각이나 청각 손상의 결과다.[73] 감각장애 때문에 상황에 대한 오해가 일어난다. 이런 편집증적 사고는 인지 손상에서 비롯되기도 한다. 지갑을 잘못 두고 나서 누군가 훔쳐갔다고 의심하는 경우가 그런 예다.

약물 남용

노화에 따라 몸의 전반적 구성이 변하면서 알코올 대사 능력도 변한다. 몸은 젊은 시절에 마셨던 알코올 섭취량을 감당할 수 없게 된다.

술을 마시고 싶은 강한 욕망을 보이고 마시기 시작하면 양을 조절하지 못할 경우 알코올의존증 진단이 내려진다. 알코올을 섭취하지 않으면 극심한 금단 증세가 나타나고, 환자는 자신의 건강이 위험하다는 사실을 알지만 이런 행동을 중단하지 못한다.

나이 들면서 알코올 섭취량이 줄기 때문에 노인의 절반가량이 술을 자제한다. 그러나 어떤 경우에는 알코올 섭취가 더 증가하기도 한다. 예를 들어 인생의 중요한 사건으로 또는 은퇴 후 규칙적인 생활을 하지 않게 된 경우다. 노인의 약물 남용은 중요한 문제임에도 간과된다. 가장 흔한 것이 알코올 남용이다.[74] 인구구성비의의 변화로 알코올의존증 노인의 수가 증가했고 결국 알코올의존증이 '소리 없는 전염병'이 되기에 이르렀다.[75]

노인의 알코올 남용 감지가 어려운 것은 젊은이가 알코올 남용에 빠지는 것 같은 상황이 노인에게는 드물기 때문이다. 게다가 노인은 알코올을 남용하지 않으리라는 일반적 기대도 한몫한다.[76] 노인의 알코올 문제는 대개 우울증으로 오진된다.[77]

알코올의 영향은 환자의 신체적 정신적 질환을 악화시킬 때 드러나기도 한다. 또한 알코올 남용은 감각 정보 유입과 정신운동기능뿐 아니라 인지기능에 다각적으로 부정적 영향을 끼친다. 무엇보다 노인집단의 알코올 남용은 낙상의 위험이 증가한다는 측면에서 중요하다.[78] 알코올의 만성적 과잉 섭취는 우울증과 다른 정신질환의 위험뿐 아니라 인지기능 저하의 위험을 높인다. 알코올 남용을 꽤 늦게 시작한 이도 상당수다. 이런 행동 변화는 사별이나 신체기능의 변화 또는 은퇴 등 중요한 부정적 사건의 결과인 경우가 많다.

적당한 알코올 섭취가 긍정적 효과를 발휘하는지를 두고 논쟁이 많다. 어떤 연구는 알코올이 심혈관기능에 긍정적 영향을 미치며 치매 위험을 낮추는 효과가 있다고 주장하기도 한다.[79] 하지만 노인이 알코올 과다 섭취로 영양 결핍에 빠질 위험은 상당히 크다. 간경변으로 사망할 위험도 증가한다. 그뿐 아니라 알코올이 환자가 현재 복용 중인 약물과 예기치 않게 상호작용을 일으킬 가능성에 대한 우려도 있다. 특히 정신과 약물과 (항응고제인) 와파린 같은 약물은 위험하다.[80]

알코올의 신경독성 효과가 알코올성 치매로 이어지는 경우도 있다. 알코올성 치매는 알코올 섭취를 중단하면 어느 정도 회복된다. 만성 알코올 남용은 티아민(비타민B1) 결핍을 일으키는데, 알코올이 위장 내에서의 비타민 흡수를 방해하기 때문이다. 티아민 결핍 증상으로는 정신착란과 눈근육마비와 눈떨림 그리고 운동실조증이 있다.

알코올 남용 및 의존(알코올 중독)은 치료하지 않으면 사망할 수 있다. 그러나 대다수는 사망하기보다는 코르사코프증후군에 걸린다. 이는 티아민 결핍으로 생기는 건망증이다. 이 증후군에 걸린 환자는 역행성 건망증 증상을 보일 뿐만 아니라 새로운 기억을 형성하지 못한다. 그러나 건망증의 많은 다른 경우와 마찬가지로 작업기억과 절차기억은 영향을 받지 않는다. 코르사코프증후군의 예후는 그다지 좋지 않다.[81]

알코올 남용 및 의존은 개인 건강 측면에서 심각한 결과를 가져올 뿐 아니라 가족과 친구 사이의 관계를 단절시키고 교통사고의 가능성 또한 높인다.

집단 치료는 특히 노인에게 효과가 좋다. 동년배집단일 경우에는 효과가 더 좋다. 알코올이 가진 마약 성분의 작용을 막아주는 날트렉손(모르핀 길항제) 같은 약물을 처방해 금단 증세를 완화시키고 알코올의 보상 효과를 최소화해 심리사회적 개입을 보완해줄 수 있다. 그 밖에 다른 약물로 알코올에 대한 욕망을 줄일 수도 있다.[82]

알코올 금단 증세는 강렬한 불안감, 동요감, 잦은맥박, 무엇보다 수전증이 오며 발작을 겪는 환자도 더러 있다. 벤조디아제핀이 이런 증상을 관리하는 데 처방된다. 영양 불균형 해결을 위해 일련의 비타민대체요법을 쓰기도 한다.[83] 금단 증세가 나타날 때 진전섬망이 올 수 있고 이 경우 신속히 집중 치료를 하지 않으면 사망에 이를 위험이 있다.

이제 알코올이든 기분 전환 약물이든 젊은 시절에 약물을 남용하다가 노년기로 진입하는 사람들을 살펴볼 차례다.[84] 베이비붐 세대는 현재 노인에게 제공되고 앞으로도 계속될 치료법에 새로운 난제를 던지는 집단이다.

벤조디아제핀을 장기 처방하는 경우 노년기로 진입하는 현세대에게 의존성 문제가 일어날 수 있다. 핵심 문제 가운데 하나는 부상 위험, 특히 낙상 위험의 증가다. 그뿐 아니라 이 약물의 진정 효과는 움직이지 못하는 상태를 장기화할 수 있기에 현재 앓고 있는 질환이 악화되거나 새로운 질환이 생겨날 수도 있다.

섬망

섬망은 노인 사이에서 꽤 흔한 질환이다. 특히 병원에 입원한 후 가장 빈번히 일어난다. 섬망은 다른 많은 질환의 증상과 비슷한 증상을 보이기 때문에 정확한 진단이 어렵다. 조증이나 조현병과 마찬가지로 치매도 섬망을 초래한다고 알려져 있다. 섬망은 이런 정신질환 치료에 쓰이는 약물 때문에 생기거나 또는 환자가 자신을 제대로 돌보지 못해서 생길 수 있다. 원인이 무엇이든 환자가 섬망을 경험하고 있다는 사실은 뭔가 문제가 있다는 것을 보여준다.[85]

섬망을 앓고 있다는 강한 지표는 심각한 급성 인지장애다. 그러나 그 원인이 약물일 경우에는 증상이 덜 급할 수도 있다. 급성을 가장 적게 띠는 섬망은 치매로 인한 것이다. 섬망은 증상이 그다지 심각하지 않은 전구단계를 넘어 심각해지기 전에 저절로 해결되기도 한다.

섬망은 알코올 금단 증세 이후에 나타나는 것과 같은 과잉행동을 일으킬 수 있다. 이를 진전섬망이라고 한다. 진전섬망의 특징은 공격성과 수전증 증가, 근육간대경련이며 환각이 나타나기도 한다. 반면 저활동성 섬망은 민첩성과 경계 능력의 감소를 초래해 결국 권태감으로 이어진다. 노인에게는 저활동성 섬망이 더 흔하지만 증상을 감지하기가 훨씬 더 어렵기 때문에 임상의가 감지하지 못한 채 진행될 가능성이 높다.[86]

섬망은 환자가 집중력 유지에 곤란을 겪고 약간의 혼란을 느끼면서 시작된다. 시간 왜곡과 시공간장애가 발생하기 때문에 환자는 현실을 정확히 재현하기 힘들어한다. 섬망 환자는 밤에는 활동적이지만 낮에는 나른하고 졸려 보인다. 질환이 진전될수록 인지장애가 더 심해지고 현실 파악 능력이 사라지면서 환각을 경험하게 된다. 자각 수준도 떨어져 환자는 자신이 느끼는 고통에 대해 흥분과 분노를 드러낸다.

　섬망을 효과적으로 관리하려면 우선 약물 작용의 가능성, 감염 또는 탈수증 같은 원인을 분리해서 대처하는 것이 중요하다. 고통에는 파괴적 행동이 동반된다. 그러나 이런 행동을 중단시키기 전에 임상의가 행동의 원인을 정확히 파악하는 것이 매우 중요하다. 가족이 함께 도와주는 것도 환자가 겪는 고통을 줄이는 데 도움이 된다. 특히 익숙하지 않은 환경에서 치료를 받는 섬망 환자에게는 가족의 도움이 더 큰 효과를 발휘한다.[87] 섬망 치료를 위해서는 안전하고 안정적인 환경이 제공되어야 하며 이때 환자를 현재의 시간과 공간으로 유도하는 것이 중요하다.

치매와 치매성 질환

치매의 유병률은 60대 중반의 연령대에서 기하급수적으로 증가한다. 85세 이상 노인은 거의 3분의 1이 치매 진단을 받는다.[88] 영국에 거주하는 치매 환자만 82만 명이고 영국 인구 세 명 중 한 명은 갖가지 형태의 치매로 사망한다.[89] 치매는 하나의 질환이라기보다는 다양한 원인을 지닌 여러 증상들로 이루어진 증후군으로 개념화해야 한다.[90] 치매는 전반적인 인지 감퇴를 보인다.[91] 치매가 일으키는 문제로는 기억과 언어, 문제해결과 의사결성 능력의 주요 손상이 있다. 이런 결함은 일과 사회생활에 심각한 영향을 끼친다. 치매는 많은 증상이 섬망과 유사하지만 섬망은 일시적 질환이다. 또 섬망은 의식 상태의 변화가 특징인 것에 반해 치매는 말기까지는 의식이 비교적 온전하다.

치매 증상은 다양하다. 따라 환자의 증상은 그야말로 갖가지다. 공격성이 두드러지는 환자도 있고, 우울감과 위축된 태도를 보이는 환자도 있다. 뇌손상의 정도, 성격, 생활 환경이 큰 개인차의 원인이다. 치매 가운데 가장 흔한 질환은 알츠하이머병과 혈관성 치매다. 두 질환을 다 겪는 환자도 많다.[92]

치매 진단은 모든 처리 영역을 포괄하는 인지기능에 후천적 손상이 발견되었을 때 내려진다. 치매는 대부분 점진적으로 진행되며 치료가 불가능하다. 감지되는 첫 증상으로 가장 흔한 것은 기억 손상이지만 (자발적 행동 수행력을 상실하는) 실행증 증상이나 확연히 달라진 행동방식을 보이

는 환자도 드물지 않다.[93]

병리학적 관점에서 볼 때 치매는 겉질 영역에 손상이 생기는 겉질성 치매와 겉질 하부 영역에 발생하는 겉질밑(피질하) 치매로 구분된다. 알츠하이머병과 이마관자엽(전두측두엽) 치매는 겉질성 치매의 사례다. 헌팅턴병과 진행핵상마비는 겉질밑 치매다. 혈관성 치매와 레비소체 치매는 복합성 치매의 실례다. 겉질성 치매의 주요 특징은 기억과 언어와 수리 능력 그리고 시공간적 처리의 손상이다. 겉질밑 치매의 경우 주요 증상은 성격 변화와 기분장애, 기억 손상과 인지둔화다. 실어증과 실행증은 겉질밑 치매에서는 대개 나타나지 않는다.[94] 치매의 추가적 특징으로는 극도의 흥분, 공격성, 극심한 기분 변화, 방향 상실, 억제 상실, 환각, 수면 패턴의 손상이 있다.

대부분의 치매는 성인기 후기에 발병한다. 그러나 성인기 후기 훨씬 이전에 발병하는 치매도 일부 있다. 초기 발병 사례의 약 50퍼센트는 유전적 변이 때문이다. 아포지방단백E 유전자, 그중에서도 아포E ε4 대립유전자는 치매 발병 위험을 세 배로 높인다.[95] 아포지방단백E는 콜레스테롤을 운반하며 중추신경계의 손상을 고치는 기능에 관여한다.[96] 아포E ε4 대립유전자는 베타아밀로이드 축적을 초래하고, 베타아밀로이드는 아밀로이드반의 핵을 형성한다. 아밀로이드반은 신경세포 사이에서 형성되기 때문에 신경전달을 방해한다.

치매를 가장 먼저 감지하는 사람은 대개 환자의 친지나 친구다. 사별로 혼자된 사람에게서 전에 감지되지 않았던 인지 손상이 나타나기도 한다. 이는 죽은 배우자가 생전에 같이 살면서 둘의 일상적 문제를 좌지우지했던 탓에 그의 치매 초기 징후가 드러나지 않았기 때문일 수 있다. 따라서 현 상황에 대한 정보를 제공하는 또다른 주변인은 환자 본인의 진술과 더

불어 의사가 과거 병력을 수집할 때 반드시 필요한 요소다.[97]

치매 진단에는 환자 가족의 병력까지 포함하는 포괄적 병력이 필요하다. 다음으로 환자를 검사한다. 이 단계에서는 환자가 복용 중인 약물을 검토해야 한다. 가장 긴급하게 주의를 기울여야 할 약물은 중추신경계기능을 방해하는 종류의 것들이다. 앞에서 살펴봤듯이 우울증과 불안은 치매와 구별해야 한다.[98] 따라서 이 과정에서 중요한 검사는 인지기능평가다(자세한 내용은 8장 참조).

치매에 대한 일반적 정의를 다루었으니, 이제는 대표적 치매성 질환에 대해 알아보자. 우선 알츠하이머병부터 살펴보겠다.

알츠하이머병

알츠하이머병은 초기에 감지하지 못할 수 있다. 환자 본인을 비롯한 많은 이가 이 병의 초기 증상을 그저 노화에 따른 정상적 퇴화라고 여기기 때문이다.[99] 알츠하이머병 환자 가운데 일부는 초기에 직장생활과 사회생활을 꽤 잘 꾸려가므로 뭔가 신경 쓰이는 현상이 생겼다는 인식을 제대로 하지 못한다. 그러나 얼마 지나지 않아 기능 변화가 확연히 드러난다. 대개 첫 징후는 익숙한 환경에서 길을 잃을 때 나타난다.

치매로 인한 행동 변화의 상당수는 우울증 증상과 중복되기 때문에 구별하기가 매우 힘들다. 자신에게 어떤 문제가 생겼다는 걸 부인하는 환자의 행동은 대개 그 문제가 더 진행되었음을 암시한다. 결국 인지장애가 드러나고 질병 본연의 성질이 밝혀진다. 치매 환자는 근본적 인지장애뿐 아니라 환각과 망상과 편집증도 겪을 수 있다. 신체기능도 상당한 영향을 받으므로 위생 등의 개인적 관리에 도움이 필요한 지경에 이른다.

알츠하이머병 진단을 받은 환자의 발병 후 생존 기간은 최대 약 10년이다. 대부분의 경우 사망 원인은 감염, 주로 폐렴으로 인한 감염이다. 이 감염은 운동성의 급감으로 생긴다.[100] 알츠하이머병 환자는 효과적 치료법이 개발되지 않는 한 인구의 노령화로 더 늘어날 전망이다.

영상기술의 발전에도 살아 있는 환자의 치매를 유형별로 정확히 구분하기란 쉽지 않다. 우선 갑상샘 문제나 비타민 결핍 같은 치매의 이차적 원인을 배제하기 위한 검사를 시행할 수 있다. 종양처럼 구조적 이상에서 비롯된 치매는 영상검사를 통해 확인할 수 있다. 그러나 알츠하이머병의 양성 진단은 사후 뇌 부검을 통해서만 가능하다.[101]

부검을 하는 경우 알츠하이머병의 특징인 아밀로이드반과 신경섬유다발에 의해 유발된 손상 정도를 알아볼 수 있다. 이런 조직은 정상적으로 노화하는 성인에게서도 나타나지만, 알츠하이머병 양성 진단을 내리려면 사망자의 뇌에 일정 밀도의 아밀로이드반과 신경섬유다발이 보여야 한다. 이런 조직으로 인한 세포사와 신경세포의 연결 손실은 상당한 인지 손상을 유발한다. 알츠하이머병에 걸린 뇌에서는 예전에 건강한 신경세포가 살았던 조직에 액포가 발생한 모습을 볼 수 있다.

알츠하이머병은 가장 흔한 형태의 치매로 전 세계 치매의 60퍼센트를 차지한다. 알츠하이머병은 남성보다 여성에게서 더 흔하다. 발병은 점진적이고 꾸준한 감퇴의 궤적을 따른다. 구체적 증상으로는 신정보 보유의 어려움, 기존 지식 기억의 손상이 있다. 그뿐 아니라 실어증이나 실행증, (대상을 인지하지 못하는) 실인증과 (복잡한 행동을 조율하지 못하는) 집행기능의 손상도 나타난다. 행동상의 변화로는 방향 상실, 극도의 자극 민감성, 공격성, 억제 상실이 있다.[102]

뇌 병리학의 관점에서 알츠하이머병은 아밀로이드반과 신경섬유다발로 인해 생긴다. 아밀로이드반은 손상되어 쌓인 신경세포 조직과 세포 밖의 베타아밀로이드 퇴적물로 이루어져 있다. 아밀로이드반은 신경세포 간의 소통을 손상시켜 세포사를 유발한다. 이 반은 신경조직에 생기므로 염증을 촉발하며 동시에 별아교세포, 미세아교세포(세포 잔해를 축적시키는 식세포) 등의 신경세포와 시토카인(체내 감염에 따른 면역 반응)이 활성화되어 신경 손상을 일으킨다.[103] 신경섬유다발은 신경세포 내부에서 생기는 조직으로서 비정상적으로 과다 인산화된 타우단백질로 이루어져 있으며, 이런 성질 때문에 불용성이 되어 섬유 덩어리를 형성한다. 이런 다발은 대개 내측 관자엽과 대뇌 겉질 내에 생긴다. 신경원섬유(미세 세포질 가닥)는 후에 신경전달물질로 전환될 화학물질 수송에 사용된다. 그러나 신경섬유다발의 뒤엉킴으로 수송이 이루어지지 않아 신경전달물질 합성에 차질이 생긴다.[104] 이런 뒤엉킴이 유발하는 다른 변화로는 앞뇌 바닥핵 이상으로 인한 겉질 내 아세틸콜린의 손실 확산이 있다.

병리 현상뿐 아니라 내측 관자엽 내에서 수축 또는 위축이 일어나 약 50퍼센트의 신경조직이 손실된다. 최초로 영향을 받는 부위는 해마다. 해마는 새로운 기억 형성을 담당하는 부위다. 신경조직의 상당한 손실은 복측 앞뇌의 일부인 앞뇌 바닥핵에서 일어난다. 이 부위에는 상당 비율의 콜린 작동성 신경세포가 분포한다. 해마 조직의 손실은 아세틸콜린이라는 신경전달물질이 관장하는 기능에 지대한 영향을 미치는데, 아세틸콜린은 경계와 자각의 유지에 주요 역할을 수행하는 물질이다.[105] 실제로 알츠하이머병 치료에 쓰이는 많은 약물은 아세틸콜린을 분해하는 효소인 아세틸콜린 에스테라아제의 작용을 차단해 아세틸콜린 수치를 유지하고 아세틸콜린 손실로 인한 손상에 대처한다.

시간이 지나면서 더 광범위한 퇴화가 발생해 뇌실(뇌척수액으로 채워진 조직)과 뇌 표면 전체에 걸쳐 있는 대뇌구(대뇌의 나선홈)가 확대된다. 다음 부위는 관자엽과 마루엽인데, 이 부위의 손상은 모든 감각정보처리와 통합을 방해한다. 마지막으로 전 방위적인 퇴화가 진행된다.

잠재적 위험 요인을 분리하려고 하는 순간 많은 요인이 복잡하게 얽혀 있다는 사실을 알게 된다. 그럼에도 주된 위험 요인 가운데 하나는 성별이다. 알츠하이머병에 걸릴 위험이 높은 것은 여성이다. 물론 이런 결과는 유럽인의 발병 양상에 국한된다.[106] 건강하고 균형 잡힌 식이요법과 운동은 긍정적 효과를 보여왔다. 적극적 운동과 영양가 있는 식단은 혈압과 당뇨 수치를 낮춰 알츠하이머병의 위험을 줄일 수 있다. 현재까지의 연구 성과를 모아봐도 결정적인 내용은 없다. 적극적 뇌활동을 유지하는 것이 알츠하이머병 발병에 어떤 영향을 미치는지를 밝히려는 많은 연구가 있었다. 이는 14장에서 더 자세히 다룰 것이다.

알츠하이머병 가운데 소수가 유전성이며(가족성 치매) 유전적 알츠하이머병은 산재성 알츠하이머병보다 더 이른 시기에 나타난다.[107] 산재성 알츠하이머병, 즉 고령에 발병하는 알츠하이머병은 다양한 유전적 환경적 요인이 결합되어 생긴다.[108] 누구나 콜레스테롤 수송에 꼭 필요한 혈장단백질인 아포지방단백E를 부호화하는 유전자를 갖고 있지만, 아포E ε4 대립유전자를 가진 사람은 알츠하이머병의 발병 위험이 높다.[109] 다른 변종 유전자는 알츠하이머병의 유발 가능성을 감소시킨다고 알려져 있다.

흡연과 비만, 당뇨와 혈관질환은 또다른 위험 요인이다. 두부외상도 우울증 병력처럼 알츠하이머병 발병 위험과 연관 있다. 두부외상이 위험 요인인 이유는 아포E ε4 대립유전자를 가진 사람이 두부 손상을 입을 경우 그 손상 부위에 베타아밀로이드 퇴적물이 생긴다는 것을 보여주는 증거가 있어서다. 다운증후군도 알츠하이머병에 걸릴 확률이 높은데 이는 대개 아밀로이드반의 주요 요소인 베타아밀로이드를 형성하는 아밀로이드 전구

단백질 유전자의 과잉 복제 때문이다.

　알츠하이머병을 예방할 잠재 요인도 상당히 밝혀진 상태다. 인지보유는 평생에 걸친 교육 수준 향상과 신체적 정신적 활동과 연관이 있다고 알려져왔다. 대개 인지보유는 환자가 알츠하이머병 초기 증상에 대처하는 데 도움이 된다고 각광받는다. 그러나 곧 기능이 감퇴해 보상전략으로 인한 지연이 무의미해진다. 이런 경우 알츠하이머병은 더 진전된 상태로 타인에게 인지된다.[110] 폐경기 이후 호르몬대체요법을 받은 여성에게 치매 발병 위험이 감소하는 것으로 나타났다. 그러나 이와 상충되는 결과도 있다.[111] 폐경기에는 에스트로겐 수치가 떨어지므로 기억에 문제가 생긴다. 실제로 여성 환자집단이 콜린에스테라제 억제 약물에 더 민감한 반응을 보인다는 사실을 암시하는 증거가 있다. 그러나 이런 효과는 이들이 아포 E ε4 대립유전자를 갖고 있지 않을 경우에 한해서 나타난다.[112]

　비스테로이드성 항염증제를 사용하면 알츠하이머병 발병을 억제할 수 있다. 미세아교세포의 활성화와 시토카인은 알츠하이머병에 걸린 환자의 뇌에 염증을 일으킨다. 따라서 이 약물은 염증 과정에 길항작용을 할 수 있다.[113] 알츠하이머병 환자의 뇌에서는 항산화물질의 활동이 줄어들어 산화로 인한 신경세포 손상 가능성이 높아진다. 이런 이유로 식단에 비타민 E를 보충하는 것은 유익할 수 있다.

　알츠하이머병의 발병 기전에 대한 현재의 지식에 따르면 알츠하이머병이 발생하려면 뇌에서 많은 사건이 일어나 첫 지표가 나타나야 한다. 따라서 현재 이루어지고 있는 연구는 조기 진단뿐 아니라 알츠하이머병의 발생 위험을 보여주는 생체 지표를 찾아내는 데 집중되어 있다. 현재 최상의 지표가 될 후보군 가운데 하나는 뇌척수액 내의 낮은 베타아밀로이드 수치와 높은 타우단백질 수치다. 이 측정치들은 모두 민감성이 높으므로

상이한 형태의 치매를 판별하는 데 사용할 수 있다.[114]

알츠하이머병을 향한 대중매체의 관심은 이 질환에 할당되는 연구비를 올리는 데 기여해왔다. 그러나 이런 관심은 경각심을 불러일으켜 대중의 불안이 높아지는 결과도 초래했다.[115] 따라서 노인의 인지장애가 무해한 노화 증상이라기보다 알츠하이머병 때문이라고 성급히 결론 내리는 경향이 늘고 있다.[116]

혈관성 치매

혈관성 치매는 혈액 공급의 중단으로 뇌조직이 손상되는 다발성 경색, 또는 외상으로 인한 조직 손상인 병변이 발생해 인지장애가 악화되는 질환이다.[117] 혈관성 치매의 발병은 갑작스럽다. 기능감퇴는 순차적으로 진행되는데[118] 이는 경색 후 발생해 완전히 회복되지 않는다. 따라서 추가 경색이 발생하면 기능 전반이 감퇴된다. 이는 손상이 발생하는 부위와 범위의 정도에 달려 있다. 혈관성 치매 환자들은 대개 진단 후 3년을 넘기지 못하고 사망한다.[119] 환자 사망 원인의 절반이 허혈성 심장병이다.

혈관성 치매와 알츠하이머병 사이에는 분명한 차이가 있지만 증상이 놀랍도록 겹치기 때문에 구분하기가 매우 어렵다. 손상의 심각성에 따라 다르지만 환자의 본래 성격이 치매 말기까지 유지되는 경우도 있다. 기분 변화와 정신질환이 나타기도 한다. 혈관성 치매가 발병했음을 알 수 있는 초기 징후는 건강염려증이다. 기억기능이 손상되고 정신운동 지체가 나타난다는 증거도 있다. 병이 진행되면서 파킨슨병 증상도 나타난다.[120]

설상가상으로 85세 이상의 노인은 종종 파킨슨병과 혈관성 치매를 동시에 앓기도 한다. 혈관성 치매의 주요 위험 요인으로는 고혈압, 흡연, 당뇨병, (혈중 콜레스테롤 수치가 높은) 고콜레스테롤혈증, 가족력이다.

레비소체 치매

레비소체는 구형의 봉입체로서 신경세포의 세포질 내에 있다. 환자의 중간뇌와 뇌줄기 내에 있는 레비소체는 아세틸콜린과 도파민을 비롯한 신경전달물질기능을 파괴해 파킨슨병과 레비소체 치매 등을 일으킨다.[121]

레비소체 치매의 주요 특징은 민첩성 둔화와 주의력 산만, 시각적 환각과 망상이다. 환자들은 종종 움직임 둔화 같은 파킨슨병 증상의 징후를 보인다. 또한 렘수면 행동장애도 증상의 하나다. 환자는 더이상 정상적인 렘수면에서 발생하는 근육이완을 경험하지 못한다. 그 결과 환자는 실제로 꿈을 재연해 폭력 행동을 자주 보인다. 이는 부상의 위험을 높이는데, 이런 경우 취해야 할 조치 가운데 하나는 안전한 수면 환경 제공이다. 환자뿐 아니라 배우자를 위해서도 이런 조치는 중요하다.[122]

이마관자엽 치매

이마관자엽 치매는 대개 발병 시기가 45~65세 사이로 이른 편이다. 유병률은 남녀가 비슷하다. 이마관자엽 치매에 속하는 질환으로는 피크병, 의미치매, 비유창성 진행성 치매, 진행핵상마비가 있다. 이마관자엽 치매의 특징은 서서히 발병해 진행된다는 점에서 알츠하이머병의 특징과 유사하다. 이들의 행동은 극심한 이마엽 손상을 반영한다. 알츠하이머병과 관련된 병리 증상은 나타나지 않는다. 행동 조절이 일찍부터 손상되어 환자의 감정적 반응이 둔화되고 사고의 유연성이 떨어진다. 보속증과 시야에 있는 물건은 무조건 사용하려고 하는 행동을 보여 이마엽 손상의 고전적 징후를 나타낸다. 이들은 또한 주변에서 발생하는 사건 때문에 쉽게 주의가 산만해진다. 말의 자연스러움이 떨어지고 (남의 말을 그대로 흉내 내는) 반향어의 징후, 때로는 함구증도 나타난다.[123] 말기까지 기억 손상은 거의 일어나지 않으며 기억이 유지되는 기능 수준도 꽤 높다.[124] 환자는 운동 불능 증상을 겪기도 하고 반사 반응도 감소한다. 실금의 가능성도 있다.

치매의 희귀 원인

헌팅턴병은 시간이 지날수록 치매를 유발하는 운동질환이다. 헌팅턴병은 상염색체 우성 형질로 유전되는 질환이다. 따라서 이 질환이 있는 사람의 자식이 병에 걸릴 확률은 50퍼센트다. 병의 발발은 40세 전후로 이른 편이다. 물론 청소년기에 발병하는 드문 사례도 있긴 하다. 유병률은 남녀가 유사하다. 헌팅턴병의 특징적인 병리 현상은 꼬리핵(미상핵)과 바닥핵 피각(대뇌핵의 하나—옮긴이)의 점진적 약화다. 모두 운동을 일으키고 통제하는 뇌 부위다. 헌팅턴 무도병이라는 옛 이름은 이 질환이 팔다리와 안면 근육에 춤을 추는 듯한 움직임을 유발하는 운동장애라는 사실을 반영한다. 치매 관련 손상 패턴은 겉질밑 치매의 증상과 유사하다. 기억 손상은 비교적 일찍 시작되며 특히 정보 인출에 어려움이 생긴다.[125] 또한 주의력과 정보처리 속도에도 문제가 발생한다. 불안, 우울증, 성격장애, 편집증이 나타나는 사례도 있다. 질환 말기가 되면 공격성과 충동성이 높아진다.

크로이츠펠트 야코프병은 희귀질환이다. 이 질환의 초기 단계에는 정의하기 힘든 신체질환만 나타나다가 곧 기분과 성격의 변화가 따른다. 치매 증상은 그 이후에 나타나며 실어증과 실행증, 추체외계통 증상(근육 경직과 수전증), 피라미드로 증상(과다 반사와 경련)도 나타난다. 크로이츠펠트 야코프병은 진행이 매우 빨라 환자들은 진단 후 6개월 만에 사망에 이른다. 병이 진행되면서 근육이 약해지고 경련이 일어난다. 병리학적 측면에서 보면 뇌에 해면질 상태가 발생해 신경세포가 손실되고 조직이 붕괴될 뿐 아니라 뇌 속에 신경아교세포(비신경세포 지지조직)가 확산된다. 프리온이라는 전염성 단백질 입자 또한 감지된다. 프리온이란 바이러스처럼 작용하는 비정상 단백질이다.

인간면역결핍 바이러스성 뇌증은 HTLV-111 바이러스에 노출될 경우 발생한다. 이 바이러스는 혈액으로 감염되는 병원균이다. HIV는 레트로 바이러스로 자신의 리보핵산을 자신이 침입한 보조 T세포의 DNA에 옮겨 이 세포들을 파괴한다. 보조 T세포는 체내의 항체 생산을 돕는 역할을 하므로 이 세포의 손실은 뒤에 방출되는 신경 독소에 대한 면역 반응을 심각하게 훼손해 급성 감염을 초래한다. 이 감염은 톡소플라즈마증(독감 같은 증상)과 크립토콕쿠스 수막염(뇌와 척수를 둘러싼 수막의 염증)처럼 뇌 조직에 영향을 미칠 수 있다. 그렇지 않을 경우에는 중추신경계에 림프종이 자라날 수 있다. 신경병리학적으로 설명하자면 중추신경계에 미세교세포 혹이 생기며 세포 간 융합으로 다핵 거대세포가 형성되는데, 그 안에 HIV에 감염된 대식세포가 들어 있다.[126] 환자는 무기력함을 느끼고 인지 손상을 보인다. 말기에 이르면 환자는 심각한 치매 증상들, 함구증, 실금, 또한 어떤 경우에는 하반신마비가 나타난다. 고성능 항레트로바이러스 치료법은 이 질환을 상당히 성공적으로 치료해왔다.[127]

경도인지장애

경도인지장애는 과거에는 양성 노인성 건망증이라 불리던 것으로 인지 실패가 특정 연령대와 교육 수준의 사람에게 예측되는 수준보다 심한 상태를 기술하기 위해 사용한다. 환자는 기억에 문제가 있다고 호소하지만 대개 일반 인지기능은 영향을 받지 않는다. 결함도 영위하던 삶의 방식을 크게 방해할 정도로 심각하지 않다.[128] 경도인지장애가 후일 발병할 치매의 전조로 작용할 수도 있지만, 이런 경우에는 기억장애성 경도인지장애의 특수한 유형이라 봐야 한다. 사태가 복잡해지는 이유는 경도인지장애와 우울증이 나란히 발생하는 경우가 많아서다. 그뿐 아니라 대중의 두려움도 문제인데, 대중매체가 알츠하이머병에 대해 지나치게 자극적으로 보도한 결과다. 정작 심각하게 우려할 문제는 일상적 인지실패에 과민 반응해 불안이 확대되어 건강염려증 같은 연쇄질환의 소용돌이로 빠져들 가능성이다.

치매로 인한 우울증

우울증은 노인 사이에 만연해 있다. 그뿐 아니라 치매 진단을 받은 사람의 약 30퍼센트 또한 상당한 우울증을 겪는다.[129] 우울증은 치매와 증상이 비슷해 구분하기 어렵다. 여기서 문제는 두 질환을 구별하는 정확한 진단을 조기에 내려 환자와 돌보미 간의 이익을 극대화하기 위한 적절한 치료전략을 가동하는 것이다.[130]

파킨슨병

치매와 관련된 많은 신경질환 가운데 하나의 예는 파킨슨병이다. 파킨슨병은 주로 바닥핵기능에 영향을 미치는 질환이다. 바닥핵이라는 겉질하부구조는 뇌의 흑질(바닥핵을 구성하는 한 요소로 중간뇌에 위치—옮긴이)을 비롯한 다른 많은 부위와 연결되어 있다. 이렇게 상호 연결된 구조를 추체외계통이라 한다. 일부 약물은 바닥핵기능을 저해해 추체외계통 증상(운동 붕괴)을 유발할 수 있다. 흑질 내의 도파민 생산 감소는 파킨슨병을 일으키는 기전이다. 운동과 인지 그리고 정서에 근본적 역할을 담당하는 뇌 부위인 줄무늬체에서 나오는 도파민이 급격히 감소하기 때문이다. 파킨슨병 환자는 가만히 있을 때도 수전증을 보이며 운동둔화와 근육경직

현상을 보인다. 시작한 운동을 계속 유지하는 기능 또한 심각한 영향을 받는데 이런 상태를 '운동 불능'이라 한다. 그러나 이런 운동 불능 상태는 외부에서 자극을 주어 극복할 수 있다.[131] 좀 이른 발병도 있지만 대개 파킨슨병이 발병하는 연령은 60대다.[132] 파킨슨병과 관련된 질환은 레비소체 치매다. 환자들에게는 인지장애가 흔하게 나타나며 병이 진행되면서 장애도 심해진다. 파킨슨병 진단을 받은 사람들의 20퍼센트는 대개 파킨슨병 치매에 걸린다.[133] 파킨슨병 치매는 겉질밑 치매로 일반적 치매와 좀 다른 증상을 보인다. 인지둔화와 기분과 성격의 두드러진 변화가 함께 나타나기 때문이다.[134] 치매가 없을 경우에는 인지장애가 나타난다. 이 경우 집행기능의 결함이 더 두드러진다.

치료와 관리법

치매 치료와 관리에 대해 알아보자. 우선 약물 치료를 살펴보면 도네페질, 리바스티그민, 갈란타민 같은 콜린에스테라아제억제제는 아세틸콜린 수치를 높여 인지기능을 증진시키는 약물이다. 이 약물을 복용하면 과제와 활동 수행력이 전반적으로 올라간다. 이 약물의 효과는 항상 부작용의 위험과 비교 검토해야 한다. 콜린에스테라아제억제제는 구토와 설사를 유발할 수 있고 심장에 무리를 줄 수 있다. 그리고 많은 경우 기능의 향상은 감지하기 어려울 만큼 미미하다. 감퇴 속도가 일시적으로 감소하는 데 그친다는 연구도 있다.[135]

환자가 콜린에스테라아제억제제에 부작용을 일으키는 경우 메만틴을 쓸 수 있다. 이 약물은 N-메틸-D-아스파르트산수용체의 길항제인데, 알츠하이머병으로 손상된 세포가 과다 방출하는 흥분성 신경전달물질인 글루탐산염에 맞서 뇌를 보호한다. 글루탐산염은 활성산소(또는 자유라디칼)

의 생산을 자극한다. 활성산소는 인접한 분자들을 라디칼(홀전자를 가지고 다양한 화학 결합에 종사하는 원자집단)로 바꿔 뇌세포를 파괴한다. 이런 과정을 통해 연쇄적 세포 파괴가 시작된다.

특정 신경이완제를 써서 치매 환자의 심각한 흥분과 공격성, 정신질환을 약화시키기도 한다.[136] 그러나 할로페리돌 같은 옛 항정신병 약물의 효과를 입증하는 증거는 거의 없다. 오히려 이런 약물은 추체외계통 증상을 유발할 수 있다. 또한 아직 구체적인 현상이 밝혀지진 않았지만 이런 약물은 (대뇌출혈, 색전증, 혈전증 같은) 뇌졸중의 위험을 증대시킨다.

치매에 나타나는 우울증을 완화하는 데는 항우울제를 쓴다. 삼환계 항우울제는 여기에 쓰이지 않는데 이들은 이미 아세틸콜린의 손실이 있는 상황에서 손실을 더욱 가속화하는 항콜린성 효과가 있기 때문이다. 그러나 설트랄린 같은 선택적 세로토닌 재흡수억제제는 효과가 있다.

비약물 치료

치매 환자의 비약물 치료에는 세 가지 형태가 있다. 첫 번째 요법은 표적 행동에 대한 정적 강화를 통해 부적당한 행동이나 부적응 행동의 빈도를 최소화하기 위한 행동 관리 기법이다.[137] 보완책으로 치매에 대해 가족과 돌보미에게 교육을 제공해 이들이 겪을 불안과 스트레스를 줄여주는 것이 중요하다. 환자의 구체적 행동에 대처하기 위한 접근법도 있다. 흥분을 가라앉히기 위해 음악을 이용하는 요법이 한 예다.[138]

치매 관리는 환자가 자잘한 일상과 그 밖의 활동을 지속하도록 해주어 독립심을 최대화하되 환자의 생활 환경을 바꿔주는 것이다. 지역 사회의 작업치료 서비스(일상활동을 치료를 목적으로 사용하는 것—옮긴이)의 지원 또한 장려된다. 이 과정은 생활 환경이 관리 가능하고 안전하다는 것을 확인시켜주는 위험평가 수행으로 이루어진다. 환자가 예측 가능한 일상을 영위할 수 있도록 활동을 부여하고 규칙적으로 할 일을 일깨워주거나 시간과 공간에 대한 자각을 유지하는 데 도움을 준다.[139]

영국 국립보건임상연구원은 관찰된 행동장애의 잠재 원인을 확인하기 위한 초기평가를 제시한다.[140] 흥분 치료에는 음악요법이나 아로마요법 같은 선택지가 있다. 증상이 심각할 경우 부작용 여부를 고려하면서 신경이완제 처방을 하는 것도 방법이다. 약물의 위험에 대해서는 치료 전에 환자와 논의해야 하는데, 우선 소량을 처방하고 복용량을 점차 늘려서 효과를 극대화하는 것이 일반적이다. 아세틸콜린에스테라아제억제제는 행동장애가 심각하되 인지장애가 원인이 아닐 경우 처방한다.[141]

집의 환경을 환자의 상황에 맞게 변경하는 것은 특히 초기 단계에서 효과적인 방법이다.[142] 집 안의 특정 공간에 바닥재를 바꿔 환자가 방향을 잡는 데 도움을 제공할 수 있다. 이런 환경은 신체적 정신적 활동 수준을 확실히 높여주어 독립성이 향상됨으로써 알츠하이머병 같은 질환으로 인한 감퇴가 일부 상쇄된다. 감각 능력을 향상해주는 활동 또한 유익하다. 그러나 중요한 것은 환자를 늘 점검해 거주 환경이 이들의 능력에 최적화되어 있는지 확인하는 일이다. 그렇지 않으면 환자의 고통만 가중하는 결과를 낳을 수도 있다. 전문인력의 간호가 없는 경우라면 간병 전반과 영양 문제도 환자에게 맞게 조정할 필요가 있다.[143]

환자를 돌보는 돌보미도 지원해야 한다. 이런 지원은 심리교육의 형태를 띠어야 한다. 질환과 환자의 필요에 대한 이해를 심화할 수 있게 돕기 위해서다. 그뿐 아니라 돌보미는 환자뿐 아니라 자기 자신을 도울 수 있는 다양한 지원 방법에 대한 정보 또한 제공받아야 한다.

키트우드와 브레딘은 치매에 대한 통합적 그림을 제공하기 위해 신경심리학적 손상과 더불어 성격과 생애 건강력(태어났을 때부터 현재에 이르기까지 개인에 관련된 모든 정보로 부모나 기타 관계자의 보고나 여러 참고 기록에 의해 작성—옮긴이)과 신체 건강과 사회적 기능의 영향을 강조했다. 이들의 주장에 따르면 사회 환경은 치매 환자를 비인간화하려는 쪽으로 작용해 증상을 악화시킨다. 이들은 치매의 심각성은 신경병리학적 원인만이 아니라 사회적 영향으로도 설명할 수 있다고 주장했다.

돌보미의 복리

돌보미가 질환을 더 잘 이해하고 환자에게 필요한 사항을 돕기 위해 심리교육이 필요하다는 점은 이미 말했다. 그뿐만 아니라 많은 돌봄노동이 비공식적으로 제공되기 때문에(영국에는 최소한 600만 명의 비공식 돌보미가 존재한다) 돌보미의 복리를 다룰 필요가 시급하다.[144] 우울증이 치매 환자에게 흔하다는 사실은 이미 살펴봤다.[145] 그러나 못지않게 우려스러운 점은 돌보미의 우울증 비율도 높다는 것이다. 돌보미 가운데 약 20퍼센트가 우울증 증상을 보인다.[146] 간병은 신체적 정신적 부담이 매우 큰 일이다.[147] 따라서 돌보미는 자신이 당면한 어려움에 대처하도록 도움을 줄 수 있는 지원이 있다는 것을 알고 이를 누릴 필요가 있다.

정신약리학

노인이 겪는 주요 심리적, 신경퇴행성 질환을 살펴본 결과 분명한 점은 질환을 직접 치료하거나 회복과 관리를 간접적으로 돕기 위해 약물 치료를 한다는 것이다. 따라서 여기서는 약물의 작용방식과 노인에게 약물을 처방할 때 고려해야 할 사항에 대해 더 상세히 검토할 것이다.

약물 복용을 점검하고 통제하는 능력은 노인에게 중요한 문제다. 처방약을 제공할 때는 복용 시간과 복용할 때의 주의사항에 관한 방침이 함께 제공되는데, 이를 수행하기가 만만치 않기 때문이다. 일반의약품의 경우에는 문제가 더욱 복잡하다. 환자에게 처방한 약은 임상의가 적합하다고 생각한 양이지만 일반의약품에는 기본 용량만 표시되어 있다. 따라서 일반의약품을 복용할 때는 더 세심한 점검이 필요하다. 약사는 일반의약품을 주기 전에 신뢰할 만한 조언을 제공해 환자가 처방약에 신경을 쓰도록 하는 데 중요한 역할을 한다.

노인에게 약을 처방할 때는 확인해야 할 중요한 원칙이 많다. 이런 원칙에는 가능한 한 다양한 약물을 섞지 않는 것, 규칙적으로 복용할 약물의 순서와 복용법을 쉽게 만들어 수칙을 지킬 가능성을 최대화해야 한다는 것 등이 있다. 무엇보다 필요한 작업은 심각한 부작용이 발생하지 않는지 확인하기 위해 처방을 정기적으로 검토하는 일이다.

정신질환 치료 약물을 노인에게 처방하는 일은 특히 어렵다. 특정 약물의 효과를 살피는 임상실험에 대개 노인을 포함하지 않기 때문이다. 노인을 포함하더라도 이들은 대부분 실험 결과에 영향을 미치는 공존질환이 없는 경우에 한해서만 표본으로 쓰인다. 말하자면 공존질환을 앓을 가능성이 큰 노인에게 별 도움이 되지 않는 실험에만 노인이 포함되는 셈이다.

약동학

노인이 보이는 개인차의 영향은 약물을 사용할 때 가장 크다. 나이가 들수록 개인차는 더 커진다. 노화는 몸의 약물처리방식에도 영향을 미친다. 비슷한 연령대 간의 약동학(藥動學, 흡수-분포-대사-약 제거의 양적인 시간 과정의 연구―옮긴이)적 효과의 편차는 이런 개인차로 확연히 드러난다.[148]

흡수 중요한 것은 약물의 작용방식을 올바로 인식하는 것이다. 고려해야 할 네 가지 주요 단계는 흡수와 분포와 대사와 배설이다.[149] 흡수율은 섭취된 약물이 환자의 혈류로 들어가는 데 소요되는 시간을 가리킨다. 흡수율은 약물을 어떻게 투여하는가에 따라 달라진다. 경구용 약은 우선 위로 들어가야만 소장 내벽을 통해 흡수된다. 이 경우 내장혈류의 둔화로 인지 가능한 약효가 늦게 나타날 수 있다. 위장에서 소장으로 가는 이동률이 느려지면 흡수되어 원하는 효과를 낼 만큼 충분한 활성성분이 남지 않게 되어 필요할 때 약의 효과를 보지 못하게 된다. 이는 진통제와 수면제의 경우 문제가 된다.[150] 물론 그 반대의 경우도 있다. 약물의 이동률이 너무 빠르면 남은 약물까지 흡수되어 약물을 과다 복용한 결과가 된다.

분포 약물이 혈류로 들어간 직후 확산되는 효과는 환자의 심혈 관계의 효율성에 달려 있다. 약물의 일부는 혈장 단백질과 결합하고 나머지는 남는다. 약효는 단백질과 결합되지 않은 부분에 달려 있으므로 혈류 속에 남아 있다. 만일 지나치게 많은 약물이 단백질과 결합하지 않고 남는 경우 그 수치가 독성에 도달할 위험이 있다. 노인의 경우 혈장 단백질의 결합 성공률이 낮아서 혈류 속 약물의 독성 수치가 증가할 위험이 커진다. 일부 약물은 수용성이거나 지용성이다. 약물의 분포는 본질적으로 체수분 비율의 감소와 나이에 수반되는 체지방의 증가에 영향을 받는다. 따라서 노인의 경우 이는 수용성 약물(예를 들어 아스피린)의 분포 용량을 줄여 혈장 내 약물 농도를 높이는 반면, 지용성 약물(예를 들어 항우울제)의 분포 용량을 높여 혈장 내 약물 농도를 낮추는 결과를 초래한다.[151] 따라서 중요한 것은 약물을 처방할 때 수분과 몸무게를 나이와 함께 고려하는 일이다.[152]

대사 약물의 대사는 간에서 이루어진다. 혈류에서 독성 물질을 제거하는 속도는 노인이 더 느리다. 약물 대사는 간조직과 혈류 감소의 영향을 받는다. 간조직과 혈류 감소는 간세포가 약물을 수용하는 양에 악영향을 미쳐 독소 제거 속도를 상당히 떨어뜨린다.[153] 이는 약물의 작용이 연장된다는 의미다.[154] 따라서 대사 역시 복용량을 계획할 때 중요하다. 약물이 혈액 속에 오래 남는 경우 독성의 위험이 높아지기 때문이다.

배설 약물의 배설은 신장을 통해 소변으로 배출된다. 노화에 따라 신장기능이 떨어지면서 신장 배설이 두드러지게 약화된다. 따라서 충분한 조치를 위하지 않을 경우 배설되지 못한 약물이 독소 수준에 이를 가능성이 높아진다.[155] 약물이 간에서 대사될 때 신장 배설이 감퇴되면 적절한 조처를 취하지 않을 경우 독소 축적이 일어난다.[156]

약역학

몸에서 사용할 수 있는 수용체의 숫자와 기능의 변화는 노인의 약물 처방에 중요한 함의가 있다. 많은 경우 복용량을 줄여 의도한 효과를 볼 수 있다. 또 노인의 경우 부작용의 위험이 점점 높아진다. 예를 들어 운반체의 감소로 약화된 도파민 수용체 감소(시냅스 전종말〔신경전달물질을 배출하는 기능을 하는 축삭돌기의 가장 끝부분〕—옮긴이)로 도파민이 재흡수되는 구조)로 환자는 신경전달물질계에 길항작용을 일으키는 약물에 취약해지고, 이는 추체외계통 부작용을 증가시킨다.[157] 나이 들어가면서 약효가 잘 나타나지 않는 이유는 항상성 기능이 감퇴해서다. 생리 반응은 젊은층만큼 효율적으로 나아지지 않는다. 이 때문에 노인일수록 낙상, 고체온증, 저체온증, 탈수, 질식의 위험에 더 많이 노출된다.[158]

약물 병용의 주의점

약동학적, 약역학藥力學적 변화는 부작용을 유발하기 쉽다. 게다가 노인은 하나 이상의 질환을 앓고 있는 경우가 많아서 처방약이든 일반의약품이든 성인보다 더 많은 약물을 복용하는 경향이 있다. 만성병 약물 역시 노인 사이에 만연되어 있다.[159] 이런 상황은 바람직하지 못한 결과를 초래한다.[160]

약물을 통해 여러 질환을 동시에 치료하는 것은 복잡한 과정이다. 따라서 약물 병용에는 추가적 위험이 따른다. 서로 다른 질환을 치료하는 약물들은 상호작용을 일으켜 문제를 키울 수 있다. 특정 약물의 결합이 상생 효과를 낼 때도 있지만 일부 약물은 서로의 효과를 상쇄시킨다. 약물 상호작용으로 2차 질환이 발생하면 그 추가 증상 또한 치료해야 한다. 그러다 보면 1차 질환의 치료 효과가 기대만큼 크지 못할 수 있다. 노인에게 더욱 우려스러운 점은 일부 약물의 결합이 다른 질환을 닮은 증상을 초래할 수 있다는 것이다.

우울증 약물을 병용하는 환자의 경우 특히 약물 상호작용에 의한 역효과 가능성이 급격히 증가한다. 바라지 않았던 수많은 부작용은 이런저런 형태의 인지장애로 발생한다. 콜린성 신경전달물질계의 활동을 감소시키는 약물은 정신질환을 앓는 노인에게 흔히 처방된다. 정신질환 치료에 쓰이는 많은 약물은 효과가 동일하다. 삼환계 항우울제도 그중 하나다. 이 약물의 항콜린성 효과가 더해지면 이미 심각한 수준의 손상을 겪는 환자에게 극도의 혼란을 초래한다.[161] 노인에게 나타나는 이런 증상은 알츠하이머병 같은 치매 발병의 징조일 수 있다.[162] 적정한 약물 혼합 비율을 찾아내는 것은 환자와 의사 둘 다에게 그야말로 지난한 과정이다. 이는 비용 상승과 정신건강의 약화로 이어진다.

약물의 정기적 점검, 특히 노인용 약물의 점검은 반드시 필요하다. 그러니 약물 사이에 균형이 완벽하게 잡혀 있다 하더라도 환자가 따라주지 않으면 아무 소용이 없다. 많은 약을 동시에 처방하는 바람에 약물 관련 지시 사항 또한 복잡해진다. 하루 종일 의문거리가 넘쳐난다. 언제 복용해야 하는가? 얼마나 많은 양을, 몇 종류의 약을 먹어야 하는가? 약을 먹기 전후에 피해야 할 것은 무엇인가? 파악해야 할 것들이 상당히 많다. 노화하는 몸에는 가변적인 가지각색의 신체적 인지적 어려움이 생긴다. 이런 관점에서 보면 약물 복용 수칙 엄수는 중요한 문제다.[163] 이것이 잘 이루어지지 않는 가장 흔한 이유는 지정된 시간에 약 복용을 잊는 것이다.

약 복용을 돕는 방법

노인의 약물 복용 수칙이 제대로 지켜지지 않는 이유는 그 밖에도 많다. 무관심과 심한 퇴행을 보이는 정신질환 등의 많은 증상이 복용 수칙 엄수에 영향을 미친다. 인지기능은 환자가 정량의 약물을 적정 시간에 복용할 것을 기억하는 능력도 좌우하기 때문이다. 치매 환자의 경우에는 인지기능에 문제가 생긴다. 손을 사용하거나 음식물을 삼키는 등 신체활동상의 어려움도 특정 형태의 약물 복용에 영향을 준다.

인지기능결함의 가능성에 대처하는 한 가지 방법은 한 회 분량씩 약을 담는 개별 박스와 블리스터 팩(알약을 투명 플라스틱 칸 안에 개별 포장하는 것—옮긴이)을 사용하는 것이다. 이런 도구는 알약을 복용해야 할 시기를 명확히 지정한다. 치매 환자는 약을 올바로 복용하고 있는지를 확인할 감독이 필요하다. 손을 쓰는 데 문제가 있는 경우에는 열기 쉬운 뚜껑이 달린 용기를 쓰거나 앞서 말한 대로 개별 박스를 사용해 대처할 수 있다. 알약을 삼키는 데 문제가 있다면 액상 형태로 약을 처방한다.

자신의 질환과 치료를 대하는 환자의 태도는 치료 방침 엄수에 큰 영향을 미친다. 무엇보다 약효에 대한 태도가 중요하다. 환자가 특정 약물에 약효가 없다고 느끼거나 부작용을 빈번히 심각하게 겪는다고 느끼면 치료 방침도 지켜지기 어렵다. 환자에게 약효가 즉각적으로 나타나지 않는 이유, 또는 증상이 완화되어도 약을 계속 복용해야 하는 이유를 충분히 이해시켜 복용 수칙 엄수의 향상을 꾀해야 한다.

이 장의 요점 정리

  11장이 신체질환에 초점을 맞췄다면 이 장에서는 정신질환을 다루었다. 특히 성인기 초기에 발병한 많은 정신질환이 노년기까지 지속된다는 점을 살폈다. 그러나 노년에 발병하는 추가적 질환도 많다. 임상의가 부딪치는 주요 문제 가운데 하나는 여러 질환의 증상이 상당히 중첩된다는 것이다. 그뿐 아니라 공존질환 가능성도 높다. 이로 인해 심각한 결과가 상당수 초래된다. 조기에 명확한 진단을 내리지 못해 적절한 치료를 시작하는 시기가 늦어지면 심각한 결과로 이어진다. 공존질환의 문제는 노인이 특정 질환에 대한 약물과 그 약물의 부작용을 치료하는 추가 약물 등 늘 여러 가지 약물을 병용하는 데 있다.

  정신질환에는 약물 이상으로 제공해야 할 것들이 많다. 따라서 행동개입요법도 소개했다. 돌보미의 역할 또한 논의했다. 여기서는 돌보미의 복리가 환자에게 어떤 영향을 미치는지를 주로 살펴봤다. 비공식 돌보미의 역할은 세대가 바뀌면서 함께 달라지는 종류의 문제. 비록 이번에는 돌보미의 복리가 환자에게 어떤 영향을 미치는지의 측면에서 다루었지만 여기에는 고려해야 할 중요한 쟁점들이 있다. 비공식 돌보미의 역할은 각 세대와 함께 성장한다. 노인을 돌보는 사람이 배우자인 경우가 많으므로 이런 사람들에 대한 사회적 지원이 시급하다.

  마지막 부분에서는 체내에서의 약물 작용을 다루었다. 나이 들면서 약물의 흡수와 분포, 대사와 배설방식이 변화를 겪는다. 과다 복용의 위험을 최소화하고 최대 약효를 얻기 위한 용량을 처방하는 것이 중요하다. 이와 관련된 우려는 환자가 자신의 치료 방침을 엄수하는 문제다. 치료 방침 엄수에는 기능 수준과 약물 복용으로 인한 기대 효과에 대한 지식 등 중요한 요인들이 영향을 미친다.

13장

신경발달장애를 가진 노인들

최근까지만 해도 신경발달장애를 가진 성인에 대한 연구는 주목받지 못했다. 신경발달장애연구의 주요 대상은 아동기와 청소년기였기 때문이다. 그러나 이런 질환의 심각성을 생각하면 연구의 불균형을 해소하고 이런 질환이 평생에 걸쳐 어떤 영향을 미치는지 고찰해야 한다. 따라서 최근에 이루어진 성인 신경발달장애연구를 살펴본다. 이 분야의 주요 난제 가운데 하나는 증상이 어떤 발달상의 변화를 거쳐 성인기에 발현될 때 아동기와 청소년기의 증상과 달라지는지 알아내는 것이다.

이 장은 특수학습장애와 지적발달장애를 다루는 두 부분으로 이루어져 있다. 가능한한 정신질환 진단 및 통계편람 제5판에서 권고한 용어를 사용했지만, 그전에 출간된 연구를 참고할 때는 이전의 용어를 그대로 사용했다. 그래야만 정확한 결과를 기술할 수 있기 때문이다. 특수학습장애와 관련된 질환으로는 학습장애, 자폐 범주성 장애, 운동장애, 의사소통장애, 주의력결핍과잉행동장애가 있다. 지적발달장애는 정신질환 진단 및 통계편람 제4판에서 사용하던 정신지체란 용어를 대체한 것이다. 지적발달장애에는 다운증후군과 취약X증후군 그리고 뇌성마비가 있다. 각 부분의 첫머리에서는 주요 질환을 개괄하고 노인과 관련된 고유 쟁점들을 다룰 것이다. 이는 포괄적인 조사라기보다는 핵심 주제 일부에 대한 소개다.

성인과 노인의 특수학습장애

특수학습장애

학습장애 학습 성취도나 언어 능력, 말하기, 또는 운동기능에 장애가 나타나는 질환을 가리킨다. 학습장애에서 문제는 교육 부족이나 지적발달장애 때문이 아니다. 난독증, 난산증도 학습장애 범주에 속한다. 난독증은 단어인식 문제, 읽기장애, 철자에 문제를 보이는 질환이다. 난산증은 수를 개념화하고 처리하는 능력에 결함을 보이는 질환이다. 난독증은 단연코 이 질환 군에서 가장 많은 연구가 이루어진 분야다. 난독증 발병에는 유전력이 일정 역할을 한다.[1] 유전자와 환경 간에 중요한 상호작용이 존재하므로, 유전자가 어느 정도로 이 질환의 원인인지 결정하는 것은 부모의 교육 정도다. 예를 들어 부모의 교육 수준이 높을 경우 아이의 난독증 발병 위험은 유전적 취약성 때문일 확률이 더 높다.[2] 난독증의 근원적 문제는 언어처리, 특히 음운인식과 관련이 있다.[3] 성인을 대상으로 한 뇌영상연구에 따르면 장애가 없는 사람은 보통 사람처럼 읽기에 관여하는 뇌 부위를 활용한다. 반면 처음에는 읽기 능력이 완전하지 못하다가 아동기 때 향상된 집단의 경우 정상인에게서는 읽기와 관련이 없는 뇌 부위가 활성화되는 모습을 보였다. 이는 초기의 읽기 능력장애를 보완하기 위한 방편으로 새로운 부위를 활용하는 법을 습득했음을 보여주는 결과다. 읽기 능력에 진전 없이 지속적으로 장애를 보이는 집단의 경우 읽기에 관여하는 부위도 활성화되지 않았지만 기억에 관여하는 뇌 부위 또한 활성화 되지 않았다. 이런 결과를 종합해볼 때 읽기 능력은 결국 정보 기억에 의존한다는 사실을 알 수 있다.[4] 난산증에서 나타나는 숫자처리 결함에도 유전적 요인이 일정 역할을 하는 것 같다. 특히 의미기억의 결함에서 유전적 요인이 영향을 미치는 듯하다.[5] 뇌기능 면에서는 마루엽내고랑이 중심 역할을 수행하는 것으로 보인다.[6] 난산증과 난독증 사이에는 중복되는 특성이 거의 없어 보인다.[7]

자폐 범주성 장애 지난 수년 동안 이 장애의 정의는 거듭 변화해왔다. 정신질환 진단 및 통계편람 신판도 예외 없이 이 변화를 반영했다. 앞으로는 자폐증, 아스퍼거장애, 별도로 지정해놓지 않은 전반적 발달장애와 아동기 붕괴성 장애 모두 '자폐 범주성 장애'라는 포괄적 용어로 대체될 확률이 높다. 특히 아스퍼거장애를 진단할 때 요즘은 많은 임상의들이 일반인보다 높은 수준의 기능을 기준으로 삼는다는 점을 고려하면 이런 변화의 함의를 엿볼 수 있다.

자폐 범주성 장애의 특징은 사회적 기능의 심각한 손상이다.[8] 상대와 시선을 맞추는 일이든 자연스러운 만남과 대화에서든 소통의 장애가 두드러진다. 사회적 자각의 결핍은 자폐 범주성 장애 진단을 받은 이들이 시선을 상대의 눈이 아니라 입에 맞춘다는 사실을 통해 설명 가능하다. 따라서 자폐 범주성 장애인은 타인의 감정을 알아차리는 데 서툴다.

이들은 마음이론 능력 또한 서툴다. 6장에서 살펴본 대로 마음이론이란 타인에게도 자신만의 생각과 신념과 감정이 있고, 그것이 자신의 생각과 신념 그리고 감정과 다르다는 것을 이해하는 능력을 가리킨다. 이 능력의 결핍은 결국 이들이 마주하는 유형의 사회문제로 이어진다.[9] 그뿐 아니라 자폐 범주성 장애인은 타인과의 모든 상호작용의 의미를 곧이곧대로 받아들인다. 이들은 친숙한 일상에 닥치는 변화에 폭발적인 감정분출로 반응한다. 오락활동 중에 강박행동이 두드러지게 나타날 수 있다. 이때 문제는 공존질환이다. 자폐 범주성 장애 진단을 받은 이들 가운데 30퍼센트 이상이 또다른 학습장애도 가지고 있다.[10] 정신병리학적 측면은 이 장의 다른 부분에서 별도로 설명할 것이다.

자폐 범주성 장애의 원인에 대한 초기의 설명은 양육방식을 비난하는 데 초점을 두었다. 그러나 오늘날 분명해진 것은 이 장애에는 강력한 유전적, 신경생리학적 원인이 있다는 사실이다. 실제로 자폐 범주성 장애에는 강한 유전요소가 작용한다.[11] 다소 명백한 차이는 뇌의 전반적 외형 구조 측면에 있다. 간단히 말해서 자폐 범주성 장애를 가진 사람들의 뇌는 정상인보다 크다.[12] 뇌는 2~4세 사이에 커지기 시작한다.[13] 뇌가 더 크다는 것은 수행의 효율성이 증가하면서 신경세포 연결의 수가 줄어드는 현상인 시냅스 가지치기라는 정상적 과정이 이들에게서는 발생하지 않는다는 의미일 수 있다. 주로 커지는 부위는 이마엽과 관자엽 그리고 소뇌인데 이 부위들은 모두 사회적 행동과 긴밀하게 관련된다.

운동장애

투렛증후군 불수의운동과 발화, 즉 의지 없이 몸의 특정 부위를 움직이거나 소리를 내는 증상이다. 이를 틱장애라 한다. 시간이 지나면서 근육운동의 측면에서 틱장애는 점점 더 복잡한 양상을 띤다. 언어 틱장애는 상대방의 말을 그대로 따라하는 반향어, 동어반복, 음란한 말을 내뱉는 오언증으로 나뉜다. 여기서도 유전적 요인의 영향이 있다.

발달협응장애 앓고 있는 신경질환이 없는 상태에서 운동의 정확성이 떨어지는 질환이다. 손의 기민성이 결핍되어 있을 뿐 아니라 전반적인 기능도 약하다. 그 결과 균형과 자세의 손상도 일어난다. 앞에서 논했던 많은 다른 질환과 마찬가지로 발달협응장애가 성인기 내내 환자의 삶에 어떤 영향을 미치는가에 관한 논의는 거의 없었다. 이 장애가 평생 동안 지속된다는 것을 고려하면 보다 심도 깊은 연구가 필요하다.[14]

의사소통장애 언어 손상, 사회적 소통에서 일어나는 문제에 대한 인식능력의 부재, 불충분한 발성을 포함하는 일련의 장애다.

주의력결핍과잉행동장애 과잉행동과 집중력저하를 특징으로 하는 질환이다. 이 장애의 과잉행동과 집중력저하는 지속적이고 심각하다. 같은 자리에 계속 앉아 가만히 있어야 할 상황에서 증상이 특히 심해진다. 양성 진단이 나오려면 집과 학교처럼 최소한 두 곳의 상이한 환경에서 두드러진 증상을 보여야 한다. 공격적 행동이 나타나기 때문에 사회관계가 영향을 받고[15] 학업과 직업상의 성취도 원활히 이루어지지 못한다.

이 질환의 경우 유전적 요인이 중요한 역할을 한다.[16] 일부 연구에 따르면 주의력결핍과잉행동장애는 유전율이 최대 80퍼센트에 달한다.[17] 이 질환을 앓는 환자와 정상인의 뇌구조에 양적 차이가 있다는 증거도 있다. 예를 들어 특정 과제를 수행해야 할 때 환자의 이마엽에는 활성화가 적게 일어난다는 것을 보여주는 연구들이 그렇다.[18] 이런 낮은 수준의 활성화는 이 집단에서 보이는 행동 억제 능력의 결핍을 설명해준다.[19]

다양한 환경 요인도 질환의 원인으로 지목되어왔다. 무엇보다 식품첨가물이 주목받고 있다.[20] 물론 영향력 측면에서 결과의 일관성이 떨어져 신뢰도는 높지 않다. 환경 요인 가운데 효과 면에서 가장 일관된 것은 임신

중 어머니의 흡연이다. 태아의 발달 시기에 이루어진 니코틴 노출은 주의력결핍과잉행동장애 유병률 상승의 원인이라고 여겨져왔다.[21] 이 기전은 도파민 생성과 연관이 있을 가능성이 있다. 도파민 작용 문제로 행동 반응을 억제하는 능력에 부정적 여파를 미치는 것이다.[22]

최근 몇 년 동안 이 질환에 대한 인식이 극적으로 증가했지만 이 질환을 겪는 노인층의 연구는 거의 없었다. 수명이 늘어나면서 이 질환의 발병 가능성도 높아졌다는 점을 생각하면 이런 상황은 놀랍다. 이 질환과 관련된 주요 지표 중 하나는 삶의 질이다. 교육 수준 향상 가능성 감소, 이혼률 상승, 약물중독 등 이 질환의 부정적 여파들이 지표로 거론된다.[23]

성인의 주의력결핍과잉행동장애를 밝히고 치료하는 작업을 회피하는 경향이 있는데, 그 이유 가운데 하나는 이 질환이 성인 연령집단에서 발현되는 방식에 대한 정보가 부족해서다.[24] 한 연구에 따르면, 아동기에 이 질환을 진단받은 모든 환자의 절반이 성인기까지 질환을 앓았다.[25] 최근의 한 연구는 노인도 젊은이와 동일한 증상을 공유하고 있으며 관련된 손상의 양상 또한 같다고 주장한다.[26] 증상이 지속된 결과, 이 질환을 앓고 있는 노인은 대부분 평생에 걸쳐 축적된 부정적 여파로 직업과 사회생활과 경제 등 삶의 모든 영역에서 문제를 겪었다고 기술했다.[27] 그러나 증상의 여파가 커졌음에도 증상의 심각성은 나이가 든다고 해서 더 악화되는 것 같지는 않다. 대부분의 노인은 나이 들면서 오히려 이 질환에 대한 대처 능력이 향상되었다고 말했다.[28]

성인이 대처해야 할 문제가 주의력결핍과 충동 조절뿐이라는 인식은 최근의 한 연구에 의해 잘못된 것으로 밝혀졌다. 이 연구에 따르면 과잉행동 또한 성인기까지 남아 있는 증상이었다.[29] 이는 운동행동을 억제하는 능력이 성인기에도 계속 결핍되어 있음을 보여준다.[30] 성인집단이 겪는 집행장애가 어느 정도인가를 생각해보면 이 연구의 주장이 타당하다는 것을 알 수 있다.

신체질환과의 공존

공존질환의 문제는 정신건강 문제와 관련해 논의했다. 여기서는 특수학습장애의 측면에서 공존질환의 문제를 다루려 한다.

자폐 범주성 장애는 지적장애(이 용어는 정신질환 진단 및 통계편람 제5판에서 지적발달장애라는 용어로 대체된다)뿐 아니라 지적취약X증후군 같은 다양한 질환과 함께 발병한다.[31] 지적장애는 정신병의 증가 가능성을 수반한다.[32] 자폐 범주성 장애와 지적장애 그리고 정신병 간의 연관성은 불분명하다. 자폐 범주성 장애를 가진 이들의 정신병 진단 가능성은 대개 기능 수준에 달려 있다. 증상 발현은 기능이 높거나 낮은 정도에 따라 개인차가 있기 때문이다.[33] 따라서 이 분야의 얼마 안 되는 연구들은 주로 고기능 자폐 범주성 장애에 초점을 맞췄다.

현재 이루어지고 있는 연구들의 또다른 결함은 자폐 범주성 장애아들에게만 공존질환연구가 집중되어 있다는 점이다. 이 질환을 가진 성인의 공존질환에 대한 연구는 거의 없다. 성인집단에 적용할 수 있는 증거로 분명한 점은 우울증[34], 불안[35], 강박장애[36] 등 다양한 형태의 정신질환이 자폐 범주성 장애와 관련이 있다는 사실이다.

정신건강 문제

자폐 범주성 장애는 사회적 행동의 다양한 문제와 연관되어 있다. 모든 특수학습장애와 마찬가지로 자폐 범주성 장애의 경우에도 연구의 초점은 아동과 청소년이었고 성인은 대개 도외시되었다. 성인에게 시행된 소수의 연구로 분명해진 사실은 공존질환이 많다는 것이다. 자폐 범주성 장애의 공존질환으로는 주의력결핍과잉행동장애와[37] 만성 틱장애[38] 그리고 기분장애[39]가 있다. 강박장애는 자폐 범주성 장애를 가진 사람들에게 발생 빈도가 더 높다.[40] 정신병적 증상이 자폐 범주성 장애에 나타나는 경우도 있다. 환청과 편집증과 망상이 그 사례다. 자폐 범주성 장애가 조현병 발병의 위험 요인으로 작용한다는 증거도 있다.[41] 약물 남용도 자폐 범주성 장애 진단을 받은 사람들에게서 더 만연되어 있다.

실업률은 이 집단에서 높게 나타난다. 실업 여부는 환자의 복리에 중요한 역할을 수행한다. 자폐 범주성 장애집단의 경우 병가를 쓰는 비율이 이례적으로 높다. 의료보험연금 수혜자의 수도 마찬가지다. 자폐 범주성 장애를 가진 성인의 5분의 2가 부모와 함께 살거나 지역이 제공하는 시설에서 계속 거주한다. 결혼이나 동거를 하는 이들의 비율도 낮다.[42]

주요 당면 문제

특수학습장애를 지닌 성인이 마주하는 주요 문제 가운데 일부를 집중 조명하려 한다. 한 개인이 서로 관련이 있는 많은 특수학습장애를 앓고 있을 가능성이 매우 높다는 점을 고려해서 특정 질환에 대해 다룰 필요가 있는 문제들을 주로 논할 것이다. 특수학습장애의 경우 증상이 중복되고 여러 질환을 동시에 진단받는 경우도 많다는 점을 고려할 때, 앞으로 다룰 특정 질환이 다른 관련 질환에 영향을 미칠 가능성이 높다는 점 또한 언급해둔다.

또 한 가지 중요한 점은 증상이 나이에 따라 어떻게 다른 발현 양상을 보이는지 고려하는 것이다. 아동기에 문제가 되었던 행동들이 더이상 문제가 아니게 될 수도 있다. 성인기 생활의 변화무쌍한 요구에 반응해 발생한 다른 어려움이 예전의 기능 문제를 대체하는 경우가 많다. 성인과 노인 환자의 복리 향상을 위해서는 이렇듯 복잡하게 얽힌 공존질환을 다룰 필요가 있다.

취업의 중요성 발달협응장애 환자들은 운동협응의 문제 이외에도 다른 많은 문제를 겪는데 일련의 대인관계도 포함된다. 이 역시 다른 질환과 마찬가지로 현재까지 연구의 초점은 아동이었다. 그러나 발달협응장애는 다른 특수학습장애처럼 생애 전반에 걸쳐 지속되는 질환이다.[43] 성인기에 문제가 발현되는 경우 양상은 업무관리기술의 결핍뿐만 아니라 형편없는 필체로도 드러난다.[44] 발달협응장애 환자집단은 이런 기능장애뿐 아니라 정신질환도 겪기 때문에 여러 문제를 유발시킨다. 발달협응장애 환자에게 불안과 우울증의 비율이 높게 나타난다는 보고가 있다.[45] 이런 어려움은 인생 전반에 걸쳐 삶의 질에 부정적 영향을 미칠 확률이 높다.[46] 연구에 따르면 실업 상태에 있는 환자들이 삶의 만족도가 더 낮다. 이는 취업이 인생에서 얼마나 중요한 역할을 하는가를 보여준다.[47] 그러나 발달협응장애 환자집단의 불안 수준과 이들이 보고하는 건강 문제들이 이들의 취업 여부와 무관하게 높은 상태를 유지한다는 최근의 연구보고도 있다.[48]

기억 문제 진단 병원에서 기억 관련 질환을 다루는 경우 임상의들은 기억 문제가 발병 중인 치매로 인한 것인지 아닌지 알아내는 데 어려움을 겪는다. 왜냐하면 다른 공존질환의 가능성, 다시 말해서 주의력결핍과잉행동장애 발병 이전의 특징들이 기억 문제와 연계되어 있을 가능성 때문이다. 특히 병원 의료진이 처한 여러 제약을 고려할 때 이런 어려움은 더욱 두드러진다.[49] 주의력결핍과잉행동장애의 특징은 구체적 정보에 대한 주의력결핍이며, 그로 인해 정보가 충분히 부호화되지 않는다는 것이다. 따라서 불충분한 부호화는 다음 단계의 수행, 특히 기억과 관련된 수행에서 수많은 연쇄 효과를 발생시킨다. 이런 문제의 근원은 집행기능의 결함이다.[50] 실제로 레비소체 치매와 주의력결핍과잉행동장애 사이의 연결고리를 암시하는 증거들이 일부 존재한다. 따라서 이런 특정 형태의 치매 환자는 아동기에 더 큰 충동성과 과잉행동을 드러낸 전력이 있다. 이는 이 연령집단 내의 공존질환의 존재가 도파민과 비아드레날린의 낮은 수치와 관련이 있을 수 있다는 점을 암시한다.[51] 주의력결핍과잉행동장애 환자의 건강과 심리적 안녕감의 이런 연관성이 함의하는 바는 분명하다.[52] 인지기능의 변화를 명확히 규명하지 못해 주의력결핍과잉행동장애로 인한 인지 문제를 노화에 따른 기능 변화와 제대로 구분하지 못할 수 있다는 것이다.[53] 그럴 경우 주의력결핍과잉행동장애의 증상을 치매처럼 점진적 질환으로 오진할 가능성이 커진다.

● 지적발달장애를 가진 성인과 노인

지적발달장애

　지적발달장애 진단의 주요 기준은 특정 연령대의 평균보다 월등히 낮은 지적 수준, 상황 변화에 대한 적응 능력 결핍, 18세 이전 발병 등이다. 이 질환의 원인은 대개 신경생물학적 성격을 지닌다.

다운증후군　21번 염색체가 하나 더 있는 사람에게 나타나는 특수질환으로 삼염색체성21증후군이라고도 한다. 이 질환이 있는 사람은 지적발달장애는 물론 뚜렷한 신체적 특징을 보인다. 작은 키, 타원형의 얼굴, 두드러지게 낮은 콧날이다.

취약X증후군　X염색체의 유전적 기형 때문에 생긴다. 큰 귀와 가늘고 긴 얼굴이 신체적 특성으로 나타난다. 지적발달장애를 보이는 환자가 대부분이지만 학습장애를 보이는 환자도 일부 있다. 환자의 3분의 1은 자폐 범주성 장애 증상도 같이 보인다.[54]

뇌성마비　수의근운동의 두드러진 장애를 보이는 질환이다. 원인은 대개 임신 기간 중의 뇌 손상이다. 많은 경우 지적장애가 나타난다. 진행성 질환이 아니며 아직 치료법이 없다.

해결 과제

지적발달장애 노인의 사망률이 높고 기대수명도 짧다는 것을 고려한다면 이들은 전반적으로 심각한 건강 문제를 겪지 않아야 하고 더 많은 적응행동을 보여야 한다.[55] 그러나 실상은 다르다.[56] 오히려 지적발달장애가 있는 노인집단은 더 많은 건강 문제를 겪는다.[57] 이는 대개 특정 연령대에 주로 나타나 질환의 위험을 증가시키는 질환이 이들에게 이미 존재하고 있어서다.[58] 문제를 더욱 꼬이게 하는 것은 이들이 건강을 의식하고 챙기는 생활방식을 채택하지 못한다는 점이다. 지적발달장애가 있는 노인들은 불충분한 식사에, 운동을 기피하는 생활을 한다.[59] 그러나 이들의 낮은 흡연율과 음주율이 이런 생활양식을 상쇄하는 기능을 한다.

문제는 치료가 이루어지지 않는 지적발달장애 환자의 수가 더 많고[60] 이들을 도울 사회기반시설이 상당히 부족하다는 점이다.[61] 이런 질환을 가진 노인층에게 의료 서비스를 제공하는 일은 큰 문제다. 이들을 위한 치료 결정은 대개 주변 사람들, 특히 부모가 결정하는데 부모를 잃은 학습장애 노인의 경우 비공식적 조언자 역할을 대신해줄 사람이 없다. 시한부 질환과 관련된 문제를 생각하면 문제는 더 심각해진다.[62] 예를 들어 지적발달장애를 겪는 노인집단의 경우 암 진단이 늦어질 가능성이 커진다.[63] 여기서 중요한 난제는 이들과의 소통 문제를 극복하고 건강 관리에 대해 의논하는 것이다. 소통을 촉진하기 위해 비언어적 의사소통 수단을 개발할 필요가 있다는 인식이 증가하고 있다.[64]

정신건강 문제

지적발달장애를 가진 노인의 심리기능을 검토하는 연구는 많지 않다. 그러나 이 집단에서 겪는 정신건강 문제는 매우 심각하다.[65] 일반 노인층에서와 마찬가지로 지적발달장애 노인에게 가장 만연해 있는 질환은 불안과 우울증이다.[66] 전문가들은 이런 질환을 진단하는 데 신체질환을 진단하는 것과 상당히 유사한 어려움을 겪는다. 환자가 과거에 체험했던 부정적 삶의 경험과 현재 겪고 있는 삶의 질 저하가 결합되어 복잡한 양상을 보이기 때문이다.[67] 이들은 직업이 없을 확률이 높고[68] 인간관계망이 빈약하며[69] 공동시설에 거주할 가능성이 더 크다.[70] 이 모든 상황이 이들의 신체적 정신적 건강과 안녕감에 중요한 영향을 미친다. 다운증후군 노인은 알츠하이머병에 걸릴 비율이 더 높다.[71] 이때 발병은 더 젊은 나이에 일어나고 퇴행 속도도 더 급격할 수 있다.[72]

편견과 차별의 문제

사회 전반에 여전히 팽배해 있는 지적발달장애인에 대한 편견과 차별적 태도를 생각할 때 지적발달장애 노인이 겪는 질 낮은 삶은 실체적이며 심각하다. 이러한 편견은 이들에게 기회의 제약과 사회적 지원망의 접근성 부족을 가져온다. 이런 문제들은 모두 지적발달장애 노인집단에게 기대하는 수준이 낮아서 생긴다.[73] 편견에 노출된 지적발달장애 노인이 영위하는 삶은 결국 편견을 실현하는 불행한 결과로 이어진다.

지적발달장애 노인의 성공적 노화 개념

기대수명의 상승 여파는 사회 곳곳에서 나타나고 있다. 그 여파 중 하나는 노인 환자 수의 증가다. 치매는 대표적인 노인질환이다. 평생 장애를 갖고 살아가는 성인이 겪는 변화는 더 확연하고 극적이다. 일반 노인처럼 장애 노인의 기대수명 또한 상당히 높아졌다. 1930년대 이후로 이들의 평균 기대수명은 50년이나 늘어났다.[74] 발달장애인의 기대수명은 소수를 제외하고는 일반 노인의 기대수명과 비슷하며, 이는 다운증후군에서도 마찬가지다.[75] 그런데도 이들과 관련된 문제는 노화를 다룬 책에서 대개 간과된다. 다운증후군 환자에게는 알츠하이머병이 발병할 위험이 더 높다는 문제 같은 것이 그러한 예다.[76] 이 집단에 대해 특히 고려해야 할 문제는 사회적 문제들이다. 지적발달장애인의 능동적 사회참여율이 저조하고 지적발달장애를 겪는 노인의 경우에는 제공할 지원의 공급원도 다르기 때문에 공식 지원 서비스의 투입이 더 필요하다.

성공적 노화의 개념은 노화와 관련된 여러 문헌에서 많이 언급된다. 책 속에는 성공적 노화를 정의하는 수많은 개념이 가득하다. 대개 이런 정의는 그 어떤 장애나 질환도 없는 상태를 상정하거나 높은 수준의 인지기능을 강조한다.[77] 그러나 지적발달장애를 가진 성인의 관점에서 생각하면 이런 정의에는 분명 문제가 있다. 지적발달장애 노인집단의 관점에서 성공적 노화가 무엇인지 재평가하는 작업이 있어야 한다. 이들의 성공적 노화는 다른 일반 노인과 동등한 권리를 누리는 것과 관련이 있다. 다시 말해 일련의 지역사회활동에서 이들을 배제하지 않는 것, 이들에게 자부심을 심어주는 것, 이들이 삶에서 중요한 사항을 스스로 결정하도록 적극 격려하는 것들이 포함된다.[78] 이런 노력을 통해 지적발달장애 노인의 삶의 질 개선을 도울 수 있다.

지적발달장애 성인을 위한 인지훈련

지적발달장애 노인의 삶의 질을 개선하는 한 가지 방법은 인지기능을 증진시키는 것이다. 노인의 인지기능을 높여 더 독립적인 삶을 살 수 있도록 만들 수 있다. 지적발달장애 성인의 기대수명은 꾸준히 증가해왔다. 사실 이 집단의 기대수명 증가율은 일반 노인집단보다 더 높다.[79] 심지어 기대수명이 짧다고 알려진 다운증후군집단에서조차 상당한 증가가 이루어지고 있다. 이는 대개 의료 서비스의 향상 때문이다. 다운증후군에 수반되던 생명을 위협하는 질환의 감소와 개인 중심의 간병 모형이라는 대처 방식의 향상이 이런 결과를 가져왔다.

기대수명이 높아지면서 수반되는 위험은 노화로 신경퇴행성 질환이 생길 가능성 역시 커진다는 점이다. 일반 노인집단의 알츠하이머병 등 치매의 여파를 탐색하는 모범적 연구는 늘고 있지만, 지적발달장애를 가진 이들의 퇴행성 질환이 미치는 여파에 대한 연구는 여전히 부족하다. 따라서 이 분야의 관련 연구에 중요한 설명을 제공하는 퍼킨스와 스몰의 최근 논의를 살펴볼 것이다. 이들의 논의는 정신질환 진단 및 통계편람 제5판 이전에 이루어진 것이므로 여기서는 적절한 진단명을 이용해 이들의 논의를 설명해보자.

작업기억과 장기기억 간의 상호작용은 대개 등한시되어왔다. 지적장애를 지닌 성인의 수행과 유동 지능을 바탕으로 아동들로 이루어진 대조군과의 수행상의 차이를 설명하려면 특정 활동에서 장기기억이 하는 역할을 검토해야 한다. 지적장애 성인집단은 작업기억 능력에 비해 장기기억에 의존하는 과제에서 아동집단보다 높은 수행 능력을 보인다.[80] 이런 결과는 지적장애집단이 제공받는 서비스에 시사점을 준다. 즉 반복을 장려하고 장기기억으로 정보를 통합하라고 격려하는 조치를 통해 지적장애인은 노화로 인한 결함의 일부를 상쇄할 수 있다. 이런 연구를 통해 지적장애인에게 작업기억의 두 요소, 청각적 단기기억과 시공간적 단기기억을 반영하는 음운 고리와 시공간 스케치판기능에 분명한 손상이 있다는 점이 입증되었다. 음운 고리의 손상은 특히 다운증후군집단에서 나타난다.

일화기억에서는 정보를 제시하는 방식이 매우 중요하다. 더 나은 정보

회상은 언어 제시보다는 시각 제시와 관련이 있다.[81] 명료기억과 암묵기억의 수행을 비교하면 암묵기억은 나이 들면서 상대적으로 손상되지 않는 반면, 다운증후군집단과 윌리엄스증후군집단 모두 명료기억 과제에서 지적발달장애인보다 수행 수준이 낮았다.[82]

노화가 지능에 어떠한 영향을 미치는지 살펴보자. 일반적으로 결정 지능은 노화와 더불어 증가하는 반면 유동 지능은 퇴화를 보일 가능성이 높다.[83] 지적장애의 나이 효과를 비교하는 연구들을 살펴보면 나이 효과는 약 20세부터 유동 지능에 나타나는 반면, 30세 정도부터 비롯되는 결정 지능의 감퇴는 상대적으로 적다.[84] 지적장애인의 나이가 지능에 어떤 영향을 미치는지 심층적으로 파악하려면 대규모 종단연구가 필요하다.

알츠하이머병의 발병 위험은 일반인에 비해 다운증후군을 가진 이들에게서 더 높다. 사실 다운증후군 환자 대부분은 40세 무렵부터 이미 알츠하이머병의 신경병리적 특성을 발현시킨다.[85] 이는 베타아밀로이드반의 형성을 담당하는 아밀로이드 전구 단백질의 발현을 통제하는 유전자가 다운증후군을 일으키는 21번 염색체에 위치한다는 사실에 기인한다.[86] 다운증후군 환자를 제외한 지적장애집단의 알츠하이머병 유병률은 일반 노령 인구의 비율과 유사하다.[87] 일반 성인집단과 마찬가지로 지적장애인의 경우에도 알츠하이머병의 임상적 특징이 발현되기 전에 조기 발견을 통해 사용 가능한 적절한 치료 범위를 최대화하는 것이 매우 중요하다.

지적장애인을 위한 인지훈련요법을 평가하는 연구에서 기능이 증진되었음을 입증하려면 많은 시간과 노력을 들여야 하는데, 최근의 연구들은 단기적으로 상당한 향상을 이루었다.[88] 이런 요법을 통해 중증 지적장애인과 경증 지적장애인 모두에서 개선이 관찰되었다. 모레노와 살다나는 반년간 중증 지적장애집단의 상위인지 자각의 개선을 추적조사한 끝에 뚜렷한 개선이 있음을 입증했다.

지적발달장애 성인에게서 노화의 영향, 특히 인지결함을 초래하는 노화의 영향을 검토하는 연구를 통해 균형을 맞추는 일이 시급하다. 그러나 이런 연구에는 난제가 많다. 특히 적절한 분석에 필요한 충분한 규모의 표본을 얻는 것이 어렵다. 큰 표본을 구하기 어렵기 때문에 피험자를 연령대에 따라 하위집단으로 나누는 데도 제약이 생긴다. 다시 말해 전형적인 노화 관련 문헌의 기준에서 쓰이는 연소 노인(65~74세), 중고령 노인(75~84세), 고령 노인(85세 이상)의 분류를 지적발달장애인 표본 작성에 적용하는 것조차 불가능할 수 있다. 이 분야에서 연구자들이 마주하는 또다른 난제는 적절한 통제집단 또는 대조군의 선택이다. 이 분야의 통제집단은 대개 일반 능력평가에서 커다란 편차를 보이기 때문이다. 그럼에도 지적발달장애인의 노화를 제대로 연구하기 위한 종단연구는 시급한 문제다.

이 장의 요점 정리

특수학습장애나 지적발달장애 노인의 존재에 대한 자각은 지역사회와 의료 서비스의 많은 부문에 걸쳐 상당히 부족한 상태다. 일반 노인층보다 이 집단의 삶의 질 향상을 위해 필요한 일이 더 많다는 점을 고려하면 이는 변명의 여지가 없을 만큼 잘못된 처사다. 이런 장애는 청소년기에 중단되기는커녕 오히려 평생 동안 지속된다. 특수학습장애인은 성인기 동안 변화하는 요구로 새로운 어려움에 직면한다. 가장 좋은 실례는 주의력결핍과잉행동장애집단이다. 지적발달장애로 분류되는 많은 장애인도 마찬가지다.

불충분한 식사나 불가피한 제약으로 인간관계가 단절되기 때문에 이들에게는 신체적 정신적 건강 문제가 많고 공존질환도 팽배해 있는 실정이다. 다운증후군의 경우 기대수명의 증가로 알츠하이머병의 발병 가능성이 더 높아지고 있다. 그러므로 지적발달장애인을 돌보는 이들이 당면한 문제에 관한 논의가 특히 중요하다. 인지훈련전략을 통해 이들의 복리를 개선할 수 있다는 연구들이 있다. 그 밖에 다양한 기술을 통해 무엇을 성취할 수 있는지에 대한 심도 있는 이해를 얻으려면 더 많은 연구가 필요하다. 인지훈련은 다음 장에서 더 살펴보기로 한다.

14장

우리는 어떻게 나이 들어갈까

여기서 논의할 주제를 다루는 방식은 미래 지향적이며 추론에 근거한다. 먼저 뇌구조의 변화를 살피고 신체적 정신적 훈련으로 노화에 따른 전형적 퇴행을 어느 정도 막을 수 있는지 검토할 것이다.

다음으로 게이밍 기술이 정신 관련 질환을 앓는 이들을 위한 치료 계획에 통합되고 있는 상황을 살펴본다. 같은 맥락에서 가정에서 사용이 증가하고 있는 스마트 기술의 통합도 살펴보고 이를 사용하는 의미도 검토할 것이다. 의료기술을 소개하기 전에 먼저 과학기술의 산물이 구체적으로 어떤 방식으로 노인에게 맞게 설계되는지도 간략히 알아보자.

의학은 시간의 화살을 멈춰주기를 바라는 이들에게 해줄 것이 많다. 노화 방지를 바라는 다양한 요법과 노화하는 신체에 불만을 가진 사람들이 증가하는 상황에서 이들에게 만병통치약으로 각광받고 있는 외과 수술도 소개한다. 14장과 이 책의 끝부분은 인류의 미래에 대한 전망으로 마무리할 것이다.

신경가소성, 뇌의 노화와 적응

2장에서 노화에 따른 뇌기능 변화를 집중적으로 논의했다. 젊었을 때와 달리 나이 들면서 뇌기능의 편재화(특정 정신기능이 대뇌의 좌반구와 우반구 중 어느 한쪽에 치우쳐 있는 경향성—옮긴이)가 약화된다. 이는 노화로 인한 기능감퇴를 상쇄하려 신경이 보상전략을 쓴 결과로 보이며, 또한 뇌에 가소성이 있음을 증명한다. 가소성은 대개 외상을 입었을 경우 정상기능을 재개할 수 있도록 뇌 내부에서 일어나는 적응을 의미하지만, 환경의 요구에 대한 반응으로 뇌구조와 기능이 변하는 것을 가리키기도 한다.

신경가소성 측면에서 구체적으로 인지수행을 살펴보자. 적절한 전략을 사용하는 훈련이 선행되면 노인의 수행 점수가 청년 통제집단의 점수를 능가한다는 것을 보여주는 증거가 있다.[1] 그러나 다른 관련 연구에서 밝혀진 대로 이런 수행의 우위는 특정 과제에 국한된 것으로, 다른 유형의 활동 전반에 적용되지는 않는다. 반면 과제 해결에 채택되는 인지 과정 측면에서 적절한 유사성을 지닌 과제를 수행하는 경우에는 특정 과제에 국한되지 않고 수행이 향상됨을 암시하는 증거도 있다.[2]

신경생성의 과정

새로운 뇌세포의 성장, 즉 신경생성이라 불리는 과정은 아동기에서 성인기로 접어들면서 중지된다고 알려져 있다. 그러나 동물을 이용한 최근 연구는 이와 반대되는 증거를 제공한다. 이에 따르면 오히려 신경줄기세포는 성인의 뇌에 존재한다. 신경줄기세포는 새로운 신경세포를 발달시키기 위한 기질(결합조직의 기본 물질—옮긴이)을 제공한다.[3] 물체와 장난감의 배열을 계속 바꾸는 강화환경의 효과를 배열 변화가 없는 박탈환경의 효과와 비교해 공간기억 과제를 평가했을 때, 강화환경에 노출된 집단에서 수행 향상이 나타났다.[4] 이와 유사한 효과는 세포 수준에서도 관찰된다. 강화환경은 성인 쥐의 해마 내에서 신경생성을 일으켰다.[5]

인간 뇌에서도 이와 비슷한 일이 발생한다는 것을 암시하는 일부 증거가 있다. 노인에게 기억전략을 이용한 5주짜리 훈련을 제공한 후 뇌를 검사했을 때, (해마를 포함하는 뇌 부위인) 내측 관자엽에서 에너지 생산을 위한 세포 내 대사 과정이 증가해 다양한 생화학적 변화가 측정되었다.[6] 그러나 젊은 피험자와 노인 피험자의 뇌에서 일어나는 변화를 비교했을 때, 노인연구 일부에서 신경가소성의 증거가 나타났음에도 실제로 노화는 성장 잠재력을 제한하고 인지기능의 증진을 제한한다는 사실이 밝혀졌다.[7]

인지기능의 증진

기능의 전 영역에 걸쳐 개인차가 있다는 것은 분명하다. 그러나 가장 큰 편차는 노인 사이에서 나타난다. 이에 대해 다양한 설명이 가능하다. 일반적 건강 상태가 기능에 영향을 미치는 것은 불가피하다. 일반적 건강 상태에 영향을 미치는 것은 식사, 몸이 견뎌온 운동의 정도나 정신적 자극의 수준 등 우리가 선택했던 생활방식이다. 건강한 식사, 규칙적인 유산소운동, 고차원적 정신활동은 모두 노화에 맞서는 저항력 증대와 관련 있다. 그러나 이런 활동이 시간의 맹공에 맞서는 효과가 어느 정도인지 고려하는 것 또한 중요하다.

인지훈련 결과를 평가하는 방식은 다양하다. 우선 인지향상의 규모를 평가할 수 있다. 인지향상을 어느 정도로 일반화할 수 있는지 또는 다른 활동으로 이전할 수 있는지 평가하는 것 역시 중요하다. 마지막으로 효과의 안정성을 측정할 필요가 있다.[8] 이런 유형의 연구는 훈련 프로그램에서 사용한 과제에 한해 또는 일부 경우는 사용한 과제와 밀접히 관련된 과제에서 작업기억이 향상되었다는 것을 입증했다.[9] 향상 효과의 이전이 있다는 증거는 노인층보다 청년층에서 더 많이 나타난다.[10] 노인에게서 나타난 이런 향상 효과는 꽤 여러 달 동안 비교적 안정적으로 유지된다.[11]

이런 연구를 수행할 때는 적절한 통제집단 선택이 중요하다. 가장 자주 쓰이는 통제집단 선택방식은 피험자들을 개입 이전과 이후로 나누는 것이다. 개입 이전과 이후 사이에는 피험자와 추가적 접촉을 하지 않는다.[12] 이렇듯 수동적 방식의 통제집단은 치료집단이 경험하는 많은 상황들, 예를 들어 피험자와의 반복적 접촉이나 훈련을 통한 향상 예측 등의 상황을 반영한 통제집단은 구성하지 않는다. 이는 어느 정도 치료자 효과(치료자에 따라 환자에게 나타나는 효력이 달라지는 것—옮긴이)로 인한 통제집단의 불균형 문제 때문이다. 즉 연구자와의 접촉을 통해 구성되는 통제집단은 연구자의 성격에 영향을 받아 통제군 간에 차이가 발생할 여지가 있다. 대안으로 다른 통제집단을 구성할 수 있다. 이 통제집단의 경우 피험자는 인지훈련 프로그램과 무관하지만 기억과 행복 등 프로그램과 연관 있는 내용의 설문지를 완성하는 등의 활동을 한다.[13]

브레머와 동료들의 최근 연구[14]는 개입집단과 통제집단 모두에게 훈련요법에 쓰이는 동일한 컴퓨터 프로그램을 제공했다. 유일한 차이는 통제집단은 일정한 난이도의 과제를 받은 반면, 개입집단은 수행에 대응해 난이도가 변하는 과제를 받았다는 점이다.[15] 이 연구는 나이에 상관없이 이런 적응훈련에 긍정적 이점이 있다는 증거를 제공해주었다. 다양한 이전 효과의 증거 또한 나타났다. 수행 향상은 5주간의 개입 이후에 실시했던 재검사에서도 청년집단과 노인집단 모두에게, 인지실패의 주관적 평가와 주의 유지에 대한 객관적 평가 둘 다에서 변함없이 유지되었다. 3개월 후의 재평가에서도 훈련 효과와 이전 효과는 유지되었다. 이런 향상은 단지 연습의 결과라고만 치부할 수 없다. 왜냐하면 통제집단과 개입집단 모두 비록 난이도는 달랐지만 연구기간 내내 동일한 과제를 수행했기 때문이다. 이런 결과를 고려할 때 적응훈련이 향상을 초래했다고 봐야 한다. 더 큰 폭의 향상을 보인 집단은 청년집단이다.

인지훈련 프로그램에 관한 문헌은 상당히 다양하다. 주목할 점은 프로그램의 향상 효과가 입증되어도 여기서 나타난 향상이 다른 과제나 활동으로 이전되지 않는다는 것이다. 훈련 과제가 일상활동과 특별한 연관이 없기 때문이라고 할 수도 있다. 그러나 컴퓨터게임에 초점을 맞춘 훈련요법은 다른 요법과 달리 어느 정도의 이전 효과를 입증했다.[16] 컴퓨터게임은 복잡하고 가변적 처리 과정을 포함한다. 이 활동을 통해 많은 인지 과정이 연마되어 일반화된 향상의 증거가 늘어난다. 컴퓨터게임이 일상생활이 요구하는 인지 과제의 역할을 대신해주는 측면이 있는 것이다.[17]

이 분야의 한 연구는 언어훈련활동을 활용했다. 전 활동에 걸친 다양한 핵심적 인지기술 활용을 목표로 하루 한 시간, 일주일에 닷새짜리 프로그램을 최대 10주간 실시할 만큼 훈련 일정의 강도가 컸다.[18] 그러나 훈련 결과의 이전 가능성을 측정하기 위해 이용했던 측정법은 훈련 과제 자체와 유사성이 커서 일반화 가능성을 충분히 평가하기가 어려웠다.[19]

닌텐도 DS 게임패키지처럼 기성품 두뇌훈련 프로그램의 효과를 검토하는 연구는 거의 없었다.[20] 그러나 최근 한 연구는 닌텐도 DS 활용을 구체적으로 분석해 노인을 훈련하는 데 긍정적 효과가 있다는 것을 밝혔다. 그러나 이 결과는 처리 속도와 실행기능의 향상을 통해 독립성에 근본적으로 중요한 영향을 미치긴 하나 극히 제한된 영역에만 해당된다.[21]

또한 이 연구는 두뇌훈련 효과의 평가 이외에도 피험자의 자기 능력에 대한 믿음이 결과에 미치는 영향도 연구했다. 자신이 인지 측면에서 유능하다고 믿는 사람은 그렇지 않은 사람보다 두뇌훈련에서 더 유리하다는 주장이 있다. 실험에서 예측했던 대로 인지기능과 삶의 질에 대한 개인의 평가는 훈련 효과 정도에 매개로 작용하는 것 같다.[22]

인지기능과 연관된 신체운동

두뇌훈련에 대한 문헌은 일관성 없는 결과들을 내놓고 있지만, 그럼에도 인지기능의 일관된 향상에 기여하는 한 가지 운동이 있다. 바로 심혈관운동이나.[23] 유산소 능력이 높은 노인의 경우 학습과 기억에 중추적 역할을 하는 해마의 용량 감소 폭이 더 적었다.[24]

유산소기능이 인지기능을 증진시키는 정도는 노인이 더 높다. 영상연구에 따르면 유산소운동은 이마엽과 마루엽같이 작업기억 통제에 관여하는 뇌 특정 부위의 활성화 수준을 높인다.[25] 향상의 기전은 불분명하지만 이런 활성화가 세포자살을 막고 세포의 성장을 독려하는 뉴로트로핀의 분비를 자극해 신경세포의 연결성을 증가시킨다고 추측된다. 이와 같은 연구들은 서로 연관성이 있으므로, 필수적인 뇌 부위의 세포 손실이 가져오는 역전의 측면에서 유산소운동의 효과를 밝혀줄 것이다.

규칙적으로 운동하는 노인이 신체활동에 소극적인 노인에 비해 반응성이 더 빠르다는 연구 결과도 있다. 사실 전자에 속하는 노인의 반응 속도는 청년과 다르지 않다.[26] 그러나 단기 운동에 따른 반응성 연구 결과들은 일관성이 없다. 호킨스와 크레이머 카팔디는 10주간의 유산소운동 프로그램에 참여한 노인의 수행 속도가 향상되었다는 것을 발견했으나, 다른 연구자들[27]은 단기 운동이 반응 속도의 향상을 가져오지 않는다는 결과를 내놓았다. 따라서 장기적 훈련과 신체활동 습관, 전반적인 건강 상태가 노인의 처리 속도를 높일 수 있는 가장 효과적인 수단이라고 결론지어야 할 것 같다.

과학기술을 활용하다

인류는 현재 인구 노령화 상황에 직면해 있다. 시간이 지날수록 독거노인 수가 늘어나고[28], 나이 들수록 장애 가능성이 높아진다. 또한 핵가족화 추세로 지원이 필요한 사람들에 대한 지원이 고갈되고 있다. 결국 노령화 사회에 필요한 지원의 잠재력이 많은 분야는 과학기술이다. 과학 발전은 나날이 그 영역을 확대해가고 있으며, 과학적 약진의 성과를 실용화할 가능성도 커지고 있다. 노인 삶의 질을 향상시키려는 시도에는 이런 기술이 절대적으로 필요하다. 이 분야는 이제 고령공학이라는 이름으로 불린다. 고령공학의 진보는 특정 환경에 적응하기 위한 기구, 휴대 간편한 보조도구, 전자 장치 등의 양상을 띤다.

여기서 고려해야 할 중요한 질문은 노인이 어느 정도로 이 마법 같은 첨단기술 제품을 수용할 수 있는가다. 온라인 자원 사용을 측정하면 이를 가늠해볼 수 있다. 2006년 영국에서 실시했던 한 연구에 따르면, 65세 이상의 노인 가운데 20퍼센트만 조사 전 3개월 동안 인터넷을 사용했다. 이는 다른 나이집단의 63퍼센트 이용률에 비해 낮은 수치다. 그나마 고무적인 소식은 2000년 유럽연합에서 실시했던 대규모 연구 결과다.[29] 예측했겠지만 노인 간 기술에 대한 지식은 편차가 상당했다. 그러나 다행인 것은 인터뷰 대상자였던 70세 이상 노인의 절반 이상이 기술 분야에 관한 지식을 갖출 의욕을 보였다는 점이다.

과학기술은 우리 삶을 파고들고 있으며 노인도 이런 환경에 노출될 수밖에 없다. 병원을 예로 들어보자. 요즘 병원은 환자가 접수대에 가서 진료를 신청하는 게 아니라 터치스크린에 인적 사항을 입력하면 시스템이 의사에게 대기실에 환자가 와 있다는 것을 알려주도록 되어 있다. 현재의 노인 세대가 기술의 진보를 받아들이는 속도는 놀라울 정도다. 그 어떤 미래 세대도 일생 동안 이토록 급격한 변화를 경험할 수는 없을 것이다. 정보와 커뮤니케이션의 수용은 많은 연쇄 효과를 양산하는데, 그중 하나가 노인집단의 기능향상으로 이들이 더 오래 일할 수 있는 것이다.[30]

고령공학은 다양한 방식으로 노인의 삶을 풍요롭게 만든다. 정보를 구하는 일이든 사회적 네트워크를 만드는 일이든, 개인이 외부 세계와의 접촉을 유지할 수 있게 도와주는 방식들도 여기에 포함된다. 가사와 이동에 기술적 도움을 받을 수 있다. 위생조건의 개선 또한 기술적 도움을 받을 수 있는 영역이다. 마지막으로 기술은 의료 보조 역할을 해줄 수 있고 치료 계획의 일환으로 실행할 수 있다.[31] 기술이 도움을 줄 수 있는 분야는 균형 문제, 시력과 청각, 운동기능, 기억력, 또한 주의를 선택하고 나누는 능력 같은 심리적 문제까지 확장이 가능하다.[32]

원격의료가 확대되면서 먼 지역에 사는 이들에게 의료 지원이 가능해졌다. 무엇보다 원격의료를 통해 전문가들은 멀리 떨어져 있는 환자를 지속적으로 점검할 뿐 아니라 많은 경우 더 효율적이고 효과적인 서비스를 제공할 수 있다. 원격의료기술에는 의사가 원격으로 환자를 진찰할 수 있는 다양한 센서, 구체적으로는 이상 징후를 감지하게 해주는 센서, 응급 상황 발생 시 이를 감지하는 센서 등이 포함된다.[33] 이런 점검은 인간의 개입 없이 지능형 시스템을 통해 이루어질 수 있다. 특히 확장되고 있는 기술 분야는 치매 환자의 간호다. 카메라와 센서를 이용하면 환자를 밤낮으로 점검할 수 있고, 일련의 안전장치가 있는 측정 도구를 사용해 치매로 인한 온갖 위험을 줄일 수 있다. 예를 들어 청각적 프롬프트는 환자가 의도치 않게 동행자 없이 집을 나가지 못하도록 막아주거나 욕조의 물 넘침을 방지하기 위해 수도꼭지를 자동으로 잠근다. 전자발찌는 환자가 언제 어느 곳에 있는지 더 정확하게 알려준다. 과거에는 치매 환자의 신체를 구속하거나 약물 투여방식을 썼기 때문에 환자의 자유를 상당 정도 제약할 수밖에 없었다.[34] 이런 홈테크놀로지의 발전은 노인이 시설 입소보다 그대로 자신의 집에서 사는 현 추세와 궤를 같이한다.[35]

기술 발전 덕에 노인 돌봄노동 또한 지원을 받는다. 비공식적 돌봄노동이 증가 추세이므로 환자 주변의 친지들이 환자의 요청을 제대로 충족해주어야 할 필요성이 더 커지고 있다. 온라인 서비스 이용은 돌보미를 돕는 많은 방편 중 하나에 불과하다.

노령화 사회에서 주택 설계와 관련해 고려할 중요한 사항은 미래에 닥칠 충격을 예측하고 대비한다는 의미에서 훗날 필요할 경우 설계 변경을 통해 노인이 편리하게 살도록 주택을 개조할 수 있게 만드는 것이다. 따라서 이제 이런 사항들을 고려한 자동화·전산화 주택시스템인 스마트 하우징이 점점 더 두각을 보이고 있다. 이런 종류의 집에서는 많은 장치와 설비가 컴퓨터의 조종을 받는 허브시스템에 의해 통제된다. 거주자는 이런 시스템을 이용해 조명과 중앙난방과 경보기 등의 많은 장치를 쉽게 조절할 수 있다. 움직임 감지 조명을 설치하면 야간에 일어날 수 있는 낙상 가능성을 줄일 수 있다.[36]

과학기술 발전에서 가장 주목받는 대상은 무엇보다도 휴대폰이다. 휴대폰은 더이상 원거리 통신기능만 하지 않는다. 오늘날 스마트폰은 일반 사무용 컴퓨터보다 더 많은 기능을 보유하고 있다.[37] 사실 얼마 전까지만 해도 인터넷에서 한 쪽짜리 문서를 다운로드하는 데 일주일은 걸리지 않았던가. 문서에 그림이라도 들어 있다면 더 오래 걸리기도 했다(좀 과장한 듯하지만 당시의 느낌은 그랬다). 게다가 오늘날 휴대폰은 사용자 친화적이다. 휴대폰을 통해 건강 관련 활동을 점검하는 것은 효율적이고 효과적이다. 이런 장치를 통해 혈당이나 혈압 같은 건강상의 정보를 모을 수 있다. 이 정보는 중앙처리장치로 전송되고, 중앙처리장치는 잠재된 문제를 확인해 적절한 경계태세를 작동시킨다. 약 복용 시간이나 병원에 갈 시간을 미리 알려주는 장치도 이런 기술로 자동화가 가능하다. 화상회의 설비 또한 앞으로 환자와 의사에게 많은 혜택을 줄 것이다.

다른 한편으로 과학기술이 발달하면서 윤리적 우려 또한 급증하고 있다. 환자에 대한 감시가 해로운 결과를 낳을 수도 있다는 우려가 대표적이다. 사생활보호와 의료상의 필요 사이에서 적절한 균형을 유지해야 한다.[38] 정보보호의 문제는 무엇보다 의료상의 이유로 사용하는 장치가 컴퓨터 네트워크의 일부인 경우 발생한다.[39] 과학기술을 채택하고 적응하는 속도가 나날이 빨라지면서 이런 쟁점들이 부상하고 있다.

게이밍 기술의 활용

휴대폰 활용방식과 홈스마트 기술 시장의 성장에 대해 논의했다. 이제는 노인의 간병을 보완하기 위한 게이밍 기술 이용을 다룰 것이다. 많은 가정에 어떤 형태로든 게임에 특화된 컴퓨터의 일종인 게임콘솔이 보급되어 있다. 이들은 대부분 움직임을 추적하는 감지 장치를 활용하기 때문에 손으로 잡는 조작 키패드에 더이상 의존할 필요가 없다. 점점 더 많은 수의 노인이 이 기기를 사용한 경험이 있고 많은 경우 적극적으로 게임에 참여한다. 이 최신 게임용 하드웨어를 통해 우리 가정에는 가상현실과 같은 환경이 도입되었다.

가상현실은 시청각 피드백을 결합해 작동한다. 가상현실의 장점은 일반 환경에서는 위험이나 비용이 지나치게 큰 일련의 활동을 이 기기를 통해 경험할 수 있다는 점이다. 가상현실은 수많은 질환의 재활 도구로 활용도가 높아지고 있다. 접근성이 좋을 뿐 아니라 가격도 저렴해지고 있다. 가정용 게임콘솔에는 가상현실 요소가 포함되어 있어 지역사회를 기반으로 한 적정가의 접근성 높은 가상현실 치료법을 제공할 수 있다.

게임콘솔 장치를 이용할 경우 치료할 때 치료자가 환자 옆에 있을 필요가 없다. 환자의 피드백을 가상현실 환경에서 받을 수 있기 때문이다. 게임콘솔 가상현실을 이용해 감독자가 없는 상태에서 재활 치료를 했을 때의 효과를 살피는 최근의 한 연구에 따르면, 치료를 받은 노인들의 엉덩이 근육의 강도와 균형이 상당히 향상되었다. 이런 유형의 향상은 노인집단에서 발생하는 낙상의 가능성을 감소시킨다.[40]

자세 조절은 낙상의 가능성과 더불어 신체기능이 약화되는 데 상당한 영향을 미친다.[41] 포스플랫폼 같은 운동 장비와 3차원 카메라를 사용해 자세 조절기능이 향상되었다. 최근 연구들은 임상의에게 비용 효율이 높고 통제하기 쉬운 임상평가 도구를 제공하기 위한 수단의 일환으로 마이크로소프트사의 키넥트 같은 게이밍 기술을 활용했다. 이 시스템은 카메라와 적외선 조명을 활용해 사용자를 3차원 영상으로 재현한다.[42] 키넥트 시스템은 움직임, 특히 관절 부위의 움직임을 정밀하게 알려주는 기술로 각광받고 있다.[43] 키넥트 시스템은 환자가 자신의 자세 조절 상태를 평가할 수 있는 임상용 스크린 장치로서 효과적이다.[44]

노령 소비자를 위한 제품 설계

인간과 기술 간의 상호작용은 어떤 형태로든 개인의 내재적 능력을 고려해야 한다. 이 능력은 개인이 살아온 환경과의 고유한 상호작용의 결과다.[45] 냉장고든 컴퓨터든 모든 형태의 기술에는 이런 능력이 필요하다. 사용자의 능력과 제품의 요구가 잘 맞는 경우 긍정적으로 특정 기능 영역의 수행이 향상된다. 그러나 능력과 요구가 맞지 않으면 제품 시스템은 사용불가능한 것이 되어 그 제품 사용에 대한 태도와 수용 여부에 영향을 미친다. 이는 우리의 의도와 다른 수행을 가져오는, 바람직하지 못한 디자인의 해로운 여파를 지적한 노먼의 저작을 환기시킨다.[46]

휴대폰은 이런 문제를 다룰 수 있는 좋은 실례다. 휴대폰이라는 용어는 이제 점점 더 어울리지 않는 이름이 되어간다. 스마트폰 기술은 사용자에게 기능성 면에서 많은 것을 제공한다. 이런 다기능 장치가 휴대폰이라는 이름을 달고 있다는 사실에 주목하는 사람들은 별로 많지 않다. 스마트폰은 전화보다 다양한 최신기능을 직관적으로 수행하기 쉬운 장치다. 예를 들어 텔레비전에서 광고가 나오는 동안 스피커 앞에 이른바 '전화기'를 가져다놓고 광고에 나오는 곡에 대한 정보를 찾는 등의 기능이 그러하다. 이런 기능은 많은 사람들이 즐겨 이용할 것이다. 제품의 요구와 개인이 지닌 능력의 조화를 기반으로 기술과의 상호작용을 검토해보면 이런 조화가 기능을 수행하는 자신의 능력에 대한 확신, 다시 말해 자기효능감에 어떤 영향을 미치는지 쉽게 알 수 있다.[47]

사용자에게 부과되는 요구가 제품 조작의 용이성(예를 들어 터치스크린 따위)이나 제품 설명서의 해독 가능성을 가리키기도 한다는 점을 유념해야 한다. 이런 특징이야말로 노인이 애초에 제품을 사지 못하게 하는 실질적 장애가 될 수도 있다.[48]

이런 문제들은 개인차라는 쟁점과 관련이 있다. 나이 들면서 기능의 변화가 커진다는 사실은 제품의 설계와 판매에 매우 중요한 문제다. 제품 설계자는 핵심적 관심사를 검토해 노화 관련 변화에 대처해왔다. 이를 테면 나이 들면 시력이 약해지므로 기계 장치가 제공하는 밝기를 늘리는 동시에 눈부심은 방지해야 한다. 폰트 크기를 키운다거나 아예 사용자가 조절할 수 있도록 맞춤식 폰트를 만드는 기술은 유용한 덤이다.[49]

노화로 인한 청각의 쇠퇴는 청각 정보의 적정 강도와 피치를 제공해 어느 정도 상쇄된다. 노인이 소리 감지에 특히 곤란을 겪을 때는 배경 소음이 있을 때다. 볼륨을 올리는 것만으로는 신호 대 잡음 비율과 관련된 이 문제를 충분히 해결할 수 없다.[50]

나이 들면서 미세한 운동 조절이 감퇴되면 스크린상에서 과제를 선택할 때 표적 구역이 정밀하지 못하고 넓어진다. 기술은 이런 변화를 반영해야 한다. 기술 발달로 기계가 소형화되는 추세임을 생각하면 이는 결코 작은 문제가 아니다.[51]

인지기능의 변화 또한 고려해야 한다. 노인이 되면 정보처리 속도가 느려지고 정보를 조종하고 통합하는 능력도 감소한다. 따라서 기능 영역의 변화에 적응할 수 있는 수단을 제공할 필요가 있다. 예를 들어 특정 활동을 수행하는 중간에 시간 초과로 일을 중단해야 하는 따위의 상황을 피하도록 적절한 방안을 만들어야 하는 것이다.[52] 휴대폰의 경우 버튼을 누를 때마다 화면이 바뀌는 것보다는 일렬로 나열된 메뉴에서 항목을 고를 수 있게 만든 시스템이 노인의 오류 빈도를 줄여준다.[53]

노화 방지를 위한 의학

다양한 형태의 인지와 신체훈련을 이용해 기능을 향상할 수 있는 방법을 살펴봤으니, 이제 노화와 싸우기 위해 의학이 무엇을 제공해야 하는지 검토하겠다. 지난 몇 년 동안 많은 치료법이 노화에 대처하기 위해 생겨났다. 이 치료법에는 다양한 호르몬요법이 포함된다. 호르몬요법의 유일한 목적은 핵심적 호르몬의 수치를 젊은이와 같은 수준으로 올리는 것이다. 성장 호르몬요법도 이에 해당한다. 그러나 성장 호르몬요법은 실험용 쥐에게는 오히려 역효과를 내는 것으로 밝혀졌다.[54] 또다른 접근법은 기계론적 노화이론에 기반을 둔 것들이다. 가장 두드러진 예는 항산화물질이 세포 대사의 부산물인 활성산소의 효과를 역전시켜 산화로 인한 손상을 최소화한다는 주장이다. 텔로머라아제 활성제 또한 노화 방지제로서 시도되어 왔지만 이 물질이 노화 방지에 도움이 된다는 증거는 없다.

열량 제한은 음식물 섭취를 40퍼센트 정도 줄이는 방법이다. 특히 열량 제한 모방요법(칼로리 제한의 노화 방지 효과를 모방한 일군의 약물. 열량 제한 효과에 관련된 핵심 경로를 바꾸어 음식물 섭취를 제한하지 않아도 건강을 유지하고 장수할 수 있게 해준다는 요법—옮긴이)은 식이 제한이 지닌 잠재적 효과로 대다수에게 더 타당한 대안이 된다. 이런 모방요법의 특징은 식이 제한의 효과를 내면서도 열량과 식사량을 줄일 필요가 없다는 것이다. 모방요법의 한 예는 적포도주의 성분 중 하나인 레스베라트롤이다. 이 약물은 열량이 높은 식사를 한 실험용 생쥐의 생존 기간을 연장해주어 비만 치료제의 가능성을 보여주었다. 라파마이신이라는 면역억제제 역시 생쥐의 수명을 연장해 치료제로서의 잠재력을 보여주었다.[55]

노화를 상쇄하려는 지속적 시도에도 불구하고 아직까지는 그 어떤 치료법으로도 노화의 지연은 요원하다. 《종말 전문가The End Specialist》(노화 치료가 가져오는 파국을 그린 드루 매거리의 SF스릴러소설—옮긴이)에서 예언한 대로, 특정 유전자의 활성화를 막아서 노화를 중단시킨 미래에 대한 비전은 여전히 과학소설 속의 일에 지나지 않는다.[56] 이런 미래에서 노화 '치료'는 절대로 늙지는 않는다 하더라도 '자연스럽고 평화롭게 죽을 수 있는 가능성'을 박탈당한다는 것을 의미한다. 과학소설에서 제기하는 문제들은 다양한 생각거리를 제공한다. 그러나 노화를 퇴치해줄 신비의 영약에 대한 탐구는 지속되고 있다. 수명연장에 그다지 큰 의욕을 불태우지 않는 사람들도 있다. 코미디언 그루초 막스는 다음과 같은 재기 발랄한 말을 남겼다. "늙는 것은 문제가 아니다. 그저 살 만큼 살면 그걸로 됐다."

• 신체 노화, 어디까지 막을 수 있을까

우리는 육신에 미치는 노화의 여파를 너무 잘 안다. 민첩성이든 감각이든 통제 가능성이든 외모든 흐르는 시간이 끼치는 손실은 가혹하다. 우리의 원활한 일상생활을 돕기 위해 기술을 활용해야 하는 경우도 많다.[57] 노인이 자신의 몸에 갖는 이미지에 대한 연구는 매우 드물다. 몸에 일어나는 변화가 크다는 것을 생각하면 이상할 정도다. 노인 사이에서 자신의 몸에 대한 불만이 높다는 것은 충분히 예측 가능하고 이를 보여주는 증거도 있다.[58] 반면 이런 근심을 초월하는 저돌적 접근법을 보여주는 연구 결과도 있다.[59] 아마 외모보다 기능에 대한 관심이 크기 때문인 듯하다.[60]

세상이 보는 자신의 모습인 거울 자아와 자신에 대해 실제로 느끼는 방식이 맞지 않을 수 있다. 노인은 대개 자신이 늙었다고 생각하지 않는다. 이런 경우 세상 사람들과의 교류는 이들에게 부당한 처사가 될 수 있다. 세상 사람들의 행동이 노화에 대한 잘못된 이미지와 잘못된 가정에 근거한 것일 수 있기 때문이다.[61] 이런 오류는 몸이 내적 자아를 반영한다는 가정에서 비롯되는 것 같다. 자신의 몸의 이미지에 대해 느끼는 만족이나 불만족은 자아존중감 측면에서 중요한 함의를 가지며, 우리 기분에 영향을 미친다. 이는 또한 늙는다는 사실에 대한 두려움으로 이어질 수 있다.[62]

노인에게 외모의 문제는 시간이 가면서 더 논란이 되는 주제다. 현대의 성형수술은 최소한 제한된 시간 동안이나마 외모를 젊게 할 수단이며 부유한 소수의 사람만 누린다. 합리적으로 가정하자면 기술의 발전으로 여러 성형 치료법을 쓸 수 있게 되고 비용까지 감소되면 더 많은 노인이 성형을 실제로 선택할 수도 있다. 그러나 분명히 말해서 그렇지 않을 경우 성형수술비를 감당할 여력이 있는 사람과 없는 사람의 구별로 더 광범위한 사회학적 여파가 생길 수 있다.

의료기술이 제공하는 선택은 의료 개입의 혁신으로 보완된다. 혁신적 의료 개입은 단지 미적 변화뿐 아니라 우리 몸 내부 작용이 노화에 반응하는 방식까지 조종하게 될 것이다. 영양 신경학이 바로 이런 국면에서 성장하고 있는 학문이다. 영양 신경학의 성과는 나이 관련 변화에 잘 대처하기 위해서는 식단을 어떻게 바꾸어야 노화로 인한 변화를 상쇄할 수 있는가의 측면에서 중요한 실용적 함의를 갖게 될 것이다.

노화를 막기 위해 다양한 성공적 선택을 사용할 수 있게 된다 해도, 어느 시점이 지나면 결국 이 모든 치료법은 실패로 돌아가지 않을까? 성형수술로 외모를 아름답게 바꿀 수 있지만, 여지없이 늙어가는 몸에 시술을 반복하다 보면 의도하지 않았던 여파가 생길 수 있다. 의사가 쓸 수 있는 방책이 제한되어 있기 때문이다.

식품보조제와 생리기능향상제의 경우도 마찬가지다. 어느 시점이 되면 신체 쇠퇴가 기술이 제공할 수 있는 회복 수단을 넘어설 것이다. 예를 들어 늙어가는 보통 노인의 인지기능의 변화를 보자. 어느 정도의 인지기능 감퇴는 불가피하다. 정보처리가 둔화되고 기억력도 쇠퇴한다. 약물을 쓰면 어느 정도 인지기능을 증진시킬 수 있다. 그러나 인간의 근본 특성이 적응력이라는 사실을 잊지 말아야 한다. 사실 사람들은 노화로 인한 기능 변화에 효과적으로 대처하기 위해 행동을 바꾸는 창의성을 보여준다. 또 망각의 중요성을 유념해야 한다. 인간의 정신은 수많은 메커니즘이 합리적으로 작동하는 동안 쓸데없거나 잘 쓰지 않는 정보는 기억에서 자동 삭제하도록 진화해왔다. 윈도 프로그램이 쓰지 않는 화면의 아이콘을 삭제하라고 이따금씩 요청하는 것과 같다.[63]

알츠하이머병 진단을 받은 사람처럼 더 음흉한 힘이 작용하는 경우의 사회적 함의는 무엇일까? 기억해야 할 중요한 사실은 점점 더 많은 사람들의 수명이 길어지면서 질병 발생률 또한 함께 올라간다는 것이다. 또한 노인들은 복합질환을 앓을 확률이 높다. 특정 질환을 잘 치료해도 치료하지 못한 다른 질환으로 죽을 가능성이 있다는 뜻이다. 치매 환자의 경우 항치매제의 발달로 더 오랜 시간 독립적인 삶을 영위할 수 있겠지만 병의 진행이 완전히 역전되는 시점이 오기는 어렵다. 어느 시점이 되면 알츠하이머병의 진행은 기능을 잠식해 무엇으로도 쇠퇴를 막을 수 없게 된다. 그때 환자들은 아직 대비해놓지 못한 상황에 직면할 것이다. 병의 여파를 상쇄하려는 시도는 병이 유발하는 새로운 난제에 대처하지 못하고 생존기간만 늘려놓았다.

환자를 수발하는 주변 사람의 문제도 있다. 불행한 병의 진전을 잠시 중단시켰던 시기가 끝난 후, 사랑하는 사람이 갑작스레 급격한 쇠퇴를 겪을 때 그 여파는 어떠할 것인가? 돌보미는 이런 변화를 몸과 마음으로 어떻게 감당해야 할까? 삶의 질은 여기서도 고려되어야 한다.

● 미래의 우리 모습에 대한 전망

유전학 관련 지식은 나날이 성장을 거듭하고 있다. 유전학 정보를 활용하는 기술 또한 마찬가지다. 맞춤 의학의 일종인 개인 유전체학은 진단의 혁신을 통해 우리가 걸릴 수 있는 질병의 성향을 미리 확인하고 치료 효과를 높이기 위해 맞춤형 치료 계획을 촉진시킬 것이다.[64]

기술 발달로 응용 소프트웨어에 대한 의존성이 증가하는 사회가 도래했다. 기능향상을 도모하기 위해 몸에 기계를 통합하는 개념은 이미 그다지 낯설지 않다. 트랜스휴머니즘이라는 개념은 원래 20세기 초 줄리안 헉슬리가 인간의 생물학적 한계를 넘어서는 초월을 의미하도록 만든 신조어다.[65] 트랜스휴머니즘 철학의 핵심은 과학 발달로 인간 수명이 연장될 뿐 아니라, 자연이 인간에게 부여한 능력 이상의 능력을 가질 수 있다는 것이다. 그후로 오랫동안 의학은 보철 기술을 통해 사지를 잃은 사람들에게 인공 팔다리를 제공해왔다. '현대 의학은 사이보그, 다시 말해 유기체와 기계 간의 결합물로 가득하다'.[66] 미래에는 이런 과학적 돌파구를 통해 건강한 개인은 신체적 정신적으로 더욱 강화된 삶을 영위할 수 있을 것이다.[67] 향상된 기능으로 더 오래 살 가능성은 과학소설을 떠나 빠르게 현실화되고 있다. 이런 발달로 치료를 위한 개입과 기능향상을 위한 개입의 명료한 구분이 별 의미가 없어질 것이다. 인간의 인지기능을 증진하기 위해 생체계면이 활용될 가능성은 흥미로운 동시에 우려스럽다. 이런 과학기술 발전의 성과들은 상용화될 경우 치료 목적으로만 쓰이는 것이 아니라 건강한 사람들의 흥미도 끌 수 있다. 우리는 이미 기능방식을 촉진하기 위해 현실을 증강시키는 장치들을 받아들이고 있다.[68]

이런 일들이 실제로 일어난다면 해결해야 할 중대한 철학적 문제들이 나타날 것이다. 피터 해밀턴 같은 소설가는 불멸을 엿보는 권리가 모든 사람에게 있는 차기 인간(포스트휴먼) 사회라는 쟁점에 천착해왔다.[69] 《공허한 진화 The Evolutionary Void》라는 그의 과학소설에 등장하는 거주민들은 일정 나이가 되거나 무슨 일이 생기면 자신의 저장된 기억을 자신과 유전적으로 동일한 다른 인공 몸에 저장한 후 새로운 몸으로 무한히 살 수 있다는 기대를 갖고 성장한다. 물론 과학소설 속 이야기다. 그러나 지금 이것이 과학소설의 소재라고 해서 앞으로 어떻게 될지는 아무도 모른다. 사회는 수명이 늘어난 사람들에게 어떻게 적응할까? 장수로 인한 인구과잉 문제는? 은퇴의 필요성도 쟁점이 될까? 은퇴가 인간관계에 미치는 여파는 무엇일까? 우리는 이런 변화에 필요한 적응을 수행할 만큼 충분히 유연할까?

인간과 기계의 상호작용 문제를 놓고 씨름하는 철학자들은 인간의 창의력과 기계가 촉발시킨 컴퓨터의 힘이 결합되어 생겨난 지식이 언젠가 유례없는 속도로 팽창하는 시점이 오리라 예언한다. 이들은 그 시점이 되면 기계와의 융합을 완성하는 방법밖에는 선택의 여지가 없다고 주장한다. 미래학자 커즈와일의 용어를 빌자면 우리는 결국 '특이점'(인류의 문명이 획기적으로 발전하는 지점, 기계와 인간의 합일을 통해 새로운 형태의 인류가 탄생한다는 개념—옮긴이)에 도달할 것이다.[70]

이 장의 요점 정리

이 책의 목적은 나이 들면서 쇠퇴해가는 우리의 몸과 정신에 대한 방대한 자료를 제공하는 것이 아니다. 물론 어느 정도는 자료를 제공해야 하지만 말이다. 마지막 장의 주제는 다소 사변적이고 희망적인 관점을 보여주자는 데 있다. 우리가 가진 다양한 기능이 노화로 효율성과 효과를 잃는 과정에 관해서 많은 이야기를 했다. 분명한 것은 노화 과정을 막기 위해 많은 이들이 변화의 시기에 유연성과 긍정적 관점을 보여준다는 사실이다. 우리는 신체와 정신의 운동이 건강한 인지기능을 노년기까지 유지하는 데 어떻게 이용되는지 검토했다. 또한 나이에 저항하는 과정에서 나타나는 다양한 수준의 성공적인 개입과 치료법을 살폈다. 신체 변화 외에 삶의 질에 거대한 영향을 미칠 이런 기술에는 분명 심리적 함의도 내포되어 있다.

생명을 연장하려는 탐색은 확실히 확장을 거듭하는 연구 분야임에 틀림없다. 그러나 개인의 뇌를 향상시키거나 수명을 연장한다고 공언하는 과학적 가치를 냉정하고 독립적인 잣대로 평가해야 한다. 왜냐하면 이런 주장이 내놓는 산물을 대상으로 하는 거대한 잠재적 이윤의 시장이 존재하기 때문이다. 이런 한계와 경고 섞인 우려에도 연구자 사이에는 위대한 진보를 통해 미래의 노인 세대는 독립적이고 풍요로운 인생을 오랫동안 누릴 수 있으리라는 믿음을 토대로 한 활기와 결단력이 넘쳐난다.

> 희망은 인간의 가슴속에 영원히 샘솟는다.
> 저주받은 인간, 그래도 그대에게 축복이 함께하기를.
> _알렉산더 포프, 《인간론》 제1장 중에서

감사의 글

무엇보다 여기에 소개한 자료의 저자들에게 감사드린다. 그 저작들이 없었다면 이 책은 다소 빈약해졌을 것이다. 여기서 받은 지적 영감으로 책을 완성할 수 있었다. 그리고 박사과정을 지도해준 존 맥도널드 교수와 토니 게일 교수에게도 한없는 감사와 존경을 보낸다. 지난 수년간 격려와 지지를 보내준 앤디 스미스 교수에게도 인사를 하고 싶다.

책을 쓰느라 그야말로 심술궂은 허깨비처럼 굴었던 지난 2년에 대해 가족과 친구들에게 진심으로 용서를 구한다. 귀청 따가운 음악이나 웅얼대는 불평과 딸깍거리는 키보드 소리 따위의 유치한 짓을 통해 내 존재를 알렸던 점을 깊이 사과한다. 아내는 이 모든 일을 겪는 동안 한결같이 지원을 보내준 내 힘의 보고였다. 갖가지 잡다한 원고를 바지런하고 끈기 있게 읽어준 그녀의 작업은 너무 큰 자산이었다. 아내는 그야말로 경이 그 자체였다.

이 책의 길잡이 역할을 해주고 작업 내내 묵묵히 기다려준 폴그레이브 맥밀런 출판사의 모든 분께도 감사드린다. 특히 교열 작업을 해준 편집자들은 잊지 못할 것이다. 그분들께 다시 한번 무한한 감사를 보낸다. 책을 만드는 작업은 정말 흥미진진하고 짜릿한 경험이었다.

충직한 에스프레소 머신도 고맙다. 의리로 똘똘 뭉친 이 녀석이 없었다면 이 책은 애초부터 불가능했을 것이다.

뇌구조와 세부 명칭 설명
출전 주
참고문헌
찾아보기

뇌구조와 세부 명칭 설명

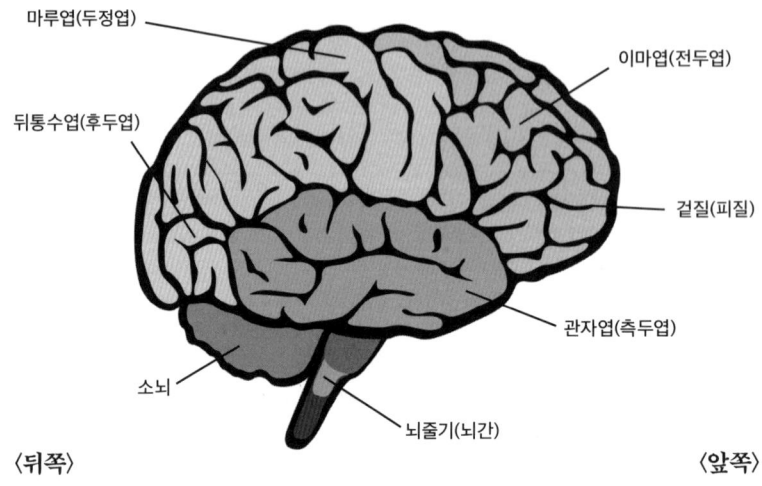

대뇌 뇌의 가장 큰 부분. 좌우 반구로 나뉜 외부의 겉질과 내부의 백질, 바닥핵으로 구성되어 있다. 겉질은 감각 정보를 분석하고, 언어기능을 처리하며, 기억 저장과 같은 상위인지기능을 수행한다. 부위에 따라 이마엽, 마루엽, 관자엽, 뒤통수엽으로 나뉜다.

이마엽(전두엽) 대뇌에서 가장 큰 부위로 변연계와 밀접하게 연결되어 있고 사고, 언어, 감정, 적응, 의식적 운동을 담당한다.
마루엽(두정엽) 외부의 다양한 감각정보를 처리하며 단어, 숫자, 공간 등 추상적 정보를 취합해 의미를 분석한다.
관자엽(측두엽) 청각 조절 중추가 있으며 다른 부위에서는 인지기능과 기억을 조절한다.
뒤통수엽(후두엽) 시각 조절 중추가 있으며 시신경을 통해 들어온 외부의 시각 정보를 분석 처리한다.
백질(속질) 겉질의 각 영역을 연결하는 신경섬유다발이다.
바닥핵(기저핵) 겉질과 척수를 연결하는 신경세포체로서 몸의 균형과 무의식적 반응 등을 관장한다.
변연계 대뇌 겉질 입구에 위치하고 있는 해마, 편도체, 시상하부, 뇌하수체 등으로 구성된 집합체. 감정, 행동, 욕망 및 학습과 기억에 관여한다.

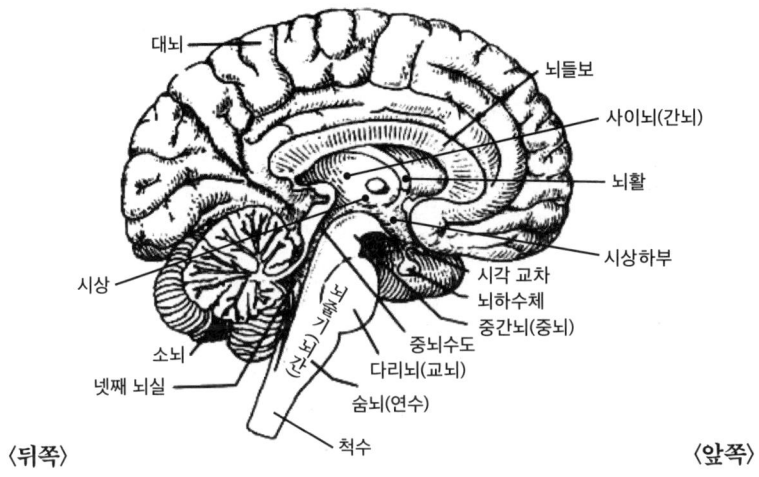

사이뇌(간뇌) 감각신호를 뇌에 전달하거나 수면, 각성, 식욕, 갈증, 체온, 호르몬 분비를 조절하는 기관. 변연계와 서로 연관되어 작용한다.

망상계 중간뇌에서부터 숨뇌까지의 부위에 주로 자리 잡은 신경망. 척수에서 받은 감각정보를 대뇌 겉질로 보내는 역할을 하며 각성, 의식을 관장한다.

소뇌 중추신경계의 일부로 외부의 감각정보를 통합 처리해 자발적이고 정밀한 운동을 가능하게 한다.

뇌줄기(뇌간) 뇌와 척수를 이어주는 부위로 중간뇌, 다리뇌, 숨뇌로 구성되어 있다.

중간뇌(중뇌) 감각과 운동에 필수적인 신경과 신경섬유다발 등이 집약되어 있으며 청각과 시각 반사를 처리하고 의식 상태를 조절한다.

다리뇌(교뇌) 중간뇌, 숨뇌, 소뇌를 서로 연결하는 중추신경조직으로 주로 얼굴 표정과 저작咀嚼에 관련된 근육의 움직임을 조절한다.

숨뇌(연수) 수많은 교감, 부교감 자율신경계가 모여 있어 생명 유지에 필수적인 호흡, 심장박동, 혈압, 맥압, 혈류 등을 관장한다.

출전주

1장_이제는 아동발달이 아니라 노화연구가 중요하다
1. Buhler, 1933; Hall, 1922   2. Siegler, 1995   3. Goldsmith & Heiens, 1992   4. Quadagno, 2008   5. Baltes, Reese, & Lipsitt, 1980   6. Elias, Elias, & Elias, 1977   7. Pepper, 1942   8. Lawton & Nahemow, 1973   9. Baltes, Freund, & Li, 2005   10. Baltes & Singer, 2001   11. Nelson & Dannefer, 1992   12. Freund & Ebner, 2005   13. Baltes, 1996   14. Freund & Baltes, 2002   15. Baltes & Carstensen, 1996   16. Baltes, Freund, & Li, 2005   17. Gignac, Cott, & Badley, 2002   18. Freund & Baltes, 2002   19. Siegler & Botwinick, 1979   20. Hofer & Sliwinski, 2006   21. Schaie, 1965

2장_노화에 따른 생물학적 변화
1. Cristofalo 외, 1999   2. Hayflick, 1996   3. Monczunski, 1991   4. de Magalhaes, Costa & Church, 2007   5. Kirkwood, 2005   6. Saretzki & Von Zglinicki, 2002   7. Campisi, 1997   8. Galetti, 1995   9. Cristofalo 외, 1999   10. Lu & Finkel, 2008   11. Lu & Finkel, 2008   12. Miwa, Beckman, & Muller, 2008   13. Pankow & Solotoroff, 2007   14. Diamond, 1991   15. Wulf, 2006   16. Wulf, 2006   17. Wulf, 2006   18. Aldwin & Gilmer, 2004   19. de Groot, Perdigao, & Deurenberg, 1996   20. Deal, 2004   21. Yang, Bishai, & Harman, 2008   22. Yang, Bishai, & Harman, 2008   23. Kostka, 2005   24. Lavender & Nosaka, 2007   25. Raj, Bird, & Shield, 2010   26. Klass, Baudry, & Duchateau, 2007   27. Carroll 외, 2008   28. Lang 외, 2010   29. Zamboni 외, 2008   30. Parker, 2009a   31. 'Menopause', 2010   32. Saito & Marumo, 2010   33. Aldwin & Gilmer, 2004   34. Clarke & Griffin, 2008   35. Andel 외, 2008   36. Gignac, Cott, & Badley, 2000   37. Mojon-Azzi, Sousa-Poza, & Mojon, 2008   38. Aldwin & Gilmer, 2004   39. Charman, 2008   40. Charman, 2008   41. Margrain & Boulton, 2005   42. Margrain & Boulton, 2005   43. Mojon-Azzi, Sousa-Poza, & Mojon, 2008   44. Casten 외, 1999   45. Margrain & Boulton, 2005   46. Schiffman, 1997   47. Meisami, 1994   48. Harkins & Scott, 1996   49. McCarthy 외, 2009   50. Covinsky 외, 2009   51. Weiner 외, 2006   52. Aldwin & Gilmer, 2004   53. Margrain & Boulton, 2005   54. Whitbourne, 1996   55. Dalton 외, 2003   56. Fook & Morgan, 2000   57. Cacace, 2003   58. Dickin, Brown, & Doan, 2006   59. Aldwin & Gilmer, 2004   60. Nikitin 외, 2006   61. Betik & Hepple, 2008   62. Pride, 2005   63. Sun 외, 2009   64. Wyatt, Kim, & Winston, 2006   65. O'Donovan 외, 2005   66. Marshall, 2004   67. Seidman, 2003   68. Parker, 2009b   69. Lombardi 외, 2005   70. Angelucci, 2000   92 Comijs 외, 2010   71. Hogervorst 외, 2008   72. Mahlberg 외, 2006   73. Gubin 외, 2006   74. Dorshkind 외, 2009   75. Grubeck-Loebenstein, 2010   76. Colcombe 외, 2003   77. Cabeza, 2004   78. Leveroni 외, 2000   79. Filley, 2002   80. Cabeza, 2002   81. Buckner, 2004   82. Grady 외, 1995   83. Buckner, 2004; Park & Reuter-Lorenz, 2009   84. Park & Reuter-Lorenz, 2009   85. Grady 외, 2006   86. Reuter-Lorenz & Cappell, 2008   87. Park & Reuter-Lorenz, 2009   88. Lupien 외,

2009 89. Aoi, 2009; Mocchegiani 외, 2008; Senchina, 2009 90. Gouin, Hantsoo, & Kiecolt-Glaser, 2008 91. Katz & Peters, 2008 92. Nordahl 외, 2006 93. Raz & Rodrigue, 2006 94. Park & Reuter-Lorenz, 2009 95. De Groot 외, 2002 96. Rosen 외, 2003 97. Buckner, 2004; Raz & Rodrigue, 2006 98. Cook 외, 2004 99. Kivipelto, Soininen, & Tuomilehto, 2002 100. Bunce 외, 2007 101. Gogtay 외, 2004; Sowell 외, 2003 102. Raz 외, 2004 103. Raz 외, 2004 104. Paus, 2005; Williams 외, 2005 105. Backman 외, 2006; Cohen & Servan-Schreiber, 1992; Hultsch, MacDonald, & Dixon, 2002 106. Edginton & Rusted, 2003 107. Backman 외, 2006 108. Park & Reuter-Lorenz, 2009 109. Backman 외, 2006 110. Backman 외, 2000 111. Erixon-Lindroth 외, 2005 112. Nordberg, 2008 113. Matus, 2005 114. Goh & Park, 2009 115. Van Someren, 2007 116. Degroot & Kenney, 2007 117. Keney & Munce, 2003 118. Phillips 외, 1991 119. Kenney & Munce, 2003 120. Ancoli-Israel & Cooke, 2005 121. Wolkove 외, 2007 122. Kamel & Gammack, 2006 123. Hasher, Goldstein, & May, 2005 124. Benloucif 외, 2004 125. Rowe, Hasher, & Turcotte, 2009 126. Ancoli-Israel & Cooke, 2005

3장_노화에 따른 기초 인지 과정과 인지기능의 변화
1. Baltes & Lindenberger, 1997 2. Anstey, Luszcz, & Sanchez, 2001; Lindenberger, Scherer, & Baltes, 2001 3. Schneider & Pichora-Fuller, 2000; Wingfield, Tun, & McCoy, 2005 4. Marsiske, Klumb, & Baltes, 1997 5. Giedd 외, 1999 6. Casey 외, 2005 7. Raz, 2000; West, 1996 8. Craik & Bialystok, 2006 9. Green & Swets, 1966 10. Botwinick, 1984 11. 'Perception', 2008 12. Townsend, 2005 13. Botwinick, 1984 14. Kausler, 1991 15. Botwinick, 1984 16. Salthouse, 2007 17. Verhaeghen, 2006 18. Cerella, 1994; Salthouse, 1996 19. Birren, 1974 20. Botwinick, 1984 21. Kline & Scialfa, 1997 22. Brinley, 1965 23. Verhaeghen, 2006 24. Vecera & Luck, 2002 25. Allport, 1989; De Pisapia, Repovš, & Braver, 2008 26. Cowan, 1995 27. Salthouse, 1991 28. Kausler, 1994 29. Giambra, 1989 30. Rogers & Fisk, 2001 31. Verhaeghen & Cerella, 2002 32. Rapp, Krampe, & Baltes, 2006 33. Verhaeghen & Cerella, 2002 34. Martin & Zimprich, 2005 35. Hultsch & MacDonald, 2004; Jensen, 1992 36. Hultsch, MacDonald, & Dixon, 2002; Rabbitt 외, 2001 37. Shipley 외, 2006 38. Anstey 외, 2005; Li 외, 2001; Strauss 외, 2002 39. Hedden & Gabrieli, 2004; Hultsch & MacDonald, 2004 40. Bunce, Warr, & Cochrane, 1993; West 외, 2002 41. Christensen 외, 2005 42. Owsley 외, 1998 43. Owsley 외, 1998 44. Hutchinson 외, 2012 45. Harwood, 2001 46. Ball & Sekuler, 1986 47. Gilmore 외, 1992 48. Allen 외, 2010 49. Fahle, 2005 50. Gibson, 1969 51. Sagi, 2011 52. Ball & Sekuler, 1986 53. De Rosa & Baxter, 2005; Wenk, 2005 54. Christopher, Sutherland, & Smith, 2005; Sarter, Givens, & Bruno, 2001 55. Tales & Porter, 2009 56. Wenk, 2005 57. Smith 외, 2003 58. Christopher 외, 2005 59. Tales & Porter, 2009

4장_노화와 단기기억의 상관관계
1. Atkinson & Shiffrin, 1968 2. Gathercole, Lamont, & Alloway, 2006 3. Thompson & Madigan, 2005 4. Baddeley, 2006 5. Logie & Della Sala, 2005 6. Baddeley, 2006 7. Baddeley, 2001 8.

Logie & Della Sala, 2005 9. Baddeley & Hitch, 1974 10. Navon & Gopher, 1979 11. Baddeley, 2001 12. Baddeley, 2006 13. Baddeley, 2000 14. Parkinson, Inman, & Dannenbaum, 1985; Spinnler 외, 1988 15. Craik, 1986 16. Bopp & Verhaeghen, 2005 17. Verhaeghen, Marcoen, & Goossens, 1993 18. Hasher & Zacks, 1988; May, Hasher, & Kane, 1999 19. Park 외, 2002 20. Shaw, Helmes, & Mitchell, 2006 21. Vecchi & Richardson, 2000 22. Cornoldi & Vecchi, 2002 23. Brockmole 외, 2008 24. Cowan 외, 2006 25. Brown & Brockmole, 2010 26. Backman & Molander, 1986 27. Charness, 1985 28. Riby, Perfect, & Stollery, 2004 29. Bopp & Verhaeghen, 2005 30. Baddeley, 1992 31. Tun & Wingfield, 1995 32. Hartley & Little, 1999 33. Broadbent & Gregory, 1965 34. McDowd, Vercruyssen, & Birren, 1991 35. Wright, 1981 36. McDowd & Craik, 1988 37. Anderson, Craik, & Naveh-Benjamin, 1998 38. Fernandes & Moscovitch, 2000 39. McDowd, 1986 40. Woollacott & Shumway-Cook, 2002 41. Li, Krampe, and Bondar, 2005 41. Stelmach, Zelaznik, & Lowe, 1990 42. Maylor & Wing, 1996 43. Li, Krampe, & Bondar, 2005 44. Tinetti, Speechley, & Ginter, 1988 45. Simoneau & Leibowitz, 1996 46. Nakamura 외, 1997 47. Buchner & Larson, 1987 48. Teasedale 외, 1992 49. Mittenberg 외, 1989 50. Salthouse, 1996 51. Salthouse, Babcock, & Shaw, 1991 52. Ball, Edwards, & Ross, 2007 53. Baddeley, 1996 54. Miyake 외, 2000 55. Hedden & Yoon, 2006 56. Harnishfeger & Bjorklund, 1993; Hasher & Zacks, 1988 57. Adrover-Roig 외, 2012 58. Friedman & Miyake, 2004 59. Reuter-Lorenz & Cappell, 2008 60. Craik & Bialystok, 2006 61. Kemenoff, Miller, & Kramer, 2002 62. Stuss & Floden, 2005 63. Kramer 외, 1994 64. Grant & Berg, 1948 65. Kramer 외, 1994 66. Arbuckle & Gold, 1993 67. Spreng, Wojtowicz, & Grady, 2010 68. Jonides 외, 2000 69. Jonides 외, 2000 70. Persson 외, 2006 71. Davis 외, 2008 72. Erickson 외, 2007; Park & Reuter-Lorenz, 2009 73. Smith & Jonides, 1998 74. Jonides 외, 2000 75. Cappell, Gmeindl, & Reuter-Lorenz, 2010

5장_노화와 장기기억의 상관관계

1. Tulving, 1972 2. Craik, 2005 3. Light, 1991 4. Watkins & Gardiner, 1979 5. Smith, 2006 6. Tulving & Thomson, 1973 7. Naveh-Benjamin, 2000 8. Backman & Nilsson, 1984 9. Craik, Byrd, & Swanson, 1987 10. Giambra 외, 1995 11. Burke 외, 1991 12. Rubin, Rahhal, & Poon, 1998 13. Gluck & Bluck, 2007 14. McLean, 2008 15. Baddeley, Eysenck, & Anderson, 2009 16. Smith 외, 2005 17. Mireles & Charness, 2002 18. Light 외, 2000 19. Dywan & Jacoby, 1990 20. Simons 외, 2004 21. Rahhal, May, & Hasher, 2002 22. Thomas & Bulevich, 2006 23. Dodson, Bawa, & Slotnick, 2007 24. Roediger, McDermott, & Robinson, 1998 25. Roediger & McDermott, 1995 26. Dehon & Bredart, 2004 27. Roediger & Geraci, 2007 28. Jacoby, 1999 29. Stine-Morrow, Noh, & Shake, 2006 30. Stine, Soederberg, & Morrow, 1996 31. Hartley, 1986 32. Rice & Okun, 1994 33. Parkin & Walter, 1992 34. Light 외, 2000 35. Naveh-Benjamin, Guez, & Marom, 2003 36. Park 외, 1997 37. d'Ydewalle, Luwel, & Brunfaut, 1999 38. Baddeley, 2009 39. Rendell & Thomson, 1999 40. Rendell & Thomson, 1999 41. Baddeley, 2009 42. Maylor, 1996 43. Henry 외, 2004 44. Park 외, 2002 45. Eichenbaum, 2003

6장_상위인지가 일상생활에 미치는 영향

1. Hart, 1965 2. Dunlosky & Nelson, 1992 3. Flavell, 1971 4. Flavell & Wellman, 1977 5. Flavell & Wellman, 1977 6. Hertzog & Hultsch, 2000 7. Hertzog & Hultsch, 2000 8. Langer, 1989; McFarland, Ross, & Giltrow, 1992 9. Lineweaver & Hertzog, 1998 10. Hertzog, McGuire, & Lineweaver, 1999 11. Elliott & Lachman, 1989 12. Devolder & Pressley, 1992 13. Dixon, Bäckman, & Nilsson, 2004 14. Broadbent 외, 1982 15. Broadbent, Broadbent, & Jones, 1986 16. Cartwright-Hatton & Wells, 1997 17. Schwarz, 1999 18. Schwarz, 1999 19. Cutler & Hodgson, 1996 20. Cavanaugh, Grady, & Perlmutter, 1983 21. McDonald-Miszczak, Hertzog, & Hultsch, 1995 22. Niederehe & Yoder, 1989 23. Cutler & Hodgson, 1996 24. Christopher & MacDonald, 2005 25. Levy, 1996 26. Rabbitt 외, 1995 27. Bruce, 1985 28. Hertzog 외, 2000 29. Intons-Peterson & Fournier, 1986 30. Hertzog 외, 2000 31. Murphy 외, 1981 32. Berry, 1999 33. Whitbourne & Collins, 1998 34. McDonald-Miszczak, Hertzog, & Hultsch, 1995 35. Lachman & Andreoletti, 2006 36. Erber, Szuchman, & Prager, 1997 37. Kensinger & Corkin, 2004 38. Labouvie-Vief, 2005 39. Loabouvie-Vief, 2005 40. Lewis, 2000 41. Porter & Suefeld, 1981 42. Blanchard-Fields, 1999 43. Niedenthal, 2005 44. Carstensen, Fung, & Charles, 2003 45. Labouvie-Vief & Marquez, 2004 46. Kunzmann & Grun, 2003 47. Gross, 1998 48. Gross, 2001 49. Aspinwall & Taylor, 1997 50. Gross 외, 1997 51. Blanchard-Fields, Mienaltowski, & Seay, 2007 52. Gruhn 외, 2013 53. Ong & Bergeman, 2004 54. Carstensen 외, 2000 55. Barrett, 2004 56. Mroczek & Almeida, 2004 57. Barrett, 2004 58. Larsen & Cutler, 1996 59. Hay & Diehl, 2011 60. Donahue 외, 1993 61. Diehl & Hay, 2007 62. Schaffer, 2006 63. Meltzoff, 2010 64. Quinn, Mcrae, & Bodenhausen, 2005 65. Mitchell & Lewis, 1994 66. Beer & Ochsner, 2006 67. Baron-Cohen 외, 2001; Perner & Davies, 1991 68. Shamay-Tsoory, Aharon-Peretz, & Levkovitz, 2007 69. Baron-Cohen, 1995 70. Leslie, 1987 71. Wellman & Woolley, 1990 72. Gopnik & Astington, 1988 73. Perner & Wimmer, 1985 74. Coricelli, 2005 75. Morin, 2006 76. Brothers & Ring, 1992 77. Baron-Cohen 외, 1999 78. Baron-Cohen, 1988 79. Shamay-Tsoory 외, 2005 80. Pellicano, 2007 81. Maylor 외, 2002 82. Happe, Winner, & Brownell, 1998 83. German & Hehman, 2006 84. German & Hehman, 2006 85. Duval 외, 2011 86. Rabbitt & Abson, 1990 87. Koriat & Ackerman, 2010; Lysaker 외, 2011 88. Charlton 외, 2009 89. Duval 외, 2011 90. Bull, Phillips, & Conway, 2008 91. Miller, 2009; Stuss, 2007 92. Baron-Cohen, Wheelwright, & Jolliffe, 1997 93. Coricelli, 2005 94. Duval 외, 2011 95. Snowden 외, 2003 96. Adolphs, 1999 97. Lieberman 외, 2002 98. Piquard 외, 2004 99. Fernandez-Duque, Baird, & Black, 2009 100. Cuerva 외, 2001 101. Gregory 외, 2002 102. Ekman, 1997 103. McDowell, Harrison, & Demaree, 1994 104. Hargrave, Maddock, & Stone, 2002 105. Bucks & Radford, 2004 106. Phillips 외, 2010 107. Guaita 외, 2009 108. Fernandez-Duque 외, 2010 109. Teng, Lu, & Cummings, 2007 110. Spoletine 외, 2008 111. Markesbery, 2010

7장_일상기능의 변화

1. Schaie, Boron, & Willis, 2005 2. Kennedy & Mather, 2007 3. Lockenhoff & Carstensen, 2007

4. Davison 외, 1999 5. Meyer, Russo, & Talbot, 1995 6. Meyer, Talbot, & Ranalli, 2007 7. Turk-Charles, Meyerowitz, & Gatz, 1997 8. Kohlberg, 1969 9. Piaget & Gabian, 1977 10. Kohlberg, 1976 11. Grimm & Thompson, 2007 12. Chap, 1985 13. Chap, 1985 14. Chap, 1985 15. Pratt 외, 1996 16. Labouvie-Vief, 2003 17. Blanchard-Fields, Jahnke, & Camp, 1995 18. Magai & Passman, 1997 19. Birditt, Fingerman, & Almeida, 2005 20. Labouvie-Vief, 1997 21. Blanchard-Field, 2007 22. Argyle, 1999 23. Sternberg 외, 1995 24. Baltes & Staudinger, 2000 25. Gilhooly 외, 2007 26. Cuddy & Fiske, 2002 27. Hess, 1999 28. Heider, 1958 29. Peng & Nisbett, 1999 30. Blanchard-Field, 1994 31. Blanchard-Field, Baldi, & Stein, 1999 32. Gilbert & Malone, 1995 33. Blanchard-Field, 1994 34. Humes, 1996 35. Pichora-Fuller, 2003 36. Dunabeitia 외, 2009 37. Ratcliff 외, 2004 38. Allen 외, 1993 39. Shafto, 2010 40. Abrams, Farrell, & Margolin, 2010 41. MacKay & Abrams, 1998 42. McGinnis & Zelinski, 2000 43. Connor 외, 2004 44. McGinnis & Zelinski, 2003 45. Hasher & Zacks, 1988 46. MacKay, Abrams, & Pedroza, 1999 47. Brown & McNeill, 1966 48. Burke 외, 1991 49. Burke 외, 1991 50. Kausler, 1994 51. Vitevitch & Sommers, 2003 52. Sommers, 1996 53. Miller 외, 2004 54. Byrd, 1985 55. Bonini & Mansur, 2009 56. Pisoni, 1993 57. Yonan & Sommers, 2000 58. Frisina & Frisina, 1997 59. Frisina & Frisina, 1997 60. MacKay & Miller, 1996 61. Pichora-Fuller, Schneider, & Daneman, 1995 62. Kynette & Kemper, 1986 63. Arbuckle, Nohara-LeClair, & Pushkar, 2000 64. Gold 외, 1988 65. Pushkar 외, 2000 66. Ruscher & Hurley, 2000 67. James, Burke, & Austin, 1999 68. Boden & Bielby, 1983 69. Ryan 외, 1986 70. Kemper & Harden, 1999 71. Dellenbach & Zimprich, 2008 72. Perlow, 2010

8장_노인의 인지기능을 평가하다

1. Hebben & Milberg, 2010 2. Kipps & Hodges, 2005 3. Hebben & Milberg, 2010 4. Levy & Goldman-Rakic, 2000 5. Goldman-Rakic, Cools, & Srivastava, 1996 6. Aggleton & Brown, 1999 7. Ino 외, 2003 8. Hebben & Milberg, 2010 9. Hebben & Milberg, 2010 10. Beck & Steer, & Brown, 1996 11. Beck & Steer, 1993 12. Folstein, Folstein, & McHugh, 1975 13. Kipps & Hodges, 2005 14. Roth 외, 1986 15. Nasreddine 외, 2005 16. Mioshi 외, 2006 17. ACEmobile, 2013 18. Nelson, 1982 19. Fromm 외, 1991 20. Wechsler, 2001 21. Wechsler, 1981 22. Wechsler, 1997 23. Wilkinson & Robertson, 2006 24. Raven, 1995 25. Wechsler, 2008 26. McLean & Hitch, 1999 27. Lewis, 1995 28. Gronwall, 1977 29. Robertson 외, 1994 30. Wilson 외, 1996 31. Spreen & Benton, 1977 32. Golden, 1978 33. Culbertson & Zilmer, 2000 34. Grant & Berg, 1993 35. Baddeley, Emslie, & Nimmo-Smith, 1994 36. Wilson, Cockburn, & Baddeley, 2008 37. Kaplan, Goodglass, & Weintraub, 2001 38. Brown, Fishco, & Hanna, 1993 39. Royall, Cordes, & Polk, 1998 40. Shulman 외, 2006 41. Nasreddine 외, 2005 42. Hebben & Milberg, 2010 43. Hebben & Milberg, 2010 44. Woodard, 2010 45. Albert 외, 2001

9장_나이는 성격과 지능에 어떤 영향을 주는가

1. Wilson 외, 2004 2. Mroczek 외, 2006 3. Freud, 1957 4. Freud, 1957 5. Abraham & Jones, 1979 6. Biggs, 2005 7. Freud 외, 1961 8. Erikson, 1982 9. Loevinger & Blasi, 1976 10. Cohn

& Westenberg, 2004 11. Vaillant, 2000 12. Cramer, 2003 13. Cramer & Jones, 2008 14. Diehl, Coyle, & Labouvie-Vief, 1996 15. Jung, 1967, 1930: IX, 771 16. Bowlby, 1969 17. Bowlby, 1973 18. Ainsworth, 1978 19. Main & Solomon, 1986 20. Segal, Needham, & Coolidge, 2009 21. Consedine & Magai, 2003 22. Magai 외, 2004 23. McCrae & Costa, 1997 24. Ashton 외, 2000 25. Stewart, 2006 26. Roberts & DelVecchio, 2000 27. Terracciano 외, 2005 28. Charles & Carstensen, 2010 29. Lang & Carstensen, 2002 30. McAdams, 1992 31. Hooker & McAdams, 2003 32. Baumeister, 1996 33. Baumeister 외, 2001 34. Markus & Nurius, 1986 35. Cheng, Fung, & Chan, 2009 36. Smith & Freund, 2002 37. Whitbourne, Sneed, & Skultety, 2002 38. Sneed & Whitbourne, 2003 39. Levy 외, 2002 40. Cramer & Jones, 2007 41. Jaques, 1965 42. Levinson, 1978 43. Lachman, 2004 44. McCae & Costa, 2003 45. Mroczek, Spiro, & Griffin, 2006 46. Jones, Nesselroade, & Birkel, 1991 47. Caspi 외, 2002 48. Neyer & Asendorpf, 2001 49. Mroczek, Spiro, & Griffin, 2006 50. Aldwin & Levenson, 1994; Ryff & Singer, 1998 51. Piaget, 1952 52. Torres & Ash, 2007 53. Sinnott, 1996 54. Leonardelli 외, 2003 55. Thorndike, Hagen, & Sattler, 1986 56. Wechsler, 1955 57. Kaufman 외, 1991 58. Spearman, 1904 59. Thurstone, 1938 60. Cattell, 1963 61. McArdle & Hamagami, 2006 62. Schaie, 2005 63. Salthouse, 1991 64. Schaie & Zanjani, 2006 65. Tabbarah, Crimmins, & Seeman, 2002 66. Almeida & Flicker, 2001; Fioravanti 외, 1995; Jackson-Guilford, Leander, & Nisenbaum, 2000 67. Schaie & Zanjani, 2006 68. Abayomi, 2002; Drexler & Robertson, 2001; Stanley 외, 2002 69. Elovainio 외, 2009 70. Kaufman 외, 1991 71. Dixon & Hultsch, 1999 72. Aartsen 외, 2002 73. Schaie 외, 2001 74. Schaie, Willis, & Caskie, 2004 75. Wetherell 외, 2002 76. Gardner, 1983 77. Sternberg, 1985 78. Sternbert, 1999 79. Sternberg, 1999 80. Sternberg, 1998 81. Sternberg 외, 1995 82. Sternberg, 2000 83. Sternberg & Lubart, 2001 84. Sternberg, 1996 85. Lehman, 1953 86. Dennis, 1966; Simonton, 1990 87. Dennis, 1966 88. Simonton, 1990 89. Simonton, 1990 90. Simonton, 1990 91. Baltes 외, 1995 92. Birren & Fisher, 1990 93. Baltes 외, 1995 94. Baltes & Smith, 1990 95. Birren & Fisher, 1990 96. Baltes & Smith, 2008 97. Ardelt, 2000 98. Percy, 1975 99. Meacham, 1990 100. Kramer, 1990 101. Erikson, Erikson, & Kivnick, 1986 102. Orwoll & Perlmutter, 1990 103. Meacham, 1990 104. Kramer, 1990 105. Baltes, Smith, & Staudinger, 1992 106. Pasupathi & Staudinger, 2000 107. Staudinger, 2001 108. Davis, Nolen-Hoeksema, & Larson, 1998 109. Sternberg, 1990 110. Staudinger, Lopez, & Baltes, 1997 111. Baltes & Smith, 1990

10장_노화에 적응하다

1. Duchesne, 2004 2. Henkens, 1999 3. Butler, 1969 4. Frerichs & Naegele, 1997 5. Havighurst, 1982 6. Maurer, Weiss, & Barbeite, 2003 7. Roskies & Louis-Guerin, 1990 8. Wanberg & Marchese, 1994 9. Wise, 1993 10. Fries, 2003 11. Gallo 외, 2000 12. De Vaus 외, 2007 13. Hansson 외, 1997 14. Wang, 2007 15. Sterns & Gray, 1999 16. Ferraro & Su, 1999 17. Gall, Evans, & Howard, 1997 18. Pearson, 1996 19. Bosse 외, 1993 20. Davies & Cartwright, 2011 21. Henretta, 1997 22. Bosse & Ekerdt, 1981 23. Lawton 외, 2002 24. Duke 외, 2002 25. Lawton, Moss, & Fulcomer, 1986 26. Ingersoll-Dayton & Saengtienchai, 1999 27. Aiken, 1989 28. Boerner & Jopp, 2007 29. Brandtstadter & Renner, 1990 30. Hobfoll, 1989 31. Jopp & Smith,

2006 32. Hobfoll 외, 2003 33. Holahan & Moos, 1991 34. Krause & Shaw, 2000 35. Bandura, 1997 36. Lachman, 2004 37. Arnett, 2006 38. Levinger, 1980 39. Sherman, de Vries, & Lansford, 2000 40. Carstensen, Issacowitz, & Charles, 1999 41. Adams & Ueno, 2006 42. de Vries, 1996 43. DePaulo, 2007 44. Lewis & Moon, 1997 45. Connidis, 2001 46. King & Scott, 2005 47. <가디언>, 2012 48. Karney & Bradbury, 1995 49. Henry 외, 2007 50. Miller, Hemesath, & Nelson, 1997 51. Connidis, 2001 52. O'Rourke & Cappeliez, 2005 53. Gottman & Levenson, 2000 54. Martin-Matthews, 1999 55. Lee 외, 2001 56. Cordingley & Webb, 1997 57. Cordingley & Webb, 1997 58. Fiori, Consedine, & Magai, 2008 59. Higgs 외, 2003 60. Bowling, 2005 61. Bowling & Browne, 1991 62. Froland, 1980 63. Cantor, 1991 64. Ngan, 2011 65. Bell, 1976 66. Kosberg, Cairl, & Keller, 1990 67. Buhr, Kuchibhatla, & Clipp, 2006 68. Bowling, 2005 69. Bowling, 2005 70. Kawachi & Berkman, 2000 71. Quality of life in older age: Messages from the Growing Older Programme', 2005 72. Cummins, 1997 73. Lau, Cummins, & McPherson, 2005 74. Teri, Larson, & Reifler, 1988 75. Kitwood, 1997 76. Parkes, 1996 77. Osterweis, Solomon, & Green, 1984 78. Worden, 2009 79. Prigerson & Jacobs, 2001; Prigerson & Maciejewski, 2006 80. Stroebe, Schut, & Stroebe, 2007 81. Folkman 외, 1986 82. Nolen-Hoeksema, 2001 83. Folkman 외, 1996 84. Stroebe & Schut, 1999 85. Carr, Nesse, & Wortman, 2006 86. Neimeyer, 2001 87. Neimeyer, 2004 88. Boelen, Van den Hout, & Van den Bout, 2006 89. Cumming & Henry, 1961 90. Magai 외, 2001 91. Holtzman 외, 2004 92. Mor 외, 1995 93. Everard 외, 2000 94. Lennartsson & Silverstein, 2001 95. Attig, 1996 96. Kubler-Ross, 1969 97. Corr, Nabe, & Corr, 2004 98. Parkes, 2007 99. Parkes, 2007 100. Parkes, 2007 101. Seale, 2005 102. 영국통계청ONS, 1998 103. 세계보건기구WHO, 2000 104. Seale & Cartwright, 1994 105. National Health Service, 2013 106. Mercier, 2009 107. Walke 외, 2004 108. Parmelee, Smith, & Katz, 1993 109. Ferrell, Ferrell, & Rivera, 1995 110. Pautex 외, 2006 111. Seale, 2005 112. Giddens, 1991 113. Werth, Gordon, & Johnson, 2002 114. Eliott & Olver, 2008 115. Grundy, 1996

11장_건강하게 나이 드는 법

1. WHO, 1948 2. Yung 외, 2009 3. Lovais 외, 2007 4. Reynolds 외, 2003 5. Whitlock 외, 2009 6. Cooney 외, 2009 7. Clarke 외, 2009 8. Tang 외, 2009 9. Straif 외, 2009 10. Wedisinghe & Perera, 2009 11. Kujala, 2009 12. Tucker, 2009 13. Guadalupe-Grau 외, 2009 14. Pietschmann 외, 2009 15. Knol 외, 2006 16. Paulson 외, 2010 17. Smith & Williams, 1992; Suls & Rittenhouse, 1990 18. Friedman & Rosenman, 1974 19. Boyle, Jackson, & Suarez, 2007 20. Kubzansky 외, 2006 21. Pulkki-Raback 외, 2005 22. Brummett 외, 2006 23. Terracciano & Costa, 2004 24. Weiss & Costa, 2005 25. Sutin 외, 2010a, 2010b 26. Almada 외, 1991 27. Bolger & Schilling, 1991 28. Kiecolt-Glaser & Glaser, 1986 29. Kendler, Thornton, & Gardner, 2001 30. Wilson 외, 2007 31. Campbell-Sills, Cohan, & Stein, 2006 32. Siegler 외, 2003 33. Heckhausen & Schulz, 1995 34. Rotter, 1982 35. Bandura, 1997 36. Bandura, 2004 37. Seligman, 1991 38. Abramson, Seligman, & Teasdale, 1978 39. Seligman, 1991 40. Seligman, 1991 41. Scheier & Carver, 1985 42. Scheier, Carver, & Bridges, 1994 43. Folkman, 1997 44. Scheier & Carver, 1985 45. Aspinwalll & Taylor, 1992 46. Carver & Scheier, 1999 47. Seligman, 1991 48. Mäkikangas, Kinnunen, & Feldt,

2004 49. Brissette, Scheier, & Carver, 2002 50. Mäkikangas, Kinnunen, & Feldt, 2004; Scheier & Carver, 1985 51. Schröder, Schwarzer, & Konertz, 1998 52. Carver, Kus, & Scheier, 1994 53. Segerstrom, Castañeda, & Spencer, 2003 54. Mulkana & Hailey, 2001 55. Wanberg & Banas, 2000 56. Peterson, 2000 57. Segerstrom 외, 1998 58. Segerstrom 외, 1998 59. Snyder, 2000 60. McDermott & Snyder, 2000 61. Snyder, 2002 62. Snyder, 2002 63. Kobasa & Maddi, 1977 64. Antonovsky, 1979 65. Jorgensen, Frankowski, & Carey, 1999 66. Pearlin & Schooler, 1978 67. Ouelette & Diplacido, 2001; Scheier, Carver, & Bridges, 2001 68. Major 외, 1998 69. Ong 외, 2006 70. Rasmussen, Scheier, & Greenhouse, 2009; Tindle 외, 2009 71. Smith & MacKenzie, 2006 72. Chida & Steptoe, 2008 73. Taylor 외, 2009 74. Fredrickson, 1998 75. Campbell-Sills, Cohan, & Stein, 2006 76. Jonassaint 외, 2007 77. Malouff 외, 2010 78. Williams 외, 2011 79. Rowe & Kahn, 1987 80. Montross 외, 2006 81. Broese van Groenou & Deeg, 2010 82. Deeg & Huisman, 2010 83. Mikels, Reed, & Simon, 2009 84. Perna 외, 2012 85. Souri & Hasanirad, 2011 86. Boyle 외, 2009 87. Dannefer, 1987 88. Baltes, 1997 89. Brandstadter & Wentura, 1995 90. Ryff, 1989 91. Trzesniewski, Donnellan, & Robins, 2003 92. Levy, Slade, & Kasl, 2002; Murrell, Meeks, & Walker, 1991 93. Crocker & Wolfe, 2001 94. Baltes & Baltes, 1990 95. Murrell, Meeks, & Walker, 1991 96. Heidrich & Ryff, 1993 97. Carstensen, 1995 98. Crocker & Wolfe, 2001 99. Wagner, 1997 100. Connell, 1994 101. Hildon 외, 2008 102. Harris, 2008 103. Baltes & Baltes, 1990 104. Ring, 2007 105. Diener & Lucas, 2000 106. Holzhausen, Kuhlmey, & Martus, 2010 107. Ruta 외, 1994 108. Ryff & Singer, 1998 109. Holzhausen, Kuhlmey, & Martus, 2010 110. Huppert & So, 2009

12장_정신건강과 퇴행성 신경질환

1. Gatz & Smyer, 2001 2. American Psychiatric Association, 2000 3. Gatz & Smyer, 2001 4. Ames 외, 2010 5. Ames 외, 2010 6. Jorm, 2000 7. Shulman & Silver, 2006 8. Alexopoulos, 2005 9. Christopher & MacDonald, 2005 10. Gatz, Kasl-Godley, & Karel, 1996 11. Orrell 외, 1992 12. Bhalla 외, 2006; Poon, 1992 13. Baldwin 외, 2005 14. Monroe & Simons, 1991 15. La Rue, Dessonville, & Jarvik, 1985 16. Cohen, 1990 17. Krishnan, 2002 18. Ames 외, 2010 19. Camus 외, 2004 20. Baldwin & O'Brien, 2002 21. Boyce, Walker, & Rodda, 2008 22. Hinrichsen & Dick-Siskin, 2000 23. Parmelee, 2007 24. Blazer, 2006 25. Schneider, 1995 26. Waxman 외, 1985 27. La Rue, Dessonville, & Jarvik, 1985 28. Knight, 2004 29. Duberstein & Conwell, 2000 30. Kastenbaum, 2006 31. Duberstein & Conwell, 2000 32. Duberstein & Conwell, 2000 33. Bengston, Rosenthal, & Buron, 1996 34. O'Connell 외, 2004 35. Roose & Schatzberg, 2005 36. Boyce, Walker, & Rodda, 2008 37. Boyce, Walker, & Rodda, 2008 38. Bentall, 2006b 39. Dick 외, 1999 40. Moulin, 2006 41. Boyce, Walker, & Rodda, 2008 42. Mulsant 외, 2003 43. Boyce, Walker, & Rodda, 2008 44. Boyce, Walker, & Rodda, 2008 45. Boyce, Walker, Rodda, 2008 46. Christopher & MacDonald, 2005; Schneider, 1995 47. Gatz, Kasl-Godley, & Karel, 1996 48. Schneider, 1995 49. Knight, 2004 50. Averill & Beck, 2000 51. Flint, 2005 52. Ames, 외, 2010 53. Butler, Lewis, & Sunderland, 1998 54. Cohen, 1990 55. Czeisler 외, 1989 56. Czeisler 외, 1999 57. 'Sleep cycle', 2004 58. Boyce, Walker, & Rodda, 2008 59. Kamel & Gammack, 2006

60. Boyce, Walker, & Rodda, 2008 61. Boyce, Walker, Rodda, 2008 62. Bentall, 2006c 63. Boyce, Walker, & Rodda, 2008 64. Ames 외, 2010 65. Boyce, Walker, & Rodda, 2008 66. Ames 외, 2010 67. Bentall, 2006a 68. Abrams & Bromberg, 2006 69. Ames 외, 2010 70. Ames 외, 2010 71. Segal, Coolidge, & Rosowsky, 2006 72. Butler, Lewis, & Sunderland, 1998 73. Knight, 2004 74. Whelan, 2003 75. O'Connell 외, 2003 76. Boyce, Walker, & Rodda, 2008 77. Dar, 2006 78. Ganguli 외, 2005 79. Grønbæk, 2009 80. Boyce, Walker, & Rodda, 2008 81. Thomson & Marshall, 2006 82. Boyce, Walker, & Rodda, 2008 83. Boyce, Walker, & Rodda, 2008 84. Patterson & Jeste, 1999 85. Ames 외, 2010 86. Ames 외, 2010 87. Meagher, 2001 88. Ferri 외, 2005 89. Alzheimer's Reasearch Trust, 2010 90. Ames 외, 2010 91. Corey-Bloom, 2000 92. Skoog, Blennow, & Marcusson, 1996 93. Boyce, Walker, & Rodda, 2008 94. Albert, Feldman & Willis, 1974 95. Ames 외, 2010 96. Reynolds, 2003 97. Ames 외, 2010 98. Ames 외, 2010 99. Whitehouse, 2007 100. Whitehouse, 2007 101. Whitehouse, 2007 102. Blennow, de Leon, & Zetterberg, 2006 103. Martin, 2002 104. Kensinger & Corkin, 2005 105. Smythies, 2009 106. Reynolds, 2003 107. Kilpatrick, Burns, & Blumbergs, 1983 108. Kensinger & Corkin, 2005 109. Saunders 외, 1993 110. Boyce, Walker, & Rodda, 2008 111. LeBlanc 외, 2001 112. Reynolds, 2003 113. Reynolds, 2003 114. Schipper, 2007 115. Gatz, 2007 116. Knight, 2004 117. Heindel & Salmon, 2004 118. Skoog, Blennow, & Marcusson, 1996 119. Rockwood, 2006 120. Trimble & George, 2010 121. McKeith, 2010 122. Boyce, Walker, & Rodda, 2008 123. Neary, Snowden, & Mann, 2005 124. Mendez & Shapira, 2009 125. Bloch, 2007 126. Messam 외, 2002 127. Trimble & George, 2010 128. Gauthier 외, 2006 129. Lyketsos 외, 2002 130. Enache, Winblad, & Aarsland, 2011 131. Rakitin & Stern, 2005 132. Jahanshahi, 2007 133. Brown & Marsden, 1984 134. Jahanshahi, 2007 135. Ames 외, 2010 136. Ballard & Cream, 2005 137. O'Connor 외, 2009a, 2009b 138. Svansdottir & Snaedal, 2006 139. Boyce, Walker, & Rodda, 2008 140. NICE, 2006 141. Boyce, Walker, & Rodda, 2008 142. Erber, 1979 143. Boyce, Walker, & Rodda, 2008 144. 국제알츠하이머병학회, 1999 145. Lyketsos 외, 2002 146. Molyneux 외, 2008 147. Wills & Soliman, 2001 148. Boyce, Walker, & Rodda, 2008 149. Hacker, Messer, & Bachmann, 2009 150. Cusack, 2004 151. Cusack, 2004 152. Hacker, Messer, & Bachmann, 2009 153. Cusack, 2004 154. Bond & Lader, 1996 155. Hacker, Messer, & Bachmann, 2009 156. Cusack, 2004 157. Boyce, Walker, & Rodda, 2008; Routledge, O'Mahony, & Woodhouse, 2004 158. Boyce, Walker, & Rodda, 2008 159. Routledge, O'Mahony, & Woodhouse, 2004 160. Kane 외, 1994 161. Routeledge, O'Mahony, & Woodhouse, 2004 162. Arnold, 2008 163 Shea, 2006

13장_신경발달장애를 가진 노인들

1. Pennington, 1995 2. Friend 외, 2009 3. Anthony & Lonigan, 2004 4. Shaywitz 외, 2003 5. Plomin & Kovas, 2005 6. Wilson & Dehaene, 2007 7. Jordan, 2007 8. Dawson 외, 2004 9. Gopnik, Capps, & Meltzoff, 2000 10. Lichtenstein 외, 2010 11. Lichtenstein 외, 2010 12. Courchesne 외, 2001 13. Courchesne, 2004 14. Smyth & Cousins, 2005 15. Blachman & Hinshaw, 2002 16. Thapar 외, 2007 17. Tannock, 1998 18. Casey & Durston, 2006 19. Barkley, 1997 20. Feingold, 1973 21. Linnet 외, 2003 22. Vaglenova 외, 2004 23. Biederman 외,

2006; Biederman 외, 1995; Kollins, McClernon, & Fuemmeler, 2005 24. Wilens 외, 2009 25. Biederman, Mick, & Faraone, 2000 26. Brook 외, 2010 27. Brod 외, 2012 28. Brod 외, 2012 29. Teicher 외, 2012 30. Teicher 외, 2012 31. Gillberg & Billstedt, 2000 32. Bregman, 1991 33. Bradley 외 2004 34. Ghaziuddin, Ghaziuddin, & Greden, 2002 35. Bellini, 2004 36. Russel 외, 2005 37. Rydén & Bejerot, 2008; Stahlberg 외, 2004 38. Canitano & Vivanti, 2007 39. Howlin, 2000 40. Hofvander 외, 2009 41. Nylander, Lugnegård, & Hallerbäck, 2008 42. Hofvander 외, 2009 43. Losse 외, 1991 44. Kirby 외, 2008 45. Hill & Brown, 2013 46. Cousins & Smyth, 2003 47. Kirby 외, 2013 48. Kirby 외, 2013 49. Fischer 외, 2012 50. Roth & Saykin, 2004 51. Golimstok 외, 2011 52. Cohen, 2004 53. Brod 외, 2012 54. Hagerman, 2006 55. Walker, Walker, & Ryan, 1996 56. Cooper, 1998 57. Evenhuis 외, 2001 58. Bigby, 2004 59. Janicki 외, 2002 60. Beange, McElduff, & Baker, 1995 61. Howells, 1986 62. Bigby, 2004 63. Hogg & Tuffrey-Wijne, 2008 64. Read, 1998 65. Tor & Chiu, 2002 66. Cooper, 1997a 67. Moss, 1999 68. Walker, Walker, & Ryan, 1996 69. Bigby, 2000 70. Emerson, Hatton, & Felce, 2001 71. Cooper, 1997b 72. Wilkinson & Janicki, 2002 73. Bigby, 2004 74. Carter & Jancar, 1983 75. Janicki 외, 1999 76. Evenhuis 외, 2001 77. Jorm 외, 1998 78. Bigby, 2004 79. Janicki 외, 1999 80. Numminen, Service, & Ruoppila, 2002 81. Park, Puglisi, & Sovacool, 1983 82. Krinsky-McHale 외, 2005 83. Horn & Donaldson, 1976 84. Kausler, 1991 85. Wisniewski, Wisniewski, & Wen, 1985 86. Beyreuther 외, 1993 87. Organization, 2001 88. Lifshitz, Tzuriel, & Weiss, 2005

14장_우리는 어떻게 나이 들어갈까

1. Baltes & Kliegl, 1992 2. Dahlin 외, 2008a 3. Jessberger & Gage, 2009 4. Kempermann, Gast, & Gage, 2002 5. Jessberger & Gage, 2009 6. Valenzuela 외, 2003 7. Nyberg 외, 2003 8. Hertzog 외, 2008 9. Borella 외, 2010; Richmond 외, 2011 10. Dahlin 외, 2008b; Jaeggi 외, 2008 11. Richmond 외, 2011 12. Li 외, 2008 13. Richmond 외, 2011 14. Brehmer, Westerberg, & Backman, 2012 15. Hertzog 외, 2008 16. Green, Li, & Bavelier, 2010 17. McDougall & House, 2012 18. Mahncke, Bronstone, & Merzenich, 2006 19. McDougall & House, 2012 20. Owen 외, 2010 21. McDougall & House, 2012 22. McDougall & House, 2012 23. Colcombe & Kramer, 2003 24. Erickson 외, 2009 25. Colcombe 외, 2004 26. Clarkson-Smith & Hartley, 1989 27. Blumenthal & Madden, 1988 28. Nations, 2006 29. Ekberg, 2002 30. Charness & Czaja, 2005 31. Tinker 외, 1999 32. Bouma 외, 2007 33. Hanson 외, 2007 34. Tondu & Bardou, 2008 35. 영국통계청, 2001 36. Tinker & Hanson, 2007 37. Bronswijk, Kearns, & Normie, 2007 38. Taipale, 2008 39. Hoof 외, 2007 40. Kim 외, 2013 41. Butler, Lord, & Fitzpatrick, 2011; Kloos 외, 2010 42. Menna 외, 2011 43. Dutta, 2012 44. Clark 외, 2012 45. Charness, Champion, & Yordon, 2010 46. Norman, 1998 47. Czaja 외, 2006 48. Charness 외, 2010 49. Charness 외, 2010 50. Charness 외, 2010 51. Charness 외, 2010 52. Charness 외, 2010 53. Ziefle & Bay, 2006 54. Olshansky, Hayflick, & Carnes, 2002 55. Harrison 외, 2009 56. Magary, 2011 57. Tiggemann, 2004 58. Montepare, 1996 59. Harris & Carr, 2001 60. Rumsey & Harcourt, 2005 61. Knight, 2012 62. Knight, 2012 63. Schacter, 2001 64. Stevenson, 2012 65. Huxley, 1979 66. Haraway, 1985 67. Stevenson, 2012 68. Brooks, 2002 69. Hamilton, 2010 70. Kurzweil, 2005

참고문헌

Aartsen, M. J., Smits, C. H., van Tilburg, T., Knipscheer, K. C, & Deeg, D. J. (2002). *Journals of Gerontology B: Psychological Sciences and Social Sciences.*

Abayomi, O. K. (2002). *Acta Oncologica.*

Abraham, K. & Jones, E. (1979). *Selected Papers of Karl Abraham.*

Abrams, R. C & Bromberg, C. E (2006). *International Journal of Geriatric Psychiatry.*

Abrams, L., Farrell, M. T., & Margolin, S. J (2010). *Journals of Gerontology B: Psychological Sciences and Social Sciences.*

Abramson, L. Y., Seligman, M. E., & Teasdale, J. D. (1978). *Journal of Abnormal Psychology.*

ACEmobile (2013). http://www. acemobile.org/index.html

Adams, R. G. & Ueno, K. (2006). *Men in relationships: A new look from a life course perspective.*

Adolphs, R. (1999). *The Neuroscientist.*

Adrover-Roig, D., Sese, A., Barcelo, F., & Palmer, A. (2012). *Brain and Cognition.*

Aggleton, J. P. & Brown, M. W. (1999). *Behavioral and Brain Sciences.*

Aiken, L. R. (1989). Later life (3rd edn). Ainsworth, M. D. S. (1978). *Patterns of attachment: A Psychological study of the strange situation.*

Albert, M. L., Feldman, R. G., & Willis, A. L. (1974). *Journal of Neurology, Neurosurgery, and Psychiatry.*

Albert, M. S., Moss, M. B., Tanzi, R., & Jones, K. (2001). *Journal of the International Neuropsychological Society.*

Aldwin, C. M. & Gilmer, D. F. (2004). *Health, illness, and optimal aging: Biological and psychosocial perspectives.*

Aldwin, C. M. & Levenson, M. R. (1994). *Annual review of gerontology/geriatrics.*

Alexopoulos, G. S. (2005). *Lancet.*

Allen, H. A., Hutchinson, C. V., Ledgeway, T., & Gayle, P. (2010). *Journal of Vision.*

Allen, P. A., Madden, D. J., Weber, T. A. & Groth, K. E. (1993). *Psychology and Aging.*

Allport, A. (1989). *Foundations of cognitive science.*

Almada, S. J., Zonderman, A. B., Shekelle, R. B., Dyer, A. R., Daviglus, M. L., Costa, P. T., Jr, & Stamler, J. (1991). *Psychosomatic Medicine.*

Almeida, O. P. & Flicker, L. (2001). *Internal Medicine Journal.*

Alzheimer's Disease International (1999). *The prevalence of dementia* (Vol. Fact Sheet 3).

Alzheimer's Research Trust (2010). Dementia 2010.

American Psychiatric Association. (2000). *Diagnostic and statistical manual of mental disorders: DSM-IV-TR* (4th edn, text revision).

Ames, D., Chiu, E., Lindesay, J., & Shulman, K. I. (2010). http://www.dawsonera.com/depp/reader/protected/external/AbstractView/S9780511772863.

Ancoli-Israel, S. & Cooke, J. R. (2005). *Journal of the American Geriatrics Society.*

Andel, R., Crowe, M., Pedersen, N. L., Fratiglioni, L., Johansson, B., & Gatz, M. (2008). *Journals of Gerontology Series A: Biological Sciences and Medical Sciences.*

Anderson, N. D., Craik, F. I., & Naveh-Benjamin, M. (1998). *Psychology and Agings.*

Angelucci, L. (2000). *European Journal of Pharmacology.*

Anstey, K. J. Dear, K., Christensen, H., & Jorm, A. F. (2005). *Quarterly Journal of Experimental Psychology A.*

Anstey, K. J. Luszcz, M. A., & Sanchez, L. (2001). *J Gerontol B Psychol Sci Soc Sci.*

Anthony, J. L. & Lonigan, C. J. (2004). *Journal of Educatimal Psychology.*

Antonovsky, A. (1979). *Health, stress and coping.*

Aoi, W. (2009). *Forum of Nutrition.*

'Apoptosis' (2003). *The Macmillan encyclopedia.*

Arbuckle, T. Y. & Gold, D. P. (1993). *Journal of Gerontology.*

Arbuckle, T. Y, Nohara-LeClair, & Pushkar, D. (2000). *Psychology and Aging.*

Ardelt, M. (2000). *Research on Aging.*

Argyle, M. (1999). *Causes and correlates of happiness.*

Arnett, J J (2006). *Handbook of socialization: Theory*

and research.

Arnold, M. (2008). *Professional Psychology: Research and Practice.*

Ashton, M. C., Lee, K., Vernon, P. A., & Jang, K. L. (2000). *Journal of Research m Personality.*

Aspinwall, L. G. & Taylor, S. E. (1992). *Journal of Personality and Social Psychology.*

Aspinwall, L. G. & Taylor, S. E. (1997). *Psychological Bulletin.*

Atkinson, R. C. & Shiffrin, R. M. (1968). *The psychology of learning and motivation: Advances in research and theory.*

Attig, T. (1996). How we grieve: Relearning the world.

'Autobiographical memory'(2006). *Encyclopaedic dictionary of psychology.*

Averill, P. M. & Beck, J. G. (2000). *Journal of Anxiety Disorders.*

Backman, L. & Molander, B. (1986). *Psychology and Aging.*

Backman, L. & Nilsson, L-G. (1984). *Human Learning.*

Backman, L., Ginovart, N., Dixon, R. A., Wahlin, T. B., Wahlin, A., Halldin, C., & Farde, L. (2000). *American Journal of Psychiatry.*

Backman, L., Nyberg, L., Lindenberger, U., Li, S. C., & Farde, L. (2006). *Neuroscience and Biobehavioral Reviews.*

Baddeley, A. D. (1992). *Science.*

Baddeley, A. D. (2000). *The Oxford handbook of memory.*

Baddeley, A. D. (2001). *American Psychologist.*

Baddeley, A. D. (2006). *Working memory and education.*

Baddeley, A. D. (2009). *Memory.*

Baddeley, A. D., Emslie, H., & Nimmo-Smith, I. (1994). *Doors and People: A test of visual and verbal recall and recognition.*

Baddeley, A. D., Eysenck, M. W., & Anderson, M. C. (2009). *Memory.*

Baddeley, A. D. & Hitch, G. J. (1974). *Recent advances in learning and motivation.*

Bailey, P. E. & Henry, J. D. (2008). *Journals of Gerontology B: Psychological Sciences and Social Sciences.*

Baldwin, R. Jeffries, S. Jackson, A. Sutcliffe, C., Thacker, N., Scott, M., & Burns, A. (2005). *British Journal of Psychiatry.*

Baldwin, R. C. & O'Brien, J. (2002). *British Journal of Psychiatry.*

Ball, K. & Sekuler, R. (1986). *Journal of Gerontology.*

Ball, K., Edwards, J. D., & Ros, L. A. (2007). *Journals of Gerontology B: Psychological Sciences and Social Sciences.*

Ballard, C. & Cream, J. (2005). *International Psychogeriatrics.*

Baltes, M. M. (1996). *The many faces of dependency in old age.*

Baltes, M. M. & Carstensen, L. L. (1996). *Aging and Society.*

Baltes, P. B. (1997). *American Psychologist.*

Baltes, P. B. & Baltes, B. B. (1990). *Successful aging: Perspectives from the behavioral sciences.*

Baltes, P. B. & Kliegl, R. (1992). *Developmental Psychology.*

Bakes, P. B. & Smith, J. (1990). *Wisdom: Its nature, origins and development.*

Baltes, P. B. & Staudmger, U. M. (2000). *American Psychologist.*

Baltes, P. B. (1983). *Developmental psychology: Historical and philosophical perspectives.*

Baltes, P. B., Freund, A. M., & Li, S-C. (2005). *The Cambridge handbook of age and ageing.*

Baltes, P. B. & Lindenberger, U. (1997). *Psychology and Aging.*

Baltes, P. B. & Nesselroade, J. R. (1979). *Longitudinal research in the study of behaviour and development.*

Baltes, P. B., Reese, H. W., & Upsitt, L. P. (1980). *Annual Review of Psychology.*

Bakes, P. B. & Singer, T. (2001). *European Review: Interdisciplinary Journal of the Academia Europaea.*

Baltes, P. B. & Smith, J. (2008). *Perspectives on Psychological Science.*

Baltes, R B., Smith, J., & Staudinger, U. M. (1992). *Wisdom and successful aging (Vol. 39).*

Baltes, P. B., Staudinger, U. M., Maercker, A., & Smith, J. (1995). *Psychology and Aging.*

Bandura, A. (1997). *Self-efficacy: The exercise of control.*

Bandura, A. (2004). *The concise Corsini encyclopedia of psychology and behavioral science.*

Barkley, R. A. (1997). *Psychological Bulletin.*

Baron-Cohen, S. (1988). *Journal of Autism and Developmental Disorders.*

Baron-Cohen, S. (1995). *Mindblindness: An essay on autism and theory of mind.*

Baron-Cohen, S., Ring, H. A., Wheelright, S., Bullmore, E. T., Brammer, M. J., Simmons, A., & Williams, S. C. (1999). *European Journal of Neuroscience.*

Baron-Cohen, S., Wheelwright,S., Hill, J., Raste, Y., & Plumb, I. (2001). *Journal of Child Psychology and Psychiatry, and Allied Discipline.*

Baron-Cohen, S., Wheelwright, S., & Jolliffe, T. (1997). *Visual Cognition.*

Barrett, L. F. (2004). *Journal of Personality and Social Psychology.*

Baumeister, R. F. (1996). *Self-regulation and ego threat: Motivated cognition, self deception, and destructive goal setting.*

Baumeister, R. F., Bratslavsky, E., Finkenauer, C., & Vohs, K. D. (2001). *Review of General Psychology.*

Beange, H., McElduff, A., & Baker, W. (1995). *American Journal of Mental Retaniation.*

Beck, A. T. & Steer, R. A. (1993). *Beck anxiety inventory.*

Beck, A. T., Steer, R. A., & Brown, G. K. (1996). *Beck Depression Inventory-II (BDI-II).*

Beer, J. S. & Ochsner, K. N. (2006). *Research.*

Bell, D. (1976). *The coming of Post-industrial society: A venture in social forecasting.*

Bellini, S. (2004). *Focus on Autism and Other Developmental Disabilities.*

Bengston, V., Rosenthal, C., & Burton, L. (1996). *Handbook of aging and the social sciences* (4th edn).

Benloucif, S., Orbeta, L., Ortiz, R., Janssen, I., Finkel, S. I., Bleiberg, J., & Zee, P. C. (2004). *Sleep.*

Bentall, R. P. (2006a). *The encyclopaedic dictionary of psychology.*

Bentall, R. P. (2006b). *The encyclopaedic dictionary of psychology.*

Bentall, R. P. (2006c). *The encyclopaedic dictionary of psychology.*

Berry, J. M. (1999). *Social cognition and aging.*

Betik, A. C. & Hepple, R. T. (2008). *Applied Physiology, Nutrition and Metabolism.*

Beyreuther, K., Pollwein, P., Multhaup, G., Monning, U., Konig, G., Dyrks, T., Schubert, W., & Masters, C. L. (1993). *Annals of the New York Academy of Sciences.*

Bhalla, R. K., Butters, M. A., Mulsant, B. H., Begley, A. E., Zmuda, M. D., Schoderbek, B., Pollock, B. G., Reynolds, C. F., 3rd, & Becker, J. T. (2006). *American Journal of Geriatric Psychiatry.*

Biederman, J., Faraone, S. V., Spencer, T. J., Mick, E., Momiteaux, M. C., & Aleardi, M. (2006). *Journal of Clinical Psychiatry.*

Biederman, J., Mick, E., & Faraone, S. V. (2000). *American Journal of Psychiatry.*

Biederman, J., Wilens, T., Mick, E., Milberger, S., Spencer, T. J., & Faraone, S. V. (1995). *American Journal of Psychiatry.*

Bigby, C. (2000). *Moving on without parents: Planning, transitions, and sources of support for middle-aged and older adults with intellectual disability.*

Bigby, C. (2004). *Ageing with a lifelong disability: A guide to practice, program, and policy issues for human services professionals.*

Biggs, S. (2005). *Handbook of Age and Ageing.*

Birditt, K. S., Fingerman, K. L., & Almeida, D. M. (2005). *Psychology and Aging.*

Birren, J. E. (1974). *American Psychologist.*

Birren, J. E. & Fisher, L. M. (1990). *Wisdom: Its nature, origins and development.*

Blachman, D. R. & Hinshaw, S. P. (2002). *Journal Abnormal Child Psychology.*

Blanchard-Fields, F. (1994). *Journal of Gerontology.*

Blanchard-Fields, F. (1999). *Social cognition and aging.*

Blanchard-Fields, F. (2007). *Current Directions in Psychological Science.*

Blanchard-Fields, F., Baldi, R., & Stein, R. (1999). *International Journal of Behavioral Development.*

Blanchard-Fields, F., Jahnke, H. C., & Camp, C. (1995). *Psychology and Aging.*

Bhnchard-Fields, F., Mienaltowski, A., & Seay, R. B. (2007). *Journals of Gerontology B: Psychological Sciences and Social Sciences.*

Blazer, D. G. (2006). *Encyclopedia of aging: A comprehensive resource in gerontology and geriatrics* (4th edn).

Blennow,K., de Leon, M. J., & Zetterberg, H. (2006). *Lancet.*

Bloch, M. (2007). *Cambridge handbook of psychology, health and medicine.*

Blumenthal, J. A. & Madden, D. J. (1988). *Psychology and Aging.*

Boden, D. & Bielby, D. D. (1983). *Human Development.*

Boelen, P. A., Van den Hout, M. A., & Van den Bout, J. (2006). *Clinical Psychology.*

Boerner, K. & Jopp, D. (2007). *Human Development.*

Bolger, N. & Schilling, E. A. (1991). *Journal of Personality.*

Bond, A. J. & Lader, M. H. (1996). *Understanding drug treatment in mental health care.*

Bonini, M.V., & Mansur, L. L. (2009). *Demenu neuropsychol.*

Bopp, K. L. & Verhaeghen, P. (2005). *Journals of Gerontology B: Psychological Sciences and Social Sciences.*

Borella, E., Carretti, B., Riboldi, F., & De Beni, R. (2010). *Psychology and Aging.*

Bosse, R., Aldwin, C. M., Levenson, M. R., Spiro, A., 3rd, & Mroczek, D. K. (1993). *Journal of Gerontology.*

Bosse, R. & Ekerdt, D. J. (1981). *Gerontologist.*

Botwinick, J. (1984). *Aging and behavior: A comprehensive integration of research fitidings* (3rd edn, updated and expanded).

Bouma, H., Fozard, J. L., Bouwhuis, D. G., & Taipale, V. (2007). *Gerontechnology.*

Bowlby, J. (1969). *Attachment and loss.*

Bowlby, J. (1973). *Attachment and loss.*

Bowling, A. (2005). *Ageing well: Quality of life in old age.*

Bowling, A. Browne, P. D. (1991). *Journal of Gerontology.*

Boyce, N., Walker, Z., & Rodda, J. (2008). *The old age psychiatry handbook: A practical guide.*

Boyle, P. A., Barnes, L. L., Buchman, A. S., & Bennett, D. A. (2009). *Psychosomatic Medicine.*

Boyle, S. H., Jackson, W. G., Suarez, E. C. (2007). *Brain, Behavior, and Immunity.*

Bradley, E. A., Summers, J. A., Wood, H. L., & Bryson, S. E. (2004). *Journal of Autism and Developmental Disorders.*

Brandtstadter, J. (1999). *Social cognition and aging.*

Brandtstadter, J. & Renner, G. (1990). *Psychology and Aging.*

Brandstadter, J. & Wenrura, D. (1995). *Compensating for psychological deficits and declines: Managing losses and promoting gains.*

Bregman, J. D. (1991). *Journal of the American Academy of Child andAdolescent Psychiatry.*

Brehmer, Y., Westerberg, H., & Backman, L. (2012). *Frontiers in Human Neuroscience.*

Brinley, J. F. (1965). *Behavior, aging and the nervous system.*

Brissette, I., Scheier, M. F., & Carver, C. S. (2002). *Journal of Personality and Social Psychology.*

Broadbent, D. E., Broadbent, M. H., & Jones, J. L. (1986). *British Journal of Clinical Psychology.*

Broadbent, D. E., Cooper, P. F., FitzGerald, P., & Parke-K. R. (1982). *Br J Clin Psychol, 21 (pt 1).*

Broadbent, D. E. & Gregory, M. (1965). *British Journal of Psychology.*

Brockmole, J. R., Parra, M. A., Della Sala, S., & Logie, R. H. (2008). *Psychonomic Bulletin and Review.*

Brod, M., Schmitt, E., Goodwin, M., Hodgkins, P., & Niebler, G. (2012). *Quality of Life Research.*

Broese van Groenou, M. I., & Deeg, D. J. H. (2010). *Ageing and Society.*

Bronswijk, J. v., Kearns, W. D., & Normie, L. R. (2007). *Gerontechnology.*

Brook, D. W., Brook, J. S., Zhang, C., & Koppel, J. (2010). *Archives of Pediatrics and Adolescent Medicine.*

Brooks, R. A. (2002). *Flesh and machines: How robots will change us.*

Brothers, L. & Ring, B. (1992). *Journal of Cognitive*

Neuroscience.
Brown, J. I., Fishco, V. V., & Hanna, G. (1993). *Nelson-Denny Reading Test.*
Brown, L. A. & Brockmole, J. R. (2010). *Quarterly Journal of Experimental Psychology (Hove).*
Brown, R. & McNeill, D. (1966). *Journal of Verbal Learning and Verbal Behavior.*
Brown, R. G. & Marsden, C. D. (1984). *Lancet.*
Bruce, D. (1985). *Journal of Experimental Psychology: General, 114.*
Brummett, B. H., Babyak, M. A., Williams, R. B., Barefoot, J. C., Costa. P. T., & Siegler, I. C. (2006). *Journal of Research in Personality.*
Buchner, D. M. & Larson, E. B. (1987). *JAMA, 257.*
Buckner, R. L. (2004). *Neuron.*
Bucks, R. S. & Radford, S. A. (2004). *Mental Health.*
Buhler, C. (1933). *Der menschliche Lebenslauf als psychologisches Problem.*
Buhr, G. T., Kuchibhatla, M., & Clipp, E. C. (2006). *Gerontologist.*
Bull, R., Phillips, L. H., & Conway, C. A. (2008). *Cognition.*
Bunce, D. J., Anstey, K. J., Christensen, H., Dear, K., Wen, W., & Sachdev, P. (2007). *Neuropsychologia.*
Bunce, D. J., Warr, P. B., & Cochrane, T. (1993). *Psychology and Aging.*
Burke, D. M., MacKay, D. G., Worthley, J. S., & Wade, E. (1991). *Journal of Memory and Language.*
Butcher, J. N., Dahlstrom, W. G., Graham, J. R., Tellegen, A., & Kaemmer, B. (1989). *Manual for the restandardized Minnesota multiphasic personality inventory: MMPI-2. An administrative and interpretative guide.*
Butler, A. A., Lord, S. R., & Fitzpatrick, R. C. (2011). *Journals of Gerontology A: Biological Sciences and Medical Sciences.*
Butler, R.N. (1969). *The Gerontologist.*
Butler, R. N., Lewis, M. I., Sunderland, T. (1998). *Aging and mental health: Positive psychosocial and biomedical approaches* (5th edn).
Byrd, M. (1985). *Experimental Aging Research.*
Cabeza, R. (2002). *Psychology and Aging.*

Cabeza, R. (2004). *New frontiers in cognitive aging.*
Cacace, A. T. (2003). *Hearing research.*
Campisi, J. (1997). *Journal of the American Geriatrics Society.*
Campbell-Sills, L., Cohan, S. L., & Stein, M. B. (2006). *Behaviour Research and Therapy.*
Camus, V., Kraehenbuhl, H., Preisig, M., Bula, C. J., & Waeber, G. (2004). *Journal of Affective Disorders.*
Canitano, R. & Vivanti, G. (2007). *Autism.*
Cantor, M. H. (1991). *Gerontologist.*
Cappell, K. A., Gmeindl, L., & Reuter-Lorenz, P. A. (2010). *Cortex.*
Carr, D. S., Nesse, R. M., & Wortman, C. B. (2006). *Spousal bereavement in late life.*
Carroll, C. C., Dickinson, J. M., Haus, J. M., Lee, G. A., Hollon, C. J., Aagaard, P., Magnusson, S. P., & Trappe, T. A. (2008). *Journal of Applied Physiology.*
Carstensen, L. L. (1995). *Current Directions in Psychological Science.*
Carstensen, L. L., Fung, H. H., & Charles, S. T. (2003). *Motivation and Emotion.*
Carstensen, L. L., Isaacowitz, D. M., & Charles, S. T. (1999). *American Psychologist.*
Carstensen, L. L., Pasupathi, M., Mayr, U., & Nesselroade, J. R. (2000). *Journal of Personality and Social Psychology.*
Carter, G. & Jancar, J. (1983). *Journal of Mental Deficiency Research.*
Cartwright-Hatton, S. & Wells, A, (1997). *Journal of Anxiety Disorders.*
Carver, C. S., Kus, L. A., & Scheier, M. F. (1994). *Journal of Social and Clinical Psychology.*
Carver, C. S. & Scheier, M. F. (1999). *Handbook of personality: Theory and research* (2nd edn).
Casey, B. J. & Durston, S. (2006). *Journal of Mental Deficiency Research.*
Casey, B. J., Tottenham, N., Liston, C., & Durston, S. (2005). *Trends in Cognitive Sciences.*
Caspi, A., McClay, J., Moffitt, T. E., Mill, J., Martin, J., Craig, I. W., Taylor, A., & Poulton, R. (2002). *Science.*
Casten, R. J., Rovner, B. W., Edmonds, S. E.,

DeAngelis, D., & Basford, C. (1999). *Personality traits as predictors of vision-specific function among older people experiencing vision loss.*

Cattell, R. B. (1963). *Journal of Educational Psychology.*

Cavanaugh, J. C., Grady, J. G., & Perlmutter, M. (1983). *International Journal of Aging and Human Development.*

Cerella, J. (1994). *Journal of Gerontology.*

Chap, J. B. (1985). *International Journal of Aging and Human Development.*

Charles, S. T. & Carstensen, L. L. (2010). *Annual Review of Psychology.*

Charlton, R. A., Barrick, T. R., Markus, H. S., & Morris, R. G. (2009). *Psychology and Aging.*

Charman, W. N. (2008). *Clinical and Experimental Optometry.*

Charness, N. (1985). *Ageing and human performance.*

Charness, N., Champion, M., & Yordon, R. (2010). *The aging consumer.*

Charness, N. & Czaja, S. J. (2005). *The Cambridge handbook of age and ageing.*

Chen, j. C., Brunner, R. L., Ren, H., Wassertheil-Smoller, S., Larson, J. C., Levine, D. W., Allison, M., Naughton, M. J., & Stefanick, M. L. (2008). *Stroke.*

Cheng, S. T., Fung, H. H., & Chan, A. C. (2009). *Psychology and Aging.*

Chida, Y. & Steptoe, A. (2008). *Psychosomatic Medicine.*

Christensen, H., Dear, K. B., Anstey, K. J., Parslow, R. A., Sachdev, P., & Jorm, A. F. (2005). *Neuropsychology.*

Christopher, G. & MacDonald, J. (2005). *Cognitive Neuropsychiatry.*

Christopher, G., Sutherland, D., & Smith, A. (2005). *Human Psychopharmacology.*

Clark, R. A., Pua, Y. H., Fortin, K., Ritchie, C., Webster, K. E., Denehy, L., & Bryant, A. L. (2012). *Gait and Posture.*

Clarke, I. H. & Griffin, M. (2008). *Ageing and Society.*

Clarke, R., Emberson, J., Fletcher, A., Breeze, E., Marmot, M., & Shipley, M. J. (2009). *BMJ, 339.*

Clarkson-Smith, L. & Hartley, A. A. (1989). *Psychology and Aging.*

Cohen, G. D. (1990). *Handbook of the psychology of aging.*

Cohen, J. D. & Servan-Schreiber, D. (1992). *Psychological Review.*

Cohen, S. (2004). *American Psychologist.*

Cohn, L. D. & Westenberg, P. M. (2004). *Journal of Personality and Social Psychology.*

Colcombe, S. J. Erickson, K. I., Raz, N., Webb, A. G., Cohen, N. J., McAuley, E., & Kramer, A. F. (2003). *Journals of Gerontology Series A: Biological Sciences and Medical Sciences.*

Colcombe, S. J. & Kramer, A. F. (2003). *Psychological Science: A journal of the American Psychological Society.*

Colcombe, S. J., Kramer, A. F., Erickson, K. I., Scalf, P., McAuley, E., Cohen, N. J. Webb, A., Jerome, G. J., Marquez, D. X., & Elavsky, S. (2004). *Proceedings of the National Academy of Sciences of the United States of America.*

Comijs, H. C., Gerritsen, L., Penninx, B. W., Bremmer, M. A., Deeg, D. J., & Geerlings, M. I. (2010). *American Journal of Geriatric Psychiatry.*

'Congestive heart failure'(2008). *The Columbia encyclopedia.*

Connell, C. (1994). *American Journal of Alzheimer's Disease and Other Dementias.*

Connidis, I. A. (2001). *Family ties & aging.*

Connor, L. T., Spiro, A., 3rd, Obler, L. K., & Albert, M. L. (2004). *Journals of Gerontology B: Psychological Sciences and Social Sciences.*

Consedine, N. S. & Magai, C. (2003). *Attachment and Human Development.*

Cook, I. A., Leuchter, A. F., Morgan, M. L., Dunkin, J. J., Witte, E., David, S., Mickes, L" O'Hara, R., Simon, S., Lufkin, R., Abrams, M., & Rosenberg, S. (2004). *American Journal of Geriatric Psychiatry.*

Cooney, M. T., Dudina, A., De Bacquer, D., Wilhelmsen, L., Sans, S., Menotti, A., De Backer, G., Jousilahti, P., Keil, U., Thomsen, T., Whincup, P., & Graham, I. M. (2009). *Atherosclerosis.*

Cooper, S. A. (1997a). *American Psychologist.*

Cooper, S. A. (1997b). *Journal of Applied Research in*

Intellectual Disabilities.
Cooper, S. A. (1998). *American Jourcil of Mental Retardation.*
Cordingley, L. & Webb, C. (1997). *Reviews in Clinical Gerontology.*
Corey-Bloom, J. (2000). *Psychopathology in later adulthood.*
Coricelli, G. (2005). *Neuropsychologia.*
Cornoldi, C. & Vecchi, T. (2002). *Visuo-spatial working memory and individual differences.*
Corr, C. A., Nabe, C., & Corr, D. M. (2004). *Death and dying, life and living* (4th edn).
Costa, P. T. & McCrae, R. R. (1992). *Professional manual: Revised NEO personality inventory (NEO-PI-R) and the NEO Five-Factor Inventory (NEO-FFI).*
Courchesne, E. (2004). *Mental Retardation and Developmental Disabilities Research Reviews.*
Courchesnc, E., Karns, C. M. Davis, H. R., Ziccardi, R., Carper, R. A., Tigue, Z. D., Chisum, H. J., Moses, P., Pierce, K., Lord, C., Lincoln, A. J., Pizzo, S., Schreibman, L., Haas, R. H. Akshoomoff, N. A., & Courchesne, R, Y. (2001). *Neurology.*
Cousins, M. & Smyth, M. M. (2003). *Human Movement Science.*
Covinsky, K. E., Lindquist, K., Dunlop, D. D., & Yelin, E. (2009). *Journal of the American Geriatrics Society.*
Cowan, N. (1995). *Attention and memory: An integrated framework.*
Cowan, N., Naveh-Benjamin, M., Kilb, A., & Saults, J. S. (2006). *Developmental Psychology.*
Cramer, P. (2003). *Journal of Research in Personality.*
Cramer, P. & Jones, C. J. (2007). *Journal of Research in Personality.*
Cramer, P. & Jones, C. J. (2008). *Journal of Research in Personality.*
Craik, F. I. M. (1986). *Human memory and cognitive capabilities: Mechanisms and performances.*
Craik, F. I. M. (2005). *Measuring the mind: Speed, control, and age.*
Craik, F. I. M. & Bialystok, E. (2006). *Trends in Cognitive Sciences.*
Craik, F. I. M., Byrd, M., & Swanson, J. M. (1987). *Psychology and Agings.*
Crocker, J. & Wolfe, C. T. (2001). *Psychological Review.*
Cristofalo, V. J., Tresini, M., Francis, M. K., & Volker, C. (1999). *Handbook of theories of aging.*
Cuddy, A. J. C. & Fiske, S. T. (2002). *Ageism: Stereotyping and prejudice against older persons.*
Cuerva, A. G., Sabe, L., Kuzis, G., Tiberti, C., Dorrego, F., & Starkstein, S. E. (2001). *Neuropsychiatry, Neuropsychology, and Behavioral Neurology.*
Culbertson, W. C. & Zilmer, E. A. (2000). *Tower of London-Drexel University* (2nd edn).
Cumming, E. & Henry, W. E. (1961). *Growing old: The process of disengagement.*
Cummins, R. A. (1997). *Comprehensive Quality of Life Scale: Adult (ComQol-A5): Manual.*
Cusack, B. J. (2004). *American Journal of Geriatric Pharmacotherapy.*
Cutler, S. J. & Hodgson, L. G. (1996). *The Gerontologist.*
Czaja, S. J., Charness, N., Fisk, A. D., Hertzog, C., Nair, S. N., Rogers, W A., & Sharit, J. (2006). *Psychology and Aging.*
Czeisler, C. A., Duffy, J. F., Shanahan, T. L., Brown, E. N., Mitchell, J. F., Rimmer, D. W., Ronda, J. M., Silva, E. J., Allan, J. S., Emens, J. S., Dijk, D. J., & Kronauer, R. E. (1999). *Science.*
Czeisler, C. A., Kronauer, R. E., Allan, J. S., Duffy, J. F., Jewett, M. E., Brown, E. N., & Ronda, J. M. (1989). *Science.*
Dahlin, E., Neely, A. S., Larsson, A., Backman, L., & Nyberg, L. (2008a). *Science.*
Dahlin, E., Nyberg, L., Backman, L., & Neely, A. S. (2008b). *Psychology and Aging.*
Dalton, D. S., Cruickshanks, K. J., Klein, B. E., Klein, R., Wiley, T. L., & Nondahl, D. M. (2003). *The Gerontologist.*
Dannefer, D. (1987). *Sociological Forum.*
Dar, K. (2006). *Advances in Psychiatric Treatment.*
Davies, E. & Cartwright, S. (2011). *Employee Relations.*
Davis, C. G., Nolen-Hoeksema, S., & Larson, J. (1998). *Journal of Personality and Social Psychology.*

Davis, S. W., Dennis, N. A., Daselaar, S. M., Fleck, M. S., & Cabeza, R. (2008). *Cerebra Cortex.*

Davison, B. J., Kirk, P., Degner, L. F., & Hassard, T. H. (1999). *Patient Education and Counseling.*

Dawson, G., Toth, K., Abbott, R., Osterling, J., Munson, J., Estes, A., & Liaw, J. (2004). *Developmental Psychology.*

Deal, C. (2004). *Encyclopedia of women's health.*

Deeg, D. J. & Huisman, M. (2010). *European Journal of Ageing.*

Degroot, D. W. & Kenney, W. L. (2007). *American Journal of Physiology: Regulatory, Integrative and Comparative Physiology.*

de Groot, C. P., Perdigao, A. L., & Deurenberg, P. (1996). *European Journal of Clinical Nutrition.*

De Groot, J. C., De Leeuw, F. E., Oudkerk, M., Van Gijn, J., Hofman, A., Jolles, J., & Breteler, M. M. (2002). *Annals of Neurology.*

Dehon, H. & Bredart, S. (2004). *Psychology and Aging.*

Dellenbach, M. & Zimprich, D. (2008). *Neuropsychology, Development, and Cognition. Section B, Aging, Neuropsychology and Cognition.*

de Magalhaes, J. P., Costa, J., & Church, G. M. (2007). *Journals of Gerontology Series A: Biological Sciences and Medical Sciences.*

Dennis, W. (1966). *Journal of Gerontology.*

DePaulo, B. M. (2007). *Singled out: How singles are stereotyped, stigmatized, and ignored, and still live happily ever after.*

De Pisapia, N., Repovš, G., & Braver, T. S. (2008). *The Cambridge handbook of computational psychology.*

De Rosa, E. & Baxter, M. G. (2005). *Encyclopedia of cognitive science.*

De Vaus, D., Wells, Y., Kendig, H., & Quine, S. (2007). *Ageing and Society.*

de Vries, B, (1996). *Handbook of emotion, adult development, and aging.*

Devolder, P. A. & Pressley, M. (1992). *Applied Cognitive Psychology.*

Diamond, J. M. (1991). *The rise and fall of the third chimpanzee.*

Dick, L. P., Gallagher-Thompson, D., & Thompson, L. W. (1999). *Psychological problems of ageing: Assessment, treatment and care.*

Dickin, D. C., Brown, L. A., & Doan, J. B. (2006). *Aging Clinical and Experimental Research.*

Diehl, M., Coyle, N., & Labouvie-Vief, G. (1996). *Psychology and Aging.*

Diehl, M. & Hay, E. L. (2007). *Journal of Personality.*

Diener, E. & Lucas, R. E. (2000). *Handbook of emotions* (2nd edn).

Dixon, R. A. & Hultsch, D. F. (1999). *Gerontology: An interdisciplinary perspective.*

Dixon, R. A., Backman, L., & Nilsson, L-G. (2004). *New frontiers in cognitive aging.*

Dodson, C. S., Bawa, S., & Slotnick, S. D. (2007). *Journal of Experimental Psychology Learning Memory and Cognition.*

Donahue, E. M., Robins, R. W., Roberts, B. W., & John, O. P. (1993). *Journal of Personality and Social Psychology.*

Dorshkind, K., Montecino-Rodriguez, E., & Signer, R. A. (2009). *Nature Reviews Immunology.*

Drexler, A. J. & Robertson, C. (2001). *Geriatrics.*

Duberstein, P. R. & Conwell, Y. (2000). *Psychopathology in later adulthood.*

Duchesne, D. (2004). *Perspective on Labour and Income.*

Duke, J., Leventhal, H., Brownlee, S., & Leventhal, E. A. (2002). *Journals of Gerontology B: Psychological Sciences and Social Sciences.*

Dunabeitia, J. A., Marin, A., Aviles, A., Perea, M., & Carreiras, M. (2009). *European Journal of Cognitive Psychology.*

Dunlosky, J. & Nelson, T. O. (1992). *Memory & Cognition.*

Dutta, T. (2012). *Applied Ergonomics.*

Duval, C., Piolino, P., Bejanin, A., Eustache, F., & Desgranges, B. (2011). *Consciousness and Cognition.*

d'Ydewalle, G., Luwel, K., & Brunfaut, E. (1999). *Journal of Cognitive Psychology.*

Dywan, J. & Jacoby, L. (1990). *Psychology and Aging.*

Edginton, T. & Rusted, J. M. (2003). *Psychopharmacology.*

Eichenbaum, H. (2003). *Trends in Cognitive Sciences.*

Ekberg, J. (2002). *European Seniors Watch Survey.*

Ekman, P. (1997). *Innovations in Social Science Research.*

Elias, M. F., Elias, P. K., & Elias, J. W. (1977). *Basic processes in adult developmental psychology.*

Eliott, J. & Olver, I. (2008). *Bioethics.*

Elliott, E. & Lachman, M. E. (1989). *Psychological perspectives of helplessness and control in the elderly.*

Elovainio, M., Kivimaki, M., Ferrie, J. E., Gimeno, D., De Vogli, R., Virtanen, M., Vahtera, J., Brunner, E. J., Marmot, M. G., & Singh-Manoux, A. (2009). *Journal of Epidemiology and Community Health.*

Emerson, E., Hatton, C., & Felce, D. (2001). *Learning disabilities: The fundamental facts.*

Enache, D., Winblad, B., & Aarsland, D. (2011). *Current Opinion in Psychiatry.*

'Endocrine system' (2008). *Philip's encyclopedia 2008.*

Erber, J. T. (1979). *Human Development.*

Erber, J. T., Szuchman, L.T., & Prager, I. G. (1997). *Journals of Gerontology B: Psychological Sciences and Social Sciences.*

Erickson, K. I., Colcombe, S. J., Wadhwa, R., Bherer, L., Peterson, M. S., Scalf, P. E., Kim, J. S., Alvarado, M., & Kramer, A. F. (2007). *Cerebral Cortex.*

Erickson, K. I., Prakash, R. S., Voss, M. W., Chaddock, L., Hu, L., Morris, K. S., White, S. M., Wójcicki. T. R., McAuley, E., & Kramer, A. F. (2009). *Hippocampus.*

Erikson, E. H. (1982). *The life cycle completed: A review.*

Erikson, E. H., Erikson, J. M., & Kivnick, H. Q. (1986). *Vital involvement in old age* (1st edn).

Erixon-Lindroth, N., Farde, L., Wahlin, T. B., Sovago, J., Halldin, C., & Backman, L. (2005). *Psychiatry Research.*

Evenhuis, H., Henderson, C. M., Beange, H., Lennox, N., & Chicoine, B. (2001). *Journal of Applied Research in Intellectual Disabilities.*

Everard, K. M., Lach, H. W., Fisher, E. B., & Baum, M. C. (2000). *Journals of Gerontology B: Psychological Sciences and Social Sciences.*

Fahle, M. (2005). *Encyclopedia of cognitive science.*

Feingold, B. F. (1973). *Introduction to clinical allergy, by Ben F. Feingold.*

Fernandes, M. A. & Moscovitch, M. (2000). *Journal of Experimental Psychology. General, 129.*

Fernandez-Duque, D., Baird, J. A., & Black, S. E. (2009). *Journal of Clinical and Experimental Neuropsychology.*

Fernandez-Duque, D., Hodges, S. D., Baird, J. A., & Black, S. E. (2010). *Journal of Clinical and Experimental Neuropsychology.*

Ferraro, K. F. & Su, Y. (1999). *Journals of Gerontology B: Psychological Sciences and Social Sciences.*

Ferrell, B. A., Ferrell, B. R., & Rivera, L. (1995). *Journal of Pain and Symptom Management.*

Ferri, C. P., Prince, M., Brayne, C., Brodaty, H., Fratiglioni, L., Ganguli, M., Hall, K., Hasegawa, K., Hendrie, H., Huang, Y., Jorm, A., Mathers, C., Menezes, P. R., Rimmer, E., & Scazufca, M. (2005). *Lancet.*

Filler C. M. (2002). Encyclopedia of the human brain.

Fioravanti, M., Nacca, D., Amati, S., Buckley, A. E., & Bisetti, A. (1995). *Dementia.*

Fiori, K., Consedine, N., & Magai, C. (2008). *Aging and Mental Health.*

Fischer, B. L., Gunter-Hunt, G., Steinhafel, C. H., & Howell, T. (2012). *Journal of Attention Disorder.*

Flavell, J. H. (1971). *Human Development.*

Flavell, J. H. & Wellman, H. M. (1977). *Perspectives on the Development of Memory and Cognition.*

Flint, A. J. (2005). *Drugs and Aging.*

Folkman, S. (1997). *Social Science and Medicine.*

Folkman, S., Chesney, M., Collette, L., Boccellari, A., & Cooke, M. (1996). *Journal of Personality and Social Psychology.*

Folkman, S., Lazarus, R. S., Gruen, R. J., & DeLongis, A. (1986). *Journal of Personality and Social Psychology.*

Folstein, M. F., Folstein, S. E., & McHugh, P. R. (1975). *Journal of Psychiatric Research.*

Fook, L. & Morgan, R. (2000). *Postgraduate Medical Journal.*

Frederickson, B. L. (1998). *Review of General Psychology.*

Frerichs, F. & Naegele, G. (1997). *Journal of Aging and Social Policy.*

Freud, S. (1957). *The standard edition of the complete psychological works of Sigmund Freud.*

Freud, S., Freud, A., Strachey, A., Strachey, J., & Tyson, A. W. (1961). *The ego and the id, and other works; translated under the general editorship of James Strachey in collaboration with Anna Freud, assisted by Alix Strachey and Alan Tyson. [With plates.].*

Freund, A. M. & Baltes, P. B. (2002). *Journal of Personality and Social Psychology.*

Freund, A. M. & Ebner, N. C. (2005). *The adaptive self: Personal continuity and intentional self-development.*

Friedman, M. & Rosenman, R. H. (1974). *Type A behaviour and your heart.*

Friedman, N. P. & Miyake, A. (2004). *Journal of Experimental Psychology, General, 133.*

Friend, A., DeFries, J. C., Olson, R. k., Pennington, B., Harlaar, N., Byrne, B., Samuelsson, S., Willcutt, E. G., Wadsworth, S. J., Corley, R., & Keenan, J. M. (2009). *Behavior Genetics.*

Fries, J. F. (2003). *Annals of Internal Medicine.*

Frisina, D. R. & Frisina, R. D. (1997). *Hearing Research.*

Froland, C. (1980). *Social Service Review.*

Fromm, D., Holland, A. L., Nebes, R. D., & Oakley, M. A. (1991). *Cortex.*

Gall, T. L., Evans, D. R., & Howard, J. (1997). *Journals of Gerontology B: Psychological Sciences and Social Sciences.*

Galletti, P., Ingrosso, D., Manna, C., Clemente, G., & Zappia, V. (1995). *Biochemical journal.*

Gallo, W. T., Bradley, E. H., Siegel, M., & Kasl, S. V. (2000). *Journals of Gerontology B: Psychological Sciences and Social Sciences.*

Ganguli, M., Vander Bilt, J., Saxton, J. A., Shen, C., & Dodge, H. H. (2005). *Neurology.*

Gardner, H. (1983). *Frames of mind: The theory of multiple intelligences.*

Gathercole, S. E., Lamont, E., & Alloway, T. P. (2006). *Working Memory and education.*

Gatz, M. (2007). *Current Directions in Psychological Science.*

Gatz, M., Kasl-Godley, J. E., & Karel, J. J. (1996). *Handbook of the psychology of aging.*

Gatz, M. & Smyer, M. A. (2001). *Handbook of the psychology of aging* (5th edn).

Gauthier, S., Reisberg, B., Zaudig, M., Petersen, R. C., Ritchie, K., Broich, K., Belleville, S., Brodaty, H., Bennett, D., Chertkow, H., Cummings, J. L., de Leon, M., Feldman, H., Ganguli, M., Hampel, H., Scheltens, P., Tierney, M. C., Whitehouse, P., & Winblad, B. (2006). *Lancet.*

German, T. P. & Hehman, J. A. (2006). *Cognition.*

Ghaziuddin, M., Ghaziuddin, N., & Greden, J. (2002). *Journal of Autism and Developmental Disorders.*

Giambra, L. M. (1989). *Psychology and Aging.*

Giambra, L. M., Arenberg, D., Kawas, C., Zonderman, A. A., & Costa, P. T., Jr (1995). *Psychology and Aging.*

Gibson, E. J. (1969). *Principles of perceptual learning and development.*

Giddens, A. (1991). *Modernity and self-identity.*

Giedd, J. N., Blumenthal, J., Jeffries, N. O., Castellanos, F. X., Liu, H., Zijdenbos, A., Paus, T., Evans, A. C., & Rapoport, J. L. (1999). *Nature Neuroscience.*

Gignac, M. A., Cott, C., & Badley, E. M. (2000). *Journals of Gerontology B: Psychological Sciences and Social Sciences.*

Gignac, M. A., Cott, C., & Badley, E. M. (2002). *Psychology and Aging.*

Gilbert, D. T. & Malone, P. S. (1995). *Psychological Bulletin.*

Gilhooly, M. L., Gilhooly, K. J., Phillips, L. H., Harvey, D., Brady, A., & Hanlon, P. (2007). *British Journal of Health Psychology.*

Gillberg, C. & Billstedt, E. (2000). *Acta Psychiatrica Scandinavica.*

Gilmore, G. C., Wenk, H. E., Naylor, L. A., & Stuve, T. A. (1992). *Psychology and Aging.*

Gluck, J. & Bluck, S. (2007). *Memory & Cognition.*

Gogtay, N., Giedd, J. N., Lusk, L., Hayashi, K. M., Greenstein, D., Vaituzis, A. C., Nugent, T. F., 3rd, Herman, D. H., Clasen, L. S., Toga, A. W., Rapoport, J. L., & Thompson, P. M. (2004).

Proceedings of the National Academy of Sciences of the United States of America.

Goh, J. O. & Park, D. C. (2009). *Restorative Neurology and Neuroscience.*

Gold, D., Andres, D., Arbuckle, T., & Schwartzman, A. (1988). *Journal of Gerontology.*

Golden, C. J. (1978). *Stroop Color and Word Test: Cat. No. 30150M; A manual for clinical and experimental uses.*

Goldman-Rakic, P. S., Cools, A., & Srivastava, K. (1996). *Philosophical Transactions of the Royal Society of London. Series B: Biological Sciences.*

Goldsmith, R. E. & Heiens, R. A. (1992). *The Gerontologist.*

Golimstok, A., Rojas, J. I., Romano, M., Zurru, M. C., Doctorovich, D., & Cristiano, E. (2011). *European Journal of Neurology.*

Gopnik, A. & Astington, J. W. (1988). *Child development.*

Goopnik, A., Capps, L., & Meltzoff, A. N. (2000). *Understanding other minds: Perspectives from developmental cognitive neuroscience* (2nd edn).

gottman, J. M. & Levenson, R. W. (2000). *Journal of Marriage and Family.*

Gouin, J. P., Hantsoo, L., & Kiecolt-Glaser, J. K. (2008). *Neuroimmunomodulation.*

Grady, C. L., McIntosh, A. R., Horwitz, B., Maisog, J. M., Ungerleider, L. G., Mentis, M. J., Pietrini, P., Schapiro, M. B., & Haxby, J. V. (1995). *Science.*

Grady, C. L., Springer, M. V. Hongwanishkul, D., McIntosh, A. R., & Winocur, G. (2006). *Journal of Cognitive Neuroscience.*

Grant, D. A. & Berg, E. A. (1948). *Journal of Experimental Psychology.*

Grant, D. A. & Berg, E. A. (1993). *Wisconsin Card Sorting Test (WCST).*

Green, C. S., Li, R., & Bavelier, D. (2010). *Topics in Cognitive Science.*

Green, D. M. & Swets, J. A. (1966). *Signal detection theory and psychophysics.*

Gregory, C., Lough, S., Stone, V., Erzinclioglu, S., Martin, L., Baron-Cohen, S., & Hodges, J. R. (2002). *Brain.*

Grimm, L. C. & Thompson, S. K. (2007). *Encyclopedia of special education: A reference for the education of children, adolescents, and adults with disabilities and other exceptional individuals.*

Grønbæk, M. (2009). *Journal of Internal Medicine.*

Gronwall, D. M. (1977). *Perceptual and Motor Skills.*

Gross, J. J. (1988). *Journal of Personality and Social Psychology.*

Gross, J. J. (2001). *Current Directions in Psychological Science.*

Gross, J. J., Carstensen, L. L., Pasupathi, M., Tsai, J., Skorpen, C. G., & Hsu, A. Y. (1977). *Psychology and Aging.*

Grubeck-Loebenstein, B. (2010). *Journal of Comparative Pathology.*

Gruhm, D., Lumley, M. A., Diehl, M., & Labouvie-Vief, G. (2013). *Emotion.*

Grundy, E. M. (1966). *Population Trends.*

Guadalupe-Grau, A., Fuentes, T., Guerra, B., & Calbet, J. A. (2009). *Sports Medicine.*

Guaita, A., Malnati, M., Vaccaro, R., Pezzati, Marcionetti, J., Vitali, S. F., & Colombo, M. (2009). *Archives of Gerontology and Geriatrics.*

Gubin, D. G., Gubin, G. D., Waterhouse, J., & Weinert, D. (2006). *Chronobiol Int.*

Hacker, M. P., Messer, W. S., & Bachmann, K. A. (2009). *Pharmacology: Principles and Practice.*

Hagerman, R. J. (2006). *Journal of Developmental and Behavioral Pediatrics.*

Happe, F. G., Winner, E., & Brownell, H. (1998). *Developmental Psychology.*

Hall, G. S. (1922). *Senescence: The last Half of Life.*

Hamilton, P. F. (2010). *Pandora's star.*

Hanson, J., Osipovič, D., Hinew, N., Amaral, T., Curry, R., & Barlow, J. (2007). *Journal of Telemedicine and Telecare.*

Hansson, R. O., DeKoekkoek, P. D., Neece, W. M., & Patterson, D. W. (1997). *Journal of Vocational Behavior.*

Haraway, Donna (1985). *Socialist Review.*

Hargrave, R., Maddock, R. J., & Stone, V. (2002). *Journal of Neuropsychiatry and Clinical Neurosciences.*

Harkins, S. W. & Scott, R. B. (1996). *Encyclopedia of*

gerontology: Age, aging, and the aged.
Harnishfeger, K. K. & Bjorklund, D. F. (1993). Emerging themes in cognitive development.
Harris, D. L. & Carr, A. T. (2001). British Journal of Plastic Surgery.
Harris, P. B. (2008). The International Journal of Aging and Human Development.
Harrison, D. E., Strong, R., Sharp, Z. D., Nelson, J. F., Astle, C. M., Flurkey, K., Nadon, N. L., Wilkinson, J. E., Frenkel, K., Carter, C. S., Pahor, M., Javors, M. A., Fernandez, E., & Miller, R. A. (2009). Nature.
Hart, J. T. (1965). Journal of Educational Psychology.
Hartley, A. A., & Littele, D. M. (1999). Journal of Experimental Psychology: General.
Hartley, J. T. (1986). Psychology and Aging.
Harwood, R. H. (2001). Age Ageing, 30.
Hasher, L., Goldstein, F., & May, C. (2005). Human learning and memory: Advances in theory and application (Vol. 18).
Hasher, L. & Zacks, R. T. (1988). The psychology of learning and motivation (Vol. 22).
Havighurst, R. J. (1982). Handbook of developmental psychology.
Hawkins, H. L., Kramer, A. F., & Capaldi, D. (1992). Psychology and Aging.
Hay, E. L. & Diehl, M. (2011). European Journal of Ageing.
Hayflick, L. (1996). How and why we age (2nd edn).
Hebben, N. & Milberg, W. (2010). Essentials of neuropsychological assessment (2nd edn).
Heckhausen, J. & Schulz, R. (1995). Psychological Review.
Hedden, T. & Gabrieli, J. D. (2004). Nature Reviews Neuroscience.
Hedden, T. & Yoon, C. (2006). Neuropsychology.
Heider, F. (1958). The psychology of interpersonal relations.
Heidrich, S. M. & Ryff, C. D. (1993). Psychology and Aging.
Heindel, W. C. & Salmon, D. P. (2004). Comprehensive handbook of psychopathology.
Henkens, K. (1999). Journal of Gerontology B: Psychological Sciences and Social Sciences.
Henretta, J. C. (1997). Journals of Gerontology B: Psychological Sciences and Social Sciences.
Henry, J. D., MacLeod, M. S., Phillips, L. H., & Crawford, J. R. (2004). Psychology and Aging.
Henry, N. J., Berg, C. A., Smith, T. W., & Florsheim, P. (2007). Psychology and Aging.
Hertzog, C. & Hultsch, D. F. (2000). The handbook of aging and cognition (2nd edn).
Hertzog, C., Kramer, A. F., Wilson, R. S., & Lindenberger, U. (2008). Psychological Science in the Public Interest.
Hertzog, C., McGuire, C. L., & Lineweaver, T. T. (1999). Social cognition and aging.
Hertzog, C., Park, D. C., Morrell, R. W., & Martin, M. (2000). Applied Cognitive Psychology.
Hess, T. M. (1999). Social cognition and aging.
Higgs, P., Hyde, M., Wiggins, R., & Blane, D. (2003). Social Policy & Administration.
Hildon, Z., Smith, G., Netuveli, G., & Blane, D. (2008). Sociology of Health & Illness.
Hill, E. L. & Brown, D. (2013). Journal of Mental Health.
Hinrichsen, G. A., & Dick-Siskin, L. P. (2000). Psychopathology in later adulthood.
Hobfoll, S. E. (1989). American Psychologist.
Hobfoll, S. E., Johnson, R. J., Ennis, N., & Jackson, A. P. (2003). Journal of Personality and Social Psychology.
Hofer, S. M. & Sliwinski, M. J. (2006). Handbook of the psychology of aging (6th edn).
Hofvander, B., Delorme, R., Chaste, P., Nyden, A., Wentz, E., Stahlberg, O., Herbrecht, E., Stopin, A., Anckarsater, H., Gillberg, C., Rastam, M., & Leboyer, M. (2009). BMC-Psychiatry.
Hogervorst, E., Huppert, F., Matthews, F. E., & Brayne, C. (2008). Psychoneuroendocrinology.
Hogg, J. & Tuffrey-Wijne, I. (2008). Journal of Applied Research in Intellectual Disabilities.
Holahan, C. J. & Moos, R. H. (1991). Journal of Abnormal Psychology.
Holtzman, R. E., Rebok, G. W., Saczynski, J. S., kouzis,

A. C., Wilcox Doyle, K., & Eaton, W. W. (2004). *Journal of Gerontology B: Psychological Sciences and Social Sciences.*

Holzhausen, M., Kuhlmey, A., & Martus, P. (2010). *European Journal of Ageing.*

Hoof, J. V., Kort, H. D., Markopoulos, P., & Soede, M. (2007). *Gerontechnology.*

Hooker, K. & McAdams, D. P. (2003). *Journals of Gerontology B: Psychological Sciences and Social Sciences.*

Horn, J. L. & Donaldson, G. (1976). *American Psychologist.*

Howells, G. (1986). *Journal of the Royal College of General Practitioners.*

Howlin, P. (2000). *Autism.*

Hultsch, D. F. & MacDonald, S. W. S. (2004). *New frontiers in cognitive aging.*

Hultsch, D. F., MacDonald, S. W., & Dixon, R. A. (2002). *Journals of Gerontology B: Psychological Scineces and Social Sciences.*

Humes, L. E. (1996). *Journal of the American Academy of Audiology.*

Huppert, F. & So, T. (2009). www.isqols2009.istitutodeglinnocenti.it/Content_en/Huppert.pdf.

'Hypotension' (2010). *Black's medical dictionary* (42nd edn).

Hutchinson, C. V., Arena, A., Allen, H. A., & Ledgeway, T. (2012). *Neuroscience Biobehavioral Reviews.*

Huxley, J. (1979). *Religion Without revelation.*

Ingersoll-Dayton, B. & Saengtienchai, C. (1999). *International Journal of Aging and Human Development.*

Ino, T., Asada, T., Ito, J., Kimura, T., & Fukuyama, H. (2003). *Neuroscience Research.*

Intons-Peterson, M. J. & Fournier, J. (1986). *Journal of Experimental Psychology: General, 115.*

Jacoby, L. L. (1999). *Journal of Experimental Psychology Learning Memory and Cognition.*

Jackson-Guilford, J., Leander, J. D., & Nisenbaum, L. K. (2000). *Neuroscience Letters.*

Jaeggi, S. M., Buschkuehl, M., Jonides, J., & Perrig, W. J. (2008). *Proceedings of the National Academy of Sciences of the United States of America.*

Jahanshahi, M. (2007). *Cambridge handbook of psychology, health and medicine.*

James, L., Burke, D., & Austin, A. H. (1999). *Psychology and Aging.*

James, W. (1907). *The principles of psychology.*

Janicki, M. P., Dalton, A. J., Henderson, C. M., & Davidson, P. W. (1999). *Disability and Rehabilitation.*

Janicki, M. P., Davidson, P. W., Henderson, C. M., McCallion, P., Taets, J. D., Force, L. T., Sulkes, S. B., Frangenberg, E., & Ladrigan, P. M. (2002). *Journal of Intellectual Disability Research.*

Jaques, E. (1965). *International Journal of Psychoanalysis.*

Jensen, A. R. (1992). *Personality and Individual Differences.*

Jessberger, S. & Gage, F. H. (2009). *Trends in Pharmacological Sciences.*

Jonassaint, C. R., Boyle, S. H., Williams, R. B., Mark, D. B., Siegler, I. C., & Barefoot, J. C. (2007). *Psychosomatic Medicine.*

Jones, C. J., Nesselroade, J. R., & Birkel, R. C. (1991). *Journal of Environmental Psychology.*

Jonides, J., Marshuetz, C., Smith, E. E., Reuter-Lorenz, P. A., Koeppe, R. A., & Hartley, A. (2000). *Journal of Cognitive Neuroscience.*

Jopp, D. & Smith, J. (2006). *Psychology and Aging.*

Jopp, D. S. & Schmitt, M. (2010). *European Journal of Ageing.*

Jordan, N. C. (2007). *Why is math so hard for some children? The nature and origins of mathematical learning difficulties and disabilities.*

Jorgensen, R. S., Frankowski, I. I., & Carey, M. P. (1999). *Personality and Individual Differences.*

Jorm, A. F. (2000). *Gerontology.*

Jorm, A. F. Christensen, H., Henderson, A. S., Jacomb, P. A., Korten, A. E., & Mackinnon, A. (1998). *Australasian Journal on Ageing.*

Jung, C. G. (1967, 1930). *The collected workds of C G Jung Vol. 13: Alchemical studies.*

Kamel, N. S. & Gammack, J. K. (2006). *American Journal of Medicine.*

Kane, M. J., Hasher, L., Stoltzfus, E. R., Zacks, R. T.,

& Connelly, S. L. (1994). *Psychology and Aging.*

Kaplan, E., Goodglass, H., & Weintraub, S. (2001). *The Boston naming test.*

Karney, B. R. & Bradbury, T. N. (1995). *Psychological Bulletin.*

Kastenbaum, R. (2006). *Encyclopedia of aging: A comprehensive resource in gerontology and geriatrics* (4th edn).

Katz, S. & Peters, K. R. (2008). *Journal of Aging Studies.*

Kaufman, A. S., McLean, J. E., Kaufamn-Packer, J. L., & Reynolds, C. R. (1991). *Journal of Clinical Psychology.*

Kausler, D. H. (1991). *Experimental psychology, cognition, and human aging* (2nd edn).

Kausler, D. H. (1994). *Learning and memory in normal aging.*

Kawachi, I. & Berkamn, L. F. (2000). *Social epidemiology.*

Kemenoff, L. A., Miller, B. L., & Kramer, J. H. (2002). *Encyclopedia of the human brain.*

Kemper, S. & Harden, T. (1999). *Psychology and Aging.*

Kempermann, G., Gast, D., & Gage, F. H. (2002). *Annals of Neurology.*

Kendler, K. S., Thornton, L. M., & Gardner, C. O. (2001). *American Journal of Psychiatry.*

Kennedy, Q. & Mather, M. (2007). *Do emotions help or hurt decision making? A hedgefoxian perspective.*

Kenney, W. L. & Munce, T. A. (2003). *Journal of Applied Physiology.*

Kensinger, E. A. & Corkin, S. (2004). *Proceedings of the National Academy of Sciences of the United States of America.*

Kensinger E. A. & Corkin, S. (2005). *Encyclopedia of cognitive science.*

Kiecolt-Glaser, J. K. & Glaser, R. (1986). *Psychosomatics.*

Kilpatrick, C., Burns, R., & Blumbergs, P. C. (1983). *Journal of Neurology, Neurosurgery, and Psychiatry.*

Kim, J., Son, J., Ko, N., & Yoon, B. (2013). *Archives of Physical Medicine and Rehabilitation.*

king, V. & Scott, M. E. (2005). *Journal of Marriage and Family.*

Kipps, C. M. & Hodges, J. R. (2005). *Journal of Neurology, Neurosurgery, and Psychiatry.*

Kirby, A., Sugden, D., Beveridge, S., Edwards, L., & Edwards, R. (2008). *Dyslexia.*

Kirby, A., Williams, N., Thomas, M., & Hill, E. L. (2013). *Research in Developmental Disabilities.*

Kirkwood, T. B. L. (2005). *The Cambridge handbook of age and ageing.*

Kitwood, T. M. (1997). *Dementia reconsidered: The person comes first.*

Kitwood, T. & Bredin, k. (1992). *Ageing and Society.*

Kivipelto, M., Soininen, H., & Tuomilehto, J. (2002). *Journal of Hypertension.*

Klass, M., Baudry, S., & Duchateau, J. (2007). *European Journal of Applied Physiology.*

Kline, D. W. & Scialfa, C. T. (1997). *Handbook of human factors and the older adult.*

Kloos, A. D., Kegelmeyer, D. A., Young, G. S., & Kostyk, S. K. (2010). *Movement Disorders.*

Knight, B. (2004). *Psychotherapy with older adults* (3rd edn).

Knight, T. (2012). *Encyclopedia of body image and human appearance.*

Knol, M. J., Twisk, J. W., Beekamn, A. T., Heine, R. J., Snoek, F. J., & Pouwer, F. (2006). *Diabetologia.*

Kobasa, S. C. & Maddi, S. R. (1977). *Current personality theories.*

Kohlberg, L. (1969). *Handbook of socialization theory and research.*

Kohlberg, L. (1976). *Moral development and behavior: Theory, research, and social issues.*

Kollins, S. H., McClernon, F. J., & Fuemmeler, B. F. (2005). *Archives of General Psychiatry.*

Koriat, A. & Ackerman, R. (2010). *Consciousness and Cognition.*

Kosberg, J. J., Cairl, R. E., & Keller, D. M. (1990). *Gerontologist.*

Kostka, T. (2005). *European Journal of Applied Physiology.*

Kramer, A. F., Humphrey, D. G., Larish, J. F., Logan, G. D., & Strayer, D. L., (1944). *Psychology and Aging.*

Kramer, D. (1990). *Wisdom: Its nature, origins and development.*

Krause, N. & Shaw, B. A. (2000). *Psychology and Aging*.

Krinsky-McHale, S. J., Kittler, P., Brown, W. T., Jenkins, E. C., & Devenny, D. A. (2005). *American Journal of Mental Retardation*.

Krishnan, K. R. (2020). *Biological Psychiatry*.

Kubler-Ross, E. (1969). *On death and dying*.

Kubzansky, L. D., Cole, S. R., Kawachi, L., Vokonas, P., & Sparrow, D. (2006). *Annals of behavioral medicine: A Publication of the Society of Behavioral Medicine*.

Kujala, U. M. (2009). *British Journal of Sports Medicine*.

Kunzmann, U. & Grun, D. (2003). *Emotional reactions to sad film clips: Evidence for greater reactivity in old age*.

Kurzweil, R. (2005). *The singularity is near: When humans transcend bioloy*.

Kynette, D., & Kemper, S. (1986). *Language & Communication*.

Labouvie-Vief, G. (1997). *Annual Review of Gerontology and Geriatrics*.

Labouvie-Vief, G. (2003). *Current Directions in Psychological Science*.

Labouvie-Vief, G. (2005). *The Cambridge handbook of age and ageing*.

Labouvie-Vief, G. & Marquez, M. (2004). *Motivation, emotion, and cognition: Integrative perspectives on intellectual functioning and development*.

Lachman, M. E. (2004). *Annual Review of Psychology*.

Lachman, M. E. & Andreoletti, C. (2006). *Journals of Gerontology B: Psychological Sciences and Social Sciences*.

Lang, F. R. & Carstensen, L. L. (2002). *Psychology and Aging*.

Lang, T., Streeper, T., Cawthon, P., Baldwin, K., Taaffe, D. R., & Harris, T. B. (2010). *Osteoporosis International*.

Langer, E. J. (1989). *Mindfulness*.

La Rue, A., Dessonville, C., & Jarvik, L. F. (1985). *Handbook of the psychology of aging*.

Larsen, R. J. & Cutler, S. E. (1996). *Journal of Social and Clinical Psychology*.

Lau, A. L., Cummins, R. A., & McPherson, W. (2005). *Social Indicators Research*.

Lavender, A. P. & Nosaka, K. (2007). *European Journal of Applied Physiology*.

Lawton, M. P. (1999). *Handbook of counseling and psychotherapy with older adults*.

Lawton, M. P., Moss, M., & Fulcomer, M. (1986). *International Journal of Aging and Human Development*.

Lawton, M. P., Moss, M. S., Winter, L., & Hoffman, C. (2002). *Psychology and Aging*.

Lawton, M. P. & Nahemow, L. (1973). *The psychology of adult development and ageing*.

Lazarus, R. S. (1976). *Psychological stress and the coping process*.

Lazarus, R. S. & Folkman, S. (1984). *Stress, appraisal, and coping*.

LeBlanc, E., Janowsky, J., Chan, B., & Nelson, H. (2001). *JAMA, 285*.

Lee, G. R., DeMaris, A., Bavin, S., & Sullivan, R. (2001). *Journals of Gerontology B: Psychological Sciences and Social Sciences*.

Lehman, H. C. (1953). *Age and achievement*.

Lennartsson, C. & Silverstein, M. (2001). *Journals of Gerontology B: Psychological Sciences and Social Sciences*.

Leonardelli, G. J., Hermann, A. D., Lynch, M. E., & Arkin, R. M. (2003). *Journal of Research in Personality*.

Leslie, A. M. (1987). *Psychological Review*.

Leveroni, C. L., Seidenberg, M., Mayer, A. R., Mead, L. A., Binder, J. R., & Rao, S. M. (2000). *The Journal of Neuroscience: The Official Journal of the Society for Neuroscience*.

Levinger, G. (1980). *Journal of Experimental Social Psychology*.

Levinson, D. J. (1978). *The seasons of a man's life*.

Levy, B. (1996). *Journal of Personality and Social Psychology*.

Levy, B. R., Slade, M. D., Kunkel, S. R., & Kasl, S. V. (2002). *Journal of Personality and Social Psychology*.

Levy, B. R., Slade, M. D. & Kasl, S. V. (2002). *Journals of Gerontology B: Psychological Sciences and Social

Sciences.

Levy, R. & Goldman-Rakic, P. S. (2000). *Experimental Brain Research.*

Lewis, K. G. & Moon, S. (1997). *Journal of Marital and Family Therapy.*

Lewis, M. D. (2000). *Emotion, development, and self-organization: Dynamic systems approaches to emotional development.*

Lewis, R. (1995). *Professional user's guide for the digit vigilance test.*

Lezak, M. D. (2012). *Neuropsychological assessment* (5th edn).

Li, K. Z., Krampe, R. T., & Bondar, A. (2005). *Cognitive limitations in aging and psychopathology.*

Li, S., Aggen, S. H., Nesselroade, J. R., & Baltes, P. B. (2001). *Gerontology.*

Li, S. C., Schmiedek, F., Huxhold, O., Rocke, C., Smith, J., & Lindenberger, U. (2008). *Psychology and Aging.*

Lichtenstein, P., Carlstrom, E., Rastam, M., Gillberg, C., & Anckarsater, H. (2010). *American Journal of Psychiatry.*

Lieberman, M. D., Gaunt, R., Gilbert, D. T., & Trope, Y. (2002). *Advances in experimental social Psychology (Vol. 34)*

Lifshitz, H., Tzuriel, D., & Weiss, I. (2005). *Journal of Cognitive Education and Psychology.*

Light, L. L. (1991). *Annual Review of Psychology.*

Light, L. L., Prull, M. W., Lavoie, D., & Heal, M. R. (2000). *Theoretical Debate in Cognitive Aging.*

Lindenbereger, U., Scherer, H., & Baltes, P. B. (2001). *Psychology and Aging.*

Lineweaver, T. T. & Hertzog, C. (1998). *Aging, Neuropsychology, and Cognition.*

Linnet, K. M., Dalsgaard, S., Obel, C., Wisborg, K., Henriksen, T. B., Rodriguez, A., Kotimaa, A., Moilanen, I., Thomsen, P. H., Olsen, J., & Jarvelin, M. R. (2003). *American Journal of Psychiatry.*

Litwak, E. (1985). *Helping the elderly: The complementary roles of informal networks and formal systmes.*

Lockenhoff, C. E. & Garstensen, L. L. (2007). *Psychology and Aging.*

Loevinger, J. & Blasi, A. (1976). *Ego development.*

Logan, J. M., Sanders, A. L., Snyder, A. Z., Morris, J. C., & Buckner, R. L. (2002). *Neuron.*

Logie, R. H. & Della Sala, S. (2005). *The Cambridge handbook of visuospatial thinking.*

Logie, R. H. & Maylor, E. A. (2009). *Psychology and Aging.*

Lombardi, G., Tauchmanova, L., Di Somma, C., Musella, T., Rota, F., Savanelli, M. C., & Colao, A. (2005). *Journal of Endocrinological Investigation.*

Losse, A., Henderson, S. E., Elliman, D., Hall, D., Knight, E., & Jongmans, M. (1991). *Developmental Medicine and Child Neurology.*

Lovasi, G. S., Lemaitre, R. N., Siscovick, D. S., Dublin, S., Bis, J. C., Lumley, T., Psaty, B. M. (2007). *Ann Epidemiol.*

Lu, T. & Finkel, T. (2008). *Experimental Cell Research.*

Lupien, S. J., McEwen, B. S., Gunnar, M. R., & Heim, C. (2009). *Nature Reviews Neuroscience.*

Lyketsos, C. G., Lopez, O., Jones, B., Fitzpatrick, A. L., Breitner, J., & DeKosky, S. (2002). *JAMA, 288.*

Lysaker, P. H., Olesek, K. L., Warman, D. M., Martin, J. M., Salzman, A. K., Nicolo, G., Salvatore, G., & Dimaggio, G. (2011). *Psychiatry Research.*

MacKay, D. G. & Abrams, L. (1998). *Psychology and Aging.*

MacKay, D. G., Abrams, L., & Pedroza, M. J. (1999). *Psychology and Aging.*

MacKay, D. G. & Miller, M. D. (1996). *Aging, Neuropsychology, and Cognition.*

Magai, C., Cohen, C., Milburn, N., Thorpe, B., McPherson, R., & Peralta, D. (2001). *Journals of Gerontology B: Psychological Sciences and Social Sciences.*

Magai, C., Consedine, N. S., Gillepie, M., O'Neal, C., & Vilker, R. (2004). *Attachment and Human Development.*

Magai, C. & Passman, V. (1997). *Annual Review of Gerontology and Geriatrics.*

Magary, D. (2011). *The end specialist.*

Mahlberg, R., Tilmann, A., Salewski, L., & Kunz, D.

(2006). *Psychoneuroendocrinology*.

Mahncke, H. W., Bronstone, A., & Merzenich, M. M. (2006). *Progress in Brain Research*.

Main, M. & Solomon, J. (1986). *Affective development in infancy*.

Major, B., Richards, C., Cooper, M. L., Cozzarelli, C., & zubek, J. (1998). *Journal of Personality and Social Psychology*.

Mäkikangas, A., Kinnunen, U., & Feldt, T. (2004). *Journal of Research in Personality*.

Malouff, J. M., Thorsteinsson, E. B., Schutte, N. S., Bhullar, N., & Rooke, S. E. (2010). *Journal of Research in Personality*.

Margrain, T. H. & Boulton, M. (2005). *The Cambridge handbook of age and ageing*.

Markesbery, W. R. (2010). *Journal of Alzheimers's Disease*.

Markus, H. & Nurius, P. (1986). *American Psychologist*.

Marshall, L. A. (2004). *Encyclopedia of women's health*.

Marsiske, M., Klumb, P., & Baltes, M. M. (1997). *Psychology and Aging*.

Martin, L. J. (2002). *Encyclopedia of the human brain*.

Martin, M. & Zimprich, D. (2005). *Middle adulthood: A lifespan perspective*.

Martin-Matthews, A. (1999). *Critical issues for future social work practice with aging persons*.

Masuda, M. & Holmes, T. H. (1967). *Journal of Psychosomatic Research*.

Matus, A. (2005). *Current Opinion in Neurobiology*.

Maurer, T. J., Weiss, E. M., & Barbeite, F. G. (2003). *Journal of Applied Psychology*.

May, C. P., Hasher, L., & Kane, M. J. (1999). *Memory & Cognition*.

Maylor, E. A. (1996). *Does prospective memory decline with age?*

Maylor, E. A. & Wing, A. M. (1996). *Journals of Gerontology B: Psychological Sciences and Social Sciences*.

Maylor, E. A., Moulson, J. M., Muncer, A. M., & Taylor, L. A. (2002). *British Journal of Psychology*.

McAdams, D. P. (1992). *Journal of Personality*.

McArdel, J. J. & Hamagami, F. (2006). *Methodological issues in aging research*.

McCarthy, L. H., Bigal, M. E., Katz, M., Derby, C., & Lipton, R. B. (2009). *Journal of the American Geriatrics Society*.

McCrae, R. R. & Costa, P. T. (2003). *Personality in adulthood: A five-factor theory perspective* (2nd edn).

McCrae, R. R., & Costa, P. T., Jr (1997). *American Psychologist*.

McDermott, D. & Snyder, C. R. (2000). *Making hope happen*.

McDonald-Miszczak, L., Hertzog, C., & Hultsch, D. F. (1995). *Psychology and Aging*.

McDougall, S. & House, B. (2012). *Neuropsychology, Development, and Cognition, Section B, Aging, Neuropsychology and Cognition*.

McDowd, J. M. (1986). *Journal of Gerontology*.

McDowd, J. M. & Crail, F. I. (1988). *Journal of Experimental Psychology: Human Perception and Performance*.

McDowd, J. M., Vercruyssen, M., & Birren, J. E. (1991). *Multiple task performance*.

McDowell, C. L., Harrison, D. W., & Demaree, H. A. (1994). *International Journal of Neuroscience*.

McFarland, C., Ross, M., & Giltrow, M. (1992). *Journal of Personality and Social Psychology*.

McGinnis, D. & Zelinski, E. M. (2000). *Psychology and Aging*.

McGinnis, D. & Zelinski, E. M. (2003). *Psychology and Aging*.

McKeith, I. (2010). www.alzheimers.org.uk/site/scripts/documents_info.php?documentID=113.

McLean, J. F. & Hitch, G. J. (1999). *Journal of Experimental Child Psychology*.

McLean, K. C. (2008). *Developmental Psychology*.

Meacham, J. (1990). *Wisdom: Its nature, origins and development*.

Meagher, D. J. (2001). *BMJ, 322*.

Mecacci, L. & Righi, S. (2006). *Personality and Individual Differences*.

Meisami, E. (1994). *Physiological basis of aging and geriatrics*.

Meltzoff, A. N. (2010). *The Wiley-Blackwell handbook*

of childhood cognitive development.

Mendez, M. F. & Shapira, J. S. (2009). *Cognitive Neuropsychiatry.*

Menna, F., Remendino, F., Battisti, R., & Nocerino, E. (2011). *Geometric investigation of a gaming active device.*

'Menopause' (2010). *Black's medical dictionary* (42nd edn).

Mercier, P. (2009). *Night train to Lisbon* (Updated edn).

Messam, C. A., Hou, J., Janabi, N., Monaco, M. C., Gravell, M., & Major, E. O. (2002). *Encyclopedia of the human brain.*

Meyer, B. J., Russo, C., & Talbot, A. (1995). *Psychology and Aging.*

Meyer, B. J., Talbot, A. P., & Ranalli, C. (2007). *Psychology and Aging.*

Mikels, J. A., Reed, A. E., & Simon, K. I. (2009). *Journals of Gerontology B; Psychological Sciences and Social Sciences.*

Miller, G. A. (1956). *Psychological Review.*

Miller, L. M. S., Stine-Morrow, E. A., Kirkorian, H. L., & Conroy, M. L. (2004). *Journal of Educational Psychology.*

Miller, R. B., Hemesath, K., & Nelson, B. (1997). *The aging family: New visions in theory, practice, and reality.*

Miller, S. A. (2009). *Psychological Bulletin.*

Mioshi, E., Dawson, K., Mitchell, J., Arnold, R., & Hodges, J. R. (2006). *International Journal of Geriatric Psychiatry.*

Mireles, D. E. & Charness, N. (2002). *Psychology and Aging.*

Mitchell, P. & Lewis, C. (1994). *Children's early understanding of mind: Origins and development.*

Mittenberg, W., Seidenberg, M., O'Leary, D. S., & DiGiulio, D. V. (1989). *Journal of Clinical and Experimental Neuropsychology.*

Miyake, A., Friedman, N. P., Emerson, M. J., Witzki, A. H., Howerter, A., & Wager, T. D. (2000). *Cognitive Psychology.*

Miwa, S., Beckman, K. B., & Muller, F. L. (2008). *Oxidative stress in aging.*

Mocchegiani, E., Malavolta, M., Muti, E., Costarelli, L., Cipriano, C., Piacenza, F., Tesei, S., Giacconi, R., & Lattanzio, F. (2008). *Current Pharmaceutical Design.*

Mojon-Azzi, S. M., Sousa-Poza, A., & Mojon, D. S. (2008). *Ophthalmologica.*

Molyneux, G. J., McCarthy, G. M., McEniff, S., Cryan, M., & Conroy, R. M. (2008). *International Psychogeriatrics.*

Monczunski, J. (1991). *Notre Dame Magazine.*

Montepare, J. (1996). *Journal of Clinical Geropsychology.*

Montross, L. P., Depp, C., Daly, J., Reichstady, J., Golshan, S., Moore, D., Sitzer, D., & Jeste, D. V. (2006). *American Journal of Geriatric Psychiatry.*

Monroe, S. M. & Simons, A. D. (1991). *Psychological Bulletin.*

Mor, V., Branco, K., Fleishman, J., Hawes, C., Phillips, C., Morris, J., & Fries, B. (1995). *Journals of Gerontology Series B: Psychological Sciences and Social Sciences.*

Moreno, J. & Saldana, D. (2005). *Research in Developmental Disabilities.*

Morin, A. (2006). *Consciousness and Cognition.*

Moss, S. (1999). *Aging, rights, and quality of life: prospects for older people with developmental disabilities.*

Moulin, C. J. (2006). *The encyclopaedic dictionary of psychology.*

Mroczek, D. K. & Almeida, D. M. (2004). *Journal of Personality.*

Mroczek D. K., Almeida DM, Spiro A, Pafford C. (2006). *Handbook of Personality Development.*

Mroczek, D. K., Spiro, A., & Griffin, P. W. (2006). *Handbook of the psychology of aging* (6th edn).

Mulkana, S. S. & Hailey, B. J. (2001). *American Journal of Health Behavior.*

Mulsant, B. H., Whyte, E., Lenze, E. J., Lotrich, F., Karp, J. F., Pollock, B. G., & Reynolds, C. F., 3rd (2003). *CNS Spectrums.*

Murphy, M. D., Sanders, R. E., Gabriesheski, A. S., & Schmitt, F. A. (1981). *Journal of Gerontology.*

Murrell, S. A., Meeks, S., & Walker, J. (1991).

Psychology and Aging.

Nakamura, T., Meguro, K., Yamazaki, H., Okuzumi, H., Tanak, A., Horikawa, A., Yamaguchi, K., Katsuyama, N., Nakano, M., Arai, H., & Sasaki, H. (1997). *Alzheimer Disease and Associated Disorders.*

Nasreddine, Z. S., Phillips, N. A., Bedirian, V., Charbonneau, S., Whitehead, V., Collin, L., Cummings, J. L., & Chertkow, H. (2005). *Journal of the American Geriatrics Society.*

National Health Serviece. (2013). http://www.nhs.uk/Planners/end-of-life-care/Pages/End-of-life-care.aspx.

National Institute for Health and Clinical Excellence (2006).

Nations, U. (2006). *Population ageing, 2006.*

Naveh-Benjamin, M. (2000). *Journal of Experimental Psychology Learning Memory and Cognition.*

Naveh-Benjamin, M., Guez, J., & Marom, M. (2003). *Memory & Cognition.*

Navon, D. & Gopher, D. (1979). *Psychological Review.*

Neary, D., Snowden, J., & Mann, D. (2005). *Lancet Neurology.*

Neimeyer, R. A. (2001). *Meaning reconstruction & the experience of loss.*

Neimyeyer, R. A. (2004). *Psychological Inquiry.*

Nelson, E. A. & Dannefer, D. (1992). *The Gerontologist.*

Nelson, H. E. (1982). *National Adult Reading Test (NART): For the assessment of premorbid intelligence in patients with dementia: Test manual.*

Nelson, T. O. & Narens, L. (1990). *The psychology of learning and motivation: Advances in research and theory.*

Neyer, F. J. & Asendorpf, J. B. (2001). *Journal of Personality and Social Psychology.*

Ngan, R. (2011). *An introduction to gerontology.*

Niedenthal, P. M. (2005). *Journal of Nervous and Mental Disease.*

Nikitin, N. P., Loh, P. H., de Silva, R, Witte, K. K., Lukaschuk, E. I., arker, A., Farnsworth, T. A., Alamgir, F. M., Clark, A. L., & Cleland, J. G. (2006). *International Journal of Cardiology.*

Nolen-Hoeksema, S. (2001). *Handbook of bereavement research: Consequences, coping & care.*

Nordahl, C. W., Ranganath, C., Yonelinas, A. P., Decarli, C., Fletcher, E., & Jagust, W. J. (2006). *Journal of Cognitive Neuroscience.*

Nordberg, A. (2008). *Neuropsychologia.*

Norman, D. A. (1998). *The design of everyday things.*

Numminen, H., Service, E., & Ruoppila, I. (2002). *Research in Developmental Disabilities.*

Nyberg, L., Maitland, S. B., Ronnlund, M., Backman, L., Dixon, R. A., Wahlin, A., & Nilsson, L. G. (2003). *Psychology and Aging.*

Nylander, L., Lugnegård, T., & Hallerbäck, M. U. (2008). *Clinical Neuropsychiatry.*

O'Connor, D. W., Ames, D., Gardner, B., & King, M. (2009a). *International Psychogeriatric.*

O'Connor, D. W., Ames, D., Gardner, B., & King, M. (2009b). *International Psychogeriatrics.*

O'Connell, H., Chin, A-V., Cunningham, C., & Lawlor, B. (2003). *BMJ, 327.*

O'Connell, H., Chin, A-V., Cunningham, C., & Lawlor, B. A. (2004). *BMJ, 329.*

O'Donovan, D., Hausken, T., Lei, Y., Russo, A., Keogh, J., Horowitz, M., & Jones, K. L. (2005). *Digestive Diseases and Sciences.*

Office for National Statistics (2001). (2010). (2012).

Olshansky, S. J., Hayflick, L., & Carnes, B. A. (2002). *Scientific American.*

Ong, A. D. & Bergeman, C. S. (2004). *Journals of Gerontology B: Psychological Sciences and Social Sciences.*

Ong, A. D., Bergeman, C. S., Bisconti, T. L., & Wallace, K. A. (2006). *Journal of Personality and Social Psychology.*

ONS (1998). *Living in Britain: Results from the 1996 General Household Survey.*

Organization, W. H. (2001). *Mental health: New understanding, new hope.*

Orrell, M., Howard, R., Payne, A., Bergmann, K., Woods, R., Everitt, B. S., & Levy, R. (1992). *International Journal of Geriatric Psychiatry.*

O'Rourke, N. & Cappeliez, P. (2005). *Social Behavior and Personality.*

Orwoll, L. & Perlmutter, M. (1990). *Wisdom: Its nature, origins and development.*

Osterweis, M., Solomon, F., & Green, M. (1984). *Bereavement: Reactions, consequences and care.*

Ouelette, S. C. & Diplacido, J. (2001). *Handbook of health psychology.*

Owen, A. M., Hampshire, A., Grahn, J. A., Stenton, R., Dajani, S., Burns, A. S., Howard, R. J., & Ballard, C. G. (2010). *Nature.*

Owsley, C., Ball, K., McGwin, G., Jr, Sloane, M. E., Roenker, D. L., White, M. F., & Overley, E. T. (1998). *JAMA, 279.*

Pankow, L. J. & Solotoroff, J. M. (2007). *Handbook of gerontology: Evidence-based approaches to theory, practice, and policy.*

Park, D. C., Hertzog, C., Kidder, D. P., Morrell, R. W., & Mayhorn, C. B. (1997). *Psychology and Aging.*

Park, D. C., Lautenschlager, G., Hedden, T., Davidson, N. S., Smith, A. D., & Smith, P. K. (2002). *Psychology and Aging.*

Park, D. C., Puglisi, J. T., & Sovacool, M. (1983). *Journal of Gerontology.*

Park, D. C. & Reuter-Lorenz, P. (2009). *Annual Review of Psychology.*

Parker, S. (2009a). *The human body book: An illustrated guide to its structure, function and disorders.*

Parker, S. (2009b). *The human body book: An illustrated guide to its structure, function and disorders.*

Parkes, C. M. (1996). *Bereavement: Studies of grief in adult life* (3rd edn).

Parkes, C. M. (2007). *Cambridge handbook of psychology, health and medicine.*

Parkin, A. J. (1997). *Memory and amnesia: An introduction* (2nd edn).

Parkin, A. J. & Walter, B. M. (1992). *Psychology and Aging.*

Parkinson, S. R., Inman, V. W., & Dannenbaum, S. E. (1985). *Acta Psychologica, 60.*

Parmelee, P. A. (2007). *Encyclopedia of gerontology* (2nd edn).

Parmelee, P. A., Smith, B., & Katz, I. R. (1993). *Journal of the American Geriatrics Society.*

Pasupathi, M. & Staudinger, U. M. (2000). *International Handbook of Giftedness and Talent.*

Patterson, T. L. & Jeste, D. V. (1999). *Psychiatric Services.*

Paulson, Q. X., Hong, J., Holcomb, V. B., & Nunez, N. P. (2010). *Nutrition Journal, 9.*

Paus, T. (2005). *Trends in cognitive sciences, 9.*

Pautex, S., Michon, A., Guedira, M., Emond, H., Le Lous, P., Samaras, Herrmann, F., Giannakopoulos, P., & Gold, G. (2006). *Journal of the American Geriatrics Society.*

Pearlin' L. I. & Schooler, C. (1978). *Journal of Health and Social Behavior.*

Pearson, J. C. (1996). *A lifetime of relationships.*

Pellicano, E. (2007). *Developmental Psychology.*

Peng, K. & Nisbett, R. E. (1999). *American Psychologist.*

Pennington, B. F. (1995). *Journal of Child Neurology.*

Pepper, S. C. (1942). *World hypotheses: A study in evidence.*

'Perception' (2008). *The Columbia encyclopedia.*

Percy, W. (1975). *The message in the bottle: How queer man is, how queer language is, and what one has to do with the other.*

Perkins, E.A. & Small, B. J. (2006). *Journal of Policy and Practice in Intellectual Disabilities.*

Perlow, E. (2010). *Health Promotion Practice.*

Perna, L., Mielck, A., Lacruz, M. E., Emeny, R. T., Holle, R., Breitfelder, A., & Ladwig, K. H. (2012). *Imernational Journal of Public Health.*

Perner, J. & Davies, G. (1991). *Cognition.*

Perner, J. & Wimmer, H. (1985). *Journal of Experimental Child Psychology.*

Persson, J., Nyberg, L., Lind, J., Larsson, A., Nilsson, L. G., Ingvar, M., & Buckner, R. L. (2006). *Cerebral Cortex.*

Peterson, C. (2000). *American Psychologist.*

Phillips, L. H., Scott, C., Henry, J. D., Mowat, D., & Bell, J. S. (2010). *Psychology and Aging.*

Phillips, P. A., Bretherton, M., Johnston, C. I., & Gray, L. (1991). *American Journal of Physiology.*

Piaget, J. (1952). *The origins of intelligence in children; translated by Margaret Cook.*

Piaget, J. & Gabian, M. (1977). *The moral judgement of the child*.

Pichora-Fuller, M. K. (2003). *International Journal of Audiology*.

Pichora-Fuller, M. K., Schneider, B. A., & Daneman, M. (1995). *The Journal of the Acoustical Society of America*.

Pietschmann, P., Rauner, M., Sipos, W., & Kerschan-Schindl, K. (2009). *Gerontology*.

Piquard, A., Derouesne, C., Lacomblez, L., & Sieroff, E. (2004). *Psychologie and Neuropsychiatrie du Vieillissement*.

Pisoni, D. B. (1993). *Speech Communication*.

Plato (427-347 BC, 1994). *Symposium*.

Plomin, R. Kovas, Y. (2005). *Psychological Bulletin*.

Poon, L. W. (1992). *International Psychogeriatrics*.

Pope, A. (1767). *An essay on man, in four ethic epistles. By Alexander Pope, Esq.*

Porter, C. A. & Suedfeld, P. (1981). *Journal of Personality and Social Psychology*.

Pratt, M. W., Diessner, R., Pratt, A., Hunsberger, B., & Pancer, S, M. (1996). *Psychology and Aging*.

Preece, P. F. W. (1982). *Educational and Psychological Measurement*.

Pride, N. B. (2005). *European Respiratory Journal*.

Prigerson, H. G. & Jacobs, S. C. (2001). *Handbook of bereavement research: Consequences, coping & care*.

Prigerson, H. G. & Maciejewski, P. K. (2006). *Omega*.

Pulkki-Raback, L., Elovainio, M., Kivimaki, M., Raitakari, O. T., & Keltikangas-Jarvinen, L. (2005). *Health Psychology: Official Journal of the Division of Health Psychology, American Psychological Association*.

Pushkar, D., Basevitz, P., Arbuckle, T., Nohara-LeClair, M., Lapidus, S., & Peled, M. (2000). *Psychology and Aging*.

Quadagno, J. S. (2008). *Aging and the life course: An introduction to social gerontology* (4th edn).

'Quality of life in older age: Messages from the Growing Older Programme' (2005).

Quinn, K. A., Mcrae, C. N., & Bodenhausen, G. V. (2005). *Encyclopedia of cognitive science*.

Rabbitt, P. & Abson, V. (1990). *British Journal of Psychology*.

Rabbitt, P., Maylor, E., Mclnnes, L., Bent, N., & Moore, B. (1995). *Applied Cognitive Psychology*.

Rabbitt, P., Osman, P., Moore, B., & Stollery, B. (2001). *Quarterly Journal of Experimental Psychology*.

Rahhal, T. A., May, C. P., & Hasher, L. (2002). *Psychological Science: A Journal of the American Psychological Society/APS*.

Raj, I. S., Bird, S. R., & Shield, A. J. (2010). *Experimental Gerontology*.

Rakitin, B. C. & Stern, Y. (2005). *Encyclopedia of cognitive science*.

Rapp, M. A., Krampe, R. T., & Baltes, P. B. (2006). *American Journal of Geriatric Psychiatry*.

Rasmussen, H. N., Scheier, M. F., & Greenhouse, J. B. (2009). *Annals of Behavioral Medicine: A Publication of the Society of Behavioral Medicine*.

Ratcliff, R., Thapar, A., Gomez, P., & McKoon, G. (2004). *Psychology and Aging*.

Raven, J. (1995). *Manual for the coloured progressive matrices*.

Raz, N. (2000). *The handbook of aging and cognition* (2nd ed.,)

Raz, N., Gunning-Dixon, F., Head, D., Rodrigue, K. M., Williamson, A., & Acker. J. D. (2004). *Neurobiology of Aging*.

Raz, N. & Rodrigue, K. M. (2006). *Neuroscience cmd Biobehavioral Reviews*.

Read, S. (1998). *British Journal of Community Nursing*.

Rendell, P. G. & Thomson, D. M. (1999). *Journals of Gerontology B: Psychological Sciences and Social Sciences*.

Reuter-Lorenz, P. A. & Cappell, K. A. (2008). *Current Directions in Psychological Science*.

Reynolds, C. A. (2003). *Encyclopedia of the human genome*.

Reynolds, K., Lewis, B., Nolen, J. D., Kinney, G. L., Sathya, B., & He, J. (2003). *JAMA, 289*.

Rice, G. E. & Okun, M. A. (1994). *Journal of Gerontology*.

Riby, L. M., Perfect, T. J., & Stollery, B. (2004). *European Journal of Cognitive Psychology*.

Richmond, L. L., Morrison, A. B., Chein, J. M., & Olson, I. R. (2011). *Psychology and Aging.*
Ring, L. (2007). *Cambridge handbook of psychology, health and medicine.*
Roberts, B. W. & DelVecchio, W. F. (2000). *Psychological Bulletin.*
Robertson, I. H., Ward, T., Ridgeway, V., & Nimmo-Smith, I. (1994). *The test of everyday attention: TEA.*
Rockwood, K. (2006). *Encyclopedia of aging: A comprehensive resource in gerontology and geriatrics* (4th edn).
Roediger, H. L. & Geraci, L. (2007). *Journal of Experimental Psychology Learning Memory and Cognition.*
Roediger, H. L. & McDermott, K. B. (1995). *Journal of Experimental Psychology: Learning, Memory and Cognition.*
Roediger, H. L., McDermott, K. B., & Robinson, K. (1998). *Theories of Memory. Vol. 2.*
Rogers, W. A. & Fisk, A. D. (2001). *Handbook of the psychology of aging* (5th edn).
Roose, S. P. & Schatzberg, A. R (2005). *Journal of Clinical Psychopharmacology.*
Rosen, A. C., Prull, M. W., Gabrieli, J. D., Stoub, T., O'Hara, R., Friedman, L., Yesavage, J. A., & de Toledo-Morrell, L. (2003). *Behavioral Neuroscience.*
Roskies, E. & Louis-Guerin, C. (1990). *Journal of Organizational Behavior.*
Roth, M., Tym, E., Mountjoy, C. Q., Huppert, F. A., Hendrie, H., Verma, S., & Goddard, R. (1986). *British Journal of Psychiatry.*
Roth, R. M. & Saykin, A. J. (2004). *Psychiatric Clinics of North America.*
Rotter, J. B. (1982). *The development and applications of social learning theory: Selected papers.*
Routledge, P. A., O'Mahony, M. S., & Woodhouse, K.W, (2004). *British Journal of Clinical Pharmacology.*
Rowe, G., Hasher, L., & Turcotte, J. (2009). *Quarterly Journal of Experimental Psychology (Hove).*
Rowe, J. W. & Kahn, R. L. (1987). *Science.*
Royall, D. R., Cordes, J. A., & Polk, M. (1998). *Journal of Neurology, Neurosurgery, and Psychiatry.*

Rubin, D. C., Rahhal, T. A., & Poon, L. W. (1998). *Memory & Cognition.*
Rumsey, N. & Harcourt, D. (2005). *The psychology of appearance.*
Ruscher, J. B. & Hurley, M. M. (2000). *Journal of Language and Social Psychology.*
Russell, A. J., Mataix-Cols, D., Anson, M., & Murphy, D. G. (2005). *British Journal of Psychiatry.*
Ruta, D. A., Garratt, A. M., Leng, M., Russell, I. T., & MacDonald, L. M. (1994). *Medical Care.*
Ryan, E. B., Giles, H., Bartolucci, G., & Henwood, K. (1986). *Language & Communication.*
Rydén, E. & Bejerot, S. (2008). *Clinical Neoropsychiatry.*
Ryff, C. D. (1989). *Journal of Personality and Social Psychology.*
Ryff, C. D. & Singer, B. (1998). *Psychological Inquiry.*
Sagi, D. (2011). *Vision Research.*
Saito, M. & Marumo, K. (2010). *Osteoporosis International.*
Salthouse, T. A. (1991). *Theoretical perspectives on cognitive aging.*
Salthouse, T. A. (1996). *Psychological Review.*
Salthouse, T. A. (2007). *Encyclopedia of gerontology: Age, aging, and the aged* (2nd edn).
Salthouse, T. A., Babcock, R. L., & Shaw, R. J. (1991). *Psychology and Aging.*
Salthouse, T. A., Rogan, J. D., & Prill, K. A. (1984). *Memory & Cognition.*
Saretzki, G. & Von Zglinicki, T. (2002). *Annals of the New York Academy of Sciences.*
Sarter, M., Givens, B., & Bruno, J. P. (2001). *Brain Research: Brain Research Reviews.*
Saunders, A. M., Strittmatter, W. J., Schmechel, D., George-Hyslop, P. H., Pericak-Vance, M. A., Joo, S. H., Rosi, B. L., Gusella, J. F. Crapper-MacLachlan, D. R., Alberts, M. J. et al. (1993). *Neurology.*
Schacter, D. L. (2001). *The seven sins of memory: How the mind forgets and remembers.*
Schaffer, H. R. (2006). *Social cognition.*
Schaie, K. W. (1965). *Psychological Bulletin.*
Schaie, K. W. (1977). *The International Journal of Aging and Human Development.*
Schaie, K. W. (2005). *Research in Human Development.*

Schaie, K. W., Boron, J. B., & Willis, S. L. (2005). *Cambridge handbook of age and ageing.*

Schaie, K., Nguyen, H., Willis, S., Dutta, R., & Yue, G. (2001). *International Journal of Behavioral Development.*

Schaie, K. W., Willis, S. L., & Caskie, G. I. (2004). *Neuropsychology, Development, and Cognition. Section B, Aging, Neuropsychology and Cognition.*

Schaie, K. W. & Zanjani, F. A. K. (2006). *Handbook of adult development and learning.*

Scheier, M. F. & Carver, C. S. (1985). *Health Psychology: Official Journal of the Division of Health Psychology, American Psychological Associaton.*

Scheier, M. F., Carver, C. S., & Bridges, M. W. (1994). *Journal of Personality and Social Psychology.*

Scheier, M. F., Carver, C. S., & Bridges, M. W. (2001). *Optimism & pessimism: Implications for theory, research, and practice.*

Schiffman, S. S. (1997). *JAMA, 278.*

Schipper, H. M. (2007). *Alzheimer's and Dementia.*

Schneider, B. A. & Pichora-Fuller, M. K. (2000). *The handbook of aging and cognition* (2nd edn).

Schneider, L. S., (1995). *Emerging issues in mental health and aging.*

Schröder, K. E., Schwarzer, R., & Konertz, W. (1998). *Psychology and Health.*

Schwarz, N. (1999). *Cognition, aging, and self-reports.*

Seale, C. (2005). *The Cambridge handbook of age and ageing.*

Seale, C. & Cartwright, A. (1994). *The year before death.*

Segal, D. L., Coolidge, F. L., & Rosowsky, E. (2006). *Personality disorders and older adults: Diagnosis, assessment, and treatment.*

Segal, D. L., Needham, T. N., & Coolidge, F. L. (2009). *International Journal of Aging and Human Development.*

Segerstrom, S. C., Castanñeda, J. O., & Spencer, T. E. (2003). *Personality and Individual Differences.*

Segerstrom, S. C., Taylor, S. E., Kemeny, M. E., & Fahey, J. L. (1998). *Journal of Personality and Social Psychology.*

Seidman, S. N. (2003). *Journal of Clinical Psychiatry.*

Seligman, M. E. P. (1991). *Learned optimism.*

Seligman, M. E. P. (2001). *Flourish: A new understanding of happiness and well-being-and how to achieve them.*

Senchina, D. S. (2009). *Clinical Journal of Sport Medicine.*

Shafto, M. (2010). *Psychology and Aging.*

Shamay-Tsoory, S. G., Aharon-Peretz, J., & Levkovitz, Y. (2007). *Schizophrenia Research.*

Shamay-Tsoory, S. G., Tomer, R., Berger, B. D., Goldsher, D., & Aharon-Peretz, J. (2005). *Cognitive and Behavioral Neurology.*

Shaw, R. M., Helmes, E., & Mitchell, D. (2006). Shaywitz, S. E., Shaywitz, B. A., Fulbright, R. K., Skudlarski, P., Mencl, W. E., Constable, R. T., Pugh, K. R., Holahan, J. M., Marchione, K. E., Fletcher, J. M., Lyon, G. R., & Gore, J. C. (2003). *Bilogical Psychiatry.*

Shea, S. C. (2006). *Improving medication adherence: How to talk with patients about their medications.*

Sherman, A. M., de Vries, B., & Lansford, J. E. (2000). *International Journal of Aging and Human Development, 51.*

Shipley, B. A., Der, G., Taylor, M. D., & Deary, I. J. (2006). *Psychosomatic Medicine.*

Shulman, K. I., Herrmann, N., Brodaty, H., Chiu, H., Lawlor, B., Ritchie, K., & Scanlan, J. M. (2006). *International Psychogeriatrics.*

Shulman, K. I. & Silver, I. L. (2006). *Psychiatric clinical skills.*

Shweder, R. A., Mahapatra, M., & Miller, J. G. (1900). *Cultural Psychology: Essays on comparative human development.*

Siegler, I. C. (1995). *The encyclopedia of aging* (2nd edn).

Siegler, I. C. & Botwinick, J. (1979). *Journal of Gerontology.*

Siegler, I. C., Costa, P. T., Brummett, B. H., Helms, M. J., Barefoot, J. C., Williams, R. B., Dahlstrom, W. G., Kaplan, B. H., Vitaliano, P. P., Nicaman, M. Z., Day, R. S., & Rimer, B. K. (2003). *Psychosomatic Medicine.*

Simoneau, G. G. & Leibowitz, H. W. (1996). *Handbook of the psychology of aging* (4th edn).

Simons, J. S. Dodson, C. S., Bell, D., & Schacter, D. L. (2004). *Psychology and Aging*.

Simonton, D. K. (1990). *The Gerontologist*.

Sinnott, J. D. (1996). *The developmental approach: Postformal thought as adaptive intelligence*.

Skoog, I., Blennow, K., & Marcusson, J. (1996). *Encyclopedia of gerontology: Age, aging, and the aged*.

'Sleep cycle' (2004). *The concise Corsini encyclopedia of psychology and behavioral science* (3rd edn).

Smith, A., Brice, C., Nash, J., Rich, N., & Nutt, D. J. (2003). *Journal of Psychopharmacology*.

Smith, A. D. (2006). *Encyclopedia of aging: A comprehensive resource in gerontology and geriatrics*.

Smith, C. D., Walton, A., Loveland, A. D., Umberger, G. H., Kryscio, R. J., & Gash, D. M. (2005). *Neurobiology of Aging*.

Smith, E. E. & Jonides, J. (1998). *Proceedings of the National Academy of Sciences of the United States of America*.

Smith, J. & Freund, A. M. (2002). *Journals of Gerontology B: Psychological Sciences and Social Sciences*.

Smith, T. W. & MacKenzie, J. (2006). *Annual Review of Clinical Psychology*.

Smith, T. W. & Willianms, P. G. (1992). *Journal of Personality*.

Smyth, M. M. & Cousins, M. (2005). *Cambridge encyclopedia of child development*.

Smythies, J. (2009). *Encyclopedia of consciousness*.

Sneed, J. R. & Whitbourne, S. K. (2003). *Journals of Gerontology B: Psychological Sciences and Social Sciences*.

Sommers, M. S. (1996). *Psychology and Aging*.

Snowden, J. S., Gibbons, Z. C., Blackshaw, A., Doubleday, E., Thompson, J., Craufurd, D., Foster, J., Happé, F., & Neary, D. (2003). *Neuropsychologia*.

Snyder, C. R. (2000). *The psychology of hope*.

Snyder, C. R. (2002). *Psychological Inquiry*.

Souri, H. & Hasanirad, T. (2011). *Procedia-Social and Behavioral Sciences*.

Sowell, E. R., Peterson, B. S., Thompson, P. M., Welcome, S. E., Henkenius, A. L., & Toga, A. W. (2003). *Nature Neuroscience*.

Spearman, C. (1904). *American Journal of Psychology*.

Spinnler, H., Della Sala, S., Bandera, R., & Baddeley, A. D. (1988). *Cognitive Neuropsychology*.

Spoletini, I., Marra, C., Di Iulio, F., Gianni, W., Sancesario, G., Giubilei, F., Trequattrini, A., Bria, P., Caltagirone, C., & Spalletta, G. (2008). *American Journal of Geriatric Psychiatry, 16*.

Spreen, O. & Benton, A. L. (1977). *Neurosensory center comprehensive examination for aphasia*.

Spreng, R. L., Wojtowicz, M., & Grady, C. L. (2010). *Neuroscience Biobehavioral Reviews*.

Stahlberg, O., Soderstrom, H., Rastam, M., & Gillberg, C. (2004). *Journal of Neural Transmission*.

Stanley, T. O., Mackensen, G. B., Grocott, H. P., White, W. D., Blumenthal, J. A., Laskowitz, D. T., Landolfo, K. P., Reves, J. G., Mathew, J. P., & Newman, M. F. (2002). *Anesthesia and Analgesia*.

Staudinger, U. M. (2001). *Review of General Psychology*.

Staudinger, U. M., Lopez, D. F., & Baltes, P. B. (1997). *Personality and Social Psychology Bulletin*.

Stelmach, G. E., Zelaznik, H. N., & Lowe, D. (1990). *Aging (Milano)*.

Sternberg, R. J. (1985). *Beyond IQ: A triarchic theory of human intelligence*.

Sternberg, R. J. (1990). *Wisdom: Its nature, origins and development*.

Sternberg, R. J. (1996). *Successful intelligence: How practical and creative intelligence determine success in life*.

Sternberg, R. J. (1998). *A balance theory of wisdom. Review of General Psychology*.

Sternberg, R. J. (1999). *Review of General Psychology*.

Sternberg, R. J. (2000). *Practical intelligence in everyday life*.

Sternberg, R. J. (2006). *The new psychology of love*.

Sternberg, R. J. & Lubart, T. I. (2001). *Handbook of the psychology of aging* (5th edn).

Sternberg, R. J., Wagner, R. K., Williams, W. M., Sternberg, R. J. (2006). Horvath, J. A., (1995).

American Psychologist.

Sterns, H. L. & Gray, J. H. (1999). *Gerontology: An interdisciplinary perspective.*

Stevenson, M. (2012). *An optimist's tour of the future* (Updated edn).

Stewart, M. (2006). *Encyclopaedic dictionary of psychology.*

Stine, E. A. L., Soederberg, L. M., & Morrow, D. G. (1996). *Perspectives on cognitive change in adulthood and aging.*

Stine-Morrow, E. A., Noh, S. R., & Shake, M. C. (2010). *Quarterly Journal of Experimental Psychology (Hove).*

Stine-Morrow, E. A. L., Noh, S. R., & Shake, M. C. (2006). *Encyclopedia of aging: A comprehensive resource in gerontology and geriatrics* (4th edn).

Straif, K., Benbrahim-Tallaa, L. Baan, R., Grosse, Y., Secretan, B., El Ghissassi, F., Bouvard, V., Guha, N., Freeman, C., Galichet, L., & Cogliano, V. (2009). *Lancet Oncology.*

Strauss, E., MacDonald, S. W., Hunter, M., Moll, A., & Hultsch, D. F. (2002). *Journal of the International Neuropsychological Society.*

Stroebe, M. & Schut, H. (1999). *Death Stud.*

Stroebe, M. S., Schut, H., & Stroebe, W. (2007). *Cambridge handbook of psychology, health and medicine* (2nd edn).

Stuss, D. T. (2007). *The human frontal lobe: Functions and disorders* (2nd edn).

Stuss, D. T. & Floden, D. (2005). *Encyclopedia of cognitive science.*

Suls, J. & Rittenhouse, J. D. (1990). *Personality and disease.*

Sun, X., Chen, Y., Chen, X., Wang, J., Xi, C., Lin, S., & Liu, X. (2009). *Nephrology (Carlton).*

Sutin, A. R., Terracciano, A., Deiana, B., Naitza, S., Ferrucci, L., Uda, M., Schlessinger, D., & Costa, P. T., Jr (2010a). *Psychological Medicine.*

Sutin, A. R., Terracciano, A., Deiana, B., Uda, M., Schlessinger, D., Lakatta, E. G., & Costa, P. T., Jr. (2010b). *Biological Psychology.*

Svansdottir, H. B. & Snaedal, J. (2006). *International Psychogeriatrics.*

Tabbarah, M., Crimmins, E. M., & Seeman, T. E. (2002). *Journals of Gerontology A: Biological Sciences and Medical Sciences.*

Taipale, V. (2008). *Gerontechnology.*

Tales, A. & Porter, G. (2009). *Reviews in Clinical Gerontology.*

Tang, H. Y., Harms, V., Speck, S. M., Vezeau, T., & Jesurum, J. T. (2009). *European Journal of Cardiovascular Nursing.*

Tannock, R. (1998). *Journal of Child Psychology and Psychiatry, and Allied Disciplines.*

Taylor, M. D., Whiteman, M. C., Fowkes, G. R., Lee, A. J., Allerhand, M., & Deary, I. J. (2009). *Psychosomatic Medicine.*

Teasdale, N, Bard, C., LaRue, J., & Fleury, M. (1992). *Tutorials in motor behavior II.*

Teicher, M. H., Polcari, A., Fourligas, N., Vitaliano, G., & Navalta, C. P. (2012). *BMC Psychiatry.*

'Telomere' (2007). *Dorland's illustrated medical dictionary.*

Teng, E., Lu, P. H., & Cummings, J. L. (2007). *Dementia and Geriatric Cognitive Disorder.*

Teri, L., Larson, E. B., & Reifler, B. V. (1998). *Journal of the American Geriatrics Society.*

Terracciano, A. & Costa, P. T., Jr. (2004). *Addiction.*

Terracciano, A., McCrae, R. R., Brant, L. J., & Costa, P. T., Jr (2005). *Psychology and Aging.*

Thapa, A., Langley, K., Owen, M. J., & O'Donovan, M. C. (2007). *Psychological Medicine.*

The Guardian (2012). More people cohabiting without being married, *The Guardian, 2 November, 2012.*

Thomas, A. K. & Bulevich, J. B. (2006). *Psychology and Aging.*

Thompson, R. F. & Madigan, S. A. (2005). *Memory: The key to consciousness.*

Thomson, A. D. & Marshall, E. J. (2006). *Alcohol and Alcoholism.*

Thorndike, R. L., Hagen, E. P., & Sattler, J. M. (1986). *Stanford-Binet intelligence scale.*

Thurstone, L. L. (1938). *Primary mental abilities.*

Tiggemann, M. (2004). *Body Image, 1.*

Tindle, H. A., Chang, Y. F., Kuller, L. H., Manson, J. E., Robinson, J. G., Rosal, M. C., Siegle, G. J., & Matthews, K. A. (2009). *Circulation*.

Tinetti, M. E., Speechley, M., & Ginter, S. F. (1988). *The New England Journal of Medicine*.

Tinker, A. & Hanson, J. (2007). *Remodelling sheltered housing and residential care homes to extra care housing*.

Tinker, A., Wright, F., McCreadie, C., Askham, J., Hancock, R., & Holmans, A. (1999). *Report for the Royal Commission on Long Term Care*.

Tondu, B. & Bardou, N. (2008). *Gerontechnology*.

Tor, J. & Chiu, E. (2002). *Current Opinion in Psychiatry*.

Torres, J. L. & Ash, M. J. (2007). *Encyclopedia of special education: A reference for the education of children, adolescents, and adults with disabilities and other exceptional individuals*.

Townsend, J. T. (2005). *Encyclopedia of cognitive science*.

Trimble, M. R. & George, M. S. (2010). *Biological psychiatry* (3rd edn).

Trzesniewski, K. H., Donnellan, M. B., & Robins, R. W. (2003). *Journal of Personality and Social Psychology*.

Tucker, K. L. (2009). *Current Osteoporosis Reports*.

Tulving, E. (1972). *Organization of Memory*.

Tulving, E. & Thomson, D. M. (1973). *Psychological Review*.

Tun, P. A. & Wingfield, A. (1995). *Aging, Neuropsychology, and Cognition*.

Turk-Charles, S., Meyerowitz, B. E., & Gatz, M. (1997). *International Journal of Aging and Human Development*.

Turner, G. R. & Spreng, R. N. (2012). *Neurobiology of Aging*.

Van Someren, E. J. (2007). *American Journal of Physiology: Regulatory, Integrative and Comparative Physiology*.

Vecera, S. P. & Luck, S. J. (2002). *Encyclopedia of the human brain*.

Vaglenova, J., Birru, S., Pandiella, N. M., & Breese, C. R. (2004). *Behavioural Brain Research*.

Valenzuela, M. J., Jones, M., Wen, W., Rae, C., Graham, S., Shnier, R., & Sachdev, P. (2003). *Neuroreport*.

Vaillant, G. E. (2000). *American Psychologist*.

Vecchi, T. & Richardson, J. T. E. (2000). *Cahiers de Psychologie Cognitive*.

Verhaeghen, P. (2006). *The encyclopedia of aging* (4th edn).

Verhaeghen, P. & Cerella, J. (2002). *Neuroscience Biobehavioral Reviews*.

Verhaeghen, P., Marcoen, A., & Goossens, L. (1993). *Journal of Gerontology*.

Vitevitch, M. S. & Sommers, M. S. (2003). *Memory & Cognition*.

Wagner, D. L. (1997). *Comparative analysis of caregiver data for caregivers to the elderly 1987 and 1997*.

Walke, L. M., Gallo, W. T., Tinetti, M. E., & Fried, T. R. (2004). *Archives of Internal Medicine*.

Walker, A. (2005). *Understanding quality of life in old age*.

Walker, A., Walker, C., & Ryan, T. (1996). *Ageing and Society*.

Wanberg, C. R. & Banas, J. T. (2000). *Journal of Applied Psychology*.

Wanberg, C. R. & Marchese, M. C. (1994). *Journal of Applied Social Psychology*.

Wang, M. (2007). *Journal of Applied Psychology*.

Watkins, M. J. & Gardiner, J. M. (1979). *Journal of Verbal Learning and Verbal Behaviour*.

Waxman, H. M., McCreary, G., Weinrit, R. M., & Carner, E. A. (1985). *Gerontologist*.

Wechsler, D. (1955). *Manual for the Wechsler Adult Intelligence Scale*.

Wechsler, D. (1981). *WAIS-R manual: Wechsler adult intelligence scale-revised*.

Wechsler, D. (1997). *WMS-III: Wechsler memory scale administration and scoring manual*.

Wechsler, D. (2001). *Wechsler Test of Adult Reading*.

Wechsler, D. (2008). *Wechsler Adult Intelligence scale* (4th edn).

Wedisinghe, L. & Perera, M. (2009). *Maturitas*.

Weiner, D. K., Rudy, T. E., Morrow, L., Slaboda, J., & Lieber, S. (2006). *Pain Medicine*.

Weiss, A. & Costa, P. T., Jr. (2005). *Psychosomatic Mediccine.*

Wellman, H. M. & Woolley, J. D. (1990). *Cognition.*

Wenk, G. L. (2005). *Encyclopedia of cognitive science.*

Werth, J. L., Jr, Gordon, J. R., & Johnson, R. R., Jr (2002). *Aging and Metal Health.*

West, R., Murphy, K. J., Armilio, M. L., Craik, F. I. M., & Stuss, D. T. (2002). *Brain and Cognition.*

West, R. L. (1996). *Psychological Bulletin.*

Wetherell, J. L., Reynolds, C. A., Gatz, M., & Pedersen, N. L. (2002). *Journals of Gerontology B: Psychological Sciences and Social Sciences.*

Whelan, G. (2003). *Current Opinion in Psychiatry.*

Whitbourne, S. K. (1996). *The aging individual: Physical and psychological perspectives.*

Whitbourne, S. K. & Collins, K. C. (1998). *Psychotherapy.*

Whitbourne, S., K., Sneed, J. R., & Skultety, K. M. (2002). *Identity Development through Adulthood.*

Whitehouse, P. J. (2007). *Encyclopedia of gerontology.*

Whitlock, G., Lewington, S., Sherliker, P., Clarke, R., Emberson, J., Halsey, J., Qizilbash, N., Collins, R., & Peto, R. (2009). *Lancet.*

WHO (2000). www.who.int/inf-pr-2000/en/pr2000-life.html.

Wilens, T. E., Biederman, J., Faraone, S. V., Martelon, M., Westerberg, D., & Spencer, T. J. (2009). *Journal of Clinical Psychiatry.*

Wilkinson, G. S. & Robertson, G. J. (2006). *Wide Range Achievement Test 4 (WRAT4) professional manual.*

Wilkinson, H. & Janicki, M. P. (2002). *Journal of Intellectual Disability Research.*

Williams, B. R., Hultsch, D. F., Strauss, E. H., Hunter, M. A., & Tannock, R. (2005). *Neuropsychology.*

Williams, P. G., Smith, T. W., Guinn, H., & Uchino, B. N. (2011). *The handbook of stress science: Biology, psychology, and health.*

Wills, W. & Soliman, A. (2001). *Mental Health Review.*

Wilson, A. J. & Dehaene, S. (2007). *Human behavior, learning, and the developing brain. Atypical development.*

Wilson, B. A., Alderman, N., Burgess, P. W., Emslie, H., & Evans, J. J. (1996). *Behavioural assessment of the dysexecutive syndrome.*

Wilson, B. A., Cockburn, J., & Baddeley, A. (2008). *The Rivermead behavioural memory test* (3rd edn).

Wilson, R. S., Mendes de Leon, C. F., Bienias, J. L., Evans, D. A., & Bennett, D. A. (2004). *Journals of Gerontology B: Psychological Sciences and Social Sciences.*

Wilson, R. S., Schneider, J. A., Arnold, S. E., Bienias, J. L., & Bennett, D. A. (2007). *Archives of General Psychiatry.*

Wingfild, A., Tun, P. A., & McCoy, S. L. (2005). *Current Directions in Psychological Science.*

Wise, D. (1993). *Age, work and social security: Conference: Papers and discussions.*

Wisniewski, K. E., Wisniewski, H. M., & Wen, G. Y. (1985). *Annals of Neurology.*

Wolkove, N., Elkholy, O., Baltzan, M., & Palayew, M. (2007). *CMAJ, 176.*

Woodard, J. L. (2010). *Handbook of assessment in clinical gerontology* (2nd edn).

Woollacott, M. & Shumway-Cook, A. (2002). *Gait Posture.*

Worden, J. W. (2009). *Grief counselling and grief therapy: A handbook for the mental health practitioner.*

World Health Organization (1948).

Wright, R. E. (1981). *Journals of Gerontology.*

Wulf, H. C. (2006). *The Encyclopedia of Aging.*

Wyatt, C. M., Kim, M. C., & Winston, J. A. (2006). *Nature Clinical Practic Cardiovascular Medicine.*

Yang, Z., Bishai, D., & Harman, J. (2008). *Economics and Human Biology.*

Yonan, C. A. & Sommers, M. S. (2000). *Psychology and Aging.*

Yung, L. M., Laher, I., Yao, X., Chen, Z. Y., Huang, Y., & Leung, F. P. (2009). *Sports Medicine.*

Zamboni, M., Mazzali, G., Fantin, F., Rossi, A., & Di Francesco, V (2008). *Nutrition, Metabolism and Cardiovascular Diseases.*

Ziefle, M. & Bay, S. (2006). *Human-Computer Interaction.*

찾아보기

ㄱ

가능자아이론possible selves theory 215
가성치매psudodementia 292, 293
간이정신상태검사Mini Mental State Examination 192, 193, 199
감정이입empaghy 154, 158
감정중심 대처emotion focused coping 277, 278
감정적 반응도emotional reactivity 150
감정적 복잡성emotion complexity 150, 151
감정적 분리emotional disengagement 286
감정 조절emotion regulation 148~151, 214
갑상샘thyroid 62, 324
강박장애obsessive compulsive disorder 301, 303~305, 352, 353
개방성openness 212, 282
개인 내부 변동성intra individual variability 71, 72, 90, 91, 217
개인 내 차이within person difference 71, 90
개인적 자원personal resources 243
거짓 명성 효과false fame effect 127
거짓기억false memories 128, 129
건강염려증hypochondriasis 192, 307, 328, 332
검사집test batteries 191, 192, 194
겉질성 치매cortical dementia 322
겉질하치매subcortical dementia 193
게이밍 기술gaming technology 376, 377
결속binding 107
결정 지능crystallized intelligence 175, 212, 223~225
결혼marriage 16, 217, 237, 244~247, 254, 353
경도인지장애mild cognitive impairment 159, 193, 202, 331, 332
고령공학gerontechnology 373, 374
고정관념stereotypes 48, 60, 179, 242
고체온증hyperthermia 73, 340
고혈압hypertension 58, 248, 267, 269, 328
골다공증osteoporosis 47, 61, 269, 270
공식적 돌봄formal care 248, 249
공존 질환comorbidity 35, 289, 292, 296, 298, 299, 301, 305, 311, 338, 343, 349, 352~355, 363
공포장애phobic disorder 301, 302
공황장애panic disorder 302
과민 반응hyperalertness 257
과제 전환task switching 89
관절염arthritis 47, 224
관찰연구observational studies 29
광범위 성취도검사4-단어 읽기Wide Range Achievement Test-4-Word Reading 194
광장공포증agoraphobia 302, 303
교차결합cross linking 41
구조-과정 모형structure-process model 214
국립 성인 읽기검사National Adult Reading Test 175, 194
규범 자료normative data 186, 200
규범적 역사계층 영향normative history graded influence 18
규범적 연령계층 영향normative age graded influence 18
근본적 귀인 오류fundamental attribution error 173
글루코코르티코이드 폭포 가설glucocorticoid cascade hypothesis 62

금단withdrawal 316, 318, 319
긍정성 효과positivity effect 163, 231
긍정성positivity 149, 231
계열적 설계sequential design 26
기계론적 관점mechanistic perspective 19
기능적 나이functional age 13
기분부전증dysthymia 293
기억상실증amnesia 118, 298
기시감feeling of knowing 138
기질적 낙관주의dispositional optimism 277, 278
긴밀감sense of coherence 281
길항제antagonist 97, 333

of ageing and cognition(STAC) 68
노화연구 12, 19
노화이론theories of ageing 30, 39, 41, 67, 380
노령 인구ageing population 65, 158, 242, 361
뇌성마비Cerebral palsy 346, 356
뇌수축(백질 수축)brain shrinkage 70, 325
뇌용적(회백질/백질/해마 용적)brain volume 70, 71, 79, 294
뇌졸중cerebrovascular accident 57, 58, 74, 267, 334
뇌증encephalopathy 331
뇌brain 19, 31, 57, 58, 62, 64~73, 75, 79, 80, 82, 83, 86, 96, 97, 102, 103, 111~115, 123, 135, 138, 157, 159, 189, 191, 194, 295, 324~334, 347~350, 367, 368, 371, 387

ㄴ

나이-복잡성 가설age-complexity hypothesis 83
나이 효과age effect 24, 26, 32, 94, 106, 108, 110, 361
낙관주의optimism 35, 264, 275~282, 290, 299
난독증dyslexia 347, 348
난산증dyscalculia 347, 348
난필증dysgraphia 190
남성 갱년기andropause 61
내분비계endocrine system 62, 74, 75, 301
넬슨-데니 읽기검사Nelson-Denny Reading Test 198
노인 상대용 발화elderspeak 179
노년 난청presbycusis 53, 174
노화 방지를 위한 의학anti ageing medicine 380, 381
노화의 생태학적 모형ecological model of ageing 20
노화와 인지의 비계설정이론scaffolding theory

ㄷ

다운증후군Down's syndrome 35, 326, 347, 356, 358~361, 363
다중지능multiple intelligence 34, 225, 233
단기기억short term memory 32, 72, 100, 101
단어 의미word meaning 175, 176
단어 재인word recognition 174, 177
달력 나이chronological age 13, 18
담화기억discourse memory 130
당뇨병diabetes 39, 51, 52, 57, 224, 269, 271, 294, 300, 326, 328, 329
대뇌 겉질cerebral cortex 66, 97, 325, 390, 391
대사율metabolic rate 39, 45, 62
대사metabolism 40, 60, 72, 316, 338, 339, 343, 368, 380
대상 영속성object permanence 220
대인공포증social phobia 302, 303

도덕적 조망 수용moral perspective taking 166,
167
도덕적 추론moral reasoning 165~167
도식schema 152, 171~173
도파민dopamine 69, 71, 72, 96, 329, 332, 333,
340, 351, 355
독립성independence 158, 184, 248, 250, 335,
371
돌보미caregiver, carer 17, 185, 262, 286, 287,
290, 295, 332, 334~336, 343, 375, 384
돌봄노동(돌봄)care 34, 246, 248, 249~251,
258, 262, 286, 287, 311, 336, 375
동거cohabitation 245, 353
동년배 효과cohort effect 25
두뇌훈련brain training 36, 203, 370, 371
디즈-뢰디거-맥더모트 패러다임
Deese-Roediger-McDermott paradigm 128
디폴트네트워크default network 68

ㄹ

런던타워 드렉셀 대학교 과제Tower of
London Drexel University 197
레비소체 치매dementia with Lewy bodies 322,
329, 333, 355
레이븐의 누진행렬검사
Raven's Progressive Matrices 195
렘수면rapid eye movement sleep(REM) 308, 329
류머티즘 관절염rheumatoid arthritis 47, 49, 145
리버미드 행동기억검사Rivermead Behavioural
Memory Test 197
리튬lithium 297, 299, 300

ㅁ

마음이론theory of mind 33, 153~156, 158~160,
348
만성 폐쇄성 폐질환chronic obstructive
pulmonary disease 59, 224, 272
만성 기관지염chronic bronchitis 59
만성병chronic conditions 258, 264, 284, 286,
294, 340
망상장애delusional disorder 312
맥락적 관점contextual perspective 19
메만틴memantine 333
면역 체계immune system 62, 63
모르핀 길항제opiate antagonist 318
몬트리올 인지평가Montreal Cognitive
Assessment 193, 199
몸무게weight 45, 46, 62, 270, 273, 339
문제중심 대치problem focused coping 277, 278
문제해결problem solving 162, 166, 168, 170,
195~197, 220, 242, 243, 321
문짝과 사람검사Doors and People test 197
미각taste 52, 81, 156
미래계획기억prospective memory 132~134

ㅂ

반구 우세hemispheric dominance 66
반동형성reaction formation 210
반응시간reaction time 71, 82, 83, 85, 89, 90, 97,
98
발달협응장애developmental coordination
disorder 349, 350, 354
발음pronunciation 175, 176, 190, 194
발화 생산speech production 178

발화 이해speech understanding 178, 179
발화speech 174, 177~179, 181, 349
방광bladder 60
방법론methodology 23, 28, 29
방어기제defence mechanisms 208~210, 212
방해변인confounding variables 200
배경 정보background information 186
배설excretion 60, 300, 338, 339, 343
배우자spouse 16, 211, 240, 246, 247, 254, 287, 294, 295, 322, 329, 343
백질 고강도white matter hyperintensity 70, 71
백질white matter 66, 70, 71, 79, 80, 114
범불안장애generalized anxiety disorder 301, 302
베이비붐 세대baby boomer 15, 292, 318
베타아밀로이드beta amyloid(Aβ) 72, 322, 325, 326
베타차단제beta blockers 303
벤조디아제핀benzodiazepines 300, 303, 309, 318
벨프로에이트 나트륨sodium valproate 300
보스턴 이름대기검사Boston Naming Test 175, 198
복합성 치매mixed dementia 322
부적응적 사고방식maladaptive thinking styles 305
부호화 특수성이론encoding specificity hypothesis 121
분리 주의divided attention 87~89, 98
분리이론disengagement theory 255
분포distribution 96, 97, 232, 325, 338, 339, 343
불면증insomnia 35, 308, 309
불안장애anxiety disorders 301~303, 305
불안anxiety 35, 54, 143, 144, 147, 151, 186, 192, 202, 210~212, 224, 238, 251, 252, 273, 282, 301~307, 309, 318, 323, 328, 330, 332, 334, 352, 354, 358
브린리 플롯Brinley plots 85

비아드레날린noradrenaline 355
비공식적 돌봄informal care 248~250, 375
비규범적 인생사non-normative life events 18
비뇨기관urinary system 60, 75
비만obesity 46, 53, 57, 62, 267, 271, 326, 381
비서술기억nondeclarative memory 118, 125
뼈bones 45~47, 269~271, 297

ㅅ

사례연구case studies 27, 32
사별bereavement 16, 17, 252, 253, 262, 295, 317, 322
사회감정적 선택이론socioemotional selectivity theory 149, 213
사회인지social cognition 33, 152, 153, 157~160, 162, 171, 172, 181, 213, 214
사회적 나이social age 14
사회적 문제해결social problem solving 168~170
산화스트레스oxdative stress 41
삶의 질quality of life 21, 27, 34, 36, 54, 93, 141, 145, 158, 170, 214, 233, 239, 249, 250, 258, 262, 264, 286, 288, 289, 351, 354, 358, 359, 363, 371, 373, 384, 387
삼위일체 지능이론triarchic theory of intelligence 225
상관 접근법correlational appraoch 65
상관연구correlational studies 27
상위기억metamemory 140, 141, 146
상위인지metacognition 5, 32, 132, 139, 140, 143, 149, 152, 153, 155, 160, 176, 361
상징적 표상symbolic representation 221
상향처리bottom up processing 87
상황적 낙관주의situational optimism 278

생명문화적 공동구성주의biocultural
    co-constructivism 21
생명윤리bioethics 257, 260~262
생물학적 나이biological age 13
생산성productivity 209, 227
생식기관reproductive system 61
생의 말기end of life issues 257~259
생존 기간longevity 13, 323, 381
생체 지표biomarker 91, 327
서술기억declarative memory 118, 125
선택, 최적화, 보상이론selective optimization
    with compensation(SOC) 22, 109
선택적 세로토닌 재흡수억제제selective serotonin
    reuptake inhibitors(SSRI) 297, 303, 334
선택적 주의selective attention 87, 89, 98
설단현상tip of the tongue phenomena 175, 176,
    181
섬망delirium 35, 186, 292, 293, 318~321
성격장애personality disorder 313~315, 330
성격personality 33, 34, 52, 173, 206, 207,
    209, 210~213, 214~217, 224, 233, 264,
    273~275, 281, 282, 285, 290, 310, 321, 322,
    328, 330, 333, 336
성실성conscientiousness 52, 212, 213, 217, 273,
    274, 282
성인애착이론adult attachment 211
성형수술plastic surgery 48, 382, 383
세로토닌serotonin 96
세포자멸(세포자살)apoptosis 42, 371
수면무호흡증sleep apnea 74, 309
수면 위생sleep hygiene 309
수면sleep 61, 63, 73, 74, 97, 295, 299, 308, 309,
    322, 329
수명 접근법lifespan approach 20, 21
순행성기억상실anterograde amnesia 189
숫자경계검사Digit Vigilance Test 195

스트레스-체질 모형diathesis-stress model 294
스트레스stress 34, 69, 151, 168, 210, 253, 274,
    277, 279, 281~283, 286, 294, 308, 334
스트룹 단어검사Stroop Colr and Word Test 110,
    196
시공간 스케치판visuo spatial sketch pad
    102~104, 360
시각주의visual attention 92
시간지연 설계timelag desing 25, 26
시계그리기검사Clock Drawing Test 198, 199
시력sight 13, 50~52, 75, 91, 201, 311, 374, 379
신경의 비계neural scaffolding 114
신경가소성neural plasticity 367, 368
신경계nervous system 69, 72, 73, 75, 84, 96, 97,
    322, 323, 331
신경발달장애neurodevelopmental disorder 35,
    348
신경생성neurogenesis 369, 370
신경섬유다발neurofibrillary tangles 66, 72, 324,
    325
신경심리학적 접근법neuropsychological
    perspective 65
신경심리학평가neuropsychological assessment 33
신경이완제neuroleptics 300, 312, 334
신경전달물질neurotransmitters 31, 69~72,
    95~98, 325, 334, 340, 341
신경증 성향neuroticism 212, 217, 274, 282
신경증적 장애neurotic disorders 305
신경영상 기술neuroimaging 64, 110, 110, 113
신장 청소율renal clearance 300
신장(키)height 45
신체정지somatopause 62
신체 증상somatic symptoms 252, 260, 305
신체형 장애somatoform disorder 307
신호탐지이론signal detection theory 81, 82
신호 대 잡음 비율signal to noise ratio 114, 177,

379
실행증apraxia 190, 321, 322, 324, 330
실험연구experimental studies 26, 27
심근경색증myocardial infarction 57, 266, 294
심리적 나이psychological age 14
심부전congestive heart failure 57, 266
심장병heart disease 224, 252, 264, 266, 268, 273, 285, 295, 305, 328
심적 표상mental representation 87, 175, 220
심혈관계 질환cardiovascular disease 39, 41, 56, 57, 58, 273
심혈관계cardiovascular system 38, 56, 58, 266, 273

ㅇ

아밀로이드반amyloid plaques 72, 322, 324, 325
아밀로이드 전구단백질amyloid precursor protein (APP) 326
아세틸콜린acetylcholine 70, 71, 95~97, 325, 329, 333, 334
아스퍼거장애Asperger's disorder 348
아포지방단백E apolipoprotein E(ApoE) 322, 326
안락사euthanasia 261
알츠하이머병Alzheimer's disease 35, 66, 70, 72, 97, 98, 110, 143, 144, 158, 159, 189, 202, 274, 296, 321~329, 332, 334, 335, 341, 358~361, 363, 384
알코올alcohol 186, 252, 271, 297, 302, 305, 316~319
암묵기억implicit memory 126, 127, 198, 361
암묵지tacit knowledge 225~227
암cancer 39, 41, 42, 47, 61, 163, 164, 224, 239,
254, 264, 268, 269, 295, 357
앞이마엽 겉질prefrontal cortex 114, 115, 148, 157, 188
애도grief 252~254, 262, 295
애든브룩 인지검사 수정판Addenbrooke's Cognitive Examination Revised 193
애착attachment 211, 212
약동학pharmacokinetics 338, 340
약역학pharmacodynamics 340
약물 복용 수칙 엄수medicatino adherence 341, 342
약물 남용substance abuse 35, 257, 292, 305, 316, 353
약물 병용polypharmacy 298, 340
약물 치료drug treatment 333
약물medication 47, 52, 54, 60, 96~98, 128, 145, 186, 261, 267, 270, 292, 294, 295, 297~301, 304, 309, 311~313, 317~320, 323, 325, 327, 332~335, 337~343, 375, 380, 383
억제 결함 모형inhibitory deficit model 87, 175
억제성 조절inhibitory control 72, 115, 155
언어유창성검사Verbal Fluency Test 196, 199
언어language 33, 58, 66, 67, 78, 102, 105, 106, 113, 120, 123, 130, 162, 174, 181, 190, 193, 195, 220, 222~225, 310, 321, 322, 347, 349, 350, 361, 390
얼굴 표정facial expression 158
에스트로겐oestrogen 46, 47, 61, 2691, 327
여가leisure 180, 241, 262
역행성기억상실retrograde amnesia 189
연구 설계research design 10, 23, 24, 26, 200
연금pension 239, 240, 353
연령차별age discrimination 15, 48, 237, 238
연상결핍 가설associative deficit hypothesis 122, 131
열량 제한caloric restriction 380

열량 섭취caloric intake 39, 62
완화 치료palliative care 258, 260
외상 후 스트레스 장애
　post traumatic stress disorder 301~303
외모appearance 48, 75, 382, 383
외향성extraversion 212, 217, 274, 282
우울증depression 35, 54, 96, 144, 145, 147, 192, 243, 248, 252, 256, 258, 274, 278, 280, 292~299, 301~305, 316, 317, 323, 326, 330, 332, 334, 336, 341, 352, 354, 358
우정friendship 240, 244, 245
운동감지movement detection 93, 94
운동장애motor disorders 70, 330, 346, 349
운동exercise 45, 47, 48, 57, 60, 69, 186, 266, 267, 270, 271, 273, 280, 298, 309, 326, 357, 368, 371, 372
원격의료telemedicine 374
웩슬러 성인 읽기검사Wechsler Test of Adult Reading 194
웩슬러 성인 지능검사Wechsler Adult Intelligence Scale 195
위스콘신 카드분류검사Wisconsin Card Sorting Test 110, 112, 197
유기적 관점organismic perspective 19
유동 지능fluid intelligence 223~225
은퇴retirement 12, 34, 219, 224, 236, 237, 239~241, 246, 249, 262, 316, 317, 386
음운 고리phonological loop 102~104, 360
의미기억semantic memory 118, 123, 124, 135, 348
의존성dependence 34, 236, 245, 246, 248, 385
이동성mobility 13, 46
이마엽 노화이론frontal lobe theory of ageing 67
이마엽frontal lobes 66~68, 70, 71, 79, 80, 91, 100, 102, 103, 110~112, 116, 129, 157, 159, 349, 350, 371, 390

이마관자엽 치매frontotemporal dementia 322, 329
이명tinnitus 54
이원 과정 사별 대처 모형dual process model of coping with bereavement 253
이중 과제 수행dual task performance 88, 89, 108, 109
이혼divorce 246, 247, 351
익숙하다는 느낌sense of familiarity 131
인간면역결핍 바이러스
　Human Immunodeficiency Virus(HIV) 331
인과귀인이론causal attribution theory 172
인구 변화에 대한 전망changing demographic 16
인지발달 단계cognitive development 165
인지발달 모형cognitive developmental model 165, 219
인지행동 치료cognitive behavioural therapy 298, 312
인지기능cognitive functionings 5, 11, 28, 31, 33, 36, 53, 62, 65, 66, 74, 75, 79~81, 83, 85, 90, 92, 95~98, 109, 111, 113, 143, 144, 146, 149, 155, 159, 160, 170, 177, 184, 185, 186, 188, 192~194, 203, 209, 219, 224, 285, 292, 310, 311, 317, 321, 331, 333, 342, 355, 359, 368, 371, 379, 383, 385, 385, 387, 390
인지보유cognitive reserve 111, 327
인지향상cognitive enhancement 369
인지훈련cognitive training 110, 359, 363, 369, 370
인터뷰interviews 28, 373
일기 자료diary data 28
일상적 주의검사Test of Everyday Attention 196
일주율circadian rhythm 63, 74
일화기억episodic memory 72, 118, 119, 123, 124, 127, 135, 189, 360
읽기reading 181, 190, 347, 348

임계 플리커 융합 역치critical flicker fusion threshold 84
임시 완충기episodic buffer 103, 104

ㅈ

자극지속이론stimulus persistence theory 84
자기보고self report measures 28, 143
자기 서사self narrative 254
자기애적 성격 유형narcissistic personality 210
자기효능감self efficacy 146, 243, 275, 290, 378
자동화검사집Automated Battery 194
자살성 사고suicidal ideation 296
자서전적 기억autobiographical memory 32, 119, 124, 125
자아 개념의 모순self concept incoherence 151
자아 개념self concept 48, 151, 211
자아존중감self esteem 54, 215, 216, 278, 280, 281 286, 382
자폐 범주성 장애autism spectrum disorder 36, 346, 348, 349, 352, 353
자폐증autism 348
작업기억working memory 32, 100~107, 110, 111, 114, 116, 118, 134, 135, 158, 176, 177, 188, 195, 317, 360, 369, 371
장기기억long term memory 32, 100, 103, 104, 108, 111, 118, 135, 139, 360
재인기억recognition memory 121, 122, 129, 175
재활rehabilitation 185, 196, 377
저체온증hypothermia 73, 340
적대적인 성향hostility 273
적응adaptation 14, 20~22, 31, 34, 43, 45, 50, 51, 68, 81, 109, 111, 148, 149, 160, 210, 214, 219~221, 231, 236, 246, 253, 254, 262, 282, 285, 287, 313, 367, 370, 373, 376, 379, 383, 386
전기경련요법electroconvulsive therapy(ECT) 297
절차기억procedural memory 118, 125, 126, 317
정교한 부호화elaborative encoding 120, 126
정보처리information processing 66, 81, 82, 85~87, 92, 96, 97, 101, 102, 108, 110, 111, 116, 119, 121, 135, 139, 156, 164, 180, 181, 326, 330, 379, 383
정신 역동적 관점psychodynamic perspective 207, 209
정신병리학psychopathology 349
정신병psychosis 297, 299, 352, 353
정신약리학psychopharmacology 97, 98, 292, 337
정신적 외상trauma 35
정신질환 진단 및 통계편람Diagnostic and Stastical Manual of Mental Disorders(DSM) 158, 252, 292, 315, 346, 348, 352, 360
정체성과정이론identity process theory 215
조망 수용perspective taking 166, 167
조현병(정신분열)schizophrenia 310, 311, 319, 353
조울증(양극성 장애)bipolar disorder 299
종단적 설계longitudinal design 25, 26
주요 신경인지질환major neurocognitive disorder 158
주의 범위(시각장)attentional field 92
주의력결핍과잉행동장애 attention deficit hyperactivity disorder 36, 72, 347, 350, 351, 353~355, 363
주의 자원-능력 감소 모형reduced attentional resources-capacity model 87
주의 자원attentional resources 86~88, 103, 110, 111, 132, 156
주의attention 32, 72, 84~90, 92, 96, 98, 100,

110, 112, 114, 118, 135, 147, 157, 186, 188, 189, 192, 194~196, 212, 301, 370, 374
죽상동맥경화증atherosclerosis 57
죽음death 216, 236, 247, 252~257, 258, 260, 262, 266, 285
준실험연구quasi experimental studies 27
중년의 위기midlife crisis 216, 217
중년middle age 14, 45, 61, 62, 90, 142, 232
중앙 집행부central executive 103, 106
지각학습perceptual learning 94
지각perception 51, 60, 78, 82, 93, 118, 144, 153, 155, 177, 181, 222, 223
지능intelligence 33, 34, 187, 194, 195, 206, 218, 222~225, 227, 229, 233, 361
지속적 주의sustained attention 87, 98, 195, 196
지식knowing 12, 24, 32, 64, 73, 80, 82, 100, 118, 119, 123, 130, 135, 139, 140, 153, 164, 170, 172, 175, 176, 180, 187, 214, 219, 221, 223, 225, 226, 229~231, 249, 292, 324, 327, 343, 373, 385, 386
지적발달장애intellectual development disorders 346, 352, 356~360, 362, 363
지혜wisdom 34, 206, 225, 229~233
진행핵상마비progressive supranuclear palsy 322, 329
진화evolution 21, 42, 86, 112, 152, 384
질병 이전 능력premorbid ability 194
집행기능장애증후군 행동평가 Behavioural Assessment of the Dysexecutive Syndrome 196
집행기능executive function 110~115, 154~156, 160, 192, 196, 324, 333, 355

ㅊ

창의성creativity 34, 206, 227, 229, 231, 233, 383
철자spelling 175, 176, 190, 194, 196, 347
청각직렬가산검사Paced Auditory Serial Addition Test 196
청력hearing 53, 54, 75
체모hair 44
체온body temperature 73
초점집단focus groups 28
촉각touch 52, 53, 81, 108
총체적 운동global motion 93, 94
추론reasoning 33, 139, 162, 165, 174, 175, 189, 195, 197, 221, 222, 224, 366
추체외계통 부작용extrapyramidal side effects 311, 312, 340
출처기억source memory 128, 129
충동적 행동impulsive behaviour 112, 169, 213, 313
취약X증후군Fragile X syndrome 346, 352, 356
측정시간 효과time of measurement effects 24
치료 선택treatment options 163
치료 범위therapeutic window 299, 361
치매dementia 35, 70, 75, 91, 96, 158, 193, 194, 202, 251, 292~295, 296, 301, 309, 317, 319, 321~334, 336, 341, 342, 354, 355, 358, 360, 374, 375, 384
친화성agreeableness 212, 213, 245, 282

ㅋ

케임브리지 인지검사 Cambridge Cognitive Examination 193
콜레스테롤cholesterol 56, 267, 274, 322, 326,

329
크로이츠펠트 야코프병Creutzfeldt Jacob disease 330
코르사코프증후군 Korsakoff's syndrome 317

ㅌ

탈억제증후군disinhibition syndrome 299
탈분화dedifferentiation 110, 111
텔로미어telomeres 40
통제점locus of control 275
통증pain 47, 49, 52, 53, 57, 157, 201, 258~260, 264, 270, 301, 305, 311
통합운동장애dyspraxia 190
퇴행성 관절염osteoarthritis 22, 47, 49, 269, 270
투렛증후군Tourette's disorder 349
트랜스휴머니즘transhumanism 385
특수학습장애specific learning difficulties 5, 346, 347, 352~354, 363
특질 접근법trait perspective 214
특질 진단성trait diagnosticity 172
티아민thiamine 317

ㅍ

파킨슨병Parkinson's disease 70, 311, 328, 329, 332, 333
편견prejudice 11, 15, 48, 182, 237, 245, 358
편도체amygdala 97, 148, 157, 294
편재화lateralization 367
편집장애paranoid disorder 315
편집증paranoia 192, 310, 315, 323, 330, 353

폐경기menopause 18, 46, 61, 327
폐기종emphysema 59
표적을 벗어난 장황한 말
 off-garget verbosity 113, 178
피부skin 43, 44

ㅎ

하향처리top down processing 87
학습 판단judgement of learning 138
학습된 낙관주의learned optimism 276, 279
학습된 무기력learned helplessness 276
학습장애learning disorders 346, 347, 349, 356, 357
항산화물질antioxidants 41, 327, 380
항우울제antidepresssant medication 297, 298, 303, 304, 311, 334, 339, 341
항치매제nootropic 384
행동 관리behaviour management 314, 334
행동 조절behavioural regulation 139, 169, 329
행동 측정behavioural measures 28
헌팅턴병Huntington's disease 70, 322, 330
헤이플릭분열한계Hayflick limit 40
혈관성 우울증 가설
 vascular depression hypothesis 294
혈관성 치매vascular dementia 296, 321, 322, 328
협심증angina pectoris 57, 266
형식지formal knowledge 225
호르몬hormoes 38, 61~63, 269, 271, 274, 327, 380
호흡기관respiratory system 38, 56, 59, 75
호흡기질환 272
홈스마트smart homes 376

환경압력environmental press 20
활성화 영상 접근법activation imaging approach 65
황반변성macular degeneration 51
회백질grey matter 70, 71, 79
회복탄력성resilience 35, 148, 212, 274, 275, 278, 281, 282, 284~287, 290
회상기억recall memory 121, 122, 134, 145, 175
횡단적 설계cross sectional design 24~26, 108
후각smell 52, 81
흡수absorption 338
흡연smoking 44, 52, 57, 59, 267~270, 272, 273, 326, 328, 351
희망hope 35, 216, 264, 275, 280, 290

우리는 이렇게 나이 들어간다
인지심리학으로 본 노화하는 몸, 뇌, 정신 그리고 마음

1판 1쇄 찍음 2015년 3월 10일
1판 1쇄 펴냄 2015년 3월 20일

지은이	게리 크리스토퍼
옮긴이	오수원
감수자	김채연
펴낸이	이동준, 정재현
기획편집	전상희, 임자영
디자인	손현주
제작처	영신사

펴낸곳	이룸북
출판등록	2014년 10월 17일 제2014-000294호
주소	135-963 서울시 강남구 논현로 16길 4-3 이룸빌딩 5층
전화	02-424-2410(판매) 02-579-2410(편집)
전송	02-424-5006
전자우편	erumbook@erumenb.com

ISBN 979-11-953846-5-5 03100

이룸북은 (주)이룸이앤비의 단행본 브랜드입니다.

이 책의 내용을 이용하려면 반드시 저작권자와 이룸북의 동의를 받아야 합니다.
이 도서의 국립중앙도서관 출판예정도서목록(CIP)은 서지정보유통지원시스템
홈페이지(http://seoji.nl.go.kr)와 국가자료공동목록시스템(http://www.nl.go.kr/kolisnet)에서
이용하실 수 있습니다.(CIP제어번호: CIP2015005440)